书业品牌报告 年度大势尽揽 行情数据详备
专业权威媒体 年度权威发布 现场权威记录

中国书业年度报告
（2010~2011）

孙月沐　主　编
伍旭升　副主编

2011年·北京

图书在版编目(CIP)数据

中国书业年度报告.2010～2011/孙月沐主编.—北京：商务印书馆，2011
ISBN 978-7-100-08336-2

I.①中… II.①孙… III.①出版工作－研究报告－中国－2010～2011 IV.①G239.2

中国版本图书馆CIP数据核字(2011)第077386号

所有权利保留。
未经许可，不得以任何方式使用。

中国书业年度报告(2010～2011)
孙月沐　主　编
伍旭升　副主编

商 务 印 书 馆 出 版
（北京王府井大街36号　邮政编码100710）
商 务 印 书 馆 发 行
北京瑞古冠中印刷厂印刷
ISBN 978-7-100-08336-2

2011年6月第1版　　开本787×960　1/16
2011年6月北京第1次印刷　印张24½
定价：56.00元

编委会成员名单

主　　编：孙月沐
副 主 编：伍旭升
编委会成员：孙月沐　伍旭升　陈　斌
　　　　　　　张维特　孟　叶　任江哲
　　　　　　　李际平　郭是海

目录

前言:追寻中国现代出版三大产业新向度 ·1

第一编	年度特别专题:2011 中国书业 11 问 ·1
第 1 章	2011 中国书业环境 11 问 ·2
第 2 章	2011 中国书业分销 11 问 ·18
第 3 章	2011 中国书业三大出版 11 问 ·34

第二编	年度书业大势大事 ·53
第 4 章	2011 高端调查显示:成本销售双升,改制开局显效 ·54
第 5 章	8 大热词盘点 2010 书业潮事 ·60
第 6 章	2010 中国书业大势大事 ·66
第 7 章	2010 出版集团主题词搜索 ·77
第 8 章	2010 跨区域联合频亮剑 ·90
第 9 章	2010 营销先锋盘点 ·94

第三编	年度书业焦点热点 · 105
第10章	产业重组模式渐显成效待估 · 106
第11章	发力阅读器须直面几重隐忧 · 112
第12章	三问数字出版标准之"乱象" · 117
第13章	传统出版社登录iPad平台　步伐加快疑虑尚存 · 122
第14章	教材教辅全面下滑？电子书全面飘红？ · 125
第15章	民营批发转型路在何方？ · 128

第四编	年度产业细分行情报告 · 133
第16章	2010大众出版细分领域实力版图 · 134
第17章	2010教育出版细分领域实力版图 · 144
第18章	2010专业出版细分领域实力版图 · 155
第19章	2010年11大出版风潮 · 170
第20章	书业全品种出版时代来临？ · 180
第21章	网络学习产品密集上线考验市场接受度 · 187
第22章	大学社大众书品牌成长迅速 · 191

第五编	年度书业数据调查分析 · 195
第23章	2010全国出版能力再绘新版图 · 196

第24章　十年出版品种结构格局悄变
　　　　（2000～2009）·215
第25章　销售排行凸显产业新格局　·231
第26章　京沪穗"蚁族"阅读调查发现　·242
第27章　抽样调查全国公务员群体阅读状况　·256
第28章　企业从业者阅读调查报告　·267
第29章　事业单位人员阅读：左手职业右手休闲　·277
第30章　乡村调查写作：直击农村和
　　　　农民生存状况　·285

第六编　年度新媒传媒趋向　·291
第31章　2010新媒体10大热点事件　·292
第32章　版权合作已非王道　·301
第33章　数字化：悲观走向乐观　·305
第34章　平板电脑＝数字化未来？　·310
第35章　"围脖"加身，众门户跨入微博时代　·314
第36章　互联网的"团"生意　·319
第37章　互联网巨头，加速开放平台　·323

第七编　华文与海外出版　·329
第38章　2011美国书业走向8大猜想　·330
第39章　电子书版税之争孰是孰非　·335

第40章　数字化产品已影响欧美出版巨头
　　　　销售业绩　·341
第41章　未来5年美国教材数字化走势预测　·347
第42章　"代销"胜"零售"，电子书进入出版社
　　　　定价时代　·353
第43章　香港图书市场2010回顾及2011展望　·357
第44章　2010台湾出版8大现象　·363

后记　·373

前言：追寻中国现代出版三大产业新向度

人类对于世界的探求永远持有一股足够的热情和干劲，无论是客观世界还是主观世界，无论是宏观世界，还是中观世界、微观世界，亘古未变，中西皆然，花开花落，岁岁年年。而年首岁尾的回望与瞩望、盘点与预测、清算与打算，则往往更具里程碑般的意义与价值。其实这是世界的复杂性乃至神秘性所致。大千世界，万象豁然，然隐于其后的原因、实质、变数和规律，如此等等，则分明要复杂千倍万倍，波谲云诡，这也从一个侧面激发了人类对于已知和未知的恒久探究，构成了人类社会永续前进的不竭源动力。

这也是我们关注2011年度中国现代出版业，关注中国现代出版面对的三大产业即阅读产业、传媒产业、创意产业新向度的原因。也许，2011年度的中国出版业，格外具有其独特的探求价值与标本意义。

▢ 我们应当毫不犹疑地提出中国现代出版产业理念，并予以认真研判、擘划。

走到今天，应当说，已经到了提出中国现代出版业概念的时候了。很多单一的指向，很多特定的命题，甚至很多有悖事物发展规律的人为的桎梏，在经历了30多年改革开放，特别是经历了近几年贴身于中国出版传媒业的转企改制、整合重组、股改上市以及新技术革命、"走出去"等重大洗礼后，正在脱胎换骨，越来越接近于现代出版业的本义。一个生产、传播、售卖知识和智慧的产业，一个文化、商品双重属性缺一不可的具有特殊性的产业，一个凸显中华文化又融入全球书业的产业，特别是，一个服从于社会主义市场经济法则、遵从市场规律的产业，所有这些，构成了中国现代出版业的重要组成部分和产业特征。一个官方数据显示已逾万亿元的重要支柱性产业，在大力发展文化产业的国家战略总盘子里凸起，一个正在致力于释放这个独特行业的体制改革后发优势的产业，正在跃入国人视野进入国民社会生活之中，一个饱含着蜕变的痛苦和煎熬、存在无数变数和不确定性需要我们快速应对的产业，一个需要更大智慧、更多汗水方能成就的产业，不容置疑地等着我们去一一"接招"与"拆招"。以上述的"硬件"、指标和标准去衡量其"现代性"，也许，只有到了2011年，才有了真正意义上的"中国现代出版"。故此，在进入2011年，在进入20世纪第2个10年之际，在举国都在思考"十二五命题"之际，我们应当毫不犹疑地提出中国现代出版业、中国现代出版产业、中国现代出版传媒产业的命题，并予以认真研判、擘划了。

▢ **处于"十二五"起始之年的2011年，中国现代出版业向何处去？**

对此自然是见仁见智，会有N个答案和指向，远非一篇文章所能完成。而中国图书商报积多年特别是近几年书业变革、变化、变局的观察认为，当此中国改革开放愈益深入的大政下，当此中国经济以调整产业结构改变发展方式为总策的大前提下，当此当代中国在世界格局变化中日益关注经济全球化并努力更有作为的大背景下，当此中国现代出版正在国家大力发展文化产业的宏观政策中一展身手的新局面之下，我们尤应关注中国现代出版的三大产业新向度和新路径，从传统向现代迈进，从固有的生产方式向新的发展方式迈进。

▢ **我们应当致力于追寻和把握阅读产业新向度，谋求转型升级，致力于改变发展方式。**

追寻并把握阅读产业新向度，这是当代中国社会变迁、时代变迁给出的命题。社会存在决定社会意识。特别是刚刚过去的阅读颇成亮点的2010年。

一是阅读人口变化给包括中国在内的各国书业甚至是各国政府的压力。一个大的趋势即阅读人口减少的现状正无情地考问着全球书业的神经,物质主义、娱乐主义等现代世俗顽强地吞食人们的读书时间、兴趣和忠诚度,而应运而生的、由责任政府、责任民间组成的阅读推广活动、阅读培训活动、阅读营销活动,已不止是星星之火,目标指向一个可观的产业即阅读产业。其次是技术革命正改变21世纪的人类阅读,2010年现"井喷"之势。从亚马逊的Kindle到苹果的iPad再到中国的"阅读器大战",从传媒大亨默多克到技术大亨Google,全球正席卷一股"电子书热",猛烈地拍打着传统书业的"堤岸"。不管人们对这股热潮的认知和预测如何,若与这些年的持续的PC机终端、手机终端、手持阅读器终端等新型阅读载体的此起彼伏联系去看,阅读的边界正在改变,阅读的形态正在改变。而毫无疑问,这种世纪之变、时代之变,一定会或迟或早、或缓或急地改变书业生态,直至改变书业产业链。

正是基于此种观察,这几年我们持续提出"阅读产业"的概念,并不遗余力地吁请业界关注。其实,产业从来不止由生产视角出发,消费同样会导致产业出现。就像这些年全球日益关注休闲产业一样。也许消费更决定了产业链的丰满。我们尤为希望的是,千万不要在传统书业沉湎于旷日持久的疑虑、没完没了的论证之际,技术商、平台商在悄悄地甚或大张旗鼓地完成阅读产业的整合。当今之际,中国现代出版业必须直面和把握阅读产业新向度,扎扎实实地开拓前进。要关注技术给阅读带来的变化,迅速整合电脑屏幕、手持阅读器屏幕、手机屏幕、电视荧屏和纸本等"四屏一纸"的阅读产业空间;要关注阅读推广的力量,迅速而有效地整合政府、非政府组织、业界阅读推广力量,特别关注新的时代条件下阅读标准包括技术标准、产业标准的制订,引领好发展方向;要从内容产业角度看待阅读产业,在内容建设、内容引领等方面多下工夫并有所作为,掌握主动权和"制空权",要关注阅读概念、界限的变化而迅速、有效地应对,正确处理好深浅阅读、长短阅读、快慢阅读,功利性、功能性阅读与生活方式阅读的关系,制定出行之有效的阅读产业决策和方略。

□ **我们应当致力于追寻和把握传媒产业新向度，谋求转型升级，致力于改变发展方式。**

人类的进步，技术的变化，从来推动着产业的变化。从某种意义上说，当今时代已经进入了传媒时代。而出版是当然的传媒业之一。因之这几年新成立的出版集团纷纷冠以"传媒"二字，不仅是名称的时尚，更属实质的标示。

就产业发展总体而论，传媒产业是现代出版产业发展的必然。这并不否认传统意义上的出版着重于"传承"，而是强调，现代出版，必然要烙上传媒的深深印记，进入传媒天地，从而使出版产业做优做大做强，转型升级，拓展宽广空间。就传媒的意义上说，出版从来不是静态的、短板的，换言之，现代出版业绝不仅止于出版图书一途，中外皆然，从国外百年老店兰登书屋到中国百年老店商务印书馆，无不如此；从新闻集团、美国在线到汤姆逊集团，无不如此；从以"专业"名世的路透社、彭博社观察，也是如此。各种传媒手段打通、整合、融合，形成有效的传媒产业链，不一定是单一媒介，而是服从产业需要、媒体发展需要、市场需要运作多媒介直至全媒介，不一定是单向度、单载体，而是实事求是地决定是否运作多向度、多载体，这便是传媒产业的长袖善舞，游刃有余。这，也是站在"十二五"起点上展望未来5年乃至长远，中国现代出版产业做优做大做强的一个切实路向，也是特别需要我们像中央不断提倡的那样，突破惯性思维，寻求"解放"的重要任务。

近年来，随着出版改革的推进，相关政策空间在不断扩大，2010年不断提倡的"五跨"即跨地区、跨行业、跨所有制、跨媒体、跨国，其中就赫然有"跨媒体"一条。书号改革也明示了这一管理理念，提出向改制先行单位优先配置资源也凸显了这一管理趋势。社会主义市场经济的要义之一是优化资源配置，在严格执法的前提下发展生产、拉动消费，从而解放和发展社会生产力，这也是业界有志有识有为者的强烈愿望。就传媒产业发展常态而言，应当鼓励和支持在守法和创意的前提下跨媒体，给肯干事、能干事、会干事、能干成事的出版传媒企业鼓鼓劲，给"号"松松绑，而不是为若干"灰色地带"留下空间，人为地制造好多"暧昧"故事。这也是近年来出版改革取得成功给业界的重要启示。即,让该明朗的明朗化,让该浮出水面的浮出水面,让该解放的出版生产力得以充分释放和解放。

传媒产业是一个值得十分关注的知识经济产业,生产链、学习链、营销链等构成的产业链既长且坚,可为中国现代出版产业转型升级提供若干新的可能,可使中国现代出版业真正走上一条科学发展之路,值得业界高度重视。

我们应当致力于追寻和把握创意产业新向度,谋求转型升级,致力于改变发展方式。

创意产业的风潮正席卷全球,近年来中国的创意产业也呈风起云涌之势。无论从"软实力"还是"大产业"的视角去看,创意产业都正在成为这个时代的"显学"。问题绝不在于能否贴上"显学"的标签,绝不止于其学理性探究,而是,从中国现代出版产业的发展而言,从整个国民经济发展方式的指向而言,从社会主义市场经济的逻辑走向而言,创意产业都特别值得业界高度凝注,凝神凝思,并为之穷心竭力。

其实,不管是就传统出版业来说,还是就本文所说的阅读产业、传媒产业而论,其本义、本质都指向创意产业。出版产业、阅读产业、传媒产业是知识经济的重要组成部分,其重要、主要资源便是人类的创意,大大小小,形形色色,"矿藏"丰富,只要"开发"有方有力有度,便可取之不尽、用之不竭,由此构成其生产、传播、销售、消费、再生产的完整产业形态,由此构成当代世界新的生产方式和新的生活方式的重要参数。特别是当社会物质生活水平得以相当提升之后,创意产业的地位十分凸显,功能尤其强劲。这也是中国政府这些年一个极其重要的着力点:文化产业、文化建设与创意、创意产业密不可分,或者说,创意、创意产业,正在成为文化产业的强大发动机、助推器。

随着近年来中国出版业体制改革,特别是集团化规模化的推动,中国出版业日益进入市场经济的运行轨道,蕴藏的创意力量正在业界厚积薄发,不断爆出绚丽景观。人们突然惊奇地发现，在创意产业的天地里，一部文字作品、一种传统纸本出版品，原来竟有偌大的能量，炫目惊心，乃至"震古烁今"。一本书只是一个肇始，拍电视、拍电影、做主题公园，外加做学具、玩具、光盘，外加售卖知识产权，纸书在中国现代出版产业的格局中，在创意产业的框架之内，正时代性地被抻长拉宽推高，其维度早非一维而为三维四维，空间无限。中国现代出版产业心仪已久的"好莱坞式"产业之梦终于初尝圆梦之喜，当然，前路正长。

毫无疑问，创意产业是传统出版业升级转型、转变生产方式的一个重要途径，一个重要向度。站在"十二五"的起始点上瞻望未来5年乃至更长时间，总体而言，我们应当及早清醒、及早介入，有条件的尤应进一步创造和利用条件，试水涉水。特别是有条件的大型国有企业，在这方面应当毫不犹豫地向一些捷足先登者包括民营文化公司学习，当然，更应向业外、国外的先行者学习。

出版产业、阅读产业、传媒产业、创意产业的一个共同点都是内容产业，在现代出版业的大框架内，一个共同的核心是创新。而创新离不开对于版权、知识产权的保护。这几年，这一特征愈益明晰，特别是在载体越来越多、传播越来越快的当代，尤其如此。要十分重视内容的苦心经营，直至"吟安一个字，拈断数根须"，直至"语不惊人死不休"，直至"惊天地，泣鬼神"，出神入化，无与伦比。要十分重视尊重知识、尊重劳动、尊重创造，坚决打击盗版侵权，反对各种形式的巧取豪夺。同时，要十分注重统筹协调版权保护与开发使用的关系，使精美的内容、创意惠及更多的大众，造福人类。从这个意义上说，我们还要十分关注版权及相关产业。从这一意义上说，这也当是中国现代出版产业的一个新坐标、新向度。

当今世界仍处于激烈变化之中，充满了变数和不确定性，政治家、人类学家、社会学家、经济学家、未来学家各色人等，各有不同的观察。但有一点则是共同的，即，都看到当代中国在大步前进这一事实。而我们要说，我们必须面对包括中国现代出版产业在内的中国文化产业正大步前进的事实。大激荡、大分化、大整合、大改组、大重组,体制变革的力量、资本和市场的力量、技术进步的力量、内容创新的力量,纵横交织,互为经纬,这就是2011年到来之际中国书业的现实。另一个现实是,中国书业在经过30多年改革开放的时代变迁之后,早已"物是人非",早已不是我们多年习惯了的书业:我们必须面对"调整产业结构,改变发展方式"这样一个时代任务,必须坚持该坚定不移坚持的,比如内容坚守、内容建设,比如多出新品多供精品,比如尊重文化逻辑、追求文化价值,与此同时,必须改变该改变的,面对该面对的,尤其注重"调整产业结构,改变发展发式"的新的产业向度,开拓创新,与时俱进。当然,一切都应按"解放思想,实事求是,一切从实际出发"的总原则进行,因地制宜,因单位制宜,因事制宜,因时制宜,不能搞"一刀切",而应秉持创意、创新、创造的精神,奋力进取,共创共赢。这是摆在业界面前的不二选择,这也是《中国图书商报》多年来特别是近年来全部媒体运动的不二选择,以及在新年之际和业界共同观察中国现代出版产业新坐标、新向度的根本动力所在。

孙月沐

(中国图书商报社社长、总编辑)

2011年3月3日

第一编

年度特别专题··2011中国书业11问

第1章　2011中国书业环境11问

刚刚过去的 2010 年,可谓承前启后的关键年份——新闻出版总署《关于进一步推动新闻出版产业发展的指导意见》,为书业中长期走向指明了路径;全行业确立了从出版大国向出版强国跨越的奋斗目标,并开始付诸实践;收官"十一五"谋划"十二五";书业市场化、资本化、国际化的趋势进一步凸显,风起云涌的兼并重组潮中,大型战略投资者的雏形渐显;数字大潮席卷而来;世界经济形势复杂多变……很多困扰书业的深层次矛盾逐步得以解决的同时,又派生出新的难题——无序竞争仍在一定范围内表现尤甚,诚信经营路长且艰,阅读需求被新技术新媒体分流,重复出版、跟风出版未有根本扭转……2011年,书业环境、书业生态将发生哪些改变?如何破析那些久悬难解的书业"哥德巴赫猜想"?我们一同提问,一同思考,一同求解。

□ 1.1　CPI 持续走高对书业 2011 年的发展将产生哪些影响?未来书价走势如何?

国家统计局 2010 年 12 月公布的经济数据显示,2010 年 11 月居民消费价格(CPI)同比上涨 5.1%,创 28 个月来新高。2010 年原材料价格上涨和供求不平衡的问题尤为突出,纸价、印刷工价、物流费用、人力成本、稿费、版税等都进入了上升通道。中国社会科学院经济专家预测,2011 年价格上涨的压力会有所增强。年末几大图书销售网站的"价格战",也把书价、行业规范等话题再度推上风口浪尖。

中国新闻出版研究院出版经济研究室主任张晓斌认为,CPI 上涨肯定会对书业带来冲击,主要表现在两个方面:一是基础价格上涨,会推动出版社的运营成本上升,如果上升的成本不能被出版社自身完全消化,就一定会在书价上体现出来。当然书价上调要有一个时间差,不可能一下就调上去,还要看这个时间差有多大。二是消费者的收入增长如果与CPI不同步的话,用于购书的费用就会受到挤压。两个因素叠加,会增加2011年零售市场的不确定性。

"图书是非必需品,书价不可能随着物价指数的增长而增长。"中国轻工业出版社社长杨西京也表示,CPI上涨对出版社的影响可观,目前成本增加已是事实,但又不可能单纯地靠提价来赢利,利润空间越来越小。中央编译出版社社长和龑对此持不同观点——通胀对书业有影响但不大,因为经历过多次市场波动,出版业在应对材料费用价格尤其是印刷费用价格的波动上,已逐渐成熟,应对自如。但人力成本的压力不小,该社近两三年人员成本每年以30%~40%的幅度在增加。然而这种增长换来的是员工对企业的认同感增强,稳定的队伍带来了生产经营上的实效——2010年品种同比增长30%,销售码洋和回款实洋同比增长均超过15%。该社在2011年年初北京图书订货会上的新书定价基本不会上调。

受访出版社中,表示2011年订货会新书定价会上调和不会上调的各占一半,但即使上调的,也强调是因品种而异,并非"一刀切"。现代出版社总编辑臧永清在去了几家印刷厂后感慨道,"印刷业越来越难做。工人工资越来越高,工人越来越难招,材料越来越贵。2011年,书价非涨不可"。他并强调,书价高些是必然趋势,中国书业未来几年必然兴起提价风潮,否则我们无法应对纸本书销售萎缩带来的成本加大的困境。要在提高书价的同时呼吁多出原创好书。

不少受访者提到通过加强管理、成本控制、优化产品结构等方式来应对通胀,对此,张晓斌提出,"'十二五'开局之年,各方都会高度重视,应该会有一些积极的举措,为书业发展提供强大助力。不过,面对通胀等一系列压力,出版社单纯依靠强化管理、成本控制的空间有多大?传统书业要提高销售收入,除了图书之外,还能靠什么?如果传统书业都去做多元,还能叫出版吗?随着阅读习惯的改变,会不会让纸版书将来重新变成奢侈品?要回答这些问题,出版人应该回归到对'书业到底是什么'的思考上来"。

1.2 传统书业未来是打通全产业链,还是坚守主业以不变应万变?

十七届五中全会明确指出,"十二五"期间要坚持调整经济结构,加快转变经济发展方式,加之2010年年初新闻出版总署提出的"从出版大国向出版强国跨越"的构想,出版业任重而道远。坚守主业还是多元拓展的思考剪不断理还乱,坚信书业不会消亡和唱衰纸质出版的争论始终不曾停止。

凤凰出版传媒集团董事长谭跃表示,城市化的结果是文化消费会呈现出扩大的趋势,因此,出版业总体上升的态势很明确,但传统出版单位能不能顺应国家经济社会的发展,能不能调整好结构、转变好方式很重要。

大型出版集团的多元战略源于集团化运作的需求,而众多单体出版社将何去何从?以"杜拉拉"为代表的大众出版市场延伸产业链的机会似乎更多,但如果没有好的文本作为基础,后续产品的打造恐怕也是无源之水。相比之下,专业、教育类出版社又该如何应对?

人民交通出版社在起草"十二五"规划时,认真研究了其核心资源多元延伸的可能,如在地图出版领域,是否可直接生产或授权生产相关品牌的导航设备;如对汽车类图书,是否可以与驾校教练等高端培训相捆绑等等。总编辑韩敏表示,随着数字出版对纸质图书的冲击,大小出版集团的围攻,专业出版社的原有市场很有可能要萎缩,不去开拓新的赢利点,光靠图书发行势必没法长期生存下去。

148家中央部委出版社改制无疑是2010年中国书业的一件大事,转制后的阵痛将在2011年有何表现?中央编译出版社社长和龑认为,对于一批中小出版社,特别是新近改制的中央级出版社来说,改制后的市场压力会更大,尤其是做社科、学术类出版的,将面临着艰难的抉择,一定要从观念和经营机制上做好充分的准备。针对中小社在市场上的弱势地位,包括中央编译社在内的 20 多家中央出版社正酝酿联合起来,做一个社科学术类的发行中盘,这些中小出版社都是做高端学术小众和常销有品位的大众社科类图书的出版社,以现金出资形式联合创建的这个中盘公司严格按股份制公司运作,用 3~5 年的时间逐步扩大规模,争取能将社科学术类图书做到 10 个亿以上,在整个图书市场中争得一席之地,以求得这些中小单体出版社在书业市场上与乙方的平等对话权。中小单体出版社只能靠联合起来拓展市场,坚守出版主业,才有出路,甚至可说这才是唯一的出路。

关于传统图书主业的命运,和龑的看法颇具代表性:"传统图书主业不仅能力挺 5 年、10 年、20 年,而且应该是在很长的历史阶段也不可能被替代。"他分析说,第一,即使是在多媒体融合已经领先一步的欧美发达国家,仍然有深厚的纸质书阅读需求,如 2009 年法兰克福书展开辟出专门的展厅展示欧美国家设计的传统图书阅读的辅助器具,如躺在床上看书、在卫生间看书、在公交车上看书分别可以用的不同的书架,从一个侧面说明了传统图书的生命力。第二,阅读的主要功能在于愉悦身心,在于解决人们深层次的精神文化需求,是人类生活的一种状态,而不仅仅只是有学习思考或查阅资料等实用功能;同时从人的生理特点来讲,也不会在极短的时间内适应屏幕阅读。第三,多媒体传播形式对传统出版的影响会是一个相对漫长的过程,并且对不同类型的出版板块的影响程度也不尽相同,即使是对受影响较大的大众板块中的各个亚板块的影响也是不一样的,而对社科、学术、经典等严肃出版板块影响则更要弱得多,暂时不会有大的影响。总的来说,"狼"的确是来了,但没有想象得那么可怕。

1.3 世界经济艰难复苏,对书业意味着什么?

2010 年世界经济实现了温和复苏。中央经济工作会议指出,2011 年世界经济有望继续恢复,但不确定不稳定因素依然很多。

就像金融危机很严重时对中国书业没有太大直接影响一样,经济温和复苏的影响也不直接,这是受访者的普遍共识,但大家也都看好其积极的一面。

安徽出版集团总裁王亚非认为,经济温和复苏,人们更关心产业与生活,书业自然也有更活跃的机会。书业及文化本身就是随经济而动,但往往复苏和繁荣时更引领消费,更会有创意。至于有多大影响还不会很快显现,书业本身在危机时也没多大影响,经济复苏也好像病来如山倒、病去如抽丝。任何时候对文化内容及创意都是机会。有业内研究者相对审慎,"即使经济复苏,对书业的积极影响也需要一个传导过程,而且这种积极影响会不会被人们现在阅读习惯的改变抵消一些呢"?

凤凰出版传媒集团董事长谭跃则从中看到了中国书业"走出去"的机遇。他认为,过去国外特别是西方发达国家对中国了解的需求并不明显,而此次西方国家在经历了金融危机的同时,也看到了中国有力的应对举措和强劲的发展势头,一定会激发他们了解中国的需求,包括政治、经济、文化等各个领域,这对中国书业走向国际市场将产生间接的、长远的、深刻的影响。经济复苏对国际市场的影响,则因国而异,因出版领域而异。

中央编译出版社社长和龑对经济复苏给书业带来的影响持乐观判断,他表示,刚刚过去的金融危机与20世纪30年代的经济危机是两个完全不同的概念。正如中央的判断,中国经济的基本层面没什么大问题,而出版业又是相对稳定的行业之一,"所以我认为世界经济环境的变化对书业的影响不会太大;从另一个层面讲,金融危机以来,又恰恰激发了国民对经济问题、金融问题的关注,譬如目前大众对人民币升值的高度关注,这种关心就是一种潜在的阅读需求。这两年我们的金融图书板块大多是高端的引进版理论图书,如《金融战争》、《金融突围》等,能销售几万册,绝大部分是普通读者购买而非专家购买,这就是很好的例证"。

1.4 年出版品种已突破 30 万,未来是继续增长还是持平或收缩?

新闻出版总署发布的《2009 全国新闻出版产业年度分析报告》显示,2009 年全国共出版图书 30.2 万种,比 2008 年增加了近 3 万种,同比增长 10.22%,其中新书增加了近 2 万种,同比增长近 13%。据了解,这一数量级的出版品种已经居世界第一位。从出版规模和品种增速上来看,我国已是出版大国。未来图书品种的增长趋势如何,与书业健康发展有着密切的关系。

未来,年出版总量是继续大幅增长还是持平,抑或有所收缩?较多声音认为,图书年出版总量仍会大幅增长,出版领域的圈地运动已经开始,"做大规模"已经成为较为普遍的发展思路,出版集团是如此,出版社也是如此,民营公司还是如此。导致这一现象的原因有多种,比如大到机构在总量上做大容易出成绩,小到编辑往往每年都有工作量的要求;还比如政策放开使得民营公司与出版社展开广泛合作,策划商挖掘的内容资源变成纸本书越来越容易……

探究更深层次的原因,业者认为,从发展思路上来说,出版机构主观上没有真正意识到或者没有足够意识到,出版业提升自身核心竞争力的必要性和重要性,"泛主业化"会成为集团和大社下一步发展的一个主要趋势,这将成为主业弱化的诱因。从制度以及人才结构上来说,我国尚没有职业出版人制度,制度缺位从某种程度上导致人才匮乏乃至行业道德的缺失。从文化层面来说,文化浮躁成为一种普遍现象,使得图书内容求量不求质。

业者认为,持续增长的年出版总量和销售总量不成正比,利润降低,重印率也因此下降,出版业核心竞争力提升缓慢。书多但好书难觅的现象凸显,消费者对行业的信心度下滑……这些都是出版总量快速增长带来的隐忧。但是也有声音认为,文化体制改革处于激变期,摸索中的各种尝试有利也有弊,规模化发展不等于流水线批量作业,也不意味着出不了精品。出版机构也完全可以尝试先在自己领域内"做专、做大",以核心板块与品牌产品群树立强势地位,再通过优势资源赢得合作的筹码,进一步"做强"。

1.5 面对盛大文学等资源通吃的竞争，传统出版如何守住内容资源？

2010年,相对于传统出版的所谓"业外"力量一路高歌猛进,让中国书业体验到了"资本凶猛"的滋味——盛大文学攻城略地,三大手机运营商跑马圈地,亚马逊Kindle阅读器掀起了出版业的变革浪潮,苹果iPad横扫全球市场,临到年末又杀出了个百度文库。业外资本一系列让人眼花缭乱的动作,究竟是促发展还是搞垄断,已引起业界高度重视。

面对这些准备资源通吃的虎视眈眈的竞争者,传统出版该如何守护和发挥自己的内容资源优势？采访中记者了解到,传统出版业已从最初的"人心惶惶"中冷静下来,有"三法"可应对。

第一,竞合。有业内人士表示,传统出版和网络出版巨擘在资源互补、合作双赢的轨道上实现资本方式的"联姻",将有可能产生全新的行业格局。最为典型的是,2010年4月出版传媒与盛大文学形成合作,双方将借助对方的优势和资源,进一步打通各自的产业链条,一方面实现上下游的资源协同效应,实现"线上"和"线下"的整合运营；另一方面也将大大节省产业供应链各环节的研发与推广成本,实现成本总量减低而效益值攀升。重庆出版集团董事长罗小卫认为,内容提供商比较分散,必须整合起来一起坚守、发展、维权,传统出版要借力、联合。

第二,打好版权阵地战。首先要看住内容,其次要看住权利——编辑加工之后的作品的权利。版权问题仍然是这些业外企业走向赢利的最大绊脚石。正因为如此,百度文库遭到炮轰。人民音乐出版社社长吴斌说,不能盲目地将产品数字化,而是要寻求数字化之后还拥有自主知识产权。该社已经与iPad等数字出版商洽谈,希望有自己的独立知识软件,以期永远控制住独特的音乐数字出版的创新知识产权。中华书局总经理李岩表示,未来三网融合后屏幕终端成为一种更为主要的阅读方式,必然给传统出版业带来一些变化,包括授权的变化。版权产业的发展是未来发展一个很重要的增长点,要增加对知识性劳动的尊重,出版业应该在这方面发出更多的声音。

第三,靠什么网罗住更多资源?品牌是文化影响力的一部分,出版业依然需要出版品牌的支持。在变的过程中,出版社、出版人有两个角色没有变:一是内容的捕捉者,二是内容的再创造者,只要保持好这两个角色,即便未来出版要面对更多元、更立体的发展态势,出版社仍然能够承载这种变化,并成为变革的推动者与主导者。

回过头来看盛大文学,"一家通吃"言之尚早,其目前的资源远未达到"最上乘",仍然主打"浅阅读"的网络阅读模式。长江文艺出版社副社长黎波在微博上感叹:"最终不会是网络出版打垮传统出版。真正打垮传统出版的应该是自己的渠道萎缩和读者的阅读时间被分割。"

1.6 数字出版业外热度超过传统出版业内的症结在哪里? 2011年数字出版的发展趋势如何?

"数字控"无疑是2010年出版业的关键词之一。传统书业已然不再纠结于"要不要做数字出版",而是因地制宜、因社制宜地探索数字出版的可能路径,铆足了劲儿抢占数字出版高地。尽管如此,网络文学平台商、终端阅读器生产商、技术服务商、通讯运营商的风头盖过出版商,却是不争的事实。

新闻出版总署2010年9月发布的《关于加快我国数字出版产业发展的若干意见》指出,到"十二五"末,我国数字出版总产值力争达到新闻出版产业总产值的25%;形成20家左右年主营业务收入超过10亿元的具有国际竞争力的数字出版骨干企业;支持非公有制企业从事数字出版活动。10月出台的《关于发展电子书产业的意见》提出,积极培育电子书产业,以促进新闻出版业结构调整和发展方式转变。随后,首批21家企业获电子书从业资质,传统书业之外的企业数量过半。

对于目前数字出版业外热度超过业内的现象,广东出版集团数字出版有限公司总经理黄海晖认为,症结在于传统出版单位还普遍认为数字出版的赢利模式还不清晰，对数字出版缺乏足够的信心和决心。出版社往往将自己定位为内容提供者，即使在数字时代也是如此。但现实是，目前出版社的内容在进行数字化运营时并不能产生很好的收益，内容卖不了好价钱，适合新媒体的内容也不多。黄海晖在实践中体会颇深："数字出版不是没有商业模式，而是我们传统运作模式还无法适应新媒体的商业模式。"他建议业内要共同推动以内容提供为核心的数字出版商业模式的形成：一是出版社要分析新媒体环境下媒体的特点和用户的需求，创造出更多符合新媒体特点的内容；二是要促进不同出版社之间内容的合作，提高内容的议价能力；三是逐步建立自己能够控制或参与运营的新媒体渠道。

了解透、应用好媒介融合的趋势，传统出版方能寻求到数字出版的突破口，这是业内有识之士不约而同谈到的观点。中国外文局数字出版管理处处长汪涛提出，从微观层面看，传统出版的内容产品要依托数字技术形成跨平台跨媒体的使用，销售平台化，渠道多元化；从中观层面看，与内容产品形态融合相适应的出版观念、运作系统、组织结构、商业模式等开始融合；从宏观层面，出版传媒业与电信产业、电子产业、IT产业等开始互相渗透融合。他进一步分析认为，第一层面上，传统出版单位或多或少进行了尝试，资源数字化、电子书等基本上是传统资源的数字化延伸业务，但限于数字资源分散分割、体制机制等先天不足，尚未跟上新媒体发展的步伐。在第二和第三层面尚无作为，运营模式很难改变，在整个数字出版产业链上竞争力不强，只能被动整合。而盛大、中国移动、中文在线、汉王、同方、当当等已经大步跨入，规模资源加销售平台模式牢牢地把握住数字出版产业的主动地位，而这一差距仍将扩大。"国外的出版商在第二层面、第三层面已经开始行动，虽然仍基于内容提供商的定位，但是有些也在尝试反向整合技术和新媒体资源，以扩展在整个大生态系统中的发展空间，非常值得我们借鉴。"

谈及数字出版的发展趋势，中国新闻出版研究院数字出版研究室主任张立认为，2011年，政府对数字出版推进和管理的力度都会加强，特别是会以更多具体项目的方式推进；其次，媒体融合的速度会加快，单一媒体的时代行将结束；第三，行业外势力会进一步向行业内渗透，新媒体公司会加强内容平台的建设，借助其灵活的机制与运营商和出版单位既竞争又合作，并很可能出现新的新媒体上市公司。"我预测过的电子纸技术、网络原创平台、手机作为出版终端的崛起等，相继成为现实；但数码印刷连锁至今没有出现，按现在的趋势2011年也不会出现。"黄海晖看好的三个热点更为具体：各大出版集团，特别是已经上市或正准备上市的出版集团会发力数字出版，重点投入内容平台建设和开展教育数字化；电子书的竞争会日趋激烈；随着中国电信、中国联通的阅读基地投入商用，加上2010年已经商用的中国移动手机阅读业务，手机阅读会高速成长。

1.7 集团的多元化发展现象是否会愈演愈烈，并进而冲淡主业所占份额？

2010年，多元化是上市之外的又一个高频词。时代出版传媒公司2010年10月一次性签约了10个影视合作项目。凤凰出版传媒集团凤凰台饭店呈现新面貌，凤凰苏源大厦在京初步站稳脚跟，凤凰国际文化中心华丽亮相。

上海世纪出版集团总裁陈昕认为，在数字化时代，出版集团即便是在内容产业的范围内考虑业务结构的多元化，也还是要注意形成核心产业和主打产品。因为，业务融合的结构安排不是削弱专业化程度，而是要求更精细的专业化运作，以形成核心业务和拳头产品。过快地进行多元化经营，势必造成主业不强、多角经营，整体业务规模很大却又形成不了规模效益的局面。山西出版传媒集团总经理齐峰认为，一些国际出版集团正是通过实施多元化运作，确立起世界出版巨头的地位。从资金运作的角度讲，多元经营是一把"双刃剑"，在分散企业资金风险的同时，又相应地增加了企业资本运作的风险性。应注意规避盲目多元的问题，特别是在核心竞争力不强或个别集团还没有形成核心竞争力的前提下，一方面要警惕非相关多元化的陷阱，另一方面要警惕过度多元,这势必会对集团主导产业的竞争地位和利润造成影响。因此,正如规模经营不等于经营规模,多元经营也非一剂一用就灵的良方,对于出版集团来讲,发展的关键不在于是否多元化,而在于如何多元化,即如何通过有效的多元经营提升集团的核心竞争力,从而增强企业抵御风险的能力。齐峰强调,在多元化经营过程中,要始终坚持主业的地位不可动摇。"一个主营业务不突出,或在主营业务中不具有专业优势的企业,即使它做得再大,也不会长久。"

安徽出版集团总裁王亚非认为,关联性的多元是出版产业能够维持生存、发展的最基本保障。"仅仅做出版,发展空间不大;如果和不同产业联系在一起,影响力、资本控制力、市场运营能力,以及提高出版人的素质都有保障"。他相信,主业是肯定会上升的,因为多元的发展给出版提供了很多保障。"我们要求做好书,做精品文化,就必须使投资有保障,员工们生活有保障,退休有保障,没有后顾之忧。"他告诉记者,集团2010年利润很好,获得资助也很多,会加大主业投入。"即使有些库存,和投资用户在一起,稍微做些合作工作,就可以销售掉。这也使大家很有信心、有干劲。怕投入,谨小慎微,又不敢在市场上做营销是不行的"。

1.8 各集团大社纷纷做阅读器等终端设备,是资源自主还是资源浪费?

2010年3月底,上海世纪出版集团的"辞海悦读器"正式亮相。中国出版集团公司于4月份推出自有品牌阅读器——大佳阅读器。读者出版集团读者集团在5月上市了第一款"读者电纸书",并在9月发布了旗下第二款电纸书产品。

"现在数字出版市场太浮躁了!"有专业人士感叹。中国出版集团公司总裁聂震宁认为:"电子书阅读器市场已经明显供大于求,蜂拥而上阅读器是对资源的浪费。数字出版一定是未来出版业发展的方向,但数字出版不等于电子书阅读器。希望更多的出版商能把未来的发展放到数字内容的建设上。现在很多搞数字出版的都是上错花轿嫁错郎。出版业和硬件制造商、技术提供商,包括网络运营商之间还没有形成规范、合理、有效的合作关系。在目前的合作中占据有利地位的是他们,我们的内容处于过分从属地位。于是出版商开始回过身来自己做,由此形成了纷乱的局面。我认为传统出版商之间,传统出版商与硬件制造商、技术提供商,包括网络运营商之间都应实现竞合,谁都不要企图巧取豪夺。这方面,国际上已经有合作的成功案例,如企鹅集团公司联合6家大的出版商,和Kindle制造商亚马逊签署协议,明确了电子书定价权由出版社来掌控,这非常有利于保护作者和出版者利益,符合出版业的基本规律。"河北出版传媒集团董事长杜金卿则认为这是一个好现象,"起步阶段,大家都做,百花齐放,都在探索,再逐步找到适合自己的道路,之后再进行整合,出现几种权威、垄断的品牌几分天下"。

1.9 发行集团上市,靠主业能赢利吗? 应该靠什么赢利?

随着越来越多的新华发行集团上市,融资之后应该投到哪里以更好地回报股民? 单纯依靠利润微薄的书业是否能够赢利? 发行集团如何突破上市后的"瓶颈"? 成为上市集团掌门人必须思考的问题。

2010年6月,四川新华文轩连锁股份有限公司以12.55亿元与四川出版集团有限责任公司15家全资子公司进行资源整合,成立新华文轩出版传媒股份有限公司,成为中国出版发行业首家以股权整合方式完成的出版发行资源整合案例。

上市发行集团表示,改制、上市并不是企业发展的最终目的,而是通过企业上市,利用资本的力量,促进生产要素在全国范围内的流通,从而建立起一个市场基础上的良性产业组织结构,这才是整个产业升级壮大的最佳途径。当前要依靠主业赢利,但又不能仅凭传统主业发展,只有进行产业链的延伸和产业范围的扩大,发行集团才能获得更广阔的发展空间,发行集团的赢利能力才具有持续性。

新华文轩出版传媒股份有限公司董事长龚次敏谈到，他们一直在努力打造企业核心竞争力，当前建立了零售、教育征订、中盘和电子商务四大业务板块，加强物流、信息、采购和生产加工四大业务平台建设，以省内为主，跨区域整合出版资源，打通出版产业链，实施出版产业一体化运营管理模式，构建高效的出版物生产与营销服务体系，探索更优的赢利模式。要实现传统出版发行企业向大型文化传媒集团的转型，首先要打通出版产业链，发挥资源聚合效应，要实现产业链整体效益最大化。要突出主业，超越主业。在把传统出版产业主营业务做深做透做全的同时，要抓住电子商务、数字阅读以及中小学数字教室推广普及等商机。其次要成为文化产业新型的资源整合者与战略合作者。资本融合推动产业融合，从业务的横向联动到纵向延伸。龚次敏认为，在资本市场上，文轩的角色可描述为"文化产业新型的资源整合者与战略合作者"。2007年上市后，文轩利用体制优势和资金优势，延伸出版产业链，进入文化传媒其他领域，冲破区域、行业壁垒，探索合作双赢的跨区域、跨行业发展，经营范围从纸业、印刷，到出版、物流，形成以出版、传媒、文化三大板块为主的文轩"产业集群"。第三，拓展相关文化产业项目。近年来，文轩策划了一系列文化产业项目，包括四川文化城和青白江现代出版物流基地等项目，并拓展文化产业相关业务，如收购四川外语学院成都学院24.3%的股权，借助成熟教育资源链接了出版物发行及文化教育行业。打造成渝艺术高地，2010年2月，文轩联合当代艺术名家、艺术产业投资人，成立四川文轩艺术投资管理机构，介入艺术品经营市场。

1.10 出版发行集团化和兼并重组，是否会形成新的资源垄断与市场壁垒？

强强联合，强弱合作，曾经的行政壁垒、区域壁垒被打破后，资本之手会不会导致强者占有资源越来越多，甚至垄断，大中小出版实体并存的出版生态是否将被破坏？

北方联合出版传媒(集团)股份有限公司2010年4月与盛大文学签署战略合作协议;2010年11月,又分别与天津出版传媒集团有限公司、内蒙古新华发行集团股份有限公司签署股权合作协议。2010年7月,时代出版传媒股份有限公司全资子公司黄山书社与联合出版集团广东联合图书有限公司共同合资组建了北京时代联合图书有限公司,投资总额为2000万元。同在7月,时代出版与黑龙江出版集团签订协议,共同出资设立时代新华出版物连锁经营总公司。2010年9月,时代出版全资子公司安徽时代出版发行有限公司与江苏可一出版物发行集团合作,组建安徽时代可一出版物发行有限公司。

有不少业内人士认为,我国的出版发行改革尚处于雏形阶段,如果完全依靠市场的资本力量,按照市场规律进行配置并不符合文化产业结构特征。企业和政府之间应该加强深层次的沟通,提出有利于既符合国家政策允许,又有利于区域性的局部产业结构的合理布局,真正实现文化大发展大繁荣。

田海明也持同样的观点,他认为,目前出版业已经显现出边发展边规范的势头,"出版发行集团都希望通过兼并重组来发展壮大,形成集中优势,优化合理资源的配置。但是如果各个地方都采取这种模式,肯定会形成新一轮行业发展壁垒,而且会比以前更加严重。这样的竞争手段、竞争环境、竞争方式,会给新一轮的出版业发展带来不利的影响。这也说明我国的文化市场正处于一个不成熟的阶段,希望政府加以支持、引导的同时还要给予适时的干预"。陈昕表示,从未来的发展看,出版业的跨地区兼并重组应当努力革除行政化色彩,以资产为纽带,更多地推行市场化准则,通过市场化运作和产权交易方式,围绕品牌和知识产权来开展。唯有如此,出版集团通过跨地区兼并重组实现扩张才有实质上的意义,对于中国出版产业的发展才称得上是有益的举措。中南出版传媒集团总经理丁双平认为:"这是一个好事。中国出版传媒业现在需要的是更大程度的集中,而不是更大程度的分裂。"适当提高集中度,有利于中国出版传媒从观念到技术到其他手段的促进。要打破那些已经形成的壁垒,除了靠资本和市场的力量,还需要行政力量的推动,这方面,新闻出版总署和相关政府部门一直在努力。打破区域垄断,最需要的是能打破垄断的产品,而这样的产品出现需要定价水准的提高,需要政府给予更大的支持。

1.11 已上市和未上市集团之间的差距是否会进一步拉大?

2010年是新闻出版体制改革大幅提速之年,一批大型出版传媒集团公司现代企业制度逐步完善,通过资本运营做大做强、谋求上市成为不少出版发行集团的共同选择。

江西省出版集团、湖北长江出版传媒集团有限公司、中原出版传媒集团借壳均有实质进展。在2010年真正实现上市的出版发行集团各有一家,即湖南出版投资控股集团旗下的中南出版传媒集团和皖新传媒。

"对于上市,我们应当有理性的认识,不要都挤在一条道上。试想,如果所有出版集团都上市,那将是什么样的局面呢?"时代出版传媒股份有限公司总经理田海明认为,国家文化产业结构调整是一个长期的过程,符合经济规律和文化资本市场基本规律。很多集团上市目的不仅仅为了加强内部结构调整、发展规模,更主要的希望在未来中国文化资本市场上不被颠覆掉。而且,对外国际交流如果没有上市融资平台支撑的话,影响也是有限的。对于一窝蜂的上市,他并不赞成:"上市是有选择性的,不是所有出版发行集团都要上市,都适合上市,上市单位要符合国家的区域规划和布局。上市后必然会有新的压力和困扰,新的问题和矛盾。上市前要充分分析自己的产业结构和经济基础,以及上市后可持续发展出路。"

齐峰认为,通过资本市场打造大型出版上市集团,一方面可以推进我国出版产业体制改革的步伐,通过资本的纽带推动出版资源的合理配置,打破现有出版管理的地域、行业等诸多体制"瓶颈",释放我国出版产业的生产力和创造力;另一方面可以培育出版产业的战略投资者,通过战略投资和资产重组等市场化方式打造大型出版集团,优化出版产业结构,提升出版产业的竞争力。田海明认为,已上市集团和未上市集团之间的差距肯定会进一步拉大,政府要出台政策进行支持、引导和资源再调配,否则会形成新一轮的地域封锁、资源封锁,不正当竞争会加剧。中南出版传媒集团总经理丁双平也认同这一观点,并列出了很有说服力的5个原因:首先,资本的积聚会逼迫上市公司考虑更全面、更长远的发展,不仅要考虑当前和未来的结合,还要考虑短期和中长期的结合,这种状况会使上市公司更加努力;第二,从客观上说,股改上市会促使企业从竞争理念到竞争手段都产生巨大的变化,会消减过去几十年老体制下养成的惰性;第三,资本的力量会带来技术的优势,过去传统出版不重视科学技术、不重视资本力量的情况有了很大改变;第四,中央对于上市企业的政策支持力度应该会加大,上市后,集团将实现快速增长,影响力急剧增加,影响力又决定了市场、通道、人才等,这对于创意产品和文化产品的出版大有好处;第五,上市企业增多,势必会引起新一轮的合作和并购,企业差距将进一步拉大。

[链接:中说图书商报2011.1.4,金霞、穆宏志、田丽丽、文冀、孙珏《中国书业环境11问》]

第 2 章　2011 中国书业分销 11 问

2011 新年的钟声已响彻苍穹！中国书业也满怀蓬勃心气，迎接全新的美好时光。当然，许多跨年的问题也如影随形。在这节骨眼上，在此特地为业界梳理了 11 个普遍存在的大提问，以期共同求解。

2.1　治理价格战到底有没有辙？

目前书业价格战普遍存在，网上书店与实体书店之间、网上书店之间，价格战层出不穷。价格战作为最低端的营销手段，对于出版业并非好事。近年由网络书店引发的图书价格战使整个行业大概损失了 15 亿元的毛利，而整个中国书业市场化部分的年销售仅约 300 亿元。治理价格战到底有没有办法？

业内人士普遍认为，政府应尽快出台相关的法规、条例，保证图书市场健康有序地发展。同时要发挥行业协会的自律作用。业内人士呼吁学习德国等国家的图书定价制来保护图书出版，通过法律对一本书的售价和销售方式制订标准。实行固定的定价体系被提上议案。但目前中国实行定价销售有制度性的障碍：首先要得到法律的许可，其次出版社的转企改制要更加深入，要真正感到压力，同时，读者目前"无折不欢"的心态也成了定价销售的阴霾。2010年年初有关协会颁发的《图书公平交易规则》中关于促销的条款已删除。原因主要是《规则》中的促销条款，与国家有关法律精神不符。目前我国尚无法律保护，而法国、瑞典、日本等国家都有相关法律支持。中国出版工作者协会常务副秘书长黄国荣表示，相信通过市场经济的逐步成熟，会逐步解决此问题，只是现在还不是时候。当前正在进行的网上书店价格战，也只能由市场规律来制约。此前北京第三极书局和中关村图书大厦"价格战"打了很久,最后第三极书局退出了市场。市场这只无形的手会制止无规律的行为,惩罚不符合经济规律的行为。

北京龙之媒广告文化书店董事长徐智明认为,解决价格战的根本在于社店双方实现基于相互提供支持和服务基础上的密切合作。出版社要积极引导、服务阅读,开发差异化产品,避免同质化产品泛滥。实体书店依然有着不可替代的作用,要在开展差异化服务上做文章,细分客户市场、整合需求,营造读者购书环境,建立会员俱乐部、图书阅读定制服务、会员沙龙服务、书架定制服务等体验阅读方式,形成与网络书店的互补,把价格战变为服务战。总之,希望政府干预,行业协会监督,企业自律,维持正常的价格体系,使我国书业健康发展是一致呼声。

2.2 在数字图书馆的发展背景下,传统馆配商将如何作为?

当前,世界范围内正在掀起数字图书馆建设高潮。北京人天书店有限公司总裁邹进简单梳理了其发展脉络:从1997年的"中国试验型数字式图书馆项目"起,经过几年的运作,我国数字图书馆的建设取得了重大成就,如中国数字图书馆工程的开展、"中国数字图书馆联盟"的建立等。数字图书馆的确拥有诸多优点,如信息储存空间小、不易损坏,信息查阅检索方便,远程迅速传递信息,可多人同时使用等。但其发展也面临着一些问题,如互联网的普及、标准的统一、人员素质的提高、知识产权问题的妥善处理等。邹进认为,数字图书馆的发展要想适应传统的图书馆管理体制,还需一个漫长的过程,不可能一蹴而就。广东大音文化发展有限公司副总经理张卿对此也很认同。他说,图书馆内的数字资源和纸质图书在相当长的时间内是并存的。

值得注意的是,在数字图书馆取得发展的同时,图书馆对传统馆配行业的需求也在不断增加。邹进强调,仅从我国每年新书出版16万种以上的规模和高校人均4册新书的馆藏要求来看,传统馆配领域的发展空间也不容忽视。

毕竟5000年的文化，由甲骨到帛锦，由竹简到纸张，我们还是很在意那种真实的感觉。有人说电子图书不过是快餐文化，如果要深入研究或收藏，还是非纸质图书莫属了。而且，从目前大多数图书馆的馆藏结构来看，电子图书和纸质图书的采购经费比例大约为1:5。孰重孰轻，不言而喻。这个比例也许会随着阅读需求有所变化，但不可能出现一方为0的情况。张卿则指出，在回答该问题之前，要先弄清楚，这个问题是指数字出版下的馆配业务，还是数字化后的图书馆，若是指的后者，那就不存在这个话题了，因为这意味着传统馆配的业务已经消亡了。他说，虽然数字化图书馆在中国是趋势、起步也很早，但发展慢、前景不乐观。为什么呢？主要还是版权问题。就像电子书，版权问题没解决，买到的只是一个阅读器而已，装在里面的几千种书可能都是公版书，或者个别有授权的书。其他书到哪里去下载呢？

之前有传言说，2010年下半年整个上海地区的小学将全部使用电子书包，现在好像只是在某个区试点。为什么进步不大呢？客观上有许多问题存在。目前尽管有人在试验、在探索，但到底数字化图书馆到了一个什么样的进程，谁都排不出日程来。有人提出了2018年纸质图书消亡说，张卿一直持反对态度。他说，恐怕纸质书到2028年、2038年都不一定会消亡。

由此可见，数字图书馆和传统馆配业务不是非此即彼的关系，甚至不是此消彼长的关系，而是互为补充、互相促进。在数字图书馆的发展背景下，传统馆配商将如何作为？邹进建议，走好自己的路就好了！走好这条路，就要不断扩展对图书馆的服务范围，不断完善自身的服务水平，不断满足图书馆的个性化需求，不断体现传统馆配的行业优势。走好这条路，也要不断关注数字图书馆的发展，不断了解图书馆在新形势下的需求，不断弥补自身不足，不断开辟新的战场，最终不断提高自身的综合实力。张卿则坚持做一个好的馆配商，要有好的产品，销售高质量的正版图书，加强服务质量。

立足于图书馆市场，要有竞争力，就必须有与众不同之处。儒林书业集团已摸索出了三大差异化策略。集团董事长余伯成认为，现在图书馆业已形成商业壁垒,基本格局已形成,中国馆配市场将迅速进入大公司竞争时代,将加速服务差异化、产品差异化、技术差异化,走向专业化。馆配商在今后绝不能仅仅停留在图书提供商的角色,而要逐步转变成情报和服务的提供商,细分客户,在服务和技术上创造出更多的内容,找到各自的切合点,发挥优势。

2.3 网络书店低价销售到底可以持续多久?

历史惊人地相似,2010年底到2011年初沸沸扬扬的京东网上商城和当当网的激烈价格竞争,让人想起2006年刚开业的北京第三极书局和中关村图书大厦的叫板,只是地点从实体店转到了网络。网络书店低价销售从当当、卓越亚马逊两巨头,发展到"新人"——京东也加盟,大有越演越烈之势。此种低价销售到底可以持续多久?

业内人士表示,网络书店低价销售,消费者得利只是暂时的,不计成本的低价竞争最终对谁都没有好处。恶性价格战的冲击,会让出版业失去再生产能力。从长远来看,由于严重削弱、打击出版业,销售行业也就丧失了发展的可持续性,最终受伤害的还是读者。北京博集天卷图书公司常务副总经理王勇认为,"低价战是图书出版界的'三聚氰胺'。这种行为毁坏了一个成熟稳健的价格体系,只会让读者产生信任危机,其结果是破坏整个行业"。事实上,不断降价的背后只能有两个结果:出版社或者大幅提高书价,把利润损失转嫁给读者,或者压缩作者的版税等成本。对于低价竞争,出版社表示不支持,并且呼吁利用法律手段找到合理的解决方案。曾经身处第三极和中关村竞争风口浪尖的北发图书网董事长孟凡洪认为,当前网络书店过分的低价销售很不理性,可能会促使出版社集体发力制约此种行为。中国图书网总经理黄平认为,网络书店的长期超低价不会持续很久。首先,网店只将低价作为营销策略,能够吸引读者关注是其主要目标。其次,持续地低于进货成本销售,涉嫌违反《反垄断法》。第三,持续超低价将遇到主流出版商的全力抵制。可以持续超低价销售的是以销售图书尾货为主的网店,但电子商务巨头们间歇性地超低价或变相超低价销售,无疑将成为未来一段时间的常态。类似京东与当当这样的价格战今后仍然会上演,因为新企业需要迅速占领市场,而降价是行之有效的方法。卓越亚马逊副总裁李英对低价销售也做出了自己的解释。卓越始终坚持"天天低价、正品行货",为消费者提供富有竞争力的价格、有保障的品质以及卓越的用户体验。任何一天任何一个时刻,欢迎消费者在网上购物时货比三家。

看来,即使网络书店的超低价竞争不会长期地持续进行,但阶段性的低价促销仍会时常发生。出版社和实体书店都在期待相关制约法则的出台。

2.4 实体店发展电子商务有前途吗?

有统计数据显示,2010年,全球网站数量接近2.25亿,中国网站279万,预计2010年电子商务销售额能达5760亿。面对国内电子商务市场的巨大蛋糕,传统行业巨鳄亦纷纷发力电子商务。

问及在电子商务领域建设得有声有色的实体书店,回复皆是肯定的。而且实体书店很聪明,非常懂得利用传统书店的优势迅速开发电子商务平台。如四川文轩在线电子商务有限公司总经理邹健所说,传统书店可通过会员互动、网络营销等各种手段,提升实体店的销售。精准营销让推广效率更高。目前,大多数书城均建立了网络推荐的机制,定期在网页上展示最新活动,或者推荐某一段时间的热销书籍。据了解,2010年文轩网全年销售码洋近亿元,增长率逾400%,远超传统行业平均增长率,网站日均IP近10万,Alexa排名1.1万名。研发并成功推广了远程教育网络平台的山东新华书店集团青岛东方图书公司对此颇有经验,项目主管孙振青认为,新华书店是最理想的营销渠道管理者和掌控者,主要优势表现在:运营模式成熟,易于推广。拥有地方教育资源优势。由山东新华书店集团与山东省教研室合作研发的网上教育教学平台,已运用到当前的教研教学工作中,可借助省内优秀教师的优质课件,建立一套优质资源库。再有销售渠道优势、书店销售增长优势,最后是技术支持及资金投入优势。

北方图书城也有自己的电子商务系统,但书城的电子商务与书城的连锁体系密不可分。据书城营销策划经理张鹏介绍,2010年,书城搭建了统一的网络物流运营平台,升级了电子商务系统,开设了不同品牌的淘宝商城,获得面向全国的订单。同时开设了12家个人淘宝特色店铺、2家团购特色店铺。线下体验店成功开设了锦州渤海大学体验店、沈阳建筑大学体验店等6家高校体验店,与保利地产合作开设了3家社区体验店;结合企业"移动图书馆"项目,面向东软集团6000名知识员工开设了企业体验店。2011年,书城争取开设20家社区店、20家企业服务店,这些店面不但是渠道,也是媒体,更是服务。

2.5 实体书店面对数字化、教育网络化,未来经营什么?

数字化、教育网络化的浪潮来袭,最直接的"受害者"就是实体书店,2010年表现得尤为明显,成为大批大大小小实体书店轰然倒塌的重要因素。或许实体书店从未像2010年这样集体感到危机的降临,不得不思考"未来经营什么"这一话题。

从人书城坏境改善的角度,"体验式"的呼声最高。广东永正图书有限公司总裁刘森说,以前国内传统的书店只是一个书店,我觉得应该朝着一个有文化生活内涵的广义的综合卖场去发展,而不单单靠书来维持。重视营造购书体验的氛围,让读者享受到购书的愉悦感,而非仅仅满足于买到了一本书。在这过程中,卖场环境、服务态度、设施设备、多样品种等全方位、多角度的综合因素,激发了读者的消费欲望。永正的图书卖场正朝着这些方向努力,也开设了电子产品等体验区。

至于具体经营什么,也有许多业界人士边实践边总结,给出了自己的看法。北京纸老虎文化交流有限公司副总经理田原列出了"经营三部曲":图书、期刊、音像的经营。数字化阅读是大趋势,在发展过程中不会一蹴而就,而且也不是所有的阅读需求,数字化都是最好的解决方式。纸质图书的阅读在未来会呈现高端化的趋势,图书会成为一部分顾客独特的需求和生活方式。书店仍然可以为这部分顾客和产品提供优质的服务和体验。文化消费品的经营,仍然以满足顾客的文化需求为自己的经营核心,在现有的商品结构基础上逐步调整和丰富,通过招商和自营的方式,增加非图书的文化消费品经营,成为文化产品零售消费的服务商而不是单一的图书销售商。顾客服务的经营,以纸老虎为例,利用纸老虎的会员基础,开发会员文化生活的服务需求,成为会员文化生活的组织者,通过经营顾客、丰富服务获得收益。

北方图书城开始了卖会员、卖渠道、卖媒体、卖文化之旅。2010年,书城大胆提出了"媒体＋渠道＋活动"三位一体的精准小众传媒定位转型战略,并做了积极务实的尝试。据书城营销策划部经理张鹏介绍,2010年广告收入总额达到了200多万元,已经占到净利润的近30%。在营销上,书城也从过去的"以书为主"向"以书为媒"转变。全年各品牌数字化产品总销售已经突破了千万元的收入增长。

北方图书城的"卖场媒体化",打通了产业升级与传统卖场的关系。卖场媒体化等于把媒体造势、渠道推广、营销活动三位一体的优势发挥到极限,给读者呈现出文字、音频、视频、图形图像等多种媒体的传播形式。"营销一体化",将门店打造成"零售＋团购＋网购＋会员制＋新渠道"的全新营销模式综合体,是门店战略转型的目标。"渠道立体化",不断引进新的上游出版资源,用来开辟校园渠道、会议营销渠道、团购直销渠道、媒体合作渠道、电子商务渠道、非纸书的产品代理渠道,发挥书城劳动力密集型产业、一个内容运营商跨产业、跨渠道的资源整合优势,让传统主业的卖法发挥至极限,同时也将传统营销的所有办法做了最优化的整合。

2.6 当当网、湖南天舟等民企上市对未来书业格局有何影响?

2010年,当当网和湖南天舟科教文化股份有限公司相继上市,给2010年的书业增添了一抹亮色。

两家民企的上市令更多未上市但有上市计划的民企欢欣鼓舞。如北京禹田文化传媒机构总经理安洪民所说，民企上市意味着民营企业的市场竞争力增强，主要是资本市场的认可和支持，将给予民营书业上市企业更多的发挥空间和能量，做更多以前想做又做不了的事情。上海九久读书人文化实业有限公司董事长黄育海也认为，两家公司的上市对民营书业的发展是件好事，尤其是天舟的上市，因为天舟是在国内上市的，反映了国家对民营书业企业的政策在某种程度上的放开，这也是民营书业人长期盼望的事情。上市不仅意味着公司可以有更大的发展，也赋予了公司更多的责任感。因为要对股民负责，要受到更多人的监督。

民企的重磅上市，无疑将对未来书业格局产生震荡。如安洪民所说，这之后，会有更多的书业民营企业把目光拓展到资本市场，争取自己的社会地位和经济地位，想办法上市，让自己拥有更强的竞争力。产业触角将延伸到行业以外的产业，比如主营业务从图书出版经营扩展到动漫产品开发制作与发行、影视作品的开发制作与发行，甚至玩具、文具、教育培训、信息、娱乐等领域。与此同时，一部分不上不下且缺乏策划力和创造力的中小型民营书企将面临艰难的处境。因缺乏资金，没有明显的核心竞争力，这部分企业在产品发行时将受到更严重的店大欺客和不公正待遇。黄育海则指出，当当网在美国上市后，并非意味着它就进入了保险箱。其实对它来说，要求更严格了。之前当当也有过打价格战的不正当竞争手段，而美国的法律明确规定，打价格战就是违法行为。所以当当网上市后，也会对规范图书市场秩序有好处。

"上市并非是终点，而是一个新的开始。"卓越亚马逊副总裁李英表示。她认为，这其中最关键的是上市后应该怎样做，以更好地满足消费者的需求。受民企上市启发，北京时代华语图书股份有限公司品牌推广部副总监李国玉考虑更多的也是民企到底该如何发展的问题。他认为，随着市场竞争日益加剧，市场扩张受到限制，新的进入者和小公司都面临严峻的生存考验。优化产品结构、调整管理模式，建设积极、健康的企业文化，树立良好的社会责任感将是民营企业生存和发展的必由之路。

2.7 各省新华书店完成连锁，是否意味着大中盘的实现更为困难？

现在我国书业并未产生全国性的大中盘。业内当前有一种看法，认为连锁经营将对中盘建设产生正负两方面的影响。一方面，连锁之后，省级新华书店的实力有所加强，有利于集中力量拓展批发功能；但另一方面，书店的连锁也加剧了地域割据，省新华书店的各级门店只能到该省店统一进货，丧失了自主选择权利，这也是造成许多所谓区域中盘的主要原因。浙江省新华书店集团公司总经理王忠义对上述意见持保留态度。他认为，连锁经营、物流配送、电子商务是书业的必然趋势，一个统一开放、公平有序的图书流通大市场格局是人们的期盼。在目前全国东南、西北差异和差距都很大的实际情况下，以省为单位来完成和完善连锁经营，是一种积极的准备，是万事俱备只欠东风的时候。待到时机成熟、条件具备，通过省际合作，大中盘实现的可能性将更大。那时的变化是一种裂变，而且将是一种以市场及资源配置为主导的整合，值得期待。

山东新华书店集团副总经理巩兰芳认为大中盘应是商流、信息流、物流的流转核心。介于各省是独立核算单位，实质性的大中盘是很难操作的。主管部门应通过国家规划、行业联合、商流对接，来实现大中盘。建议抓紧组建北方、南方两大片区的书业物流中心，明确规划、投资、使用等问题。建立大中盘没有规模扩张，实现效益的扩张必定有限。规模的扩张大致经历几个阶段：首先是巩固本行政区域内的市场，站稳脚跟，完善人才、资金、管理方式和手段；然后再在全国若干个大型图书集散地设立物配中心以支持对新市场的开发；最后省级发行集团在竞争中或兼并、或联合，再集中成为若干个相对稳定的超大型中盘。其联合的基础，或以资金为纽带，或以地域文化为基础，或以对出版资源的共同开发为基础。在可预见的未来的大中盘,将由出版社、新华书店和民营书店采取股份制方式组成,实现跨区域、跨行业、跨所有制经营,也会具备选题策划权利。

北京龙之媒广告文化书店董事长徐智明认为,今后,受网上书店和小型出版社的发展要求等因素影响,将强化对全国性大中盘的需求。第三方物流、电子商务、网上结算的发展,将使网络化的全国性中盘成为可能。真正的全国性大中盘,一定是基于网络完成的信息流和资金流。形成统一、稳定、具有强大辐射力,能够支持网上购书的物配系统是形成图书发行大市场的基础和前提。但在现实情况下,大中盘实现存在很多实际困难,如企业核心竞争力不够、现代企业制度不完善、市场机制尚未完全建立、经营人才相对匮乏等。

2.8 跨区域、跨所有制联合的壁垒在哪里?

业内一致认为,书业过去的条块分割、画地为牢,在国家政策和产业做强做大的内在需求等背景下,将渐行渐远,当前跨区域、跨所有制联合是方向。但毋庸讳言,跨区域、跨所有制联合并非一帆风顺,壁垒很多。

安徽新华传媒股份有限公司董事长倪志敏认为,跨区域、跨所有制合作是方向,但目前存在很多难点。首先是目前各省级新华系都提出做大做强的要求,实际上体制区域仍封锁垄断,划区而治,竞争未充分展开。此外,一个关键的技术问题,即同行业中一些的企业基础性工作,如清产核资、内部管控、人员负担等工作仍未做好,而这些将影响到并购行为,期间会耗费大量的人力物力。如果不成功,并购就会成为包袱。皖新传媒2010年收购民营书店——江苏大众书局,看重的是其既有连锁谋划天资,又有一定体量,关键是欣赏其谋划理念、管理水平、创新能力和扩张能力。民营书店是市场的产物,有较强的竞争力,皖新传媒不会收购一家没有扩张能力的单体店。皖新传媒收购大众书局是双赢,前者借此可进行区域性扩张,提高对江苏市场的占有率,后者也可得到谋划经验和资金支持。

浙江省新华书店集团公司总经理王忠义认为，以省为行政区划进行的区域市场经营，是目前的主要特征。业内外实行跨区域、跨行业、跨所有制的"三跨"联合，一定是发展的方向。但是在认知、观念、隶属以及体制上的一些结构性矛盾，一定会制约或限制此种联合。浙江新华跨省开拓的特点，一是以企业已整合的产品资源和信息资源，通过业务合作方式来跨省整合中国书业的市场资源；二是浙江新华跨省合作经营不同于资本和管理的输出的跨省兼并重组模式，浙江新华跨省合作经营是技术和业务的输出；三是浙江新华通过业务合作方式跨省开拓不涉及资本合作，相对简单易行，能吸引各种社会资本低门槛、无风险、易操作地迅速加入图书行业，行业优势和资本优势互补，共同开拓市场、谋求双赢。不涉及资本，而以技术和业务输出为主，力争提高跨区域合作的成功几率。

上海新华发行集团有限公司董事长哈九如认为，要打破壁垒，关键在于如何实现产业生产要素的全国性流通。山东新华书店集团董事长刘强提出了书业跨区域战略合作的路径，分为"三个维度、五个层面、十项措施"。三个维度首先为社店上下游之间的纵向合作，其次是店店之间、社社之间的横向合作，第三是社店与业外、境外的外向型合作。五个层面：一为资本层面。但资本层面的合作，需要党委政府的支持和推动。二为业务层面。三为管理层面。四为技术层面。五为信息层面。山东新华书店集团副总经理巩兰芳认为实现大中盘模式的真正联合，需要与国家的相应机制配套，才可能有实质性的联合。

江苏凤凰新华书业股份有限公司总经理周斌表示，各省新华书店的发展重点和标准样式不一样，除了已经实现的和海南新华的互助以外，江苏凤凰新华进一步的跨区域发展规划也在思量当中。

2.9 书业需要那么多电子书平台吗？

从我国现有电子书阅读器市场的初步统计来看，目前有将近20种电子书阅读器正在争夺中国的消费者和内容资源。汉王的电纸书阅读器内置一定量的畅销图书，读者还可从汉王专门设立的"汉王书城"网站下载书籍和报纸。四川新华文轩成立了数字出版部，将四川出版集团旗下15家出版社的图书版权整合在一起，成为一家"做平台"的企业。上海世纪出版集团"辞海悦读器"内置了200多种世纪出版集团精品电子版图书，另有世纪集团开发的"易文网"2万余种图书供读者下载。中国出版集团和方正合作推出了"大佳阅读器"，预装了集团旗下16家出版社的108种畅销和常销精品图书。上海新华解放阅读器公司推出的"亦墨"阅读器，则建立了一个完全开放的数字内容平台——"新华e店"，在这个平台上，出版社、报社以及所有版权拥有者可以对阅读资讯自由定价并上传。目前，"新华e店"已与全国100多家出版社签订了数字版权合作协议，下载品种可达10万种。盛大"锦书"阅读器以"起点小说"为主要经营手段，拥有"云中书城"的300万种图书，搭建了"内容＋平台＋终端"三位一体的数字出版格局。

有业内人士笑称：当越来越多的出版单位开发了自己的电子阅读器以后，读者难道要背一箱子不同出版社的阅读器不成？正如上海数字世纪网络有限公司总经理翁铭泽所言，现在就好像数字出版、电子书的春秋战国时期，当然最后一定会实现统一。他告诉记者，现在虽然有很多电子书的内容资源平台，但真正能长久生存下去的不会很多，要依靠资金、内容和通道终端，依靠上中下游各自的定位和发展能力等胜出。

新闻出版总署信息中心（互联网出版监测中心）副主任刘成勇认为，电子书内容资源平台的整合可能通过三个途径：行政手段、市场化运作以及资本的力量。他表示，虽然电子书内容资源平台的整合需要一个过程，但5年之内，应该会出现几个大的内容资源平台。

现在，我国除了几大电子书市场的强者正在积极打造电子书内容资源的供应平台以外，是否还可考虑借助第三方的力量，建立一个不依赖于任何一个以电子书阅读器供应商为实体的第三方出版内容平台呢？业内资深人士徐新海提出，建立第三方电子书内容资源集中供应平台，要满足三个条件：一是经由正规化的渠道向出版方获得书籍内容的版权,并被出版方普遍认可。二是电子书的格式必须统一,可供国内大部分电子书阅读器下载使用。三是平台不能以赢利为目的,可收取少许手续费满足网站运营,应以服务出版、服务读者、服务行业为己任。他表示,作为我国传统出版业的主力军,作为在电子书阅读器市场占得一席之地的全国新华书店,是有能力在构建电子书内容资源的第三方平台方面做出一番事业的!

当然,建立包罗万象的电子书内容资源的第三方供应平台是不现实的。新华书店的电子书内容平台,书目基本上可与目前新华书店面对普通大众的经营格局相类似。一些专业图书的内容平台,如医学类(含医生每年的考试用书)以及科技、经济、社科等方面的专业图书平台,则可由相关出版社的联合体共同打造。

2.10 书业信息孤岛的症结在哪里?能解决吗?怎么解决?

信息孤岛的问题,喊了十多年了,效果不大。为什么?如前全国出版物发行标准化技术委员会常务副秘书长杨文胜所说,整个出版产业供应链每个环节都有问题。不过他认为,唯有源头活水来,主导的应该是生产领域——出版社或出版社的专业代理。解决的关键还是出版社要有这个意识和投入。

信息孤岛的症结不仅在于出版社,分销企业是否用心去解决也是问题的关键。北京中启智源数字信息技术有限责任公司总经理曹仁杰指出,解决信息孤岛的一般对策要始终贯彻"协同商务、集中管理"的原则。首先,理顺企业的数据流。信息化建设就是利用技术的手段将先进的企业管理思想嵌入企业的经营管理中,在这个过程中将最终实现对财务、物流、业务流程、成本管理、客户关系管理及供应链管理等各个环节的科学管理。

其次,统一进行信息资源规划。集团内部的各种资源的配置要从整体优化的角度考虑资金、设备、技术、人员、信息等要素的投入,达到低投入、低消耗、高效率的可持续使用。使信息资源在时间、空间上分布合理,使各部门、各分、子公司形成合力，实现组织高效率运作及长远目标规划。

再次，通过统一集成平台实现系统应用的集成。统一集成平台是可以适用于不同系统之间信息共享的通用工具，就是通过企业应用集成技术将企业的业务流程、公共数据、应用软件、硬件和各种标准联合起来，在不同企业应用系统之间实现无缝集成，使它们像一个整体一样进行业务处理和信息共享。

现阶段出版物发行行业正在进行的电子商务系统建设为解决、消除企业信息孤岛提供了又一重要机遇。曹仁杰认为，规划、架构电子商务信息体系的建设，不仅可以消除内部信息孤岛，还可消除外部信息孤岛，解决企业各部门、各机构信息互联互通、实现资源共享，最终实现网上商流、物流、资金流、信息流的高度协同，使广大读者真正享受到一站式的服务。ONIX(On Line Information Exchange，在线数据交换标准)被认为是解决该问题在技术上最重要的前提，浙江省新华书店集团董事长周立伟等人曾在"一网通"启动会上多次提到该词。山东新华书店集团副总经理巩兰芳则认为，各省相对封闭的信息有其自身必需的管理制度，作为一个经济实体，这种自身的东西是不可缺少的。各省信息要实现对接还是有可能的。目前中国新华书店协会筹建的新华一网通业务，目的在于消除各省之间的信息壁垒，实现各省的信息共享，提升商流、物流、信息流方面的效率。因此，还需主管部门综合规划，在机制、体制方面加强管理，打造信息航母、经营航母，真正实现信息共享。

2.11 书业物流建设如何规避风险、尽早赢利？

现代物流被称为是继制造业利润和商业利润之后的"第三利润源泉"，也是增强新华书店作为大型图书流通企业的核心竞争力的必备条件，为今后新华书店的横向发展和跨部门、跨地区、跨行业发展赢得了机遇。由于书业物流投资规模一般较大，书业又是薄利产业，运营现代化的图书物流中心存在较大的风险。当物流建设纷纷尘埃落定之后，如何规避风险、尽早赢利，成为企业关心的问题。

物流建设的风险在于高投资,但对于其赢利问题却不能独立看待。山东新华书店集团副总经理张兆刚指出,物流是连锁经营的一个不可或缺的组成部分,因此赢利就应放到整个集团、整个产业链里去看待。提高发货效率、提升企业形象,这些都是潜在的效益。张兆刚建议,物流中心应坚强地面对越来越激烈的市场竞争,这也是对风险的最大规避。借助物流基地将省内分散的出版物流整合起来,实现集约化管理,也可提高整个出版物的流通效率,实现出版社和书店双赢。加强各省物流基地间的横向合作也可有效拓展物流基地的利用率,创造利润。

湖北省新华书店(集团)有限公司副总经理徐曙初认为,综合书业内外部环境来看,主要有两大风险:管理风险和市场风险。如何规避这两大风险,是物流赢利的关键。要规避管理风险,需做到以下几点:一、转变观念,提高员工素质,管理者应该是知识管理人员,操作人员应该是训练有素的技术工作者;二、加强员工培训,特别是主管以上人员的培训,与时俱进,不断更新现代物流企业必备的管理知识和物流操作技能知识;三、建章立制,实施规范化、现代化管理,建立一套科学的能适应现代化物流基地的管理制度。市场风险则主要表现在物流任务不饱和,物流仓储和物流设备闲置,导致物流仓储成本"虚高",从而降低物流效益。物流任务不饱和主要原因有二,一是规划物流仓储面积时对物流增量的测算不科学、不准确,人为导致物流仓储的浪费;二是对物流中心定位过低,仅仅考虑把物流中心作为新华书店内部资源共享平台,而没考虑发展第三方物流去拓展物流业务,提高仓储和设备的使用效能。

物流建设实践者共同提到的两个问题是物流中心的核算、考核和第三方物流的拓展。徐曙初和张兆刚都认为,新华书店要将物流中心由资源共享平台变为一个成本中心或利润中心,视同业务公单元进行核算和考核。物流为业务提供优质服务,业务要为服务支付相应费用,两者相互促进、相互制约,这样才能从根本上降低物流费用和成本,为集团的整体赢利做出贡献。陕西天地合和出版物物流发行有限公司董事长游勇也指出,从核算来看,书业的"企业物流"往往会用出版业务和发行业务的利润来掩盖物流业务的消耗,若真正去计算物流成本的话,多数会是亏损的。定位为第三方服务的"物流企业"则会有一套标准完善的结算方式,究竟是赚钱还是不赚钱,一目了然。

"大家都在做物流,但究竟做的是企业物流还是物流企业,不同的经营定位决定了赢利水平。"游勇的观点值得借鉴。他说,管理模式是为企业自身服务的,而不是为第三方和更多人服务,并将成本、核算等混淆在一起的是"企业物流"。"物流企业"则完全是第三方的。他认为,规避风险主要在业务的选择上,看企业是否要多介入附加值较高的商品,如电子产品,占的体积小、价值高,相对收费标准也会高,会很容易获利。书的体积大、价格低,收的费用相对就有限。出版物物流今后的发展方向,一是利用图书业务出身的优势,以出版物物流做拓展实践,延伸到其他的业务领域,获得高附加值、高利润的产品支持,走向复合型的物流形态。

[链接:中国图书商报2011.1.4,王蓉、穆宏志、郭虹《中国书业分销11问》]

第 3 章　2011 中国书业三大出版 11 问

☐ 3.1　平板电脑终端数量在 2010 年呈爆发之势，可以预见的是，这一趋势在 2011 年仍将持续，其对书业的冲击体现在哪些方面？ 书业在 iPad 商业模式中如何作为？

以 iPad 为代表的平板电脑的畅销带给消费者的并不仅仅是一种新的电子终端，更以其强大的功能推动着出版业的深刻变化。一方面，iPad 的应用阅读软件和页面设计大大提升了阅读质量，并在图片的呈现效果方面甚至优于纸质印刷品；另一方面，和之前以 kindle 为代表的"阅读器＋内容平台"的商业模式相比，iPad 带来的是"终端设备＋内容平台"的模式，后者采取的是出版商定价、设备商分成的做法，与亚马逊直接为数字图书定价相比显然更能维护当下的出版业生态，因此也更受出版商青睐。

在 2010 年的德国法兰克福书展上，就有专家指出，iPad 是一种故事、图画和声音以全新模式融合在一起的产品，它可以直接和那些在成长中拥有这种设备的孩子对话，因此在儿童文学作品数字出版方面显然有更大的开发潜力。iPad 刚问世时，全美 6 大出版社中有 5 家就和苹果签订了合作协议，阿歇特图书出版集团、哈珀·柯林斯、麦克米伦、企鹅以及西蒙·舒斯特都在 iPad 上提供自己的电子书。就中文图书而言，我国台湾的出版商显然行动更早，但大陆目前仅有安徽出版集团时代漫游公司发的一套学习型漫画《魔术笔记》在 AppStore 上销售。

进入 2011 年，iPad 是否会成为传统书业尤其是传统少儿出版打开数字出版大门的金钥匙呢？业者一致表示，以 iPad 为代表的平板终端的出现，对于推动书业的数字化转型是有积极意义的，而且由于儿童对于声音和图画较文字更为敏感，而传播融合多种介质的多媒体产品恰恰是 iPad 的专长，因此儿童图书出版社在这个方面是大有作为的。上海少年儿童出版社社长李远涛表示，在这种数字化转型过程中书业应该注意解决以下几个问题：首先，出版社是否掌握可用于 iPad 销售的产品的内容版权，而且这个版权的期限是否足够出版社进行操作？其次，在从纸质图书到数字出版产品的转档过程中是需要成本的，出版社如何解决成本问题？再次，数字出版的基础是海量的内容资源，但如何对分属不同出版社的现有内容资源进行整合？最后，从传统出版向互联网经济转型的实现需要吸收多行业的力量，出版社也要考虑如何引入更大的资本并进行生产模式创新。

在接力出版社总编辑白冰看来，数字化出版是人类阅读史、出版史上的伟大变革，iPad 对于纸质图书出版的冲击是毋庸置疑的。虽然目前在国内尚无很显著的变化，但出版社应该积极考虑应对之道，思考如何打造新的产业链。与此同时，无论是哪种形态的少儿出版都离不开故事和形象，出版社只要掌握了生动的故事和丰富的形象，就可以用新技术手段开发出适合在 iPad 上使用和销售的产品。中国的少儿图书出版社掌握着大量原创作品和丰富的形象资源，这些都会成为少儿出版在 2011 年对接数字出版的优势和基础。

浙江出版联合集团数字传媒有限公司副总经理王卉表示，就目前国内的市场而言，iPad 仍然是一个高端产品，所以 2011 年乃至 2012 年对于书业的影响都不会太大。但出版社如果等到这个市场发生明显变化的时候再去应对，显然来不及。从出版方的角度来说，要将原有的内容对接 iPad 的内容销售平台，不仅仅是将文字内容数字化，而是要通过为内容增添音频、视频等多媒体内容充分发挥 iPad 的功能，以最大限度地吸引消费者购买。作为内容提供商的图书出版方还应该完成的一项基础性工作，就是进行终端读者的调研，了解在新技术条件下他们需求的改变。

3.2 海外教育出版公司对于中国市场的渗透在2010年表现突出，这对中国教育出版业本身会产生什么影响？我们应如何应对？

在21世纪的第二个10年即将开始的时候，随着中国影响力在世界上的增大，国际上大型的出版公司对于中国市场的重视程度也在日益提升。在过去的一年里，就有不少国外大型出版公司的老板不止一次到中国拓展业务，2010年北京国际图书博览会期间，外国出版公司总裁的身影明显多于往年。

在各类海外出版公司当中，海外教育出版公司在中国市场的拓展又是最突出的。在2008年收购乐宁教育和戴尔国际英语之后，培生教育出版集团在2009年又以1.45亿美元收购华尔街英语，并在全国高校推广其在线学习方案。圣智集团则在拓展中国市场的过程中，摸索出了一条合作编写的道路，与人民教育出版社合作出版的初中英语教材在全国28个省获得选用，与上海外语教育出版社合作改编的大英视频资源也很受中国学生的欢迎。

近年来，海外教育出版机构在中国的数据库、数字期刊销售业务增幅明显，从施普林格公司、剑桥大学出版社、牛津大学出版社、泰勒—弗朗西斯出版集团、里德—爱思维尔集团的业务来看，无不如此。中国市场巨大的购买能力，甚至吸引了爱思唯尔集团将其负责全球科技期刊出版支持服务的部门设在了中国。而在这个过程中，海外巨头借助自身强势的渠道，悄然掌控了出版内容资源主导权，有的期刊出版商甚至利用自己的垄断性地位，大幅提升其产品在中国市场的价格。最近某海外出版机构就向中国的合作伙伴发出通告，提出将现行的纸质图书合作改为电子版合作，并买断此后所有合作图书电子版的全球发行权。

近年来，为了推动中国出版"走出去"，国内与海外教育出版机构的合作日益深入，与之伴随的作者和版权资源争夺也悄然激烈起来。进入2011年，中国出版业是要惊呼城门失守，还是做好应变的布局？

中国人民大学出版社副社长孟超认为，2010年国外出版商加快到中国拓展出版业务的脚步，可以看作是对中国市场的渗透，但也可以看作是中外出版界加强合作的表现，是出版业市场化、全球化发展的必然结果。对此，国内出版界的态度应该是不回避、不惧怕，用正常的心态对待。在合作过程中，中国出版界要坚持为我所用的原则，欢迎那些对中国出版有利的合作，同时利用国外出版公司加大和中国出版界合作的力度的好机会，借船出海，推动中国的"走出去"战略。

国际出版顾问赵东泓也表示，对于海外出版商在国内的业务拓展，国内出版业界并不需要过分紧张。其实任何事情都有两面，海外出版商进入中国市场并不只是在占领我国的市场、掠夺我国的出版资源，他们也给中国的出版业带来了先进的教育理念和产业标准。在近些年，国际上的教育出版概念正在发生转变，即从单纯的纸质图书出版向全方位的教育方案提供转变，也就是说，教育出版商所提供的产品还要包括诸如教育软件、教师培训、教学测评等多方面的服务，而通过与海外教育出版商的合作，可以有效推动国内教育出版的产业发展水平，也更有利于将自己的优势产品以更恰当的形式推向全球其他市场。从政府层面来说，目前的出版"走出去"也需要借力海外出版商。但就目前来说，国内的出版社、出版集团对于这种出版全球化的趋势尚处于被动接受的阶段，而要做好"走出去"工作，中国出版界就必须要进行海外企业的并购、重组，以资本为纽带进行全球出版资源的整合，与国际出版界开展深入的合作。这其实并不仅仅是教育出版的趋势，也是整个出版产业未来发展的趋势所在。

但是，对于合作中的问题，中国出版界也应予以足够的重视，特别是在数字出版资源方面，国外的出版公司利用资金和规模优势，企图把中国出版物的内容纳入到他们的数据库里。对此孟超表示，如果不利用我们自身的规模优势发展自己的数字平台出版，那么在今后代表新一代出版方向的数字出版方面，中国出版业就会输在起跑线上。赵东泓也表示，而为了避免在合作过程中陷于被动局面，国内的出版商也需要主动出击，寻求那些能够为自己带来最大市场效益的合作伙伴,并通过合同的约束进行合作的风险控制。

3.3 从2001年开始,中小学新课标在全国推行,多版本新课标教材也随之在全国投入推广使用。教育部在2009年开始全面修订新课标,并将于新课标修订版颁布之后对现有各版本教材进行全面审定,加之中国教育出版传媒集团的成立,2011年中小学教材出版市场是否会有很大的变化?

2001年2月,国务院批准《基础教育课程改革纲要(试行)》,标志着我国基础教育第八次课程改革全面启动。经过10年时间的市场淘汰,现在中小学教材市场已经趋于集中,市场主要集中在有产品研发能力、有配套服务能力的专业教材出版社,目前占市场主导地位的中小学教材出版社有人民教育出版社、北京师范大学出版社、江苏教育出版社等,其市场占有率不仅保持稳定,而且还在逐年上升。

从2009年开始,教育部启动了新课程标准的修订工作,目前修订版义务教育新课标已经进入了最后的审议阶段,经由国家基础教育课程教材专家工作委员会审议之后,经过必要的行政程序之后就要在近期颁发。修订版课标颁发之后,各家原创教材社的教材都要据此进行修订,修订之后会在2012年投入使用。

2010年12月18日,中国教育出版传媒集团有限公司宣布成立,这家集团囊括了中国教育出版历史最悠久的金字招牌,涵盖从幼教到高教的整个教育、学术出版层级,成为中国出版界真正意义上的"航空母舰"。对于这家大集团的成立与股改上市,业界颇多猜测和想象,而中小学教材出版界最关心的无非两点:一是教育出版集团的资源整合、战略重组的方向、方略、规模和力度如何,其中最引人注目的是沿袭已久的租型政策是否调整以及如何调整;二是国家在政策层面是否以及如何对集团的中小教材学建设方面给予明确的定位、定性和定调。

进入2011年,原创教材出版社、教材租型单位的大洗牌是否会到来？新的格局又会呈现怎样的形态？

在教育部中央教科所基础教育课程研究中心主任杨九诠看来,新课标的修订以及随之而来的新课标教材的修订,都是在基础课程改革进入"转段"的这样一个新阶段的基础之上进行的。"深化改革、提高质量"是这一阶段的主要特征,当然也是教材修订工作的实质所在。具体到教材工作,相比其他几次课程改革,对教材管理体制的改革是第八次课程改革的重要组成部分和亮点。这一次教材的修订、送审、选用、使用等等,从政策层面,也是健全我国教材建设和管理政策、规范中小学教材选用和使用行为、进一步推进基础教育课程改革的重要举措。在上一阶段工作中,出版社,包括社会,对于中小学新课标教材的选用、使用环节中的问题看得最多,提出的意见也是最大的。对此他做出了三个判断:第一,这是一个发展中的问题,要在发展中解决,不应该,也不能成为回到过去大一统格局的理由;第二,教材的选用、使用环节还是有一些积极的变化,比如教材招投标的叫停、各省以租型准入为主要特点的地方壁垒政策的一定程度的松动等;第三,也必须看到,环境的总体性状并没有发生根本性变化。

由于修订版新课标的颁布、教材修订以及审定教材都需要时间,按照最快的速度,2011年的中小学教材出版格局仍不会有什么变化——但这并不表示变化不会到来。浙江出版联合集团副总裁骆丹认为,就目前教育部显示的意向来看,新增教材版本的可能性很小,但也不太可能出现仅保存几套主流教材的局面。一个很可能出现的结果,就是一些特色科目的教材版本会减少,同时使用面较窄的地方教材社出版的新课标教材也很可能遭遇"滑铁卢"。教材送审还只是对原创教材出版社的洗牌,在这之后,地方上的教材租型单位的二轮洗牌也将会随之开始。在教材送审通过之后,原创教材社对于地方代理商的市场占有率考核要求将会提高,而这必然导致地方代理商之间竞争的加剧。

仅就人民教育出版社而言,其两个省区的地方代理商就已经进行了调整,这种调整在随后几年想必会呈加剧之势。

相比之下,中国教育出版传媒集团的股改上市对于中小学教材出版格局的潜在影响可能更大,而是否会产生大的影响,取决于该集团今后的基本政策走向。众所周知,上市公司需要保有一定的利润增长,就中小学教材出版而言,人教社要实现利润增长可以采取两个办法:一是提高教材的代理费率,由于使用量大,代理费率每提高一个点,就可保证其利润收益的显著提高;二是像一些原创教材出版社那样自办发行。据骆丹分析,第一种方法较为稳妥,至少在3年内可以维持中国教育出版传媒集团利润的稳定增长。而第二种方法撼动的并不仅仅是中小学教材出版格局,更有可能改变整个出版行业的现有秩序。可以说,这个集团是出版业真正意义上的"航空母舰",其政策走向确实会对整个出版业产生实质性的影响。但就最近两年而言,集团成立之后还面临着内部整合、业务协调、班子队伍建设等一系列工作,其出版业务的发展政策应该会维持原有政策,就目前而言也不会给中小学教材出版带来很大的变数。

▢ **3.4 中小学网络教育产品在2010年形成了爆发之势,市场对于网络教材教辅的前景也都比较看好。进入2011年,其市场表现是否会给业界带来欣喜?**

2010年颁布的《国家中长期教育改革和发展规划纲要》提出在基础教育中广泛运用数字技术,这必然需要数字化教材出版的配合。与此同时,国家"十二五"文化体制改革和发展规划纲要也要加快数字化教材教辅和互动平台建设,制定使用数字教材的移动终端和通用格式标准,开展电子书包实验,发展各类电子阅读器。在这样的大背景下,中小学教材出版社纷纷开始布局数字出版。

2010年6月,人教社与北京东田教育科技有限公司合作推出的经营性学习网站"人教学习网"开通,该产品与人教社此前发布的《英语(新目标)》网络教材一道,成为中小学数字出版领域最具代表性的产品。2010年9月,外语教学与研究出版社发布了用于中小学英语教学的"NSE新标准英语网",成为又一款有代表性的在线学习产品。与此同时,一些教辅出版商也积极开发网络学习产品,如延边教育出版社、江苏春雨教育集团等。

2010年12月,中国社会科学院的一项研究结果称,中国的互联网普及程度已经达到发达国家水平,中国网民数量居全球第一。研究称,中国目前有4.2亿网民,其中约1/4生活在农村地区,目前全国91.5%的行政村已接通互联网,全国70%的普通高中,逾60%的中职学校,约40%的初中和12%的小学已经建成校园网。按照这样的发展水平,当今中国的科技和网络普及程度已经完全具备发展网络教育的条件。进入2011年,中小学网络教育产品出版最大的问题仍在于商业模式模糊、非一线城市的学校软硬件设施及师资不配套。但作为受教育政策影响最大的出版板块,一旦中小学网络教育产品进入政府采购范畴,该板块就会获得迅速的发展,而提前布局的出版单位显然会占据先机。据悉,从2011年开始,网络资源首次纳入电教资源采购,政府在电子书包等项目上的政策扶持也会加大,这些都让这个市场更加令人期待。

北京东田教育科技有限公司市场营销中心副总监高源表示,国内眼下推行的电子课本,面临的最大问题是出版商缺乏品牌、包装意识,网络上流行的多是盗版,用来消遣可以,用来教学、研究则不行。现在不是应不应该推广电子课本的问题,而是如何推广的问题,这不是技术层面的问题,而是相关部门要制定一个标准的问题。急于用电子课本代替纸质课本,或者简单地把现在的课本做成数字的概念,显然操之过急。业界应该通过电子课本给学生提供另外一种学习方法和思路,做到真正满足学生学习的需求。2011年开始,东田公司与人民教育出版社共同开发的"人教学习网"将在全国范围内开展示范校征集活动,让更多的学校、老师及学生可以第一时间免费体验电子课本所带来的革命性教学的学习方法和思路。可以预测的是,从2011年开始,电子课本将在国内一些示范校优先被使用，电子课本辅助纸质教材教学的市场格局将在2011年开始逐步形成。

3.5 随着招生人数的下降，高考呈现地方化趋势，中小学教材调整在即，国有出版社集团化发展增速。在这些因素的影响下，教辅出版在2011年会产生怎样的变局？

在新课标修订之后，中小学教材内容必将进行大幅度调整，这也造成了教辅图书研发成本和市场成本的大幅度上升。同时，由于适龄人口的减少，全国参加高考的考生人数已经连续两年出现大幅度下降。根据教育部的统计，2010年全国高考报名人数为946万人，比2009年减少74万人，而这一趋势在今后仍将持续，从而造成了市场总量萎缩。

那么，进入2011年，教辅出版是否会产生巨大的变局？

江苏春雨教育集团董事长严军认为，2010年的教辅图书销售表现稳健，同步教辅的销售周期延长，这是一个相对利好的现象，会在2011年持续下去。近两年，教辅市场过去那种你方唱罢我登场的局面不再，品牌认知度相对稳定，尤其随着几家大型民营书业公司出版基地的投入使用，其服务水平也有大幅提升，这更强化了品牌的内涵。大量中央和地方出版集团在业务整合、内部调整之后，集团的资本力量凸显，物流渠道通畅，其教辅系统采购业务增长迅速，这对于教辅零售市场的压力也会加大。此外，新课程改革和考试变革使得学生的课业压力加大，学生不仅要学习基础知识，而且要进行能力的拓展，而这客观上带来了教辅形态的丰富，也给教辅出版提供了更多的机会，大公司要一统市场的难度越来越大，但小公司和新进入的出版社却可借机迅速成长。

面对巨大的市场压力和变局，江西金太阳教育研究有限公司总经理李万强用"品牌、创新、转型、合作"8个字概括了民营教辅企业在2011年的应对之道。

品牌。近两年，很多民营书业企业都借鉴和学习成熟行业的品牌塑造方式，尤其是注意了企业社会形象的塑造。尤其可喜的是，地方主管部门转换职能,主动引导民营企业发展,打造民营书业地方化联合舰队,塑造民营书业基地品牌。

创新。近期,一些具有自主创新能力和经营特色的企业焕发出勃勃生机,这些企业规模原来居于民营第二集团军,但依据独特的经营模式、创新的产品体系、优势的研发创新能力,迅速跃居民营第一集团军,而加快产品创新,是这些企业应对原创教材维权、规避侵权内容的最有效办法。

转型。部分民营企业未雨绸缪,加快了产业结构、经营结构和产品结构的转型。民营书业规模较大的企业,基本上依赖教辅图书在支撑企业发展,产品结构风险较大,很多企业意识到了这点,加快了产品结构调整的步伐;经过十余年的发展,企业规模、员工队伍膨胀,经营结构越来越复杂,远远超出了企业老板的掌控能力,企业负重不堪,迫使自己调整经营管理结构,有的大而化小,有的小而化整,目的都是为了提高经营效率,提升企业赢利能力;由于行业准入政策的限制,民营企业多年积累的资本在行业内找不到出路,不得不进入其他行业寻求发展机会,实现了多元化经营,甚至少数企业进军热门的房地产行业。

合作。民营图书企业已经意识到,配套同步教辅是一种侵犯原创教材出版单位知识产权的行为,总有一天会走到尽头。因此,他们也在加快和国有出版社的合作,包括资本层面的合作、产品合作、销售合作,合作程度越来越紧密。同时,民营书业和新华系统的合作形式得到创新,由原来新华系统帮助民营销售产品,转向新华系统提供平台,民营企业到终端帮助新华系统拿订单搞促销。

3.6 2010年部委出版社改制进入收官阶段,2011年出版业改革还将如何深化和完善,进一步巩固改制成果?

根据新闻出版总署公布的数据显示,截至 2010 年底,268 家地方出版社和 103 家高校出版社转制工作已基本完成,并已组建完毕 29 家出版企业集团公司。148 家中央各部门各单位出版社转制工作也已全面展开,其中有 6 家已率先完成转企任务,随后共有70家已完成了清产核资、核销编制、职工参保、工商注册等转企所必需的工作,其他大多数出版社也已进入改制收尾阶段。

2010年作为新闻出版体制改革决胜之年,一批大型出版传媒集团公司现代企业制度逐步完善,跨媒体、跨行业、跨地区、跨国界和跨所有制的合作、联营、并购、重组取得实质性进展;2010年1月,中国出版集团对黄河出版传媒进行资产重组,成立中国出版集团黄河出版传媒集团有限公司;3月,安徽新华发行集团与中国外文局所属新世界出版社签约;北京师范大学出版集团跨地域重组安徽大学出版社,这是国内高校出版社的首例跨地域、跨高校重组;6月,《求是》杂志社和浙江日报报业集团合作重组红旗出版社,此举是中央级媒体与地方重要报业集团实现强强联合、进行资源整合的有益尝试;11月,北方联合出版传媒(集团)股份有限公司分别与天津出版传媒集团有限公司、内蒙古新华发行集团股份有限公司签署股权合作协议。

当然,改制不仅仅是身份的更换或者工商注册就万事大吉,转企改制本身并非目的,更重要的是以改制推动出版业的发展。在谈到未来如何深化改革这一问题时,中国版协科技委主任、化学工业出版社社长俸培宗就表示,2011年将开始加深以股份制改造为重点的体制机制完善。华中科技大学出版社有限责任公司总经理阮海洪也认为,此番转企改制还未触及问题的根本,下一步更强调股份制改制,将人力资源和出版资源转换成知识资本,与货币资本一道成为产业资本并进行有效开发和利用、共享共赢,推动出版社的改革升级。上海科技出版社社长毛文涛特别提到,长期以来,主要由人才这个因素推动出版的发展,未来资本和技术将与人才一起成为推动出版行业发展的重要力量。

3.7 2010年国有民营书业合作取得了突破性进展,引发业内广泛反思,2011年二者会不会闪婚闪离?是否会带来两种文化的两张皮现象?或者加速出版社空壳化现象?

2010年国有与民营的合作进入磨合期,新的合作项目不像前几年那么多了,不过也有一些合作案例。例如2010年9月,时代出版旗下安徽教育出版社与王迈迈共同出资组建的时代迈迈教育出版传媒武汉有限责任公司正式启动运营。这样的合作重组是一种双赢。因为上市出版集团拥有众多的大项目选题资源,但缺乏更市场化的选题,而这正是一直扎根市场的民营公司拿手之处。这样的合作是资本市场和生产力、生产资料的互补。从渠道的角度来看,国内零售终端实行连锁化、规模化,分销也在扩大规模,民营策划如果品种不够、规模小,就会缺乏竞争力,在与中下游谈判中缺乏自信。因此,与出版集团合作也是扩大竞争力的必然选择。

国有与民营的联姻,虽然好处多多,但也隐藏着种种风险。正如湖北海豚传媒有限责任公司董事长夏顺华所说:"合作如同婚姻,双方都要有博大的胸怀,事业才能成功。合作能解决双方问题。但也不要有过多期盼。"进入到实际操作层面的合作,还是要面临许多问题:首先,控股就是一大问题。目前不少大众社科领域的民营公司比较倾向于和出版集团合作。但一些规模实力较大的民营公司则较排斥这种合作,他们认为,如果出版社无创新能力,却要拥有公司的控股权,难以令人信服。江苏可一出版物发行集团董事长毛文凤就表示,大集团兼并收购大民营公司可能产生一些问题,如对民营公司营销网络、策划团队的资产评估问题,就很难准确。北京时代华语图书股份有限公司董事长朱大平则认为,如果只与一家出版社合作,受出版社体制、人员变化等影响,风险非常大。理想模式是2~3家出版社控股时代华语。但这种想法很难实现,因为大型出版集团要明确控股,而中小型出版社又缺乏合作的资金。不过,湖南天舟科教文化股份有限公司董事长肖志鸿则认为:谁控股不重要,重要的是这个产业有没有形成专业化、职业化的运营能力,有没有形成专业化、职业化的管理模式。

其次,国有民营体制、文化的不同也需要磨合。合作初期双方或许有新鲜感,但国有出版社的劣势是否会渗入民营公司?出版社一旦涉足太深是否会拖累合作?出版社是否会用行政命令干扰日益市场化的出版?上海英特颂图书有限公司总裁袁杰伟说:"有些出版社还是比较僵化,对出版形势了解不够、研究不多、信息落后,对如何做好书也不够积极。"而国有一方也担心民营一方把一些不好的习气带入新公司,如游击作风、偷税、漏税、出版不符合国家法律的图书等。

最后,国有与民营的合作是否会导致出版社更加依赖民营?二十一世纪出版社社长张秋林就强调合作的过程中,出版社要防止空壳化。该社在与天津金沙优图公司合作时,本着"让利不让市场"的原则,把渠道控制权把握在手中。而如今许多出版社与民营的合作过程中,作者、选题、渠道资源都依赖民营,出版社自身实力未得到提升。国有一方也担心民营公司与自己合作是为了单纯的套现,而不把优质的资源放到新公司。因此,面对这股合作的热潮,民营书业机构与国有资本的合作不该是一味地跟风,而是应该理清自己需要的是什么。

3.8 2010年国内专业出版力量在数字出版领域取得了一定的进展,2011年能否有更为出色的表现,率先找到成熟的数字出版赢利模式?

一提起数字出版,人们首先想到的可能是互联网平台。不过专业出版社2010年在数字出版方面所进行的尝试似乎不仅限于互联网,而是主要集中在手机出版和专业数据库方面,并寄希望于手机、iPad能让自己的未来更美好。其中人民邮电出版社选择了手机出版,因为他们感觉暂时没能发现建立在互联网基础上的数字出版存在有效的赢利模式,反而是"3G的正式商用"以及"离运营商最近"等优势使他们在"手机出版"上看到希望。人邮社基于旗下童趣出版公司的资源,准备从动漫着手进行尝试,依托2010年9月新推出的杂志《尚漫》首先培养客户,继而打造资源聚集网站,借运营商诸如中国移动、iPad等平台发布内容资源,最后才是内容精粹化后的图书版本。人民军医出版社自2010年1月1日起,新出版的纸质图书也全部实现了与跨媒体图书的同步出版，同时转入手机出版和手持阅读器的开发中，在该出版社已推出的14个类别约650个品种中，手机健康网站最受投资者的关注。

2010年7月，中国轻工业出版社推出了我国第一本大量使用二维码的图书《骑车游北京》。读者只要用手机摄像头对准书上的二维码，多媒体形式的内容就在手机上展示出来。通过一寸见方黑白块的二维码，实现了图书与手机的无缝结合，让读者根据自己的阅读习惯以及所处的环境自主选择。今后，轻工社还将在旅游、餐饮、家装、美容服饰、时尚健身、健康保健等方面的图书使用二维码，利用二维码技术陆续开发具有视频、音频以及定位导航的互动图书。该社目前已经开发了一些手机阅读产品和iPad阅读产品。

相比之下，专业数据库仍是专业社为行业服务的最佳路径。例如人民军医社建成的《中华医学资源核心数据库》即是举全社之力、与多家机构合作、历时多年倾心打造而成。虽然建设数据库费时费力，但一旦建成，就能多点收益、长期收益。世界图书出版西安公司是2002年开始逐步涉足数字出版业务，目前该社的世界医学书库已经上线，万种疾病诊疗系统网站正在研发阶段，传统中医工具书电子书也在制作中。而高等教育出版社在做两个转变：教学资源数字化建设向出版主业数字化升级；数字化增值服务商业模式向创新教学需求、创新建设机制、创新商业模式转变。

如何发挥专业出版的特点，并找到合适的赢利模式，是目前专业出版社数字出版面临的最关键问题。知识产权出版社社长白光清说："未来，一个综合性数字出版资源平台的建设是必不可少的发展基础，这可以算是未来数字出版建设的一个重要趋势。所谓的综合性，并不是资源的海量和大而全概念，它是一种文献资源收集、加工、整理、存储、利用的合为一体的平台。2011年，我们将着力建设我社自主建设的大型项目——知识产权数字出版平台。这个项目2009年已经启动。这个平台将知识产权类的信息资源，包括相关书报刊、专利、商标、版权、法院判例等信息整合起来，用各种方式（比如互联网终端、手机、手持阅读器等）提供服务。目前，在机构、人员、营业收入和利润等方面，知识产权社数字出版都已占有70%以上的份额。"

人民邮电出版社副社长姚彦兵则认为,2011年中国的数字出版市场不会有太大的突破,仍然属于"雷声大、雨点小"。电子书的出现对传统出版社的发展本来是有利的,但在中国的市场环境下,这种"有利"被各种因素所制约:例如读者还没有养成付费阅读的习惯;阅读器厂商将内容"贱卖";出版商抱着内容不放手,总想通吃产业链;平台商没有诚信或者压低内容价值。而人邮社2011年除继续推进"通信专业内容数据库"和"手机动漫出版"两个项目外,还会在新的内容领域探索纸质图书与数字媒体的整合发展。

3.9 随着有知识有能力的"80后"父母成长起来,少儿出版成为当下传统出版的最大赢家。2011年少儿出版是否将成为拯救传统出版最有力的稻草?

新时代的"80后"父母具有高学历、高收入特征,追求文化品位,买给自己孩子看的书,价格已不是敏感因素。短短几年时间,仅当当网一家,卖少儿图书的收入就从开始的几千万暴涨至几亿,这不能不说是这群"高知"父母的功劳。

"称少儿出版是数字化浪潮中的最后一个堡垒并不为过。"浙江少年儿童出版社副社长郑重认为,作为一家专业少儿出版社,还是应该立足于传统少儿出版社的文化积累,扎扎实实地做好传统图书资源的开发。尽管有一些儿童数字化产品出现,但不会对传统的纸质图书形成太大的威胁,儿童数字化阅读时代尚未到来,至少在低幼阶段孩子是否完全适合数字化产品,对其身心有何影响还有待考量。另外,专业少儿出版社积累和控制着很多好的内容资源。各种新形态的数字化产品,无论是电子书、手机阅读器,还是在线阅读、多媒体阅读,这些都会让产品更加多样化,反而会给儿童出版的发展提供一种多元化的发展空间。据了解,浙少社在2011年的北京图书订货会上与盛大文学达成战略同盟,推进双方在"一纸三屏"(网络电脑屏幕、手机屏、游戏机屏)全媒上的合作,针对青少年人群首度试水数字出版。

当然,更多的少儿社在积极迈开探索数字出版的步伐。海燕出版社社长郑荣说,少儿出版增长最为强劲毋庸置疑,但数字出版在少儿领域的运用因考虑到儿童身心成长适宜性问题,普及面没有那么广泛。随着形势的推进,加之"80后"父母对网络新技术的高敏感度,服务于"80后"孩子的少儿产品会与新技术结合得更加紧密。海燕社目前正致力于区域校园平板电脑硬件的开发和传输平台的搭建,在数字出版的路上探索着适合他们的方式。儿童阅读,主要受父母和老师的影响,父母、老师一般都是以传统阅读方式为主,而且各级教育部门还是在提倡纸质阅读。近期看来,数字出版的确对少儿出版领域还没有形成太大的影响。但是从长远来看,儿童接受新鲜阅读方式的能力很强,对电子书,包括网络阅读等数字出版形式会很快接受和适应。如果国家推动像电子书包之类的数字化教育,让电子书进课堂,少儿出版由传统向数字转型也是转瞬即至的事情。

3.10 随着国有出版集团的上市获得资本的支持,民营公司独占畅销书资源的现象在2011年是否还将延续?

纵观2010年各大畅销书排行榜,大部分畅销书出版资源掌握在实力雄厚的民营公司手中。盛大文学旗下的聚石文华推出了韩寒的《1988:我想和这个世界谈谈》等作品,还在下半年抓到了蔡康永的《蔡康永的说话之道》。磨铁图书的"历史是个什么玩意儿"系列、《走吧,张小砚》,新经典公司的村上春树《1Q84》系列,江苏人民出版社(凤凰联动)策划的《山楂树之恋》、诺贝尔文学奖得主的《赫塔·米勒作品集》,北京精典博维公司的《风语》均有不俗表现,博集天卷的"杜拉拉系列"在本年度第三季度依然榜上有名。值得关注的是,民营策划力量多数长期关注健康、历史及人文等热门及易炒作题材,2010年有些策划公司开始强势介入财经出版领域,在少儿出版领域的姿态也不容小觑。

民营出版公司在畅销书领域的绝对优势会否随着多家国有出版集团上市

获得资本的支持在2011年有所改变呢？大多数受访者的答案是否定的。上海世纪出版股份有限公司的副总裁、世纪文景总经理施宏俊表示，大部分的畅销书出版资源掌握在民营公司手中应该是短期内很难改变的事实。原因很复杂。比如，国有出版社、出版集团戴着镣铐跳舞，他们担着沉重的社会责任和政治约束，很难像民营公司一样完全以营利和市场销量为目标。国有出版机构尽管大部分已完成转企改制，但要完全实现企业化运作，还有很长的一段路要走。这其中，不能完全怪罪于出版社，政府应该创造一个良好的市场环境，比如，出版社的生生死死应该用市场的办法去决定，优胜劣汰；在保证意识形态主导权的前提下，应逐步降低出版业的进入门槛，等等。中华书局大众图书分社社长宋志军也认同"转变会需要较长时间"的说法，这其中包括观念、人员更新、体制机制的转换等。但他感觉，近年民营力量的活跃无疑对传统出版的刺激相当大。九久读书人出版公司董事长黄育海坦言，"这几年并不是说大的集团没有钱，钱对他们来说并不是问题。上市也不是国有书企获得畅销书资源的唯一途径"。对于像凤凰联动那样"国民合营"来产生畅销书的模式，黄育海认为，"独立运作，可能会更有利于民营企业保持自己的活力"。但他希望政府能够提供多一些的实质性帮助。比如，融资、出版政策以及政府资源的平等共享等。

出版集团上市获得资金支持，是不是就能靠"钱砸出天价版税"来赢得畅销书资源呢？人民文学出版社社长潘凯雄表示，现在为了争夺畅销书作家的作品，今天一个开价500万去买，明天另一个就敢开价600万。这样低端的运作其实是在毁人毁行业。他觉得，"我们更应该关注畅销书自身蕴藏着的丰富的社会、文化和审美现象"。

当然，我们也应看到，传统企业在品牌和出版资源的积累及产品线成熟度上有着某些民营公司不可比拟的优势。2010年，中华书局的"一本书读懂历史"系列大卖；上海世纪出版集团世纪文景公司六六的《心术》发行25万册，此外他们还出版了一系列华语作家的畅销作品；长江文艺出版社的《最小说》势头不减,《最漫画》即将上线……传统出版企业在积极行动。畅销书就好比爱情,可遇不可求,更像一堆干柴在零星的火花中等待燃烧,民营公司的高明之处并不在于他们有什么"神力",而是他们敏感的嗅觉能感知火花在哪儿,并且会持续关注,再加上一点点的运气。国企最缺乏的是嗅觉。可以预见,至少2011年,畅销书大部分集中于民营之手的大势仍不会逆转,国企仍需努力。

3.11 传统出版目前在动漫产品的开发和出版上有所举措和收获,成功打造"喜羊羊"等品牌。 2011年传统出版在动漫领域还将如何作为,从而取得更大的突破?

2010年,传统出版在动漫图书领域颇有收获。"喜羊羊"等动漫影视衍生图书继续占领畅销少儿图书排行榜,"奥比岛"、"赛尔号"等网络游戏社区图书也异军突起。2011年,除了巩固动漫影视衍生书市场,加快儿童网络社区图书开发、打造原创品牌、与动漫产业各环节的整合将成为传统出版机构深入动漫产业的主要方式。

从出版社到出版集团,瞄准产业链、深入动漫创作核心环节的意识逐步清晰。比如2010年年初,天天出版社就曾与央视动画有限公司及美猴王音响、塑胶玩具、纸质玩具衍生产品授权企业组成联盟,进行跨行业整合。与成熟的专业动漫公司深入合作也将成为动漫图书市场发展的强劲推力。上海文艺出版集团旗下上海动画大王传媒有限公司与上海黑皮文化传播有限公司合作,安徽出版集团旗下时代漫游传媒股份有限公司牵手幸星数字娱乐科技(北京)有限公司,北方联合出版传媒(集团)股份有限公司、辽宁出版集团联合收购湖南蓝猫动漫传媒有限公司都预示着出版集团联手专业动漫公司,资本的进入将成为趋势。

图书只是动漫产业链的一个环节,而只有深入产业源头、参与策划开发,才能在市场竞争中取得主动权。具体到产品上,以动漫形象为基础的童书,将继续考验出版社的创意和策划能力,在加强原创作品开发的基础上塑造品牌。

童趣出版有限公司的"大品牌策划"策略,以形象为支持拓宽图书品类,通过产品拓展和品牌的整体推广形成互动,带动品牌的持续性发展。这为受影视播放期限制、精品稀缺的动漫图书提供了新的思路。该社2011年即将推出的《喜羊羊与灰太狼大电影3兔年顶呱呱》也将沿袭这一思路,涵盖了从抓帧连环画到图画故事、文学、棋盘、迷宫等各类图书产品。

2010年,儿童网游图书成为少儿出版中一个全新的门类。2011年,儿童网络社区图书还将继续成为传统出版发力的重要板块。外研社少儿出版分社副社长吉劲秋表示,网络动漫图书依靠网络社区庞大的用户基础、高度的用户黏性而成为近年少儿图书市场的新宠,但如何让用户将其对动漫社区的喜爱移情到相关图书,对出版社来说是一个挑战。2010年,外研社少儿分社与"奥比岛"进行了网络互动社区与地面书店协同配合进行精准营销的大胆尝试。2011年,"奥比岛历险记"系列小说也即将上市。凭借"赛尔号"系列图书取得骄人成绩的江苏美术出版社提出了"全媒体出版"的新年规划。苏美社社长周海歌认为,传统出版发力动漫,必须强调创新,"动漫领域不仅提供了图书选题、形象授权,而且是我们利用出版平台打造全媒体概念、创新出版模式的重要途径。如果从这个角度思考,传统出版大有文章可做"。

[链接:中国图书商报2011.1.4,王东、蓝有林、孙珏、钱秀中、张伊《中国书业出版11问》]

第二编 年度书业大势大事

第 4 章　2011 高端调查显示：成本销售双升，改制开局显效

早在 2010 年年初，中国图书商报就特邀了一批书业领军人物对通胀预期下书业可能的走势进行研判，如今通胀真的来临，我们再次结合当前的经济环境和书业表现，发起 2011 书业高端调查，让他们再度就书业未来和应对之策谈谈自己的想法和做法。

调查结果显示，76.47% 的受访者表示 2010 年所在出版社或集团的回款率同比"略有上升"和"明显上升"，其中 56.86% 的人表示网络书销售占出版社或集团总销售的"10%以下"，96.08% 的人认为网络书店销售所占份额有加大趋势，具体细分板块则以少儿类和生活健康类的贡献最高，并有过半的受访者认为二者在 2011 年还将引领市场；不过，90.20% 的受访者表示 2011 年的书业生产成本也将"小幅增长"甚至"大幅增长"，其中"人力资源成本上升"、"纸张印刷持续涨价"和"营销推广难度加大"是主要原因。同时，对于进入收官阶段的转企改制，49.02% 的受访者认为最大变化是"运营机制"，其次是"劳资关系"。有意思的是，尽管过半的人表示所在集团没有上市计划，但有 52.94% 的受访者表示自家出版社或集团未来有投资主业之外的打算，其中"参股其他公司"和"购置房产"为主要出路，数字化、大众化则是主业之内的重点方向。

4.1　回款再超预期，抵制折扣警通胀

退货没商量和回款难早已不是什么新鲜的话题，可以说是制约出版业发展的老大难问题。为此，与往年一样，我们在此次调查中设计了"贵社或集团

2010年回款情况如何,回款率与2009年相比情况?"这一提问,从回馈的结果来看,选择与2009年"持平"的有11.76%,选择"略有下降,5%以内"和"明显下降,5%以上"分别只有7.84%和3.92%,选择"略有上升,5%以内"和"明显上升,5%以上"的则分别占到了41.18%和35.29%,累计达到76.47%,可以说同样远超预期,甚至比2009年还要稍好一些。当然,有业内人士认为,考虑到同期CPI的持续上涨,回款绝对值的上升并不代表实际购买力的同步上扬,如与CPI的上涨部分相抵消后,选择为"持平"的实际可能是"略有下降,5%以内",选择"略有上升,5%以内"很可能只是与2009年"持平"。

因此面对2010年岁末当当、卓越、京东等网络书店的折扣战,出版社的表现再也不像2010年年初出台被称为"限价令"的《图书公平交易规则》那样事不关己,而是纷纷表示反对和抵制。这并非因为网络书店销售的占比有了多大的上升,此次"2010年网络书店销售占贵社或集团所属出版社总销售的多大份额"的调查结果显示,占比"10%以下"的有56.86%,选"10%~20%"的有35.29%,选"20%~30%"、"30%~50%"的都只有3.92%,可见当下的销售主流还是依托诸如新华书店、系统发行及直销等传统渠道。出版社出奇一致地抵制折扣战,究其原因,一是出版社担心此番折扣战的连锁反应将扩大,就像推倒多米诺骨牌,最终波及出版社的发货和结算折扣;二是96.08%的受访者表示网络书店销售所占份额有加大趋势,其中64.71%的人选择"上升,码洋增长幅度小于10%",31.37%的人选择"上升,码洋增长幅度小于5%";三是折扣折掉的就是真金白银,在无法回避的通胀现实即生产经营成本逐步上扬的情况下,如果没法开源自然就唯有节流,将折扣战掐死在萌芽阶段。

这也是为何对于"2011年书业的生产成本将会有什么变化"这个问题,根本没有人认为会下降的原因,哪怕是"略有下降,降幅在5%以内",相反有64.71%的受访者都表示2011年书业的生产成本会"小幅增长5%~10%",有25.49%的人甚至认为2011年书业的生产成本将"大幅增长10%",只有9.80%的受访者表示"基本持平,涨幅在5%以内"。如此一来,对于2011年图书市场销售的预期也显得更为理性,既没有人预期"快速增长,涨幅超过10%",也没有人觉得会"明显下降,降幅10%以上",而是有56.86%的人认为2011年图书市场"稳中有升,增长5%以内",有29.41%的人认为"与2010年基本持平",有13.73%的人认为"略有下降,降幅5%以内",基本符合书业多年来年增长5%左右的自身发展规律。

至于"2011年影响书业生产成本的最主要因素将是什么?","人力资源成本上升"以78.43%的选择占比拔得头筹,"纸张印刷持续涨价"和"营销推广难度加大"分别以68.63%和56.86%的选择占比分列第二、第三名,选择"回款周期越来越长"的选择比例也超过半数达54.90%,"物流运输费用上涨"、"稿费和版税上涨"则分别占比45.10%和35.29%。这从"2010年贵社或集团花费较大的支出"选项调查中也得到部分印证,"纸张印刷费"、"人员工资"、"稿费和版税"分别为96.08%、92.16%和78.43%分列前三名,足以说明就目前而言,这三项开支是绝大多数出版社支出的最主要部分,而"营销推广费"、"物流运输费用"紧随其后,分列以45.10%、43.14%的选择率位居第四、第五名。此外,选择"兴办网站、手机报等新媒体"、"新设公司"、"房产购置(含装修)"、"参股其他公司"作为主要支出的也有一些,但选择率均不到两位数,分别为9.80%、7.84%、7.84%和5.88%,"兴办新报、新刊"可能因受制于现行的报刊审批制度而没有人选择。

4.2 功利阅读低龄化,少儿书占鳌头

有人说,老人、女人和孩子的钱最好赚,其实这在书业也得到了充分体现。此次调查结果显示,有56.86%的受访者认为2010年市场表现最为突出的当数以儿童文学为代表的少儿类,同时该选项位居各受访者选项排序首位的次数也是最多。究其内在原因,显然是家长们对于孩子教育的极端重视。紧随其后的是"生活健康类",有着47.06%的支持率,说明随着生活水平的提高,健康长寿也成为包括老人和白领在内的刚性需求;而"青春文学类"和"职场生

存类"均以37.25%的认可并列第三,"心理励志类"也有超三成的人认为其2010年市场表现突出。可见在前五名中,只有"青春文学类"属于休闲阅读类需求,其他都是出于对学习、成长和身体健康是否有用的需要,功利化阅读的趋势依然明显,大多数热销或预计会热销的门类都是基于"有用性"出发,而且越来越低龄化。

尽管受到众所周知的"张悟本事件"及随后出台的一系列措施的影响,已连续四年受到业内推崇的"生活健康类"依然获得56.86%的支持率,登上"有望成为2011年最热门的出版板块"的宝座,说明其声望还在。有受访者为此表示,在短暂的休战之后,生活健康这一细分领域2011年或有再度引爆市场的可能。接下来的热门预期第二、第三名则依次是"儿童文学类"、"网络原创类",分别占到49.02%、41.18%,"心理励志类"和"青春文学类"以39.22%并列第四。另外,"文史类"和"投资理财类"也有超过三成的预期,选择占比分别为37.25%、33.33%。

不过,基于年出版品种规模的继续扩大,单品销量及效益的持续下降,对于"能否产生超级畅销书"这一问题,2010年曾有31.34%的受访者表示"不能",此次的调查结果更显悲观,认为"不能"产生超级畅销书的比例上升到43.14%。而在选择2011年"能"产生超级畅销书的各个选项当中,受访者的分歧也依然很大,仅有小说、青春文学两类的选择比例超过两位数,分别占据17.65%、11.76%。

4.3 转制已近收官,业外拓展是主流

根据新闻出版业转企改制的时间表,2010年是部委出版社转制的攻坚年和收官年,而从书业现有的发展思路来看,兼并重组和股改上市无疑是大多数出版发行集团的两大主要选择。尽管大家对"2011年已上市出版发行企业的股价将会有怎样的表现?"普遍持保守看法,认为"股价相对平稳"的占47.06%,认为"大盘涨则涨,大盘跌则跌"的占21.57%,认为"震荡,股价长期看

涨"和"股价持续走强"的分别仅为15.69%和3.92%,但对诸如"中国教育出版集团成立"、"中国出版集团公司上市"、"江苏凤凰出版传媒集团整体上市"等还是有很大的期待和关注。关注度分别高达66.67%、50.98%和47.06%,"已上市书业跨地域、跨媒体、跨领域、跨所有制拓展"、"时代华语等其他民营公司登陆创业板"、"长江出版传媒集团借壳成功"也有两位数的关注度,分别为19.61%、13.73%。至于自家是否上市,不知道是出于保密的考虑还是更为理性看待上市一事,有58.82%的受访者表示所在集团暂时没有上市计划。

当然,转企改制和上市与否并不影响书业自身的拓展进程,相反在资本的推动下更是提升了资源整合的可能。在此次调查中,对于转企改制带来的最大变化,就有49.02%的人认为是"运营机制",23.53%的人认为是"劳资关系",还有11.76%的人认为是"出版资源",这些实际均为推动出版业发展的几个重要因素。与往年相比有较大差异的是,此次调查有52.94%的受访者表示自家出版社或集团未来有主业之外的投资打算,也即有业外拓展计划的已超过半数。在这一半多有业外打算的投资计划中,选择"参股其他公司"的有48.15%,这势必加快出版资源的整合;紧随其后的是选择"购置房产",占到25.93%,这既有业务拓展的需要,也有保值增值的考虑。因扩大出版规模而招人势必要扩大办公场地,尤其是上马各种诸如动漫、阅读产业基地等,而房价的持续上涨也迫使书业公司选择适度置业。此外,选择"兴办非书业公司"和"购买金融资产"的比例也有不少,均为18.52%。

4.4 "十二五"竞布局,产业链成关切

调查结果显示,在业务拓展的"其他"选择项中,既有投资书店等向产业链下游伸展的,也有投资开发新媒体等数字出版领域,但基本都绕不开"产业链"的延伸,这从各家提交的2010年新进入领域和"十二五"规划中也可得到印证。比如浙江少年儿童出版社2010年成立合资公司,"十二五"的重点是产业链建设;科学普及出版社不仅新设了信息中心和质量管理办公室,下一步将在

科普教具、科普玩具、数字出版、媒体广告等方面有所突破。

自2009年以来,数字出版一直受到业内的重视,已成各家拓展的必争领域。如中国出版集团公司2010年在影视剧制作、按需印刷设备、手持阅读器等领域的投入就比较大,并将此作为"十二五"规划的重点方向;四川出版集团公司在成立数字出版公司的同时,也有志大力发展数字出版传媒等新型出版业态;陕西师范大学出版总社的方向是基础教育、大众文化的全媒体开发及多元经营、资本运营。中国科学出版集团、中国少年儿童新闻出版总社、人民军医出版社、人民交通出版社、华东师范大学出版社、二十一世纪出版社等也都将数字出版作为"十二五"的重点发展方向,或新设了数字出版部,或开发馆藏文献和科技文献网络出版向多介质发展,或持续打造科学图书数字文库,或完成体制和业态转变成为少儿传媒集团,或在手机出版方面有所突破等等。不过,就数字出版目前的营收来说,多少还有些差强人意,哪怕就从被誉为数字出版元年的2009年算起,实实在在嚷嚷了两年的数字出版并未取得让人心喜的成绩,98.04%的受访者表示,数字出版收入目前仅占出版总收入的"10%以下",这既挤出了此前曾报道高达近800亿数字出版产值的水分,同时也提醒业内还需努力探寻适合自己的商业模式。

而传统出版本身的拓展,主要还是集中在大众出版。比如法律出版社表示在守住专业的同时,出击社科出版并取得了较大的成效;化学工业出版社2010年成立了经管人文分社;北京科学技术出版社有志在文史类和生活类重点发展;龙门书局成立了文化分社;陕西人民出版社"十二五"的重点将是文史类出版物及儿童类出版物。同时,品牌塑造也是一大方向,如四川少年儿童出版社的"十二五"重点就是扩大规模、优化结构、打造品牌和有效营销;明天出版社的目标是图书品牌的建立,中国建筑工业出版社则有望介入培训与咨询业务。

[链接:中国图书商报2011.1.7,蓝有林《2011本报第五次书业高端调查显示:成本销售双升,改制开局显效》]

第5章　8大热词盘点2010书业潮事

神马都是浮云,发展才是王道。21世纪第一个十年呼啸而过,给书业留下的不是"浮云",而是产业链"上下左右"一步一脚印走出来的踏实足迹。在此,我们尝试以更轻松的方式,借助网络热词潮语,与读者一同品味中国书业的2010年。

给力:出版强国愿景,新闻出版总署2010年"一号文件"出台,500亿出版基金的设立,数字出版、电子书产业发展的首次官方指导意见发布……2010年的出版业看似波澜不惊,数点主管部门在出版管理改革的诸多动作,最贴切的感受莫过于"给力"。

■ 1月1日,总署印发《关于进一步推动新闻出版产业发展的指导意见》,对非公有资本进入政策许可的领域明确了方式、范围,敞开了出版业对非公有资本进一步开放的怀抱。

■ 2010年年初全国新闻出版工作会议上,新闻出版总署署长柳斌杰肯定我国已进入世界出版大国行列,提出力争在"2020年成为出版强国"的主攻方向。

■ 年初和年尾,总署先后与中国农业银行和国家开发银行进行战略"握手",分别得到500亿元的信用额度支持,为行业发展再添"燃油"。

■ 《关于加快我国数字出版产业发展的若干意见》和《关于发展电子书产业的意见》相继发布,首批21家企业随后获批电子书从业资质,电子书(内容)标准制定破冰……官方对于数字出版的扶持态度不言自明。

霸气:2010年出版集团风生水起,上市融资、"四跨"重组、打造"航空母舰"……十八般武艺轮番上阵,可谓霸气外露、魄力十足,不少看衰出版业落后的"保守派"被瞬间"秒杀"。

■ 1月18日,"皖新传媒"挂牌上市,股价首日上涨49.41%;10月28日,"中南传媒"成功登陆A股主板市场,主打多介质、全流程的独特业态。除此之外,长江出版传媒集团、江西省出版集团的造"星"之路也在进行中。

■ 重组黄河出版传媒集团、中国民主法制出版社、华文出版社,中国出版集团一年内动作频频,为我国出版集团之间的兼并重组提供了样本和无限想象空间。

■ "时代出版"7月与黑龙江出版集团共同出资组建新公司,重组黑龙江省新华书店出版物连锁经营业务,大刀阔斧实践"四跨"。

■ 12月18日,由人民教育出版社、高等教育出版社、语文出版社、中国教学仪器设备总公司、中国教育图书进出口总公司五家单位整合而成的中国教育出版传媒集团有限公司"横空出世",囊括中国教育出版历史最悠久的金字招牌。

■ 北方联合出版传媒集团与天津出版传媒集团、内蒙古新华发行集团联合打造大型出版传媒产业集团和战略投资者的构想,历经一年半的实践尘埃落定;北方联合出版传媒控股重组北京民主与建设出版社事宜正在运作之中,资本这只无形的手再显魔力。

■ 经过长达两年的谈判、协商和准备,北京师范大学出版集团合资重组安徽大学出版社,成为国内高校出版社的首例跨地域、跨高校重组。

数字控:出版业2010年"控"字当道,与数字沾边领域更成为"控"的主流,iPad控、数字出版控、电子阅读器控、数字基地控、微博控……数字转型大行其道的今天,数字"控"成为我国出版业欲罢不能、欲说还休的瘾。

■ 2010年出版发行集团约好了般集体钟情于电子阅读器:中国出版集团公司的自有品牌"大佳阅读器"与上海世纪出版集团的"辞海悦读器"南北辉映,凤凰出版传媒集团联手元太科技推出"凤凰电子书包",重庆出版集团与汉王科技出资建设阅读器生产基地,上海新华传媒的"亦墨电子阅读器"打"世博牌"……一句话，似乎彼此心照不宣，"不做阅读器你就 out 了"。

■ iPad 的问世让阅读器市场很是热闹，在"陷阱 or 馅饼"的争议中，皖版漫画图书《魔术笔记》等一系列中文图书成为全球首批 iPad 应用软件，一些出版正在寻找与这一新技术、新模式"亲密接触"的机会。

■ 国家级数字出版基地磁吸效应愈发明显，2010 年 8 月，湖南被批准成为继上海、重庆、杭州之后第 4 个国家级数字出版基地，广东、安徽正在积极申请之中。有了"根据地"、有了政策倾斜、有了资金扶持，数字出版产业链得到了前所未有的推力。

■ 2010 年微博"横行"，安徽出版集团王亚非、盛大文学侯小强、万圣书园刘苏里、磨铁图书公司沈浩波、社科文献出版社谢寿光等业内人士早就开始"织围脖"，借助微博晒管理思想、选题策划、营销推广已经成了不少出版机构的"必修课"。

鸭梨：从"蒜你狠"、"豆你玩"，到"煤超疯"、"钱缩缩"，涉及到老百姓的衣食住行都在一路上涨。书业即使再淡定，也无法超脱于整个市场环境之外。再看与出版业息息相关的纸价、物流等费用的频繁波动，2011 年书业人士普遍感受到"鸭梨"不小。

■ 国家统计局公布的 2010 年 11 月经济数据显示，11 月居民消费价格（CPI）首度破 5，同比上涨 5.1％，创 28 个月新高，CPI 环比上涨 1.1％，工业品出厂价格（PPI）同比上涨 6.1％，环比上涨 1.4％。

■ 租金上涨、物业管理费居高不下，文化价值与商业利润的尴尬让不少民营书店遭遇"杯具"：2010 年 1 月 20 日，作为海淀区第一个文化创意产业项目基地，第三极书局这家曾经头顶无数光环的民营书店标杆亏损 7800 万元后黯然离去；8 月 15 日，龙之媒广州店因为租金高昂的地面铺面不得不放弃十几年的经营；上海季风书店等地铁书店在租金压力下苦苦支撑或阵地转移。

■ 2010 年以来，纸张在经历了三次涨价向下调整周期后，10 月开始又走入了上升通道。出版业人士感慨，除了纸价的硬成本增加，人力成本的上涨和石油涨价引起的物流运输上涨,无疑也增加了企业的运营成本,利润下降不可避免。

团:抱团打天下,团购力量大。"今天你团了吗"已经成为潮人们的口头禅。出版业的抱团现象自古有之,美联体、地科联、旅游出版发行联合体、出版外贸联合体……2010年,"团"现象流行升级,出版业的童鞋们总结出一条经验:"抱团"顺应当今产业的现实与潮流,你懂的!

■ 2010年1月10日,旨在为非专业少儿出版社构建一个少儿出版工作新平台的中国童书联盟宣告成立,目前已有外研社、电子工业社、江西美术社等10家实力雄厚的出版社"抱团"发展,BTV主持人春妮担任形象大使,联盟的青岛站、上海站活动高潮迭起,向专业少儿社发起强力挑战。

■ 6月25日,全国31家省(自治区、直辖市)的新华发行集团老总们在上海聚首,为了一个共同的目标——打造中国新华书店跨地区协作网项目,即"一网通"。改革、务实、跨地区协作成为新华人"团"在一起的精髓。

■ 团购绝对是2010年网民最夯的消费方式,不少特价书商看准这一商机,以2折、3折的优惠幅度"挂单"嫁接团购网站,然而,其中不少图书的"正牌"出版者对此并不知情,超低团购折扣移植到书业也有些水土不服。团购与图书,看来是"落花有意随流水,流水无情恋落花"。

■ 商报记者在跟踪湖南、湖北、江西、广东等13家地方科技出版社战略联手共拓"农家书屋"市场的进展中了解到,不少社三农图书的直供和码洋节节高升,"13联"更是拓展为"15联"。

后时代:"后金融危机时代"、"后转企改制时代"、"后土宾国时代"、"后书店时代"、"后世博时代",虽然"后时代"曾被误读为是一种文字游戏,不可否认的是它的出现反映了产业发展到了某个分界点,这个点之后的时空标记了一些"?"或"……"。

■ 2010年,出版业转企改制进入收官阶段。根据改制的路线图和时间表,中央各部门各单位出版社体制改革将在年底前完成,高校出版社和地方出版社改革收尾工作。当不少出版社已经完成转制,挂上"有限公司"或"股份公司"的牌子,这是否意味着出版业转制即将大功告成呢?后转企改制时代,出版社如何将自己塑造为真正的市场主体?

■ 中国首次作为主宾国参加2009年法兰克福书展。中国文学作品在德国市场上获得了非常好的评价,许多中国文学作品被德国出版商看中并出版,一年过去了,这些中国图书是否适应外国市场,在德国的影响力如何,中德两国出版业在活动上还将有何交集,这是后主宾国时代留给大家的追问。

■ 不可否认,民营书店在业内总是充满活力——把书店建成一个文化地标,商业地产一站式运营,在专业化和人性化中找到平衡点……"后书店时代"的民营书店走向更加多元化的空间。

■ 出版物在世博会150年的历史中,首次被纳入特许产品。1000多种出版物共享世博机遇,分享世博红利。"后世博时代",出版业运作主题图书更加得心应手。

纠结:有人欢喜有人忧,2010年令人纠结的事也不少。玉树地震让出版人很痛很纠结;"图书限折令"的争议和修改让人很无语很纠结;网上书店拼价格争名声的做法让大家很怒很纠结;张悟本引起民众对养生书的质疑让书业很囧很纠结……

■ 2008年5·12汶川地震的伤痛还恍如昨日,2010年4·14青海玉树的灾情又不期而至。灾难面前,不变的,是出版人"与灾区人民共患难"的爱心;变化的,是出版界更加快速高效的应急机制,更加科学有效的智力支持。广大出版人以自己特有的方式,诠释着"大爱无疆"的深意。

■ 2010年1月《图书交易规则》的发布饱受大众媒体的争议和责难,8个月后经修改的版本将触动敏感神经的"促销"一章删去。

■ 接近年底,四大网站(京东网上商城、当当网、卓越亚马逊、北发图书网)展开价格对拼,虽各有初衷,但大有舍我其谁之势。业内众说纷纭,有人习以为常,有人无奈无语,有人愤而声讨,有人呼吁规范,有人感叹"没治没治的"。

■ 强烈的社会需求带动了养生类图书的热潮,但个别出版单位受利益驱动,造成了市场上此类图书内容质量良莠不齐。由于养生书作者张悟本履历造假等骗局被揭穿,养生书市场混乱的状况被人们所关注。

秀:2010年,"新兴出版生产力"的召唤下,民营书业一改往日"打酱油"的角色,上市、资本运作、吸引风投……大胆"秀"出一条以市场为手段、以资本为纽带的书业新路。

■ 2010年12月8日,当当网在美国纽约证券交易所挂牌上市,号称中国第一家在美国上市的、完全基于线上业务的、赢利的B2C网上商城。12月15日,"中国民营出版第一股"天舟文化登陆创业板,首日涨57.22%。

■ 成都第20届全国书博会上,民营书业与国有出版社同台竞技,"你中有我、我中有你"的鲜明格局已然形成。4000多个展位中,民营书业占了近2000个,许多民营公司在特装、办会、做活动方面颇大手笔,向国有出版业看齐。

■ 继接受数千万元风险投资之后,北京磨铁图书公司再度引资,接受1亿元风投注资;9月,山东世纪金榜引进战略投资者,获得基金数亿元的融资大单。

[链接:中国图书商报2010.12.28,马莹《八大热词盘点2010书业潮事》]

第6章　2010中国书业大势大事

6.1　分销视野

6.1.1　发行集团跨区域联合之风强劲

2010上半年,多家新华发行集团走上跨区域联合求索之路。江苏凤凰新华书业股份有限公司牵手山东新华书店集团,签署了《鲁苏发行战略合作协议书》,跨出了两省业务合作、资源整合第一步。2010年1月北京图书订货会期间,苏鲁两大发行集团在京与数十家出版社签署《社店战略合作营销协议书》,进一步扩大出版社图书在山东、江苏两省市场销售。随后不久,山东新华书店集团与上海文艺出版集团实行战略合作,建立全面战略合作伙伴关系。3月,浙江省新华书店集团和江西新华发行集团签署合作协议,进入实质性联合阶段。目前新华跨区域联合大体有4种形式:以资本为纽带的股份制合作形式;以业务为链接的项目合作形式;以产品营销为主体的全线代理形式;以资源共享、信息对接方式,来扩大自身规模。业内人士认为,跨区域联合是一种大趋势。

6.1.2　数字化阅读引发传统分销变局

一场由电子阅读产生的革命正愈演愈烈,传统分销企业将如何应对?向实体和虚拟书店相结合的销售模式转型、为读者搭建电子阅读超级市场等等。2010年上半年,分销企业在思考、在行动。新华书店目前已成为电子书销售的一类主要渠道,新华发行集团与电子书厂家的合作模式逐渐从代理部分产品向全面战略合作演变。同时新华发行集团与中国移动、联通、电信等移动通讯运营公司实施战略合作的步伐加快。合作区域从星星点点逐渐扩大,合作方式也由在书店卖场销售手机发展到增值服务,进而在产业升级和数字出版等新领域发现自身价值。另外,上半年,山东新华推出了"远程网络教育",新华文轩研发了"优课数字教室",建立以学校为导向的研发、服务体系,定位为教育服务商,把数字化内容的研发和服务作为核心竞争力。

□ 6.1.3 出版新规促民营书业新探索

新闻出版总署 2010 年 1 月 4 日颁布《关于进一步推进新闻出版体制发展的指导意见》,促进了民营书业探索新发展的热情。2010 年上半年,国有民营资本联姻在磨合中跃进。民营书业抢抓机遇,把目光投向数字出版,打造数字化产品,欲集纸质图书、数字产品、影视动漫制作、发行于一体,欲变身综合性出版传媒企业。另外,民营书业在年初的北京图书订货会上再创参展数量新高。在 2010 年成都全国书博会上首次与国有书业同台竞技,近一半展位成为一批实力民营公司形象展示的基地。同时,"后书店时代"的提出和实体店开网店的坚持,表明了民营书业探索新的经营方式的决心。

□ 6.1.4 基层门店建设渐成热势

2010 年上半年,基层书店在做什么?一是继续做好教材教辅征订发行工作;二是通过扩大营业面积、全员店外推销、提高卖场坪效等措施,增加一般书销售;三是面对教材教辅招投标形势,教材政府埋单,循环使用,教辅市场运作,学生数量下降等问题,发挥新华书店品牌优势,加快电子产品等多业态经营步伐;四是通过集中学习、实际操作和技能竞赛以及专业机构培训等多方位培训员工;五是提倡精细化管理,把人性化的细节服务渗透到经营工作中去。不同于往年的网点散打,发行集团在县级店上做的文章,从未像今年这样成规模、上系统、下决心过,集团们不约而同在做网点下伸工作。升级改造市县门店,开展门店标准化工程,引入多元产业也上升到了与扩大图书销售同等重要的位置。市县门店建设渐成热势。

□ 6.1.5 发行集团"泛主业化"

许多集团已清醒地意识到,未来发行集团的增长面临着局限。经过近两年来持续较高的增长,以及教材教辅发行业务利润的持续走低,发行集团未来的增速将放缓。如何破解这一窘境？发行集团纷纷举起"多元经营"这一开山斧,以期把它打夯成为强有力的支撑点和增长点,一些集团甚至已明确将几个重要的多元项目列为主业,主业范畴日渐宽泛。有人提出了"大出版物"、"大文化"的概念,除了教材教辅、一般图书、音像制品,电子文化产品、网络教育产品被一些集团列为主业,数码产品、电子阅读器、电纸书等新兴出版物也被一些集团纳入主业经营规范,这些集团强调"大出版物"的发行观念,将新兴的数字出版物及其载体的营销发行工作作为与传统出版物发行同等重要的主业来抓,力争形成新的销售热点。有些集团决定走"大文化大服务"之路,在引进电子助学产品、电脑软件、移动通讯产品的同时,尝试开办幼儿教育、校外培训、文化地产等,实现大文化产品之间的相互带动、相互补充、相互促进。

□ 6.1.6 城市店强势担当终端

参与数字出版分工、加大团购份额、走特色发展之路是目前城市新华书店强势担当终端的作为。无论如何,数字出版都会表现为产品形态或服务形态,城市店凭借庞大的终端体系,完全可能发挥自身优势,获取合理的市场份额。城市店正在技术、营销人才的培养上进行投资,这是数字出版时代城市店生存的需要。随着图书零售业竞争日趋激烈,团购愈加成为城市新华书店经营结构中的重要份额。团购业务是新华书店近年来经营中的一个共同难点,而这块业务通过政府采购方式操作后,更是形成了一个难以掌控的复杂局面。新华书店的团购业务是以让利为主要促销手段,以大客户为主要服务对象,以提供良好的售后服务为基础的"集团"销售。关于特色发展,中国发协城市工作委员会提出："以书为媒,把主业做出优势,做到极致,把相关产业做出品牌,做出规模。"

□ 6.1.7 小连锁引领农村发行

近年来,农村图书市场发生了许多新的变化,新华书店的农村发行工作步履维艰。一系列因素致使农村读者"买书难"、"看书难"、"借书难"等问题加剧。虽然农民对文化的需求并非刚性,但文化消费是可以培育的,文化需求是可以激活的,这种需求的潜在增长正在积聚,正在孕育的文化需求预示着会有一个突破性的增长。面对重重的发行壁垒,新华发行集团用坚守与毅力打响了攻坚战。如何完善农村出版物的发行网点,满足农民读者需求,更好地服务"三农",成为各省新华书店关注的焦点。经过摸索与改进,浙江省新华书店集团的农村"小连锁"、安徽新华发行集团的混业经营便民店,以及云南新华发行集团的农村网点代销店和广东新华发行集团的三级连锁体系,像一张张有力的网抛向农村市场,也引领着全国农村图书发行市场的发展。

□ 6.1.8 图书进出口数字化经营山雨欲来

随着数字出版物在进出口业务中比例的逐年上升,传统书刊进出口机构同样面临着巨大的挑战。他们纷纷推进业务转型和产业升级,有的已将数字化纳入"十二五"战略规划的高度予以重视。国图公司增加数字出版物、电子出版物进出口,寻求介入数字出版上游渠道,研究开发自主产品,并进一步扩大数字出版物的代理和销售。中图公司开通"中图在线"网,打造专业化、个性化、多样化网络服务平台。而外文书店若依然停留在数字出版的下游,最终将被淘汰,因外文书店并非电子书发行的唯一渠道,所以外文书店也力争涉足上游数字出版,要做电子书,且一定要拥有自主知识产权,才能变被动为主动。

□ 6.1.9 民营书业步入管理时代

民营书业企业强者愈强趋势的背后是各家优秀企业独特的管理模式。如使"星火英语"的品牌享誉全国的山东星火集团借鉴了跨国企业的管理模式,在管理上实行从"规范到优秀,从优秀到卓越"的三步走战略,并把惠普的产品创新体系和丰田的产品开发运营体系作为公司方向,提出"西学惠普,东学丰田"的口号。黑龙江同源公司遵循差异化和成本领先相结合的重构主义管理模式,倡导以时尚演绎经典。山东金榜苑公司的存储物流中心内有多台机器在给每一本图书打码,打码是为了知道每一本书的去向,可以有效防止盗版图书退货。为将管理制度量化、细化和切实执行,民企公司的办公室墙上也开始挂上工作进度表和个人业绩月度表,考核每个员工每个月度的业绩。一些优秀的民营企业已形成一套符合自身特色的管理模式,或侧重产品管理,或侧重客户管理,或专注营销管理,或专注内部管理。尤其是天舟上市催动了民营书业进一步加强规范管理以便通过上市的考核。

6.2 教育出版

6.2.1 教辅策划开辟"蓝海"推出策划"新理念"

系统发行同步类教辅的式微已经成为最近两年教辅出版界不争的事实,这一方面是由于世纪初新课改带来的教材版本多元化,一方面也是因为中高考地方自主命题。强势渠道商介入同步教辅出版上游,更加剧了该类产品区域化出版的现状。为了在"红海"之外开辟"蓝海",教辅策划商纷纷推出自己的策划"新理念":其一是教辅内容图形化,提高出版门槛;其二是将全解概念运用到阅读类图书的编写中,降低学习门槛。这些"新理念"的引入标志着教辅出版已经全面进入新阶段,从以前的价格战逐渐过渡到以内容品质、配套服务为主的竞争。现在正值暑期,"新理念"教辅抢滩各大卖场,表明这种内容创新确实已初见成效。

6.2.2 教育纲要出台:商机与冲击并存

教育出版受教育事业发展状况及国家教育政策的影响很大,《国家教育中长期改革与发展规划纲要(2010～2020)》的出台也必然引起出版业的深层震荡,完全可以看作是教育对出版业释放的需求信号。首先,新《纲要》为教育出版的未来打开了新的发展空间:学前教育的普及化、城乡教育的均衡化,都要求包括图书出版在内的教育资源全面升级;职业教育在未来10年的大发展,也有可能催生出职教教材出版的新高潮。与此同时,新《纲要》对教育数字化的大力提倡,也很有可能带来教育出版的巨大变局,而最近包括人民教育出版社在内的出版单位,都大力拓展网络教材、教辅的市场,则表明新变局确实已经显露端倪。

6.2.3 大学社合纵连横深掘市场

从20世纪80年代成长起来的大学社,在全面进入并逐步完成转企改制之后，于2010年上半年进入了全面发力期。在做好高校教材和学术图书出版的基础上，开始有越来越多的大学社试水大众出版，对于社会出版热点的把握也更加敏锐。以动漫出版为例，就有外语教学与研究出版社、华中科技大学出版社、北京理工大学出版社、北京邮电大学出版社等涉足且已小有斩获。在积极寻求经济增长点的同时，大学社也认识到在出版业全面集团化的大背景下"抱团"发展的重要性，出版社之间的横向联合已经蔚成风气：第一种联合是社与社之间联合开拓市场的行为，如一系列大学社联合体在共同开拓市场方面的很多工作；第二种联合是通过具体项目的运营集聚多家大学社的力量，比较有代表性的是清华大学出版社网络出版项目"文泉书局"；第三种联合则深入到资本运营的层面，如北京师范大学出版集团重组成立安徽大学出版社有限责任公司等。作为我国出版界最活跃的一支力量，在成为真正的市场主体之后，必将焕发出更强大的市场活力，其未来表现也最值得期待。

□ 6.2.4 "异业作者团"加盟教育出版

教育出版的核心是研发，除了少数如人民教育出版社这样集研发和出版于一身的专业教育社之外，大部分出版社仍要通过对社会教育资源的挖掘寻找选题。同往年相比，如今出版社在与社外教育科研机构合作出版方面，已经上升到了系统化甚至策略运营的层面，双方在选题资源、人才培养方面的合作也进一步深化。而这种变化一方面逐步强化了出版社自身的产品研发能力，另一方面也有力地推动着出版社的企业化进程。

□ 6.2.5 大社名社纷创"新助学"形态

2010年下半年，一些教育出版大社、名社纷纷推出自己的重头助学产品，如江苏教育出版社的"中学生常识书系"，浙江教育出版社以"题组"概念重新推出的"精编"系列，华东师范大学出版社的"精确阅读"等。这些新面市的助学读物在产品形态上发生了很大的变化，突破了原来应试图书的策划思路，更加贴合《国家教育中长期教育改革和发展规划纲要》中体现出来的新教育发展趋势。值得注意的是，这些产品在出版前都经过了出版社的细致论证，出版后良好的销售态势进一步印证了这些出版社对于市场趋势的判断,也带动着教辅出版市场进入一个"新助学"时代。

6.2.6 教育出版寻觅数字化的转型新空间

在数字化教育出版方面,无论是国有出版社还是民营策划公司,都开始集中发力。民营方面的代表产品有江苏春雨集团的"梦幻城堡实验班"、广州开心图书发行有限公司的"作文大赏"在线学习资源;国有出版社方面,人民教育出版社的"人教学习网"、外语教学与研究出版社的"新标准英语网"更成为中小学网络教材出版的"代表作"。虽然这些产品的市场推广受到诸如国家政策、教学硬件等诸多方面的限制,但其前景不可限量,所代表的乃是一个以百亿计的全新市场。从更大的范围来看,这些新产品的"扎堆"出现,很有可能让2010年悄然成为教育出版数字化的转型元年。

6.3 大众出版

6.3.1 地方中小少儿社多种方式谋求发展

失去先机、同时面临激烈竞争的地方专业少儿社,出路在哪里?推出叫好又叫座的产品,是出版社在市场上的立身之本。地方中小少儿社在确保教辅产品板块稳定发展的同时,调整产品结构,在一般书上多下工夫,是谋求长远发展的关键。地方中小少儿社普遍面临着无力竞争知名作家资源的难题,培养新作者是这些出版社另谋出路的方法之一。同时,在转企改制过程中,提升管理、升级制度效益是很多地方少儿社正在进行的重点工作。湖南少年儿童出版社推出新的管理条例,效果显著。此外,在发展的过程中寻求合作,在合作中学习也是很多少儿社看准的方向。福建少年儿童出版社已与一批有实力的民营图书公司合作;海燕社不仅与当当网合作,还进行了与兄弟出版社和部委社合作的新探索。四川少年儿童出版社则借助四川新华文轩上市之机进行资产运作,投资颇有成效。

6.3.2 微博成为出版业营销推广新平台

微博已经成为大热话题,出版社在对微博的迅速接受和利用上表现出色。

除了众多出版业名人和作家在微博上受到追捧,许多出版策划商都在利用这一平台做有效推广。2009年,各家出版策划商开始认识到微博阵地的价值,读客文化、悦读纪、华文天下、聚石文华等公司纷纷开通官方微博,推广图书。新平台新语体也催生了新的特色作品。对出版业人士来说,微博是现在最新最时尚的个人思想发布平台、公司品牌维护平台、图书营销推广平台,而更重要的是,微博带来的可能是新的"语言伎俩乃至思辨萃取能力",它很可能影响人们的思维方式,乃至慢慢改变人们的阅读和创作风格,进而成为新的畅销文本的发源地。

6.3.3 传统少儿出版向内容提供商转型

2010年,华东六省少儿联合体提出打造"中国第一童书联盟"。与整体图书市场相比,少儿类图书的增长率远高于平均水平。虽然出版规模在增长,但效益却在下降。同时,随着大量的非专业少儿社及民营机构涌入少儿图书市场,竞争也在加剧。在此背景下,专业少儿社要承担起引导少儿图书消费升级换代的使命,传统少儿出版也需要向少儿文化内容提供商转型。据统计,少儿文学仍然是少儿图书细分市场中的第一大板块,少儿卡通、少儿科普和低幼启蒙类读物紧随其后。对于少儿文学板块,当红畅销书作家的作品仍然具有超强的市场号召力;少儿卡通读物的亮点则非"海宝"莫属;科普读物有着稳定的市场份额,各家出版社也比较看重。此外,随着家长鉴赏水平的提升和消费观念的改变,高品质的低幼读物也将越来越有市场。

6.3.4 网店定制图书成为小出版公司起步首选

随着网店定制服务的开展,现在的通常情况大约有三种。第一种,洽谈独家的网店首发。第二种,已经在售的图书,网店发现销量不错,也可能会与出版方洽谈大宗定制。第三种,即出版方完全放弃了地面店的销售,将所有图书,全部交给一家或者几家网店销售,即完全意义上的网店定制服务。对大出版社来说,自然不会让自己的主打产品选择这样的发行方式,因为它折扣低;对小公司来说,这却是起步的最佳选择。

6.3.5 草根书畅销,网络作者成明星

网络的发展和博客的兴起,让很多草根圆了作家梦,不仅包括获得较高关注度的原创网络文学,也包括各式各样的生活书。除了引进版之外,2010年原创草根作者创作的服饰美容书也颇为流行。网络平台让草根作者成为一定人群中的明星,而且他们的作品运作成本也会相对较低,只要内容实用,还是有相当销量保证的。与传统的大众传播相比,这是一个"以个人为中心"的时代,草根明星正是依靠互联网的个体力量推波助澜而形成的一个独特现象,在未来,所有企业都不可忽视"草根"的力量,因为这是民众个体意识的集体复苏,它预示着在未来,以个人为中心的传播模式将会成为其中主流的传播模式。这样的背景下,势必会有越来越多有着某种专长的普通人成为草根作者。

6.3.6 首发权助力新作者开发

对于传统出版而言,在选题和产品上的竞争实际也是对作者资源的竞争。现在,多家出版社尝试与作家进行"战略合作",签约其首发权及首选权。品牌作家与品牌社联合的方式日渐被出版社视作推动品牌延伸、改善其自身资源配置的有效方式。除了知名作家,首发权在新作者开发上也得到广泛应用。资源整合也不再单纯停留在作家、作品的层面上,而正在实现线上与线下、电子出版与纸质出版的整合运营。通过签约规模建立和传播影响力,一方面显示出在目前传统出版市场增长减缓的情况下,出版方抢占上游资源的迫切性;另一方面,集中作家资源,垫高门槛排除部分实力较弱的竞争者,也在一定程度上说明行业正在日渐理性和成熟。

6.3.7 少儿板块专业与非专业社同台竞争

继2010年年初,8家非少儿专业社加入到中国版协少读工委成立的"中国童书联盟"后,下半年的华东地区6家少儿出版社举办的六少社会议以及9月份的全国少儿图书交易会,都显示出一个强烈的信号:专业少儿社团体与非专业少儿社的竞争开始白热化。比如,华东六少社集体通过了"七点共识"与"九条决议",在打造"华东六少"品牌的理念下,推动发展思路、合作模式和营销手段的创

新。其设计 Logo 整体亮相博洛尼亚书展、共享市场资源等营销举措也表明华东 6 家少儿出版社在深入整合内部资源、强调竞合关系、迈向虚拟专业少儿出版集团、设置行业标准、成为中国少儿出版领域游戏规则制定者的意图已经十分明显。此外，华东六少社正在策划以"资本"为纽带，在数字出版社上成立一家新媒体公司，建立共有的赢利模式，并以此带动传统出版的发展。

6.4 专业出版

6.4.1 联合之路越走越宽

面对未来中央集团军可能的巨无霸阵容，不少中小出版社都表示要联合起来而且正付诸行动，比如地方科技出版社之前已联合运作农家书屋项目，最近在除与中国版协科技委本身的常规合作之外，又着手职业教育教材的推广、图书馆的联合配送、纸张的采购、优秀科技图书的评选等。而中国版协科技委名誉主任于国华一直表示，中小社要学习"小狼吃大象"的原则，团结一致，分工协作。与此同时，出版业与业外的合作也越来越多，在数字出版方面与汉王、方正、中移动等的合作自是不必多说，比如化学工业出版社、人民卫生出版社、广东经济出版社等与民营力量、业外力量共同成立相关分支机构也正风生水起。

6.4.2 养生书陷诚信危机

近年来，养生书可谓大行其道，而戏说之风更是愈演愈烈，终于，"张悟本事件"让喧嚣多年的养生书市场安静了下来，相关图书在多地书店陆续被下架，同时也暴露了出版界的浮躁之风和逐利冲动。事实上，早自 2003 年开始，业内外就陆续对养生书提出质疑，前年甚至出现有关政府部门将出台文件，限定"出版资质"的说法，此次事件后有关方面再次旧事重提，提出四项规定。但也有业内人士担心，"张悟本事件"或有可能演化成对中医类出版物的集体不信任，有出版社为此重新打出品牌化的旗号，以应对这轮养生书风暴。

6.4.3 财经出版应时而变

当政府定调 2010 年将是中国经济最为复杂的一年消息传出，有财经书策划编辑发来信息感叹,与经济如影随形的财经图书板块又将会是怎么样一个局面?有业内人士认为,因为2010年也将是书业整合重组年和上市融资年,原有财经书市场格局也将会发生剧变,传统财经强社的优势或将被逐渐削弱,市场资源将会重新分配,一批有产业资本、金融资本支持的财经出版新星将会发出耀眼的光芒,同时不排除欧美各大出版集团由简单的版权输出转变为项目合作甚至资本合作,加上网上阅读、手机阅读的蔚然成风,财经出版物从内容组合到包装推广形式,从出版节奏到赢利模式,都将出现重大变化。就细分市场而言,金融类、投资理财类、低碳经济类以及新经济类图书领域或许都有机会。

6.4.4 专业出版跨界成风

目前,跨越纸质和数字两界做出版似乎成为大家的共识,实际就传统出版本身而言,也有一些专业图书的策划编辑正尝试着纸书内部的"跨界",如管理＋IT、IT＋人文、漫画＋IT＋管理＋人文、金融＋小说、管理＋心理、经济＋散文、旅游＋摄影等,将不同方向的领域用其长、去其短,在内容上做巧妙结合,突出两者的卖点,通过有针对性的市场营销推广,打破了过去每本书泾渭分明的定位,最后达到1＋1＞2甚至更好的效果,备受策划编辑们的推崇。

6.4.5 "屏时代"到来

伴随电子书的成长,出版社又开始寄希望于手机、iPad等大大小小的"屏"给他们带来一个全新世界,人民邮电出版社在数字出版的路径上选择了"手机出版",推出了新杂志《尚漫》首先培养客户,继而打造资源聚集网站,借运营商诸如中国移动、iPad等平台发布内容资源,最后才是内容精粹化后的图书版本。人民军医出版社2010年年初实现纸书与跨媒体同步出版后,也转入手机出版和手持阅读器的开发中,手机健康网站最受投资者的关注。

[链接:中国图书商报2010.7.20,郭虹、王东、蓝有林、李丽、张伊《2010中国书业大势大事之上半年回顾版》;2010.12.28,郭虹、王东、蓝有林、孙珏、张伊《2010中国书业大势大事之下半年回顾版》]

第7章 2010出版集团主题词搜索

于出版而言，2010年有着诸多的标签——"十一五"收官之年与决胜之年，"十二五"发展规划制定之年，国家提出建设新闻出版强国十年发展目标之年，贯彻落实《关于进一步推进新闻出版产业发展的指导意见》的启动之年……如此之多的任务与使命堆叠在一起，让人们对2010年充满了期待。一年过去，出版集团以各自的孜孜矻矻、奋发图强，将这份期待化为了实实在在的成绩单。

主题1：挺拨主业

"出版集团何以名之？当然是主业。"长江出版传媒集团董事长王建辉的这句话代表了当前各出版集团对待主业发展的鲜明态度——主业是出版集团毋庸置疑的核心竞争力。在改革风潮涌动的2010年，出版集团始终坚持做强主业，坚守文化责任之道，通过各种得力的举措进一步提高主业实力和品牌影响力。

强化特色，面向市场，努力调整出版结构，加强主业核心竞争力是各集团2010年主业发展的普遍思路。在这个思路下，各集团结合各自实际采取了一系列务实的举措。如中国出版集团公司以图书产品线建设为抓手，切实形成、巩固和扩大图书分类市场竞争优势，继续实施"双推计划"，不断扩大市场影响力，增强营销实效性；凤凰出版传媒集团继续坚持做强教育出版、做精专业出版，提升大众出版，建设全国一流的以"凤凰文库"为核心的学术出版基地、教育出版基地、世界文学出版基地、儿童文学出版基地；浙江出版联合集团建立健全激励和约束机制,完善考核办法,分解责任,落实任务,力求在少儿、文教、生活、经管、文学、艺术六大优势板块的建设上取得新突破;广东省出版集团探索建立单个优质品牌的出版分支机构,创新激励机制,专攻单个出版板块或某类图书,做深做透细分市场;江西省出版集团积极推进由经营作品向经营作家转变,由专业分工到专业追求转变,由单一编辑向项目管理转变的编辑工作"三大转变";河北出版传媒集团以双效精品工程为龙头,以制定实施集团公司精品出版方案和新课标教材修订送审为抓手,着力推进打造精品图书和品牌教材的各项举措。继湖南出版投资控股集团和安徽出版集团进京邀请专家学者为选题把脉后,河北出版传媒集团也在2010年年初首度就年度选题进京召开专家咨询论证会。

重大选题和"双效"图书是各集团雷打不动的出版重点。2010年的部分代表图书包括:中国出版集团的《中国文库》(第五辑)、《世界历史文库》、"二十四史及清史稿"修订工程、《中华民国史》(12卷)、《中国大百科全书》(第三版、网络版)、《辞源》(第三版),上海世纪出版集团的"释江南"丛书,凤凰出版传媒集团的《无锡文库》,长江出版传媒集团的《汉语同韵大词典》,重庆出版集团的"读点经典"系列,河北出版传媒集团的"历史转折三部曲"——《前奏》、《决战》、《新路》,以及《苏轼全集校注》等。此外,时代出版传媒的《龙头老太》、《新安家族》,浙江出版联合集团的《简明中国印刷简史》、《向延安》、《中国童话故事》也都取得了不错的市场反响。

2010年适逢上海世博会和广州亚运会,因此,有关世博和亚运主题的图书也成为2010年市场的两大热点。上海世纪出版集团除了承担世博会法律文件制作外,还着力以出版物形式全方位展示"世博"的文化大舞台,推出了《中国2010年上海世博会官方导览手册》(中文简、繁体本)、《上海世博会精彩看点解读》、《迎世博市民读本》、《世博志愿者礼仪读本》等200余种图书。上海文艺出版集团也推出了《东方之冠,鼎盛中华——中国2010年上海世博会中国馆建筑设计方案征集作品选》(中英文)、《世博文化演艺活动节目概览》等

300余种以世博为主题的图书及音像制品。广东省出版集团推出了《亚运知多少》《青少年亚运礼仪指引》等一批高质量的亚运图书。

报刊正成为主业的一大效益增长点。黑龙江出版集团的《格言》杂志月发行量已突破100万册,相应推出的《锦文集萃》《语录中国》《时代流言》等几十种书刊衍生产品,发行近200万册,形成了"一刊为主,书刊并行"的产品格局。2010年5月,安徽出版集团主办的《安徽市场报》正式更名为《市场星报》,并进行了耳目一新的改版,改版当月,广告量即较去年同期增长43%,报纸日平均零售量飙升86.6%。江西省出版集团旗下由《都市消费报》更名而来的《江西晨报》在2010年4月逆市行动,以低价策略快打快攻,斩获全年订单18万份,11月又召开动员大会,正式公布改版消息,并宣称"新一轮的突破行动正在开始",改版第二天即突出奇招,以促销先行,一举突破改版动员时承诺的20万份发行大关。在当前各出版集团的报刊资源整合风潮中,新刊被认为是最具成长潜力,也最可能出成绩的一块。4月24日,在第20届全国书博会举办现场,浙江出版联合集团和阿里巴巴集团共同出资合办的商业期刊《天下网商》,与时代出版传媒公司主办的综合性文摘类杂志《时代发现》都举行了新刊首发仪式。仅仅过了4个多月,《天下网商》期发行量就已达14万册,《时代发现》期发行量达5万册。

主题词2:股改上市

2010年年初新闻出版总署发布的《关于进一步推动新闻出版产业发展的指导意见》曾明确表示,鼓励条件成熟的新闻出版企业上市融资;并在3至5年内,重点培育6至7家资产、销售均超百亿的大型新闻出版企业。这无疑给处于上市风潮中,希望做强做大冲刺集团军的第一梯队的各出版集团加了一把劲。

在2010年真正实现上市的只有一家,即湖南出版投资控股集团旗下的中南出版传媒集团。10月28日,中南传媒挂牌上市,首日涨近30%;股票市值达到248亿元，一跃成为出版传媒板块资产规模最大、股票市值最高的新龙头。

许多出版集团都有上市计划，有一些集团甚至已经进行到了关键阶段，如中国出版集团公司股改上市正在紧锣密鼓推进中，上市方案已定，时间表已排。江西省出版集团的借壳上市方案4月27日获证监会批准。11月4日，湖北长江出版传媒集团有限公司以每股5分的价格拍得★ST源发35％股权，并达成重组意向。12月，S★ST鑫新(600373)连续发布公告称，中文天地出版传媒股份有限公司重大资产重组事项已近尾声，相关资产的变更登记手续已依法办理完毕，公司实际控制人由温显来变更为江西省出版集团公司。该公司尚需向工商行政管理部门办理注册资本等事宜的变更登记手续，该手续正在办理中。目前，中原出版传媒集团正借壳2008年1月起暂停上市的S★ST鑫安，虽然目前依然没有完成"过会"，但集团董事长刘少宇却对此颇有信心，他甚至乐观估计，集团将在2010年年底完成"过会"和上市资产的交割。12月21日，S★ST鑫安(000719)公告称，经证监会上市公司并购重组审核委员会审核，该公司发行股份购买资产事项获有条件通过。

与此同时，广东省出版集团、云南出版集团、重庆出版集团的上市步伐也在加快进行中。5月26日，由广东省出版集团联合南方报业传媒集团发起的股份制公司南方出版传媒股份有限公司(广东省出版集团持股99％)正式挂牌，吹响了上市的前奏曲，集团董事长王桂科表示，目前南方出版传媒已经建立了规范的法人治理结构，紧紧围绕"在稳定中过渡，在过渡中调整"的工作思路，扎实推进上市工作。

主题词3：兼并重组

强强联合、强弱合作，实现资源互补、优势互补成为兼并重组的直接动力。

2010年2月4日，中央文化体制改革吹来2010年的第一缕春风——随着中国出版集团公司总裁聂震宁、全国人大常委会副秘书长张少琴交换合作协议文本,中国民主法制出版社作为我国实现转企改制脱钩重组的第一家中央部委出版社,正式成为中国出版集团公司第15家成员单位,标志着中国出版集团公司在整合部委出版资源方面实现了突破。此后,中国出版集团公司对中央部委出版社的重组工作"梅开二度"——5月28日,中央统战部、中国出版集团公司签约重组华文出版社,华文出版社正式成为中国出版集团公司16家成员单位一员,并将全面启动转企改制工作。

目前北方联合出版传媒集团对北京民主与建设出版社的绝对控股的重组,已进入实质阶段。4月7日,北方联合出版传媒(集团)股份有限公司,与拥有中国最大的网络原创文学平台的盛大文学签署战略合作协议,传统出版旗舰和网络出版巨擘在资源互补、合作双赢的轨道上首次实现资本方式的"联姻",根据协议,北方联合出版传媒将进入盛大文学的出版业务,为盛大文学提供出版和版权产业发展平台;盛大文学将在春风文艺出版社除出版决策权之外的经营业务中投资,为北方联合出版传媒和春风文艺出版社提供更丰富的出版选题资源和市场渠道。双方确定,互为资本合作优先单位。11月,北方联合出版传媒(集团)股份有限公司分别与天津出版传媒集团有限公司、内蒙古新华发行集团股份有限公司签署股权合作协议。

7月,时代出版传媒股份有限公司全资子公司黄山书社与香港联合出版集团广东联合图书有限公司共同合资组建了北京时代联合图书有限公司,投资总额为2000万元。9月,时代出版全资子公司安徽时代出版发行有限公司与江苏可一出版物发行集团合作,组建安徽时代可一出版物发行有限公司。7月,双方签订协议,共同出资设立时代新华出版物连锁经营总公司。合作协议框架规定:时代出版重组控股黑龙江新华书店集团出版物连锁公司;时代新华出版物连锁经营总公司总投资额不超过3亿元,时代出版投资额不低于51%,黑龙江出版集团不高于49%,双方按出资比例分享利润、分担风险;新公司将设立董事会和管理层,人员双方互派。

临近 2010 年年底,由人民教育出版社、高等教育出版社、语文出版社、中国教学仪器设备总公司、中国教育图书进出口公司共同组建而成的中国教育出版传媒集团有限公司挂牌成立,无异于一颗重磅炸弹,震动了整个出版界,这样的强势重组,无疑将给市场格局带来不可忽视的影响。

主题词 4：合纵连横

借文化体制改革的春风,跨地区、跨行业、跨媒体、跨所有制的联合也更加频繁,这些联合背后的纽带就是资本。可以看出,出版集团正在越来越熟练地运用资本之手。

2010 年 3 月,浙江出版联合集团董事长童健与江西省出版集团董事长钟健华在战略合作框架协议上签字。双方表示,将全面加强信息交流,建立经常性磋商、联络机制,并在积极开展股改上市、重点项目建设、传统出版和数字出版、双边物流、人才培养和队伍建设等多个方面展开全面合作。8 月,浙江出版联合集团又与中国外文局(中国国际出版集团)签署战略合作协议,双方的合作,将着眼于整合双方优质资源,以重点"走出去"合作项目的实施促进双方内涵式发展,推进产业结构调整,培育新的文化业态。3 月,上海文艺集团旗下上海动画大王文化传媒有限公司与旺旺集团旗下上海黑皮文化传播有限公司签署战略合作协议,就双方各自拥有的文化资源、动漫产业资源和出版资源进行全方位合作,为共同打造中国原创文化品牌、推进中国原创文化建设做出贡献并在动漫领域加强合作。5 月,上海世纪出版集团与河北出版传媒集团签订战略意向合作书。签约项目包括河北出版传媒集团公司与上海世纪出版股份有限公司旗下 14 家出版社签订为期 2 年的营销合作方案;双方签订共同打造 10 种左右畅销书的出版合作方案;双方在数字出版领域开展全面合作。双方还就加强大型出版项目合作,建立出版单位互访机制,不断提高信息化程度,加强双方在物流方面合作和以《辞海》缩影本、"辞海悦读器"和世博图书销售为契机实现双赢,加强"走出去"工作等方面达成合作意向,为进一步推动双方合作向纵深发展做好准备。

凤凰出版传媒集团在成立9周年之际以"招商引资、共襄大业"为主题的恳谈会堪称一次合纵连横的典型案例。会上,江苏凤凰职业教育图书公司等6家公司成立,台湾永丰金控公司董事长何寿川等10人被聘为凤凰集团十大特邀产业顾问。集团签约项目多达28个,其中金融机构授信项目5个、正式签约项目12个、意向协议11个。中国工商银行江苏省分行、北京银行总行、中国银行江苏省分行、交通银行江苏省分行、招商银行南京分行等5家金融机构向凤凰集团授信金额总计100亿元。

11月19日,南方出版传媒股份有限公司与广西出版传媒集团有限公司借南国书香节平台,共同签订战略合作协议。双方将在投资参股、营销协作、联合研发、数字出版等方面展开深度合作,通过资本运作、资源共享、人才交流、项目合作等手段增强双方实力与竞争力,夯实发展基础,提高社会效益和经济效益。业内人士评价说,此次合作将为探索国内出版产业强强联合、以资本整合资源的新路子进行有益的积极尝试,对国内出版产业和行业格局调整具有重要的借鉴意义和示范效应,并对当地的文化产业发展起到积极的作用。

主题词5:数字转型

数据显示,2009年中国数字出版的产值接近800多亿元,已超过传统图书出版的产值,增幅达到50%。但值得注意的是,传统出版单位从中分得的那一杯羹是少之又少。2010年,各出版集团酝酿已久的数字转型战略开始进入实施阶段,向这个新高地发起了冲击。

2010年3月底,上海世纪出版集团的"辞海悦读器"惊艳亮相,其诞生的独特意义并非阅读器名单中又增添了一个新成员,而是在以IT技术厂商为主的阅读器市场中,它是国内首款由内容出版商主导的全产业链研发生产和推广的产品。集团总裁陈昕表示,并不在意上海世纪是不是电子阅读器的首发者,而在意作为传统出版商的上海世纪已率先完成了向数字出版的转型,"有产品、有商业模式,这才是真正的转型"。

继4月份推出自有品牌阅读器——大佳移动阅读器后,中国出版集团正与电信运营商进行深度合作,开通小额支付通道,为手机和阅读器项目收费服务奠定基础;"中版闪印王"集成式按需印刷项目已接到不少订单;中国出版集团中国数字出版网一期工程进展顺利,积极建设中的手机阅读业务平台将利用电信运营商的渠道开通短信、彩信、WAP、IVR等业务,规划出多样的产品形态;中国出版集团公司上海数字出版大楼奠基开工……这一系列布局,标志着中国出版集团数字出版战略全面启动,进入加速发展期。

与此同时,陕西出版集团数字出版基地也在积极建设中。10月17日,陕西出版集团与浐灞生态区管委会就入区事宜进行签约,陕西出版集团数字出版基地落户浐灞。8月,刚刚更名的南方出版传媒股份有限公司与中国电信广东公司在2010南国书香节会场签署了战略合作框架协议,计划在宣传与广告、基础电信及增值电信业务、营销渠道、信息港、行业应用等业务领域开展全面合作。同时,推进3G移动书城建设,并以3G手机书城为平台,开展"书香红段子"系列活动,将3G手机书城建设成为广东省全民阅读活动的手机平台。目前,南方出版传媒已经通过下属的专责公司省出版集团数字出版公司,以电信天翼家校通项目为突破口,推进实质性的深度合作。此外,该集团还搭建了"广东学前教育网",开发系列数字化幼教产品,以及正在开发全国最大型、功能最齐全、资源最丰富的岭南文化资源数据库。同在8月,以"新媒体新阅读"为主题的"书报刊"数字化高峰论坛在武汉召开,会上,长江出版传媒集团数字出版公司与中国数字出版产业领军企业之一、中国最大的电纸书厂商汉王科技签约,双方针对出版创意、内容加工、版权贸易、渠道营销等展开全面合作。9月10日,凤凰出版传媒集团与中国移动江苏公司共同签署战略合作协议,涵盖移动学习、手机通信服务、手机办公等领域。10月,黑龙江出版集团与北京北大方正电子有限公司就数字出版战略合作签约,成为黑龙江出版集团深入推进数字化进程的关键一步。12月8日,浙江出版集团数字传媒公司以集团数字图书资源库为基础,依托集团博库书城的品牌优势,推出了"博库"电子阅读器和"i博库"电子书平台,以此构建内容加终端的电子书销售模式,进军电子书零售市场。

为了更好地促进数字出版蓬勃和规范发展,还有一些出版集团自发成立了数字出版联盟。5月,由北京出版集团有限责任公司牵头,40余家国内出版单位、民营出版商、技术服务商等共同作为发起单位的数字出版联盟成立,在数字出版领域开始谱写"共建、共享、共赢"的序曲。数字出版联盟主要包括内容与版权、技术两个分联盟,是一个开放的、非营利性的行业联盟组织,旨在广泛联合产业链上下游企业共同开拓和创新数字出版产业发展的有效赢利模式,保护成员单位及著作权人在数字版权方面的合法权益,促进国内数字出版内容的生产、销售及版权贸易等。8月,由天津日报报业集团、天津出版传媒集团、汉王科技股份有限公司发起的天津数字出版战略联盟在津成立,在新闻、出版内容的数字化应用方面展开深度合作。

在各项利好政策之外,政府的支持也落在了实处。9月,中国电信天翼数字阅读基地出版投送平台建成,浙江出版联合集团、江西省出版集团、河北出版传媒集团、陕西出版集团、中信出版社及盛大文学等10多家机构与中国电信签订了合作协议。11月,财政部下达了2010年文化产业发展专项资金,其中1000万元下达给宁夏黄河出版传媒集团有限公司,用于支持数字出版网络传媒系统及应用平台建设。

主题词6:多元井喷

出版集团在产业链条上的纵向多元化延伸由来已久,只是随着文化体制改革的深入,在近年突发"井喷"之势,且在产业链条外也大有拓展。2010年,多元化是上市之外的又一个高频词。

影视剧是 2010 年出版集团多元化发展的一个亮点。事实上，出版集团向影视剧进军，绝非"不务正业"，而是有其先天优势的，那就是"出版和影视都是以内容为基础的产业"。中国出版集团公司 2010 年参与投资拍摄了《决战南京》，其高收视率使得中国出版集团公司第一次试水影视便获得了不错的回报。中国出版集团公司总裁聂震宁表示，此次投资影视创作领域是中国出版集团公司延伸多种领域业务的成功尝试，这标志着集团跨地区、跨媒体合作取得了实质性成果，并期待向更多行业推进合作，全力将中国出版集团公司打造成多元化的文化集团。近期刚在央视一套黄金档播出的大型神话剧《传说》是由中国国际电视总公司、江西省出版集团、北京中视精彩影视文化等单位联合拍摄，其蓝本就是江西省出版集团 2010 年 4 月出版的神话小说《华夏演义》。时代出版传媒公司则成为了国内出版上市企业进军影视业第一个"吃螃蟹"者。10 月，该公司签约了 10 个影视合作项目，涵盖了生活题材、红色题材、历史题材等多种题材，覆盖了导演资源、编剧资源、作者资源、作品资源，被业内人士评论为掀开了出版资源全方位、全流程合作序幕，具有引领国内影视创作"风向标"的重要意义。业内人士分析认为，各集团选择集体发力影视剧的一个重要原因是——为上市谋求更多的概念和看点，以吸引更多的资本关注。虽然不少出版集团转企后名称中都多了"传媒"二字，却未能真正实行"传媒"之实。与传统纸质出版物的赢利能力相比，投资者无疑更看好影视、广告、多媒体等传媒概念的高回报率。目前，筹划上市的出版集团不在少数，如果在上市前能够培育出成熟的传媒经济增长点，无疑会为上市公司平添极具吸引力的砝码。

在横向多元上，出版集团也有不少精彩表现。凤凰出版传媒集团凤凰资产公司积极盘活不良资产，努力化解各种矛盾。凤凰台饭店呈现新面貌，凤凰苏源大厦在京初步站稳脚跟，国际文化中心顺利开张。集团资金运作实现年收益 7600 万。2010 年，该集团在做大产业上争先，在文化地产上有望实现销售收入超 12 亿。房地产开发是谱写江西省出版集团创业新篇章的重头戏，也是集团当前和今后一段时期的核心工作。2010年,该集团以海南和江西为重点发展区域,已取得初步成效。重庆出版集团盛博实业公司联合民营房地产企业组建的正升房地产公司,继在重庆沙坪坝核心商圈与北京王府井百货联合打造的10万方"正升·王府广场"圆满收官之后,又在杨家坪核心商圈成功开发了15.8万方的"正升·百老汇广场"项目,并引进了大洋百货主力店和众多专业店,成功打造了又一个综合性经营、环境配套齐全的文化商业摩尔(MALL)。

主题词7:合资合作

在不少出版单位的年终考核指标里,"走出去"是必不可少的一项。只不过,这项指标多数是以实物出口和版权输出多少来衡量的。近两年来,一些出版单位逐渐不满足于实物和版权"走出去"方式,开始直接在海外设立机构"造船出海",演绎出资本"走出去"的新方式,被许多业内人士比喻为"走出去"的升级版。2010年,"走出去"升级继续的同时,"引进来"式的国际合作开始流行起来。

2010年的BIBF,中国图书版权输出实现重大突破,引进与输出比达到1∶1.46,达成中、外版权贸易协议2379项,较去年1991项增长19.48%。在实物出版、版权贸易方面不断创出新高的同时,出版集团的国际合作方式也在不断深入。9月,中南出版传媒集团与麦格劳—希尔教育出版集团签署战略合作协议。湖南出版投资控股集团总经理张天明介绍说,双方从日常事务工作到合作选题开发,从纸质媒体到数字媒体,开始全流程、多介质的紧密合作,这将成为中南出版传媒集团内涵式发展的一个重要里程碑。合作出版的方式被不少集团看好,如浙江出版联合集团的《波中双语分类词典》是由中国和波兰双方机构和学者共同编写出版,是目前中国和波兰第一本分类词典,山东出版集团和英国康本迪出版公司共同策划、联合出版了《孔子之路》等等。

2010年国际合作的新亮点则是机构合作,不仅有"走出去",还有许多"引进来"的实例。8月,中国出版东贩股份有限公司在东京成立,这也是中国出版集团公司第8家在海外成立的合资(独资)出版公司。9月,安徽出版集团正式收购拉脱维亚S&G印刷公司。此前,安徽出版集团已在俄罗斯开办新时代印刷厂,面向东欧、俄罗斯开展印刷业务,积累了丰富的国际市场经验。此次与拉脱维亚S&G印刷公司合作,也使安徽出版集团成为全国出版界唯一在欧洲地区开办两个印刷传媒产业实体的出版集团。12月,浙江出版联合集团把自己的品牌书店博库书城连锁书店开在了纽约曼哈顿。

7月,湖南天闻动漫传媒有限公司与日本角川集团中国有限公司的合资公司——广州天闻角川动漫有限公司在广州羊城创意园正式挂牌成立。该公司出资规模为3000万人民币,由湖南天闻动漫公司控股,原创动漫成为天闻角川的主营业务。双方达成共识,天闻角川在今后的产品开发与运营中,将主要着眼于打造漫画、轻小说后续创作的中国市场,拓展作品的出版及传播发展维度。8月,凤凰出版传媒集团与法国阿歇特出版集团共同投资的凤凰阿歇特文化发展(北京)有限公司在京揭牌。同在8月,重庆出版集团与全球纸业百强企业中国台湾正隆集团正式签订合同,共同出资4050万美元成立重庆正隆纸业有限公司;首期打造年产值3亿元的工程项目。事实上,在其他行业"引进来"早已屡见不鲜,成功的例子也不胜枚举,只是由于出版业近年来才开始大规模改革显得比较新鲜。在时代出版传媒股份有限公司总经理田海明看来,引进外资发展文化产业恰恰是"走出去"有成果、有成就的体现。

主题词8:人才高地

随着转企改制脚步的加快,各个出版集团越来越深切地感受到:出版业的竞争已演变成综合实力的竞争,归根结底是人才的竞争。于是乎,培养人才、争抢人才成为各集团2010年工作的一个突出的重要内容。

与高校结合是2010年各出版集团培养高端人才的一大特色。6月,时代出版传媒股份有限公司与复旦大学在上海举行联合培养博士后签约仪式，开创了全国地方出版企业与高校联合培养博士后人才的先河，也是出版产业高端人才培养模式创新的有益探索。紧接着，7月，时代出版传媒又与武汉大学签约联合培养博士后。作为全国出版行业第一家设立博士后工作站的上市企业，时代出版积极利用这一平台，探索高端人才培养机制，已初步取得成效。目前，该公司正积极与中国科技大学、中国传媒大学联系，已达成了联合培养博士后意向。9月，在凤凰出版传媒集团"招商引智，共襄大业"恳谈会上，举行了博士后科研工作站揭牌仪式，集团相关负责人表示，博士后科研工作站的设立意在为集团开展产学研合作搭建更高层次的平台，以大型文化企业发展战略、投融资研究、数字出版等为重点研究方向，加快企业自主创新步伐，推动集团加速引进和培养复合型、战略型和创新型的高层次文化产业人才，实现社会人才资源和企业优势资源有机结合，提升企业的创新能力和核心竞争力。11月，贵州出版集团公司与贵州大学签署战略合作框架协议，双方将合作共建贵州大学明德学院。

与高校联手培养的方式外，个别集团也将目光延展到了全球。10月，安徽出版集团首次面向国内和海外公开招聘出版、原创策划、市场营销等方面高级人才，以"全球招聘、全球使用、全球培训、全球发展"的方式积极构筑人才高地，提升国际化竞争力。集团总裁王亚非表示，此次全球招聘引进的人才大大超出预期，目前，这些人才已经基本到岗。

[链接：中国图书商报2010.12.28，田丽丽《2010出版集团主题词搜索》]

第8章　2010 跨区域联合频亮剑

酝酿多年的新华发行集团跨区域联合从过去的星星点点发展到 2010 年高调登场、频繁亮剑,甚至有遍地开花之势。

8.1 "让子弹飞"

2010 年发行集团跨区域合作、并购、重组已成为"重头戏",最显著的特征就是参与者众多,"一线"发行集团几乎全部出动。以资本为纽带的股份制合作,以业务为链接的项目合作,以产品营销为主体的全线代理,资源共享、信息对接等合作形式,均有所涉猎。其中动作最大的当属山东新华书店集团,无论是与其他发行集团、出版社的纵横合作上,还是在新领域——数字产品的业务合作上,都成果颇丰。继 2009 年与河北新华发行集团、江苏凤凰新华书业股份有限公司建立战略合作关系,2010 年 1 月 10 日,山东新华、江苏凤凰新华联合与数十家出版社签署《社店战略合作营销协议书》,进一步扩大出版社图书在山东、江苏两省市场的销售,促进社店共同发展。随后,山东新华与上海文艺出版集团建立全面战略合作伙伴关系。4 月 24 日,又与新华文轩建立全面战略合作关系。双方将在产业发展规划、战略投资活动、市场经营策略等方面综合协调,共享对方拥有的战略资源,实现优势互补,共同开拓全国大市场。双方还将在传统主业经营上相互开放本地营销网络和联合采购诸方面,建立更加密切的业务关系;联合投资建设中国出版物流通大中盘;联合投资数字化教室、数字出版平台、游戏动漫等数字出版相关产业,与传统主营业务资源相连接,开辟新兴市场;建立经营管理人才的培训与交流机制等。此外,山东新华2010年年初在全国同行中率先与汉王科技签署了全面战略合作协议,汉王产品全线进驻;8月,与读者传媒完成战略合作签约,成为读者电纸书的省域总代理;9月,与神州数码签署战略合作协议,计划用3年时间将新华数码港铺遍全省,进一步加强数字产品的经营阵地建设。截至11月初,集团数字产品销售已突破3000万元,其中电纸书销售超过1600多万元。而2010年最大亮点是10月18日,山东新华主办的、以"诚信合作、共谋发展"为主题的"7+2"出版发行战略合作高峰论坛。山东新华与山西、河北、河南、天津、江苏、四川、甘肃、上海8个省市发行集团的高管共聚一堂,对新形势下书业的跨区域战略合作进行交流探讨,以期建立省际间紧密型战略伙伴关系,创造发行的美好未来。据悉,这只是开端,2011年三四月将出台进一步合作意向。

浙江省新华书店集团公司也"不甘示弱"。2010年3月,浙江新华与江西新华发行集团签署发行集团合作协议,标志着其为落实浙江出版联合集团与江西出版集团《战略合作框架协议》精神而进入了实质性联合阶段。经过多年摸索完善,2010年浙江新华跨省连锁经营进入了稳健发展期。相继开办了上海博库书城曹家渡店、常州博库书城、开封三毛书城、沈阳诚大博库书城、沈阳国奥书城5家大书城,卖场面积近3万平方米。目前,浙江新华在省外直营、加盟的连锁门店达到19个,卖场面积6.5万平方米。地点涉及常熟、江阴、深圳、上海、沈阳、泉州、太原、北京等,合作伙伴有民企也有国企,有其他行业也有传统新华书店。19家连锁门店前11个月销售1.86亿元,加上浙江新华对卓越网、九久网的供货和B2B博库批发,2010年省外总销售达3.5亿元。

6月25日,由中国新华书店协会立项,全国32家省、自治区、直辖市发行集团和《中国图书商报》共同参与的中国新华书店跨地区协作网"一网通"项目启动,表达了新华系之间联合的诉求。

上市公司凭借资金优势,也在紧锣密鼓地推进资本联合。11月5日,北方联合出版传媒(集团)股份有限公司分别与天津出版传媒集团有限公司、内蒙古新华发行集团股份有限公司签署股权合作协议。三方表示将充分利用资本联合的有利契机,认真培育好合作项目,加速产业资源、创意内容资源、出版发行资源的集中整合和互动发展;并积极创造条件,加紧运作,在已经取得的阶段性合作成果基础上,争取在上市公司的独特优势和融资功能推动作用下,进一步增强产业发展全新活力和竞争力。

新华文轩出版传媒股份有限公司于2010年4月宣布,与成都华盛集团签订合资协议,成立3家合资公司,分别为四川文轩国际幼儿教育投资、四川文轩国际物流、四川文轩物流商业,双方占合营股权比重为51%、49%。6月23日,新华文轩12.55亿元全资收购四川出版集团,向产业链上游延伸。

8.2 "非诚勿扰"

新华书店、出版社作为出版产业链中关键的两个环节,如何在"利益共存、彼此双赢"基点上进行合作,已成为业界焦点。山东新华书店集团董事长刘强将书业跨区域战略合作的路径,分为"三个维度、五个层面"。三个维度首先为社店上下游之间的纵向合作,其合作应重点解决商流不畅、物流滞后、信息流堵塞、资金流断裂的问题;其次是店店之间、社社之间的横向合作;第三是社店与业外、境外的外向型合作。五个层面:一为资本层面;二为业务层面;三为管理层面;四为技术层面;五为信息层面。通过多个渠道、多种形式的信息沟通,捕捉跨区域合作的项目和机遇,保持合作机制的顺畅运行,确保市场主体间信息的对称和对等。

浙江新华的成功做法体现了浙商的务实,避开资本层面的合作,从业务端入手。据浙江省新华书店集团公司董事长周立伟介绍,浙江新华跨省开拓的特点一是以企业已整合的产品资源和信息资源通过业务合作方式来跨省整合中国书业的市场资源;二是浙江新华跨省合作经营不同于资本和管理输出的跨省兼并重组模式,浙江新华跨省合作经营是技术和业务的输出;三是浙江新华通过业务合作方式跨省开拓的方式不涉及资本合作,相对简单易行,能吸引各种社会资本低门槛、无风险、易操作地迅速加入图书行业,行业优势和资本优势互补,共同开拓市场、谋求双赢。

新华系各位老总在充满信心之余,也偶有彷徨与迷惑,合作之路艰辛也是现实。

刘强提出了10条建议做法:利用转企改制的有利时机,相互换股参股,实现资本融合。寻找推荐有发展前景的投资项目,共同投资成立新公司运作。实行联合采购、联合营销,或者重点书全国包销。在大中型图书采购项目中相互提供业务支持。相互推荐各省优秀图书品种,加强营销,扩大销售。加强各个层面的考察互访,开展深层次的交流对话。相互提供技术力量支持,协力解决信息系统特别是连锁系统方面遇到的难题,共同推动行业信息系统标准化建设。建立法定代表人之间的热线联系,或定期轮流举办高层论坛,保持相互间重大决策的及时知会沟通,群策群力推动产业发展。加强日常信息交流,互换工作刊物,彼此把门户网站加入友情链接。

上海文艺出版集团社长张晓敏认为,店社合作双方在初期共同拓展营销渠道资源的基础上,逐步探索在资本、股权、技术、新媒体等层面延伸合作领域,以及共同创意、投资经营重大文化工程。

浙江省新华书店集团公司总经理王忠义表示,经过近几年的探索和实践,浙江新华的"走出去"有成功也有失败,但总体上获得了成功,不论是经验还是教训,都是浙江新华今后发展中的宝贵财富。他们制定的"十二五"发展规划中,"三走一提升"是一条贯穿全部经营工作的主线、一项重要的经验战略,而其中第一"走"就是坚持跨行业、跨所有制、跨地区的"走出去",下一步要提高竞争力,扩大市场份额;加强管理,提高经营效益;完善契约,降低经营风险,争取在"十二五"期间有稳定、健康的发展。

[链接:中国图书商报 2010.12.28,穆宏志《2010 跨区域联合频亮剑》]

第 9 章　2010 营销先锋盘点

　　2010 年中国出版业从出版到销售面临着前所未有的竞争和挑战。在这种市场态势下，大多数企业营销成本越来越高、营销投入和促销费用不断增加，出版方和渠道方的营销关注变得高度集中。而在营销思维、营销策略、营销方法上也进行了一系列转变创新，以适应竞争的需要。

9.1　书店＋影院——有效拉动二三线城市书城客流

　　"书店＋影院"仿佛成为了 2010 最引人注意的营销亮点所在。近几年中国电影市场高速发展，再加上国家推出了鼓励中小城市影院建设的政策，以及一线城市房租暴涨导致投资回报周期的拉长，也使得院线开始将视线转移到二三线城市。与此同时，一线城市的大书城日趋饱和，新建速度趋缓，二三线城市的大书城新建重建项目渐兴。新建的大书城需要引入与图书相关的文化项目，而电影院与书店同属文化产业，有着天然的渊源，目标群体在一定程度上有所重合，并能起到互相促进的作用。于是 2010 年"书店＋影院"的形态在国内多地出现也就不足为奇了。2010 年，云南昆明东川书城开办了东川影城，影院的经营采取了自主经营的方式。山东东营新华书店与山东鲁信集团则合作了新华鲁信影城，经营方式为联合经营。新华鲁信影城开业后不久，山东省内的不少市级新华书店都曾来参观，希望也能尝试将影院引入书城。而早在去年，四川文轩旗下成都购书中心以"出租场地＋保底提成"的方式也引入影院项目。另外，还有若干家准备兴建或重建的书城已将影院项目列入计划中，如扬州凤凰国际书城等。

书店与影院能实现客流的共享,这是两者结合的最主要原因。例如书店的团购客户可能也正有电影包场的需要。在一些引入影院的书店,业务员在与客户打交道的过程中,多次碰到客户提出买书可以不要折扣,希望能将折扣转成电影票等。新华鲁信影院的市场促销人员过去在新华做教材发行员,因为他的学校人脉关系比较成熟。2010年暑假前,他走访当地许多学校,向学生们发放观影阳光卡,共计1万多张。该卡可以在电影院享受半价电影以及饮品、电影海报、影集优惠或赠送等。山东东营图书大厦也已经实现了书店的储值卡可以去影院消费,下一步将实现影院的储值卡也能在书店消费。而在东川书城,由于其主要读者群是学生,书城特别向学生推出了消费20元图书,可以半价观看一部电影的营销手段。几家引入影院的书店都感到,在人片上映时,或是贺岁档、圣诞节、情人节、暑假等重要电影档期期间,书店的人流都会有明显上升。

9.2 视频营销——品牌效应＞促销效果

视频营销指的是企业为产品拍摄各种视频短片,达到一定宣传目的的营销手段。而在书业,由于图书利润薄,制作视频短片以及在电视媒体投放广告的费用都相对较高,因此,视频营销一直是书业较少采用的方法。然而随着一些新兴的视频媒体的流行,包括网络视频、地铁公交移动电视、户外视频等,而这些新媒体的广告价格相对电视媒体来说要低一些,因此2010,视频营销已经为一些书业的先行者所尝试。认为此类视频广告可以有效提升公司品牌价值和影响力,帮助公司品牌从出版行业品牌向公众品牌过渡。

例如2010年初,北京磨铁图书公司策划的三本书《历史是个什么玩意儿》、《小穴位大健康》、《潜伏在办公室2》的短片在北京的地铁和公交线路上播放。当时,该公司还是第一家和北广传媒(移动电视)联系的书业企业。在短片播出后,有不少出版社向北广传媒联系广告。这三本书的地铁广告宣传中,要属《潜伏在办公室2》的效果最为明显。该书的目标人群是白领,正好与地铁人群相吻合。在制作短片时,磨铁结合当下热点,制作了几期不同的短片。例如在第一期短片中会笼统地介绍一下该书,第二期则从裁员的角度来讲这本书,并每一季更换不同的短片,与社会热点挂钩。因此《潜伏在办公室2》的宣传片从2010年2月中旬开始播放,播放后的一个月内销售5万册。尽管不能完全将原因归结于地铁公交电视,但在短片播放的同一时间,北京地区开始加货,其他地区的书店通过查看北京书店的榜单,注意到这本书并及时添货。

2010年5月,北京凤凰联动图书公司也尝试推出了图书视频广告,与分众传媒合作,覆盖京城所有辖区,渗透到高端楼盘播出平台共计3810个,为期2周。《婚姻,决定女人的一生》、《24节气饮食法》等三本书的地铁广告投入上百万元覆盖多条线路共计50个灯箱位,为期4周。地铁乘客98%都是年轻白领、潜在的中产阶级,是社会主流消费群体,也是庞大的潜在读者群。

9.3 营销季、造节——固化营销周期、费用使用精准化

2010年,中国许多书店不但加强了节日营销的力度,而且延长节日促销季,以"造节"营销的手段来弥补淡季销售的乏力。更为值得关注的是,为了更进一步深化卖场营销,便于营销管理,许多书店开始根据每年销售规律,固化自己的营销活动周期。比如新华文轩便将自己的营销活动,具体设置为8个周期即:1~2月春节及春季教辅促销期、3月女性文化节及春季养生、4月文轩读书节、5月文轩童书节、6月暑期预热期、7~9月文轩学生节、10月国庆营销期、11~12月年末嘉年华。其中,春节及春季教辅促销期、文轩童书节、文轩学生节、年末嘉年华为重点营销周期。

结合固定化营销季,文轩将营销费用管理与八大营销周期相配合。例如:根据营销费用的使用情况,将春节及春季教辅、文轩童书节、文轩学生节及年末嘉年华四大周期作为文轩营销费用重点投入周期,以总部为主,各地区分别投入营销费用,费用投入方向有所区分;3月女性文化节及春季养生、4月读书

节、11月由总部确定活动主题,各地区根据活动主题开展自主营销活动,自主投入相应的营销费用。此外,重要营销项目由总部以项目方式进行费用投入。此方式给予了各中心店更大的营销自主权,促进营销活动的开展,真正做到"管理下沉,营销前移"。

固化营销周期,使得营销费用使用精准化,重点营销周期加大投入,便于书店让利以及整合出版社资源的让利,使更多读者得到实惠,也使卖场营销更具规划性,尽量减少临时性的活动,可以培养消费者的消费习惯。

9.4 微博营销——快速并持续地培养粉丝

当微博成为不少人的生活方式时,商家的嗅觉不会是不灵敏的。有的媒体将之形容为"纷纷抢注账号为自己打广告"。对于也算文化行业的出版业来说,用微博来进行营销可谓是先知先觉。出版社和书店微博的作用,大多是发布活动通告与新书信息。许多出版社注册了官方微博。在新浪微博上,人们可以看到如人民文学出版社、广西师大出版社、中华书局、中信出版社、南海出版公司、江苏文艺出版社等资深出版机构的微博。这样的账号经过了微博实名身份认证,能够得到大众的信任,也同时会进入某些微博的"公司机构"栏目下。

作为机构,书店是出版社外另一个使用微博的群体,民营书店显然更为灵敏一些:北京单向街图书馆的微博注册于2009年12月,有近2000条博文,粉丝达12800多人;西西弗书店的微博注册于2010年1月,有700多条博文,粉丝达4600多人;枫林晚书店注册于2010年3月,有近250条博文,粉丝达700多人;雨枫书馆注册于2010年3月,有1000多条博文,粉丝达1100多人,快书包注册于2010年4月,有1000多条博文,粉丝达3200多人。

另一方面,宣传企业文化理念,转发有趣、值得关注的书业事件,也成为机构微博的主要内容。

除了官方微博外,编辑自己开微博也在2010年成为趋势。这也是图书编辑深度参与图书营销的最新方法。如中华书局的编辑李忠良现在就开始用微博来宣传自己策划的图书。其实,很多编辑以前是用自己的博客来推荐新书的,如《滇缅公路》的编辑,他为该书写作的博客吸引了不少人的注意。如果玩博客的编辑也转向微博,相信这将带动出版业的微博进程。出版业内开微博的个人,除了编辑,那就得算亲自开博做营销的老总们了。人民文学出版社社长潘凯雄、上海译文出版社副社长赵武平、中信出版社总编辑潘岳,以及侯小强、沈浩波、张小波、路金波等书业内的领军人物,现在都是微博上的热门。他们靠自身影响力吸引大众、媒体、读者的关注度,引起话题,造就营销热度。毫无疑问,意见领袖们的声音更容易被听到;所以,从影响力来说,"老总们"肯定强于编辑。也正因为此,利用他们的微博来预热新书的效果会更佳一些。

9.5 另类营销——想别人之未想

营销方法需要出新出奇早已不是什么绝杀的招数,但怎样做到这一点却会让许多营销人想破脑袋。"谱不可以尽弈之变,法不可以尽战之奇",出怪招的另类营销绝对值得一提。许多新生的、颠覆传统营销理念的营销手段都被人们冠以了"另类营销"之名:情感体验营销、事件新闻营销、文化娱乐营销等等。想别人之未想,也许就能找到适合自己图书的营销办法。

买书送黄金?韩寒新书《1988:我想和这个世界谈谈》上市时,韩寒博客就988元天价限量版做出解释称,这是因为每本书背后附送了10克纯黄金。韩寒甚至表示,随手卖掉这些黄金,或能换3000块钱。和以往一些限量版、珍藏版图书的营销方式有所不同,《1988》没有采用卖包装的赢利模式,而是倒贴钱,赔本赚吆喝,这自然容易博取读者好感,也和韩寒自身形象十分契合。韩寒作品的文化价值当然在于其作品的字里行间,而不在于书中多了或少了一片金叶子。"买书送黄金",这当然不是"惠民"之举。100本限量版图书,总共大概是送出了价值30万元的促销品。而这个成本,出版商一定事前经过了细密测算。整个消息发出来后更似乎是一个噱头,出版方希望通过此事件,来制造话题,引起市场、读者关注,通过预热市场来造势,进而促进销售。

但无论怎样,这个话题事件的确吸引了市场足够多的目光。不少读者在网络上表达着遗憾,觉得没买到限量版实在有点亏。但倘若真的应读者要求,出版社推出1000本限量版黄金书,只怕这本书的利润就危险了。出版社的下一步动作也许就是鼓励读者,那就读平装本吧!

在别人的相亲舞台上卖书?乍一看这似乎绝无可能,但北京阅读纪有限公司老总侯开与接力出版社的常晓武就做到了。常晓武对湖南卫视的节目"我们约会吧"很钟爱,并获得了参加的机会。在节目录制时,他将自己社的三本书《迈克尔》等带到了现场,不仅为三本书实现了电视曝光,还成功地推销了卖点。这对于图书营销来说是非常可贵的——让一档收视率不错、覆盖率远大于报纸的大众娱乐节目免费为自己的图书做了植入广告!对于多数规模不大,目前略处劣势的公司来说,学习"另类"营销的思路和做法,可以后来居上。但要想获得另类营销的办法,更多的是需要如常晓武般"时刻准备着"的营销精神准备。如果能有广告购买的"团购"模式、异业的资源置换合作等方式让图书宣传搭车,当然好;如果没有这些机遇,那创造一个"卖金子"的童话也能事半功倍。

9.6 手机版网站营销——发挥作用尚需时日

手机网站(或者叫 WAP 网站),是指用 WML(无线标记语言)编写的专门用于手机浏览的网站,通常以文字信息和简单的图片信息为主,WAP 手机可以通过标准协议接入互联网,获取适用于手机浏览的网上信息以及基于互联网的丰富应用,与传统网站一样,手机网站能够发挥企业宣传、产品展示、客户服务等多种作用。便捷的信息传递、沟通方式,受到了读者的喜爱。手机媒体已成为一个不容忽视的传播方式和营销平台。

上海世纪出版集团和上海外语教育出版社的手机网站,都是官方互联网网站的手机版,为了节省成本,两家出版机构在建立手机网站时,都利用了现有的官网资源,通过共享后台和数据库,只需开发出手机网站的前台,就实现了互联网与手机网站内容的同步更新。人民军医出版社推出的建立在中国移动移动梦网健康频道的"健康卫士"手机网站可谓是大手笔,建立该手机网站出版社的各项投入累计高达1200万元,涉及手机网站业务的各类人员更是超过20人。"能够随身携带的手机网站、能够随时随地给读者提供信息和服务、能够扩大出版社影响、不通过图书来挣钱,这是出版社品牌与服务的延伸,也是出版社新的赢利点。手机网站绝对是个朝阳行业。"该社原社长齐学进这样解释大手笔投资手机网站的原因。

深圳购书中心2010年9月推出网上书店"手机书城",成为国内首家提供手机书城服务的网上书店,具有图书查询、订购等功能,市民们可以非常便捷地实现大多数本身要依靠电脑才能实现的功能。另外,深圳购书中心将与中国移动合作,手机用户可在手机上实现手机支付,金额将从其手机账号中扣除,方便快捷,安全可靠。

9.7 商业化促销——用大奖撬动市场

随着近年来网上书店的崛起与扩张,老牌新华书店也在创新,紧跟市场,引入纯商业化促销手段,刺激读者回归实体书店。

2010年7月12日至9月19日,沈阳市新华书店暑期推出了"为人民读书服务"和"教辅风暴7折来袭"两大主题系列活动。前者又主要分为"百万图书供应票疯狂送"的优惠券营销,以及"暑期梦想我来实现"刮奖活动的刮奖营销——凡购书88元即可抽奖一次。但在刮奖营销促销奖品的选择上,沈阳市店放弃了以前的图书、图书优惠券或一些不痛不痒的小礼物,代之以电脑、手机和自行车等真金白银的大奖——这在国内尚属首例。从奖项设置与奖品金额上来看,这种操作已与目前家电、百货等零售卖场举办的抽奖活动无异,已经是一种纯商业的营销模式。同样性质的大手笔抽奖宣传也出现在南京大众书局,他们送出的是真材实料的乐器,包括1台电子钢琴、10把吉他、2把小提琴,还有笛子、手风琴等。

把图书作为一般商品来经营,以物质和服务来吸引顾客消费等一系列纯商业的营销举措,通过经常做、长期做最终形成适用于书店自身的商业营销模式——这是沈阳市店借鉴其他商家优秀营销经验,以顺应图书市场变化的一种有效应对之策。从最终的刮奖效果来看,沈阳市店准备的 3 万张刮刮卡有 2.6 万张被刮开,共送出电脑 4 台、手机 4 部、折叠车 8 辆,销售码洋比 2009 年同期增长 2%,有效地遏制了沈阳市店销售下滑的趋势。另一项"教辅风暴 7 折来袭"活动,折扣力度上是沈阳市店前所未有的,销售码洋同比增长 22%。从商业营销的角度来看,这完全符合一般商业促销模式,读者对低价的诱惑,保证了成交次数与客单价。

9.8 团购网——快速获得单本书/套书知名度

通货膨胀的日子里,上团购网团购已成一种购物时尚。团购风刮进了生活的方方面面,无论是下馆子、看电影,还是做装修、买车、买房,团购带来的优惠价格不容忽视。如今这股团购风也刮进了图书市场。不过,图书团购的品种与数量显然不如餐饮和美容那么火爆。对此,美团网的 CEO 王兴表示:"无论是图书还是其他产品,都要满足几个条件才能上团购网。一是必须是大众性的产品,这样才能满足大多数人的需求。二是折扣必须优惠,至少要二三折,如果只是原价的七八折,是没有意义的。"而图书一般难以达到二三折这样的销售折扣,这就是为什么团购网上鲜见图书团购的原因。

然而,从 2010 年 9 月,团购网上的图书也开始多了起来。例如在站台网上(中文版 38 册)原价 300 元"儿童百科类读物",团购价 99 元包邮,有 247 人团购。除了综合性团购网有图书团购之外,一些专业的团购网上也已有图书了。在以团购儿童用品为主的爱婴团网上,记者就看到了十多套童书的团购,例如幼儿快速识字阅读读本赠识字卡全套 7 册,团购价 52 元,共有 178 人购买;立体制作类图书系英国引进版全套 10 册,团购价 35 元,共有 151 人购买。而在世界家居建材网上,除了家居建材的团购之外,也有家装图书的团购。例如家装细部设计类图书团购价45元。也许是因为折扣力度不高,约为6折,因此购买的人不算多,共有27人购买。这些图书之所以能以如此低廉的价格销售,一个原因是其中一些图书为特价书。这些书由特价书商提供给团购网,也不乏作者自行联系团购网销售一部分包销书。团购网或许还可以成为出版社消化库存的一种新渠道。现在,甚至已经出现了专业的图书团购网——图书团。网站负责人范占房有多年做图书销售的积累,使得他及周围的朋友拥有太多闲置的库存图书。而如何将这些拥有优质内容但又相对专业、晦涩的书卖掉、变现,成为这些书商做图书团购的最初理由。

除了特价书商之外,随着出版社对于团购网认识的深入,已有一些出版社主动联系团购网推广图书。例如"赫塔·米勒作品集"是北京凤凰联动文化传媒有限公司最近主推的一套丛书。在团购网站上,这套原价246元的"赫塔·米勒作品集"现价仅售138元,而且这是2009年出版的新书。凤凰联动之所以选择团购网站来销售,主要是基于最近团购很火,希望让更多的人了解和购买这套书,从而扩大知名度,起到一定的宣传推广作用。当然,也可以实现一定的销售利润。

9.9 地方书市营销——小城市书店办书市

近几年来地方城市由政府、书店或出版社组织举办的书市数量正愈发增多,2010年不断有新的地方书市涌现,而且有的城市一年内就有两个甚至多个书市轮番登场。

细数2010年的地方书市,首届贵阳"金秋书市"、2010西湖书市、2010湘湖书市、第19届哈尔滨天鹅书市、2010无锡太湖书市、无锡市新华书店举办的新春广场书市、第18届南京书市、第6届沈阳冬季书市、第30届沈阳书市、首届西安惠民书市、2010西安图书交易博览会、2010长春图书博览会……还有更多,不胜枚举。这些书市有大有小,有新有旧,不一而足。时值年末,西安市就有两个书市差不多是同时亮相。11月17日,由曲江文化产业发展中心和陕西师范大学出版总社有限公司共同主办的首届"书香古城 文化西安——2010西安惠民书市"开幕,展销图书多达上万种。12月4日,2010西安图书交易博览会开幕,主打"淘书"概念,以"推广全民阅读、打造书香西安"为主题,并首度设立了两个会场:曲江国际会展中心及嘉汇汉唐书城。除此之外,在2010年5、6月间陕西全省开展的"三秦书月"全民阅读活动中,还举办了大学生书市、机关书市、工地书市等针对细分读者群体的小型书市。

同样在杭州、无锡、沈阳等地,除了在当地有较大影响力的书市如西湖书市、太湖书市、沈阳书市等,每年也开展若干小型书市来有针对性地服务当地社会群体。如2010年2月份春节期间,无锡市新华书店就适时地推出了新春广场书市。与当地有名的太湖书市相比,新春广场书市规模上要小很多,并且是走出去进行"出摊"销售,不可能像如太湖书市般在全市各门店同时开展。小虽小,但同样不可缺少,这样的细分小书市正与当地的"书市名片"一起,共同架构起各地方城市的消费市场。

[链接:中国图书商报2010.12.17,邹昱琴、钱秀中、倪成、姜锐刚《图书营销看涨,2010盘点营销先锋》]

第三编 年度书业焦点热点

第 10 章　产业重组模式渐显成效待估

在文化体制改革逐步深入和集团化建设进入新时代的背景下，重组成为近两年出版业发展中的关键词，不少出版企业为寻求更大的发展空间，大胆探索跨地区、跨行业的资本重组与资源整合，掀起了新一轮的产业洗牌。

10.1　重组模式渐趋多元

继 2007 年 12 月江西省出版集团对中国和平出版社重组，开新闻出版业跨区域重组的先河之后，各出版集团纷纷加快步伐。2009 年，随着新闻出版总署《关于进一步推进新闻出版体制改革的指导意见》发布，出版业以其为方向，深入推进重组进程，模式也渐为清晰。

按市场主体划分，首先主体所处地域各不相同，因此模式分为：一、中央出版企业对地方出版单位，如 2009 年 12 月，中国出版集团以 51% 控股权与黄河出版传媒集团有限公司进行联合重组。二、地方出版单位对中央部委社的重组，如江西省出版集团，看好宋庆龄基金会在国际民间外交、社会公益等领域优势，以 80% 的资本绝对控股，实现对和平出版社的重组；2009 年 4 月吉林出版集团以 51% 的股份控股中华工商联合出版社，在京成立中华工商联合出版社有限责任公司，注册资金 3350 万。三、地方对地方的联合重组，比如 2009 年 12 月，四川新华文轩出资 9800 万元与海南出版社实现合作，成立海南出版社有限公司，双方各占 50% 权益；2009 年 6 月，天津出版总社、内蒙古新华发行集团股份有限公司、北方联合出版传媒股份有限公司签署合作协议，三者以资本运作方式进行联合。

其次，市场主体所有制性质各不相同，因此存在国有资本与民营资本之间的并购、重组。早在2008年，辽宁出版传媒股份有限公司所属子公司万卷出版公司就与国内知名出版策划人路金波、李克等分别合资成立了辽宁万榕书业发展有限责任公司和智品书业有限公司；2008年10月，安徽出版集团投资3000万元收购北京弘文馆部分股份，弘文馆投入500万元，新公司注册资本将达3500万元；2009年4月，凤凰出版集团旗下江苏人民出版社与北京共和联动图书有限公司进行战略合作，双方注入1亿元资金成立北京凤凰联动文化传媒有限公司等等，国有与民营在竞争中逐步进入融合时代。

按产业链来划分，既有整合出版业上、下游资源进行的重组，如2007年11月深圳海天出版社与深圳发行集团合并重组成立深圳出版发行集团；2008年5月江苏新华发行集团与海南新华发行集团共同出资组建海南凤凰新华发行有限责任公司。又有产业链相近的出版单位跨地域、跨系统组建专业出版集团，如中国卫生出版集团、中国科技出版集团等的筹备组建。

按系统划分，同一系统内的出版单位为实现市场、资源、资本等各方面的优势互补、资源共享进行合并重组，如2009年10月，国家质检总局旗下的原中国标准出版社和中国计量出版社合并，重组为中国质检出版社；2010年4月，国土资源部所属的地质出版社与中国大地出版社正式合并重组为中国大地出版社(地质出版社)。此外，记者获悉，人力资源和社会保障部旗下的中国劳动社会保障出版社和中国人事出版社目前已实现合并，重组后的管理方案也在积极筹备中，财政部下属的中国财政经济出版社和经济科学出版社也早在酝酿合并成立财经类出版集团；由人民教育出版社、高等教育出版社等组建的中国教育出版集团也在紧锣密鼓进行中。

10.2 重组效益最大化是根本

采访中记者深切地感受到，在中央推动文化体制改革力度加大和出版单位做大做强的内在需要两方面因素的共同作用下，从中央到地方的出版企业，寻求重组机会的热情呈持续高涨之势。令人欣喜的是,与前一阶段各方一拥而上抢资源,甚至头脑发热"急于圈地"的情况相比,部分出版企业在积极运作的同时,渐渐冷静下来。一位出版集团负责人告诉记者,近一年来与多家部委出版社有过接触,其中一些已经进入到实质性的谈判阶段,有的出版社甚至没有任何附加条件"以身相许","我们绝不会为了重组而重组。部委社情况千差万别,没有深入细致的了解就盲目'谈婚论嫁',如果过日子的观念不一致,磨合不到位,'白捡的媳妇'就会变成'烫手的山芋',甚至是沉重的包袱,到时候想'离婚'都不容易。"这句玩笑话,恰是不少出版单位真实的想法。

与此形成鲜明对照的,是联姻范例中不乏"乱点鸳鸯谱"的现象,迫于主管部门的"压力",有的单位在重组中存在一定的盲目性、片面性,没有完全了解被收购方的历史背景、产品特色、市场定位、品牌构造等具体情况,重组后出现了诸多不融合,并未带来预想的互惠互利、效益最大化。有业外专家评价,"在文化产业领域实现跨地区、跨行业兼并重组并非易事,新闻出版业的兼并重组大都是靠行政手段实现合并,兼并重组不是简单的签署合作协议,投入资金,工商、税务备案,而是要真正实现资本运作与发展"。

重组后比较成功的案例当属海南凤凰新华发行有限公司。据海南凤凰新华发行公司总经理温毅介绍,在一年的合作发展中,海南凤凰收获的不仅是资金,还有先进的经营理念与管理机制、丰富的进货渠道和现代化的配送网络等,以及由此带来的业绩增长。重组后,在经营方面,海南凤凰新华发行公司不再拘泥于单一的图书经营,而是着力拓展音像制品、文化用品和数码产品市场,在探索多元经营的发展道路上取得了成效;在发展思路上开阔视野,跳出图书市场抓资本市场,在购置土地、盘活门店增加物业收入、投资房地产等方面进行了有益尝试,效果显著;在管理上,进一步完善连锁经营体系,实现标识、采购、配送、结算、信息、管理等"六个统一",移植江苏省新华书店集团销售门店的管理做法,促进各门店管理的规范化、精细化、高效化。

重组后的海南凤凰新华公司 2008 年销售总额比上年增长 10% 以上,净利润同比增长70.83%,其中18家子公司净利润同比增长136.74%,2009年1至5月份,销售额与去年同期相比增长33.72%。

中国出版集团与黄河出版传媒集团重组不到半年时间,各项工作已经快速推进,2010年4月,双方签署部分具体合作协议,中国出版集团旗下人民文学出版社与黄河出版传媒集团旗下宁夏人民出版社共同投资组建人民文学出版社有限公司西北分公司;中华书局与黄河出版传媒集团共同组建中华书局《中华活页文选》杂志社宁夏工作总站;现代教育出版社与宁夏人民教育出版社联合组建"现代教育出版社宁夏分社",还签订了联合创办《教育周刊》杂志的协议。双方旨在互相借势,通过实质性的管理与合作,实现品牌、资源等各方面的联合,实现利益双收。

吉林出版集团与中华工商联合出版社的重组是地方出版集团重组中央出版单位比较成功的案例。总经理刘丛星提到管理上的几项突破:"首先,产品与经营战略上定位为对经管、励志培训等图书板块进行开拓,两大板块市场占有率迅速攀升,跻身前十,印证了重组的成功;其次,在组织架构上形成了股东会、董事会、监事会、经理层等现代企业制度,打破了传统的行政出资人制度,更大程度发挥股东会、董事会在产品开发、市场运行的主体性;最后,在人力资本管控上,公司实行定岗定位、定期考核、竞聘上岗,既没有行政任命,岗位设置也不以行政级别区分,薪酬也相应地调整为岗位与绩效薪酬相结合,彻底改变了旧体制下的用人机制,为人才的发展创造了广阔的空间。"

江西省出版集团对于和平出版社的未来发展有着清晰的思路,正因如此,记者了解到,重组后的中国和平出版社有限责任公司第一年就实现销售收入6000万元,同比增长70%。

采访中记者发现,相比国有与国有之间合作的"渐入佳境",国有资本与民营资本的融合,除长江出版传媒集团与海豚传媒重组效益显著等少数个案外,目前大都处于磨合期。由于管理、企业文化、运营机制上存在诸多差异,使得一些国有与民营的融合出现了各种矛盾隐忧,如2009年,著名书业策划人汪俊在2008年与北方出版传媒牵手后又"改嫁"中南出版传媒。

事实上，每一个重组案例都有其特殊性，每一个出版集团或者出版社选择兼并重组方式和机构时都会考虑到自身实际和利益需求，因此，如何实现利益最大化并非只有一种模式，重组后如何实施有效管理才是根本。

10.3 从重组到重生任重道远

兼并重组是企业壮大的重要举措，是提高行业集中度的通道，重组往往带来重生，业外已经有许多成功的范例，如武钢与鄂钢的重组。然而，在出版业，多数出版集团本身即是靠行政手段合并而成的，转企改制也仅仅是挂上了股份制公司的牌子，在此背景下，将重组向纵深推进，真正产生"化学反应"，难度可想而知。

采访中，不少业内人士谈到，尽管国家不断出台鼓励、支持政策，但这些政策更多的是框架性指导意见，银河证券分析师就指出，《关于进一步推进新闻出版体制改革的指导意见》以及《文化产业振兴规划》中没有涉及具体政策，如跨区域整合中如何减少地方保护主义，如何协调中央和地方的管理权限，如何放开社会资本并在制度上保障他们的利益，如何减少上市公司和拟上市公司的关联交易等均缺乏明确的政策指引。

放眼国际市场，出版业兼并重组已是常态，从传媒大亨默多克斥巨资收购道琼斯集团，到汤姆森集团并购路透集团，无一不是为了强化核心竞争力，赢得更多客户关系，而未来出版传媒业兼并重组的三大方向正是拓展新市场、扩大市场占有率、加大国际出版。

对中国出版业而言，国家鼓励跨行业、跨地区兼并重组旨在培养大型出版集团以应对国际市场竞争，兼并重组尚处于"摸着石头过河"阶段，多数是强者与弱者的重组，要形成有国际竞争力的出版集团，真正的方向应该是强强联合，如2008年9月中国出版集团与山东出版集团达成合作协议，双方采用股权平等（等值）置换的方式，相互参股对方改制和重组的股份公司，承诺为对方在股份公司股改和资产重组方案设计时,预留一亿股权额度。兼并、联合、收购、重组也只能算构建企业主体的第一步,未来在新市场上的拓展、增强在国际出版市场上的竞争力等都是下一阶段需要考虑的问题。

此前有专家分析指出,尽管出版行业利润率趋于下降,但产业规模将持续增长,出版业在未来两年将成为资本市场关注的新热点,资本运作将成为推动出版业做大做强的必经之路。

[链接:中国图书商报2010.5.18,及烁《产业重组模式渐显成效待估》]

第 11 章　发力阅读器须直面几重隐忧

2010年无疑已经是电子书阅读器概念火热的一年。在第六届深圳文博会上,出版集团们纷纷秀出自己的电子阅读器,中国出版集团公司带来的自有品牌"大佳阅读器"和上海世纪出版集团重点打造的《辞海》"悦读器"南北辉映;凤凰出版传媒集团联手元太科技推出"凤凰电子书包"在创新移动教育服务模式上做文章;重庆出版集团与汉王科技出资建设阅读器生产基地互借内容、渠道、技术优势……新华传媒近日审议通过投资数字发行平台暨阅读器项目,设立项目公司以手持移动阅读终端的硬件作为切入点,整合阅读资源、开发衍生产品。

以不少出版集团纷纷介入电子阅读器为标志,电子阅读器的竞争被推向白热化。事实上,除了内容提供商,无论是移动运营商、原材料提供商、硬件制造商,还是软件提供商等多种资本都先期进入电子阅读器市场,"抢掘"金矿。部分出版集团同时表示,通过参与这一轮竞争,对传统出版向数字出版转型更有信心——因为只要内容资源还在手中,就有话语权。然而,内容资源是否会陷入混战甚至供给贫血,版权问题愈发突显如何解决,管理部门怎样宏观调控,什么样的商业模式更有前景,技术的飞速变革会不会让阅读器成为昙花一现?

11.1　快速升温后的多重隐忧

新闻出版总署科技与数字出版司司长张毅君在出席中国文字著作权协会和汉王科技共同举办的"书·报·刊数字化发展高峰论坛"时提醒大家,电子阅读器作为新兴产业要健康发展，避免一哄而上又一哄而散的局面。

客观分析，电子阅读器是传统出版社发力数字出版的渠道之一，既不能盲目乐观，也不能全盘否定，当前存在一些不可忽视的隐忧。

隐忧一：避免陷入"内容资源战"。有人把电子阅读器比作"菜篮子"，除了硬件的体验感，读者在购买电子阅读器的同时会越来越着重考虑内容是否充实，更新是否快捷。大佳阅读器预装108种畅销、常销精品图书；辞海悦读器完整内置《辞海》（第六版）和《中华文化通志》等书刊。内容提供商拥有内容资源，而对电子产品终端制造商来说，除了做好自己的产品，还必须利用各种途径到处寻找内容。可见，无论产品形态如何变化，附加功能如何强大，电子阅读器所承载的内容是可持续生命力。虽然出版集团握有自己的内容，但是目前还无法形成合力，更易陷入"资源战"，甚至后天性的内容供给贫血。

隐忧二：数字发行劣势需警惕。某出版集团负责数字出版的相关人士归纳，我国出版集团涉足阅读器领域主要有以下几种模式：一是做平台，拢资源；有的集团和运营商合作，也有的出版集团和阅读器厂商合作，但是归根结底还是在建渠道。二是做内容的阅读器版，这种方式实现赢利的速度更快，推广也更容易，但是如何解决内容的持续更新是个问题。三是纯粹作为礼品的阅读器，是依附于阅读器厂商的。可以说，电信运营商是构建数字出版产业的"物理"条件的因素，就好像是传统出版里的房地产商（办公地点、店面等）、物流商、发行商，是不能绕过的环节，出版社是产品制造者，争夺的根本在于发行。但是由于传统出版在数字发行环节处于劣势，只能被动应战，又不甘心被压制，由于各大集团内容种类相似，且各大集团的作者分散，与运营商议价能力很低，所以目前还很难形成令大家满意的发行模式。

隐忧三：版权复杂交错造成隐忧。中国文著协常务副总干事张洪波表示，据调查，目前全国所有出版社拥有的版权中只有20%左右是数字版权，很多数字版权还在作者和文化机构手中，还有个别数字图书馆虽然获得独家数字版权授权，但没有资格转授权。事实上，版权授权不规范现象普遍存在，版权授权情况复杂。作者的电子版权签约大多不超过十年，纸质书出版，数字化，再至置入阅读器，很容易超过版权期限，版权纠纷隐忧较大。张洪波指出，80％图书的数字版权都直接掌握在作者手中，对于仍在作者手中的信息网络传播权、复制权，出版社没有权利自己使用或转授权。更有媒体提出"电子书内容提供平台十年难赢利，数字版权为发展的'罪魁祸首'"。

隐忧四：被iPad取代成为过渡产品？iPad的问世让很多人为电子阅读器捏了一把汗。皖版漫画《魔术笔记》作为iPad的首批中文应用软件之一，于2010年4月实现其电子书的全球发行。时代漫游文化传媒股份有限公司常务副总经理阮凌如此评价此次合作：iPad模式比电子阅读器模式对出版商更友好，更实际。主要体现在其注重阅读体验，方便传统出版内容与多媒体结合从而实现出版升级，已存在的庞大用户群和程序开发群。

隐忧五：价格居高谨防山寨阅读器趁机而入。有调查分析，80％的人可以承受电子阅读器的价格在1000元左右，然而目前市场上流行的阅读器多为两三千元，且功能相近相似。目前深圳已经出现了不少山寨电子书阅读器，最低出货价已经达到了600元，市场零售价则在1000元左右。汉王科技股份有限公司相关负责人告诉记者，从多个数据综合来看，2010年中国电子阅读器的销量在300万～350万台之间，达全球市场的20％。仅仅从2010年第一季度的数据来看，汉王就已经占到了全球市场份额的14.7％。山寨阅读器给阅读器市场带来了一些冲击，尽管产品没有量产，但是仍然在消费者中造成了很大的影响，也给品牌阅读器厂商的价格造成了不小的压力。

除此之外，在管理方面，目前电子阅读器缺乏明确政府管理主体，也没有管理法规，相关标准也比较滞后；在技术结构方面，电子阅读器的核心部件是被国外少数公司所掌握的，例如最关键的显示屏技术、核心芯片组、通信芯片组以及操作系统技术，国内尚没有自主产权。

11.2 冷思考市场进入时机

环顾电子阅读器市场，除汉王、翰林、文房、易博士等阅读器品牌外，华为、联想、长城、大唐等IT通信厂商也陆续推出阅读器产品，不少MP3企业也将向移动阅读产业转型，索尼、惠普、三星等国际品牌的加入，再加上山寨的数量，专家推测最终进入这一市场的企业可能会达到400多家。各大势力前仆后继阅读器硬件领域，成为行业竞争的现实。数据显示，截至2009年，中国大陆电子阅读器生产企业约为30家，2010年中国大陆计划进入电子阅读器终端企业约为100家。

在电子阅读器市场正处于急速扩张阶段，新闻出版主管部门已明确将从产业、产品、标准、准入、管理、技术等方面推动电子阅读产业的发展。广阔的市场需求和产业政策的推动无疑为电子阅读产业发展加分。正如中国出版集团公司总裁聂震宁在"大佳阅读器"亮相时所说，进军电子阅读器市场不是说传统出版业愿不愿意去做的事，而是读者的需求"逼迫"我们这样去做，否则传统出版产业在新一轮竞争中将大大落伍。

从2010年开始，随着商业模式与平台的成熟，各方力量的加速进入已让电子阅读器市场的竞争焦点全面转向内容。成熟的资源加上在内容的选择、组织、加工和推广上多年的积累，让出版业对这片新兴产业从拔剑四顾心茫然的困惑转为热血沸腾、跃跃欲试。

然而，在阅读器市场热度不断升高的同时，还是要保持清醒。有专业人士建议将阅读器的价格作为指标，当它降价到999元时，传统出版做好准备；到499元时，应及时进入；到199元时，应占领市场；到99元时，就可以考虑放弃传统出版业务了。然而，目前出版集团在2000元左右的价格即进入市场，且推出的阅读器定价在5000元左右，更多倾向于礼品模式。据记者了解，有的产品由于上游生产商的屏供给有限，基本处于没货状态。由此，出现了真正买得到的产品不多，真正有需求的消费者不多的尴尬。

11.3 精耕内容走竞合之路

本质上说,阅读器和电脑、手机等是一致的,只是一个终端。核心的问题是产业链如何形成,出版商要面对的是如何处理好电信运营商、终端商、中间商等各个环节的关系,以形成合理分配的产业链。无论是"技术+内容+渠道"的价值链,还是"买内容+送终端"的营销模式,这个市场最终欲形成多赢的格局自然需要整个产业链的共同努力,单一一方想独占利润或者独家想通吃产业链是不可能的。"这个问题不解决,数字出版就始终只是一场混战,最终还是走向运营商主导的模式,盲目地跟风,热闹了一场,产业没有进步,前途还是一片迷茫",广东省出版集团某不愿意透露姓名人士的担忧让记者感触很深。

大处着眼,小处着手。传统出版自己做平台的同时,更应该积极地去更新数字内容生产、创作、流通的新模式和新技术手段。"针对阅读器特点进行的专门的编辑活动很少,基本是原有 PDF 文件或 txt 的照搬,插图缺少、错字较多,重复、遗漏的更是常见"。用户提出的问题是传统出版最擅长的,却恰恰在数字编辑中缺失。

传统出版常常称"内容为王",但资源不能依赖,更应多元利用,从加强对数字出版资源进行统一的收集、管理、加工和使用,创造产业链终端衍生机会,到不断寻求更加便捷的内容服务方式和内容增值手段,最终在良性的产业链中实现共赢。

[链接:中国图书商报 2010.5.28,马莹《发力阅读器须直面几重隐忧》]

第12章　三问数字出版标准之"乱象"

当各路媒体纷纷引用"2009年数字出版实现产值750亿元"这一数据的时候,数字出版似乎更加炙手可热。而记者在采访中观察到,"乱花渐欲迷人眼"的背后,标准问题正悄然浮出水面:一方面,产业链内部各环节之间凸显标准"乱象"——技术提供商期望出版社提供符合其标准格式的数字内容,而出版社希望作者能提供符合其出版软件支持格式的稿件内容,消费者则对不同技术提供商提供的不同数字平台之间难以无缝对接而烦扰;另一方面,数字出版跨部门、跨行业的标准博弈也初露端倪,工信部宣布要着手制定手机出版相关标准,这让出版界有些意外的同时,更多了几分尴尬……

采访中一位业内人士的焦灼溢于言表:"数字出版突飞猛进,而标准的滞后正成为制约产业发展的短板。因标准不成熟带来的资源浪费、新的信息孤岛问题亟待破题,比这更让人着急的是时间的流逝,如果产业链各方不能尽快携手突破这一瓶颈,十年也不过是一眨眼的事儿,我们将错失产业发展和转型的最佳机遇期。"

12.1　数字出版方兴未艾,标准如何破题?

新技术的广泛应用,不仅改变了出版业的工作方式,拓展了产业链,还对出版标准化工作提出了新的挑战。中国出版科学研究所副所长魏玉山告诉记者,我国在手机出版、互联网出版、动漫出版、网络游戏出版、数据库出版等新型出版领域的标准化工作刚刚起步,国家标准、行业标准缺位,企业标准缺乏协调,出版业的数字化转型正面临标准化的屏障。

对此，新闻出版总署署长柳斌杰在2010年年初提出，未来10年中国新闻出版业向新闻出版强国迈进这一目标的实现，需要有各种支撑条件，标准化就是其中之一，并强调"要加快推动新闻出版标准体系，特别是新业态标准体系建设"。

"数字出版标准化，有利于数字出版链条上的参与各方实现利益均衡，分工合作，整体降低成本，用有限的资源实现效益的最大化，实现技术兼容、数字内容的互联互通和共享。"在全国信息与文献标准化技术委员会出版物格式分技术委员会张书卿看来，数字出版标准化的重要性毋庸置疑，但我国此项工作的现状却不容乐观——一是目前业界对数字出版标准化的认识还存在盲目性，认为与传统出版标准化完全没有关系，要制定数字出版标准就要重新制定一套与传统出版标准完全不同的标准；二是业界的认识还不够深入，对数字出版到底应该制定哪些标准、哪些标准是目前市场急需的等问题，还没有达成一致的意见；三是我国基础性标准和传统出版标准尚很薄弱和不健全，直接影响到了数字出版的发展。

对于产业链各个环节纷纷涉足数字出版标准制定的情况，上海世纪出版集团上海数字世纪网络有限公司总经理翁铭泽表示，数字出版目前尚在起步阶段，产业链各方从自己的角度探索标准是件好事，出于利益关系、自身优势等考虑，加之现在各个行业的标准也未完全成熟，因此很难主动接受别人的标准，也是正常现象。

汉王资源部总监陈少强认为这种乱象"实属无奈"，"数字出版现在就是摸着石头过河，走在前面的企业摸过去了，就知道该在哪里搭桥，也就形成相应的标准；后来者只需走桥就行了。可现在大家都想摸，却不一定都摸得过去。"北京书生公司董事长王东临则认为，标准的制定就应该是开放式的，越是利益的相关方，就越应该参与到标准的制定中来。

12.2 传统出版能否主导标准进程？

"在国外，不少大出版集团很早就认识到了标准化的重要性，在产业转型和升级的过程中发起和主导了多项数字出版相关标准的制定。如 ePub 电子书格式就是由兰登书屋和哈珀·柯林斯等多家出版商联合美国出版商协会、国际数字出版论坛制定的。"张书卿告诉记者,反观国内,技术商一直是数字出版的主导力量,对标准化的热情也明显高于传统出版单位。"如果传统出版单位对数字出版标准仍然漠不关心,未来在数字出版大潮中的处境将更加危险。"

传统出版是否应在标准制定中占主导地位？新闻出版总署信息中心刘成勇分析说,"除了'应该',还有可能性的问题——现阶段就是让出版单位来主导,也不容易做成,因为在数字出版领域,传统出版的力量尚不强大,所以目前由技术商来牵头或参与,可能更合适一些。"刘成勇认为,只有实现了充分的市场竞争,或至少是相当发达的阶段,才能看出谁在市场上占据主导地位,然后以它的标准为主,再参考其他标准,最终制定出统一的、为各方接受的标准。

作为首批高调介入电子阅读器的出版集团,上海世纪出版集团的做法显然值得传统出版单位借鉴。《辞海》"悦读器"不是简单地把内容资源固化到终端上,而是采用了与国际接轨的 ePub 格式标准,章节、标题、图、表、检索一个都不少,就是希望阅读器带给读者的体验尽可能地接近纸书,从而体现传统出版在介入数字出版时的优势。翁铭泽建议出版单位更多、更深地参与到标准的制定中,从内容开发、应用角度提出更好的想法,与技术商合作,改变目前"一条腿短一条腿长"的不平衡局面,推动商业模式尽快成熟。

广东和北京相继成立了数字出版联盟,谋求产业链各方的紧密合作。广东省出版集团数字出版有限公司黄海晖告诉记者,广东数字出版联盟的工作中有关于标准制定的内容,但目前尚未开始具体的动作。"随着三网融合的推进,地方利益、部门利益、行业利益的博弈会更加激烈,相关标准的推进越发显得迫切。"

12.3 多头抢滩,主管部门从何发力？

手机出版的强劲势头,已被有识之士认为是传统出版的"下一桶金",而工信部宣布将制定手机出版标准的消息,不免让出版人多少有些不是滋味——出版业要不要抢滩手机出版的标准先机?出版业能不能占得手机出版的制高点?还将有哪些标准可能"花落别家"?对此,刘成勇认为,数字出版本身就是跨领域的,所以不同行业的主管部门均有涉及也很正常,但部门之间的协调就显得尤为重要。"标准实际上是一个象征,谁率先在一个产业中确立了标准,谁以后能寻求的产业扶持政策、发展空间就会大不一样。工信部要做手机出版标准是向我们发出了一个信号,出版业的行业协会和主管部门如果不花点功夫在这个事情上,行业的空间就面临着萎缩或被分割的可能。"翁铭泽也持相同看法,"把各方面的力量凝聚起来,对产业的发展肯定是有利的,使市场尽快成熟,在这个过程中,标准和商业模式也就慢慢成熟起来。"

据总署数字出版司科技处调研员蔡京生透露,就相关标准的制定问题,总署与文化、广电和工信等部委均有沟通,并基本达成共识,如终端设备的标准由工信部负责,而涉及知识内容的数据格式的由总署主要负责。目前主要抓标准体系建设和基础核心标准的制定,遵循与国际接轨、产业通用的原则,标准化工作重点是内容管理和数据交换,以有利于出版资源的聚合和未来的深度挖掘为目标。"只有标准规范、能复用、泛载体,数字出版的路才能越走越宽,引导出版行业注重自己的内容资源的整理加工、保护和利用。"

中文在线研发中心总经理助理姜波多次参与过相关标准工作会议,感受颇多:"大家已经认识到了坐在一起解决标准问题的重要性,但开会时要么是信息不全面,沟通不充分,要么是只谈各自熟悉和期望的领域,难以形成共识。这直接影响了标准工作的推进。"姜波认为,要向那些有先进经验的国家深入"取经",如手机出版在日本已经相当成熟,我们就一定要看看哪些经验能为我所用,才能让我们的标准工作尽可能地少走弯路。刘成勇则建议,现阶段抓标准建设不要求全责备,只需找准一些最急需的突破口,如显示问题、版式问题等,先出台几个标准,很有可能就会带动产业良性、规范发展。

记者了解到,我国新闻出版行业现有的出版、印刷、发行和信息标准化技术委员会都在各自领域积极开展数字出版标准化工作,并取得了一些初步成果。而由总署牵头负责的"国家数字复合出版系统"等4个国家级重点数字出版工程项目,都包括了基于数字出版工程标准的研制,这将有利于推动行业标准和国家标准的制定。

业内人士纷纷表示,下一步应当联合行业组织、龙头企业、科研院所、大专院校等各方力量,在政府部门的指导下,加快数字出版领域各种国家标准和行业标准的制定,以促进新闻出版行业的技术进步与发展。

[链接:中国图书商报2010.6.22,金霞、马莹《三问数字出版标准之"乱象"》]

第 13 章 传统出版社登录 iPad 平台 步伐加快疑虑尚存

苹果公司 iPad 面世以来,其革新的产品特性及配套的应用平台都受到出版业的密切关注。国内部分出版社已经开始与新技术、新模式亲密接触,苹果软件应用商店 App Store 上也出现了中文图书。

记者根据 App Store 的图书列表联系了相关出版社后发现,技术公司主动上门寻求合作,出版社抱着尝试的心态,拿出小部分的非独家版权来试水,是目前出版社涉足 App Store 的比较常见做法。大部分出版社与苹果这一新技术、新模式的"亲密接触"更多的是一种被动行为,对于这一全新的销售模式尚未形成清晰的认识,技术公司仍是华语图书登陆 App Store 的主要推动者。

上海富媒技术有限公司是目前苹果 iBook 中最大的中文内容提供商。据富媒公司市场部负责人潘福林介绍,目前有 30 余家出版社与其合作,至今已有上千部图书、漫画以及上百种杂志经其制作登陆 AppStore。苹果公司与出版商合作采取代理定价的模式。苹果拿走 30% 的收益,其余由技术公司与内容供应商协议分配。目前 iBook 上销售情况较好的是关于中国传统文化的图书,其中外文版图书的表现也较为出色;但总体而言,图书品种仍需进一步充实。有出版社表示,由于分成比例的原因,通过这一平台最终能够获得的利润微乎其微。这也是部分出版社对于数字出版合作仍然观望的原因。

华语教学出版社首批 12 种汉语教学图书于 2010 年 6 月在 iBook 上线,二十多天内下载量近 150 次,销售量在同类出版物中表现突出。华语教学出版社海外拓展部主任顾俊表示,该社一直积极探索出版与新技术的结合。此次与技术公司合作在 App Store 上投放产品,主要也是从尝试的角度出发,而未来是否继续合作还要看销售成绩。她也表示,投放在这一平台上的产品种类毕竟有限,并不期待将这一板块作为赢利的主要部分。顾俊透露,华语教学出版社已计划扩大合作种类,通过新开发的"图书阅览室"项目开始集合销售。

记者在 iBook 网页上看到作家出版社的《手机》、《小姨多鹤》等多本畅销小说正在销售,但据该社总编室主任刘方介绍,作家出版社与苹果的合作还在洽谈之中,目前并未与任何公司合作在 App Store 销售电子书。由于部分作品的信息网络权并未授予出版社,记者所看到的电子书,大部分是作者本人与技术公司签订协议发布的。刘方表示,作家出版社数字化出版的构想已经有一段时间,也尝试了多种形式;但具体选择哪一种平台,还是要看实际的销售效果。就国内情况来看,手机阅读还是目前最为有效的推广方式。他认为,与技术厂商合作的方式,只是手段之一。另外,就国内读者而言,App Store 的信用卡付费体系也给使用带来了一定不便,加上为版权内容付费的意识还有待培养,目前 App store 的模式还不足以吸引国内大批出版社。

也有出版社在同行犹豫不决的时候,果断地开始了合作,抢占先机。安徽出版集团旗下的时代漫游公司是国内首家与 iPad 进行合作的机构。该公司的推出的《魔术笔记》在纸质图书尚未出版时,就已在苹果 App Store 上线,成为全球首批 iPad 中文应用软件之一。时代漫游公司韩杨介绍说,在《魔术笔记》的创作过程中,时代漫游就已与苹果中国公司展开了数字内容制作的商谈,在 iPad 面世之前,魔术笔记已经被制作成专用的程序软件并入驻 App Store 了,领先了国内其他出版机构。韩杨表示,《魔术笔记》和 iPad 的合作也曾受到过媒体的质疑,然而,"实际上,我们和苹果合作看中的并不是一部作品的经济利益,而是未来更广阔的合作空间。而我们最吸引苹果的一点就是,能够给苹果在中国出版市场带来源源不断的内容资源——如果《魔术笔记》合作成功,更多的中国出版机构会愿意以类似的方式和苹果合作。"目前 iBook 上大陆出版机构数量不断增加的事实也证明了这一点。

外语教学与研究出版社也是较早通过技术公司在 App Store 上投放产品的出版社之一。据该社电子音像网络出版分社的李玲玲介绍,外研社从 2009 年 4 月就开始在 App Store 上发布软件,主要的产品是各语种词典和对外汉语教材,如《汉语 900 句》《汉字 800 字》等。这些产品主要针对国外用户,国内 iPhone 上市之后也开发了相应的国内版本,一年来取得了不错的销售成绩。李玲玲表示,外研社很看好苹果应用商店。此外,其他诸如中国移动的 MM,诺基亚的 OVI 等平台,外研社也在积极关注,但其实现真正的商业价值还有待尝试。李玲玲也提到,付费意识、电子版权保护等问题的确是出版社在数字出版中遇到的"瓶颈"。但就外研社的情况来看,国外用户的付费意识较高,支付也比较便利,而国内使用苹果产品的用户,其素质和层次也较高,所以收益较有保证;至于版权问题,出版社一定会对产品进行有效的加密,而苹果也提供申诉程序保障内容提供商的权益,下架盗版产品。她介绍说,下一步,外研社将进一步尝试开发热门的产品,如少儿读物、互动绘本软件等。

品种、数量少,渠道在大陆尚未形成产业规模,电子版权归属的不清晰都成为出版社进军 App Store 时踌躇的原因;出版社大规模涉足 iBook 也尚需时日。然而,iPad 与 iBook 的商业模式对于传统出版社而言,无疑是拓宽销售渠道的机遇,更重要的是它为出版社理解数字出版是按照用户需求进行开发提供了新的思路。在年轻读者日益转向电子阅读的时候,传统出版业需要关注的不仅是 iPad,而是以其为代表的移动终端对于传播方式的影响。

[链接:中国图书商报 2010.9.14,张伊《传统出版社登录 iPad 平台 步伐加快疑虑尚存》]

第14章　教材教辅全面下滑？电子书全面飘红？

14.1 新华发行集团教材教辅全面下滑？

近几年，一直有一种声音弥漫在出版发行界，全国各省市区新华发行集团的生命线——教材教辅的发行量普遍下滑。但是到底下滑了多少，众家也是莫衷一是。临近"十一五"末的2010年底，记者针对这一问题做了一个不大不小的调查，发现事实并不如大家认为的那样全面下滑。十几家接受采访的省市区新华发行集团中，有不少2010年教材教辅销售比2009年不但没有下降，而且还有不同程度的增长。

浙江省新华书店集团2010年春秋两季教材发行量达到15.2亿元，同比增长了0.72%；教辅增幅则达到了14.3%；教材教辅合计增长了3.54%，达到19.7亿元。集团总经理王忠义告诉记者，从2000年开始，浙江新华的教材教辅销售一直保持着平稳上升的势头，他预计，2011年全省教材教辅销售将突破20亿元，再次实现3%的增长率。不仅浙江新华，内蒙古新华发行集团2010年教材发行量近5亿元，同比增加了12.9%，教辅销售量较2009年更增加了48.4%。青海省新华发行（集团）有限公司2010年教材发行量近亿元，相比2009年增加了13.6%，教辅销售量相比2009年也增加了10%。河北省新华书店集团公司2010年共征订教材和免费教辅码洋9.8亿元，同比增长了18.07%。上海新华书店2010年教材发行量相比2009年也增加了9.4%。

谈到教材教辅增长的原因，比较一致的看法是：高中新课改后，高中教材科目增加，同时，副科教材配套率提高，再加上教育厅规定的选修教材，学生人均教材使用量增加,因此,高中教材征订数量较往年有了较大幅度的增长,同时增加了配套光盘。另外还有教材黑白版改彩色版、民族教材增加、循环教材比例调整等原因。

尽管如此,由于学生人数的连年减少以及受到教材发行体制改革的冲击等影响,一些新华发行集团的教材发行几乎没有增长,册数和码洋都保持在一个比较稳定的水平,甚至出现不同程度的下降。然而就目前来看,教材教辅依然是出版发行业的基本口粮,是整个产业发展的基础。出版发行业必须也只能在这个领域有所创新、有所作为,才能不被淘汰出局。据了解,浙江全省2010年比2009年减少了10万中小学生。王忠义给记者算了一笔账,10万中小学生,每个学生300元,浙江新华的教材发行量就会减少3000万元。在这种情况下,浙江新华的教材教辅发行量不但没有下降,而且还在上升,为什么?内蒙古新华也是在学生人数较2009年下降近9万名的情况下,教材发行量达到近5亿元,创历史最高水平。陕西新华发行集团有限责任公司副总经理杨吉力告诉记者,陕西省2010年学生人数减少了30万,这就意味着陕西新华将损失一个亿的教材发行量。然而通过市场运作,他们的损失还没到一半。取得上述成绩,各家新华发行集团也是绞尽脑汁,开拓新型教材市场,加大教辅市场化运作力度。

14.2　电子书销售真的全面飘红?

2010年年初,曾有人预测,2010年以iPad领跑,全球平板电脑销售将达到10亿美元,现在,这个预言成为了现实。2010年年初,也有人猜测,过不了几年,在中国,电子书将会取代纸本书,成为读者阅读的主要载体。然而通过对全国部分省市区新华发行集团的采访了解,记者发现,一年下来,至少在新华发行集团层面,电子书的销售情况并不像大家想象的那样全线飘红。很多集团认为,电子书在他们的销售总额中,只占很小的比例,甚至可以忽略不计,与传统纸本书的销售更不可同日而语。比如,青海省新华发行(集团)有限公司 2010 年电子书销售占公司总销售的比例是 2.3%,而其传统纸本书销售总额占公司总销售的比例是 60%;海南凤凰新华发行有限责任公司电子书销售占公司总销售的比例仅为 0.1%;江西新华发行集团有限公司电子书销售与传统纸本书的销售相比大概也只占到 1%。正如浙江省新华书店集团总经理王忠义所言,目前电子书销售的市场环境不好,缺乏完善的平台,读者使用率较低。他认为,等到渠道规范了,平台建设好了,读者习惯了,电子书的春天就到了。

尽管如此,电子书销售的增长还是比较快,这在一些新华发行集团的销售数据中得到了印证。比如,截至 2010 年 11 月,江西新华全省电子书销售收入为 500 多万元,虽然这占集团总销售的比例还很低,与一般图书的销售相比大概也只占到 1%,但总的来看同比增长还是比较快的,达到了 35%,预计全年的增长率将接近 50%。截至 12 月 20 日,河北新华数码通讯公司共销售电纸书 5206 台,实现销售收入 2194 万元,比 2009 年增长了 57.4%。其中汉王电纸书销售 4944 台,比 2009 年增长了 49.5%。为此,一些集团还是比较看重电子书的发展前景。江西新华发行集团有限公司刘海峰就认为,电子书市场是未来出版业一个非常重要的细分市场,是连接上下游的重要通道,因此具有非常好的前景。虽然目前整个市场仍然处于培育阶段,而且有点混乱,但随着技术的升级、成本的下降、标准的规范等等,阻碍市场发展的因素将越来越弱,其市场规模必然逐步放大。

[链接:中国图书商报 2010.12.28,郭虹《2010 新华发行集团教材教辅销售真的全面下滑?电子书销售真的全面飘红?》]

# 第15章　民营批发转型路在何方？

上至策划，下到零售，民营书业的经营困难有目共睹，而民营批发商在夹缝中生存得愈发艰难。民营批发商究竟路在何方？带着疑问，记者采访了陕西天地合和出版物物流发行有限公司董事长兼总经理游勇、江苏可一出版物发行集团总经理钱晓征、广东学而优书店有限公司总经理陈定方、南京九歌图书有限责任公司总经理黄庆援、福建漳州市博文图书文化有限公司董事长蔡与海、四川星洋文化有限公司副总经理伍玉兰、上海天地图书有限公司总经理葛慧英、上海钟书实业有限公司副总经理曹磊等。尽管目前民营批发行业危机四伏，但书业人士大多表示，他们依旧会积极谋划，坚持发展，同时也呼吁国家政策的支持。

15.1　网络压力首当其冲

记者了解到，把批发商置于困境旋涡的主要推手是网络。随着网络迅速发展和便利的交通，批发企业对出版企业的终端信息优势被严重削弱。如今出版企业对终端的掌握大大加强，而且这一过程不可逆转，同时出版商之间信息共享加强，对区域市场的了解也极大地提高。这样就势必进一步削弱批发企业对于出版商的博弈地位。受网络书店冲击，不少小民营零售书店关停并转，而批发商是靠零售书店生存的，皮之不存，毛将焉附？另外，网络书店目前也在进行批发业务，也给传统批发带来了难题。

陈定方谈到，大部分批发商还是在比较原始的状态下生存，没有更多的理念、管理及资金支持，基本上维持小规模经营。加之民营批发商之间的无序、低端竞争，也是造成发展困难的重要因素。各地批发商之间的竞争基本上是折扣的竞争，造成批发商获得的毛利润非常低，很难积累资金进行发展。退货率高、回款困难，房价、员工工资、管理费用增长也是民营批发商的现实困难。

尽管生存危机四伏，但被访者都表示，民营批发商在短期内不会消亡。葛慧英认为，只要市场经济还存在，图书批发商就不会消失。陈定方认为，萧条、萎缩是已经出现的状况，转型是必由之路，规模和技术是方向，即现在的小规模经营企业会被规模效应大的公司取代。同时更多的批发行为，除了物流本身，在信息流等环节上，都将由技术性的公司取代。未来的批发是在产业升级的基础上去实现的。

对于批发商的未来发展，书业人士众说纷纭，综合来讲，有以下几种可能：做大做强主业和在坚持主业的同时，向上下游渗透发展。做大做强主业，分独立和整合两种可能。独立，是指单个批发商壮大自己的实力，使之具有垄断的资格和能力，并以强大的高技术能力和物流水平为支柱的现代化中盘。整合是几个有实力的大型批发商合纵连横，在国内形成几个巨型中盘，这需要有管理专权，避免中盘内部小批发商之间的恶性竞争。向上下游渗透发展，在目前已经成为很多批发商发展的方向之一。上游指策划商，有很多民营书业策划商，尤其是教辅类策划商都有类似经历：中盘批发商根据多年经验，以手中几套图书为蓝本，拼凑出一套新的教辅图书，自己进行发售，兼做策划商。社科、青春小说等都有易拷贝的特点。向下即是向零售商渗透，对于批发商很容易，因为其有充足货源，又精通渠道。

15.2 提升物流技术能力

批发商首先是服务商，着重提供物流服务，现在国家把物流作为十大支柱产业立项，也说明了对物流的作用、价值的认同。把物流作为批发企业的延伸业态继续发展，是做大主业的方法之一。游勇认为，目前的批发公司类型大致可以分成作坊式、家族式、企业式三种，都没有实现公司化，因此其物流技术、管理都不是很完善,而物流、管理是一个批发企业最核心的内功,决定了资金、人才这些外功,保证批发企业的长久发展。

　　陕西天地合和出版物物流发行有限公司提供了一个很好的案例。游勇介绍,他们的计划是对批发商进行重组、转型,总体来说,是统一。通过一个外资机构控股,先在每个大区选一家批发企业,试点铺开,规整批发商的业务,并将其一分为二,进行业务剥离:统一发行、统一物流。采取统采统结的方法,是为了解决生存问题,统一物流,是为了解决发展问题。完成统一后,物流不仅仅面向公司内部的产品物流,还可以承接书业其他公司的物流服务,甚至接纳其他商品的物流项目,只要这些商品有条形码、可以在常温下保存,都将是公司物流的目标商品。目前,公司由新加坡海亚物流控股公司控股,陕西天地和合是首个合作试点,陕西天地和合奥达物流运营有限公司和陕西天地和合出版物物流发行有限公司的物流业务都在有序地进行中,经营状况良好。公司即将搬入新建的西安国际港务区内,将以突出第三方物流为主要业务目标,以低碳、低价、低尘为目标,打造现代化的物流运营企业。近期,第二个试点也将开始运营。在今年年内,公司将完成全国六大区试点铺设。统一品牌、统一结算、统一管理、统一技术,逐渐把全国大陆地区纳入公司的运营范围。

15.3　上下渗透综合发展

　　谈到批发商的发展前景、转型的可能性,江苏可一颇有心得。从印刷起家,转行编辑策划,再到拿到全国总发权和全国连锁权后进军批发市场,还有一直在做的可一书店(零售),可一集团几乎摸透了图书行业的一整套流程。虽然当时从策划商转向兼顾批发商是处于公司发展的考虑,认为一个成熟的书业企业应该向综合方向发展,也是一种居安思危的意识,但实践证明,这种尝试为可一集团规避了很多风险和困难,无论在管理和人力上都是如此。"如果你把图书发给中盘代理商,有的可能中途倒闭了,这部分货款就不能及时收回。即便这个批发商运营良好,由于他要同时发售几个图书策划商的图书,根本不能保证尽心尽力发售可一的图书,这就会造成可一图书不能及时发售到零售商手中。而不能即时反馈消息,就会导致图书滞销,或是有存货而重印,产生成本浪费。"目前,可一掌控着图书出版、发行的整个链条,专人专管,一心一意做可一图书。及时收集信息反馈,跟踪调查(网上、实地)库存量。销售旺季时,连锁店之间相互调运补货,最大限度地避免了库存积压,保证了图书发售渠道畅通。一般来说,书出版后,10天左右就可以铺货到顾客手中,减少退货率。

与其类似,利用更加完善的渠道,上海钟书也将从2011年开始在全国范围内重点营销钟书策划的教辅图书。此外,公司还计划在上海建立50~100家学生书店。上海钟书副总经理曹磊认为,批发商涉足文具等相关教学产品的经营也将成为未来教辅类图书批发商的发展方向之一。

对于转型,还有一些民营批发商持观望态度。伍玉兰谈到,由于批发环节利润微薄,公司虽然有一些关于转型的设想,但很难实现。他们期待和上下游建立一种更稳固的关系,比如与上下游合作,双方参股,增强双方的责任感,使公司成为一家零售店的唯一供货商或者使上游出版策划商把他们作为主要甚至是地区内唯一的供货对象,但需要长期的考察磨合才能决定。

[链接:中国图书商报2010.7.13,杨琛《民营批发转型路在何方?》]

第四编 年度产业细分行情报告

第 16 章　2010 大众出版细分领域实力版图

16.1　通俗历史读物：民营渐成运作主力

2006 年通俗历史读物兴起，阎崇年、易中天、于丹等人的著作走入寻常百姓家。2007 年，以网络写手当年明月的《明朝那些事儿》为代表另一种读史作品异军突起，很快登上并牢牢处于图书销售排行榜前列；百家讲坛系列图书也层出不穷。2008 年归于平淡，2009 年底随着超级畅销书《历史是个什么玩意儿》系列的出版，再次掀起了一股读史热潮，并延续至 2010 年。

在出版力量方面，北京磨铁图书有限公司在打造网络"草根"作者上一家独大，接连成就了《明朝那些事儿》、《历史是个什么玩意儿》这两套销量超过数百万的超级畅销书；中华书局、上海文艺出版社、三联书店、广西师范大学出版社、陕西师范大学出版社、中国民主法制出版社等出版社的作品继续保持较高影响力，并不断推出新产品；中国青年出版社以及北京读客、万卷、北京博集天卷等民营文化商也在不断跟进……

从读者的回馈来看，中华、三联等老社图书质量稳定，在市场上拥有较高口碑和影响力；民营出版商图书质量有高有低，读者褒贬不一。同时，随着更多出版商涉足此类图书，对各社选题策划开发、营销能力的要求会越来越高；国有、民营出版商对有限作者资源的争夺也会更加激烈，这种情况在 2010 年年初闹得沸沸扬扬的袁腾飞与磨铁的版权纠纷上可见一斑。但无论是跟风还是原创出版，通俗历史读物市场已越做越大，全民读史的风潮正在愈演愈烈。

对于老牌出版社中华书局而言，在 2010 年，除以前推出的诸如《于丹〈论语〉心得》等多本百家讲坛系列图书持续热卖外,新推出的《这个天国不太平》、"一本书读懂"系列、《走近曹操》、《庄子的快活》等也表现不俗。其中该社《于丹〈论语〉心得》、《于丹〈论语〉感悟》、《一本书读懂中国史》等图书2010年销量超过5万册。特别值得一提的是,《一本书读懂中国史》用故事的形式讲述中国历史重大事件中的细节或人物,图文并茂,使读者在轻松阅读中,尽览历史风云,汲取历史智慧,算是中华书局与时俱进的"时髦"之作。中国民主法制出版社在2006年就推出百家讲坛系列图书,该社继推出畅销书《于丹〈庄子〉心得》、《钱文忠解读〈三字经〉》、《风雨张居正》后,2010年又接连推出郦波的"大明名臣"系列多本,以及《解码关公》、《咸丰皇帝》、《图说孔子》等。其中,"大明名臣"系列图书在出版社与作者郦波的大力宣传推广之下,反响强烈,图书销售不错。此外,广西师范大学出版社《王立群读〈史记〉之秦始皇》、"说春秋"系列等以及陕西师范大学出版社的《蒙曼说唐·长恨歌》、《国运1909:清帝国的改革突围》等也长期占据销售排行榜前列。这些出版社较早涉足这类图书,已经拥有了一套成熟的图书编辑、操作理念,再加上相关图书热销带来的持续影响力,使得很多读者都对该系列图书持续关注,图书热销自在情理之中。

除了这些大社、名社外,以操作超级畅销书《明朝那些事儿》而闻名的北京磨铁图书有限公司更是不容小觑。2009年8月,北京磨铁又推出了一套全新的畅销书《历史是个什么玩意儿》,再次大卖数百万册。2009年3月,《明朝那些事儿》大结局推出随即大卖,随后出版社推出了新版、精装本,又掀新一轮销售热潮。从2010年的通俗历史读物销售排行榜来看,《明朝那些事儿》依然位于排行榜前列,当年明月这种开先河的写作方法,带来的影响在较长时期内依然将持续存在,其作品的销售热潮仍然在继续。超级畅销书《历史是个什么玩意》是通过网络视频挖掘出来的畅销图书,在作者对历史幽默式解读以及出版方一系列整合营销的宣传下,造成了持续的巨大影响。尽管有学者质疑该书"颇有随意摆弄严肃史学的姿态,其内容也多有照着中学历史教学提纲肆意歪曲与捏造之处",但毫不影响该书广受追捧。除此之外,北京磨铁在2009年、

2010年推出的新书还有《历史色盲讲故事：从战国一直写到东汉》、《那时汉朝》系列、《如果这是宋史》系列、《说晋天下》等数十个系列的图书，在图书的原创能力、打造畅销书能力上，北京磨铁在业内可以说是无出其右。

2010年6月后，各家出版社、民营文化公司推出的通俗历史读本更是明显增多，在某网站6～10月各月该类图书销售排行榜前50位的图书的新书还包括三联书店的《1944：松山战役笔记》、《老子十八讲》，商务印书馆的《漫画道家思想》、《山海经》，万卷出版公司的《刘备不是传说》、《明朝一哥王阳明》，重庆出版社的《狼性征服：蒙古帝国空前绝后四百年》，北京读客图书公司《流血的仕途：李斯与秦始皇》、《曾国藩发迹史》，武汉出版社的《别笑，这是大清正史》、《正面抗日战场——我的家在松花江》、《战国就是一场游戏》，现代出版社的《世界历史有一套》，时代华语公司《钱文忠解读弟子规》、北京紫云文心公司的《曹操秘史》等，从春秋战国到抗日战争，从古到今，从中到外无所不包，各家出版社都在发力。另外，2010年推出的处于销售排行榜前列的解读国外历史的图书，开始涌向市场并初具规模，也得到了很多读者的关注，如现代社的"世界历史有一套"系列，世界知识出版社《从小到大说日本：一部彻底解密日本的百科全书》，北京凤凰天下公司《日本明治维新：幕末血风》、《日本明治维新：维新之岚》，北京博集天卷公司《别跟我说你懂日本》等。从这点来看，在挖掘完中国朝代史和人物史之后，不少民营公司已开始将目光转向解读世界历史，估计在不久将来世界史将成为出版商关注的重点。从推出以上图书的出版商可以看出，仅从此类图书选题开发能力、图书运作能力来看，民营文化公司较国有出版社更胜一筹。

但在这种风潮之下，早在2009年岁末就有学者提出：通俗历史读物在经过几年的飞速发展之后，不少作者与出版者为了追求经济利益，对图书内容质量的要求在降低。从网上读者的反馈来看，由于一些通俗读物作者们很少直接接触原始史料或研究不够深入，有些图书从写作到成书甚至只经过很短的一段时间，不少民营公司甚至部分国有出版社推出的图书，质量受到读者的严重质疑。

16.2　文学图书市场：老将新作居多，延续热潮

　　2010年的文学图书市场类型化趋势日益明显。但是与前几年文学市场上涌现出悬疑、推理、职场这样的全新的类型文学相比，2010年并没有新的类型文学成形。在各类型文学领域，也几乎没有让人眼前一亮的新人出现，而仍旧是以老将新作为主打。而各个文学出版社，也以抢夺知名作者来确保自己的市场地位。

　　这一特点早在2010年年初的北京图书订货会上就有所显现。当时各社推出的重点图书就均为老将新作：上海文艺出版社重点展示了作家莫言的最新长篇小说《蛙》。长江文艺出版社推出郭敬明新作《小时代2.0虚铜时代》在展场再次引起关注。青年女作家明晓溪的新作《光之初》和《心之萌》是春风文艺出版社在订货会上最为看好的重点推介图书。人民文学出版社引进出版的美国畅销书作家丹·布朗的新作《失落的秘符》则秉承了作者之前的作品《达·芬奇密码》等相同的风格。浙江文艺出版社则推出美国作家桑德拉·希斯内罗丝新作《拉拉的褐色披肩》，这是她继畅销作品《芒果街上的小屋》后的又一力作。

　　从各老牌文学社情况来看，其重点产品均为老将新作，而且这一情况始终贯穿全年。以人文社为例，2010年的重点书有余秋雨的《我等不到了》，以及百万畅销书《藏獒》作者杨志军的新作《伏藏》，以及其在2010年11月推出的《原野藏獒》。作家出版社则在2010年推出了王晓方的官场小说《白道》、王海鸰婚恋小说新作《成长》，伤痕文学代表卢新华新作《财富如水》以及天下霸唱的《死亡循环》。长江文艺出版社推出的郭敬明《临界·爵迹》也依旧长期傲立各大书城销售排行榜，该社推出的主持人白岩松十年磨一剑《幸福了吗》也于9月面世。

　　其次，2010年也称得上是个畅销书的续写年，《杜拉拉升职记》一口气出

到了第三,《山楂树之恋》也出到了第二本,凤凰出版社推出的《侯卫东官场笔记》2010年一口气出版了4本,这4部在半年内每册的销量在15万册到20万册。饶雪漫推出了《离歌3》,《藏地密码》(北京读客文化有限公司)则在2010年出了八、九两册。

应该说,2010年文艺图书出版竞争更为加剧,仍然有不少畅销书出自民营图书公司之手。韩寒《1988:我想和这个世界谈谈》由盛大文学旗下的聚石文华公司策划出版。北京千喜鹤文化传播有限公司2010年则推出了天下霸唱新作《谜踪之国》。北京精典博维文化发展有限公司则花500万拿下了麦家新作《风语》。新经典文化有限公司则在2010年连推村上春树的《1Q84》第一、二册。除此之外,北京世纪文景有限公司则推出了《蜗居》作者六六反映医患关系的小说《心术》。凤凰联动公司的《山楂树之恋1》(原作)虽然不是新书,但也借着同名电影的上映,重新包装上市,很是火了一把。

同时,也有值得关注的新加入者,以出"时政图书"著名的北京时代华语公司,2010年发力文艺板块,本年度,他们推出索尔仁尼琴《红轮》、艾米的《山楂树之恋2》、台湾作家甘耀明的《杀鬼》、蔡素芬的《烛光盛宴》、美国悬疑大师哈兰科本的最新作品《无处藏身》等各类型文学读物抢占市场。

2010年翻译文学可谓大制作、高品质。除年初日本作家村上春树的《1Q84》简体中文版推出后,秘鲁作家马里奥·巴尔加斯·略萨或许可以算是推起了翻译小说第二波热潮,2010年10月,他击败众多热门人选成为了2010年诺贝尔文学奖的得主。在得知其获得诺奖后,上海译文社、上海九久读书人联合人民文学社等出版过略萨作品的出版社,纷纷紧急加印加版。上海译文社早在2001年就签下了略萨,连续出了《给青年小说家的信》、《公羊的节日》、《城市与狗》、《天堂的另外那个街角》等小说,"略萨最新小说《凯尔特之梦》也即将推出。"而上海九久读书人公司2008年以每种书四五千欧元的价格购得略萨5部长篇小说,并携手人文社出版了《潘达雷昂上尉与劳军女郎》、《绿房子》等。略萨得奖后,人文社加印之前已出版的略萨代表作《绿房子》等,每部作品加印约 3 万册。其另两部作品《酒吧长谈》、《坏女孩的恶作剧》也将于 2010 年年底出版。而同时受到人们关注的还有 2009 年诺贝尔文学奖得主赫塔·米勒。2010 年 1 月，凤凰联动公司联手译林出版社，拿下赫塔·米勒作品的中文版权，10 月，这套 10 册的《赫塔·米勒作品集》面市，时间不足 9 个月。这样的大手笔也让不少出版商咋舌。

虽然说 2010 年文学类图书的出版依旧延续去年热潮，并无新的亮点出现，但是推理小说板块很值得关注。

2010 年可谓是推理小说蓬勃发展的一年。早在年初的北京图书订货会上，二十一世纪出版社为旗下作者"中国推理小说女王"鬼马星召开作品研讨会时就提出：2010 年将是类型小说中的"推理年"。

这一说法并非没有道理。2009 年，岛田庄司、东野圭吾为代表的日系推理小说横扫内地图书市场，福尔摩斯、阿加莎推理系列图书重装上阵。新星出版社的"午夜文库"推理小说系列、吉林出版集团"古典推理文库"也越来越为人所熟知。可以说，2009 年推理小说的火爆，一半要拜东野圭吾所赐，因为是他带动了日系推理小说在内地的盛行。而从全球来看，推理小说的中心也已经转到日本，流行的趋势也在那里发源。

就目前来看，新经典、上海青马、世纪文景、新星、吉林人民出版社等出版商、文化商已经抢占了日系推理小说策划与出版的先机。据悉，2010 年各类推理小说的出版数量预计将达到 200 多本，而在此前，这一数字则在几十本左右。如今，东野圭吾一部作品的版权费用已经炒到了 200 万日元了，即使名气一般的日系作者作品，版权也达到 50 万日元。而岛田庄司作品此前引进版权的价格仅仅在 10 万日元左右。

如今，越来越多的日本推理作家开始为国人所熟知，例如京极夏彦、宫部美幸、西泽保彦、道尾修介等。而上海译文出版社、江苏文艺出版社、南京大学出版社、复旦大学出版社、译林出版社等也陆续投入到推理小说的策划出版中。译林出版社 2010 年 10 月推出了伊坂幸太郎的《金色梦想》。这些社所出版的推理小说不仅有日系推理,也包括欧美推理。随着推理小说氛围的浓厚,也催生了国内原创作品的出现,例如江晓雯的《红楼梦杀人事件》就是其中一例代表。

而作为老牌的文学社,人民文学出版社近年一直在力推阿加莎·克里斯蒂的作品。整套阿加莎推理系列90种将于2011年出齐,届时,该系列将成为迄今为止内地出版的最完整的阿氏作品全集。

16.3 童书市场:传统板块平稳,新领域力量崛起

2010年作家富豪榜,杨红樱以2500万版税收入盘踞榜首,郑渊洁以1950万元版税名列第三。富豪榜上的耀眼数字比各种指标都直观地显示出了市场的潮流,童书超越各个板块,成为最火爆、最诱人的出版领域。然而,与去年相比,童书市场2010年的增长速度明显放缓,选题同比增长率也从2009年的超过四成跌至5%左右。但同期销售数据则表明童书市场呈现出前所未有的活跃状态。这样的反差也体现了2010年童书板块的一个特点:市场表现平稳,总体规模扩大,劲爆亮点缺失。尽管如此,多家出版社还是给我们带来了惊喜。

品牌作家支撑品牌社依然强劲。

儿童文学是专业少儿社的传统优势板块。2010年儿童文学领域,专业少儿社继续领跑。在知名作家的资源基础上,以品牌作家推动品牌社发展的路径逐渐清晰。中少社携"中国当代儿童文学原创之星"系列等佳作当之无愧荣登本次少儿社出版能力榜首。二十一世纪出版社与郑渊洁的长期合作、春风文艺社与孙幼军的独家合作,希望出版社与徐玲签约,浙江少年儿童出版社与儿童插图画家及张之路、沈石溪、汤素兰、周锐等作家签订战略合作协议,都反映出各家在作家资源领域抢占先机的努力。以品牌作家为支撑,二十一世纪社"皮皮鲁总动员"系列、接力出版社的"淘气包马小跳"系列持续畅销;明天社凭借杨红樱的"笑猫日记"、伍美珍的"阳光姐姐小书房"系列表现突出,逾48

种儿童文学类作品销量超过5万册；湖南少年儿童出版社的"汤素兰奇迹儿童文学系列"取得不错成绩；四川少年儿童出版社厚积薄发，拿出了"儿童文学名家精品畅销·美读美绘"系列精品项目。浙少社在动物小说方面频频动作，中国少年儿童新闻出版总社也推出了黑鹤动物小说《震动》《鬼狗》等原创作品；湖北少儿社把主要精力放在本土原创作家作品的推广上，出版的董宏猷代表作《一百个中国孩子的梦》入选"中国儿童文学百年百部经典"。天天社原创儿童文学在其出版结构中达到80∶1的压倒性优势，《我亲爱的甜橙树》叫好叫座。2009年8月至2010年8月，仅成立一年时间的天天社新书入库码洋就已达2300万，潜力不容小觑。上海的少年儿童出版社的《男生贾里全传》二次重印，而安徽少年儿童出版社也推出了秦文君全新力作《你好，小读者》。非少儿社和民营图书公司也加入竞争，如年底盛大就携《查理九世》高调进军儿童文学市场。在发展放缓的格局下，原创儿童文学市场份额继续飙升。但与此同时，资源竞争和过度挖掘的征兆开始显露，名作家畅销作品的重复出版、原创文学质量下滑的潜在趋势值得注意。

非专业社发展加速动漫、科普板块活跃。

专业少儿社销售份额从20世纪90年代的最高70%有所减少，非专业少儿社的童书出版规模则稳步增加，选题数目均在200到400种之间。浙少社、中少总社、接力社、二十一世纪社等专业少儿社表现抢眼，而外语教学与研究出版社、青岛出版社等非专业少儿社份额也稳中有升，童书市场竞争更趋激烈。年初出8家非专业少儿出版社发起的中国童书联盟在北京成立，标志着非专业少儿社经过多年的积累，终于蓄势待发。一年时间，他们在科普、动漫、教育和网游图书等细分板块快速发展，电子工业出版社、江苏美术出版社、吉林美术出版社等均有不错的表现。外研社推出"迪士尼英语家庭版"等10个系列的新品图书；飞思少儿在科普读物方面延续了母社电子工业出版社的专业优势，出版了"我的自然发现书"系列等科普绘本、"我的安全养成书"系列等儿童教育作品。江西美术社引进的科普漫画也是众多非专业社关注的热点之一。北京师范大学出版社将少儿图书事业部改为学前教育事业部，独具视角地开发学前教育专业教材，在很多涉足少儿图书的出版社中较为罕见。而华东师大出版社进入市场两年时间内就实现了67%的童书再版率，成绩令人瞩目。该社2010年推出的"科学家的故事"系列、《幼儿科学问答》（上、下）、"彩虹桥上讲故事"系列充分显示了大学社在学前教育领域的领先地位。江苏凤凰文艺出版社在少儿卡通动漫板块也表现不俗，"洛克王国"系列和"火力少年王"系列等10余种童书销量超5万。

新兴板块格局初现。

童书各细分板块的发展更清晰地勾勒出少儿出版领域的力量分布。网游书市场格局显现。2010年，少儿出版与少儿网络社区的合作日趋成熟，网游图书成为童书板块新的增长点，也带动了少儿出版领域的跨行业、全媒体推广趋势。无论支持还是不屑，网游书成为2010年童书板块的最大赢家已没有悬念。在这一新兴板块内，专业少儿社和非专业少儿社难分伯仲，但江苏少年儿童出版社、苏美社、外研社、江苏凤凰文艺出版社和童趣出版公司率先构成了网游板块的主要力量。苏少社的"赛尔号冒险王系列"3册和"赛尔号精灵传说系列"2册，各册发行均在10万册以上；江苏美术社的"赛尔号"系列图书多品种长期占据畅销书排行榜前列；外研社"奥比岛卡通动漫系列"与儿童绿色网络动漫社区奥比岛合作，构筑线上线下相结合的营销推广模式；以《喜羊羊和灰太狼》等领先动漫出版模式的童趣出版公司也推出了"摩尔庄园"等网络互动图书；江苏凤凰文艺社网游出版中心成立，在少儿卡通动漫类图书签约国内顶尖品牌形象；此外，新世界出版社与酷噜公司合作的"彩虹城"系列图书，也将儿童虚拟社区"落地"成实体书。

在引进方面，专业少儿社的优势再次体现，接力出版社、童趣出版公司和二十一世纪出版社引进图书都占到了较大比例。除了"巴巴爸爸经典"系列等经典作品，接力社推出的法国国宝级童书"第一次发现"系列更颠覆和改写了以往儿童科普书的创作、编辑和出版印刷传统。此外，《一本关于颜色的黑书》、"攀登英语"系列等也在读者中产生巨大影响。值得一提的是,接力社图书起印数基本都在一万册以上,达到全品种都在1万册以上销量,共计124种图书登上各类畅销排行榜。二十一世纪社引进日本白杨社经典作品《活宝三人组》,并推出全国32家民营特许经销商,全面升级其畅销书战略。童趣出版有趣公司的"迪斯尼经典故事"系列、海绵宝宝等销售稳定,50人的策划编辑团队实力雄厚。湖南少儿社在擅长的儿童文学领域扩大引进图书影响力,2010年原创图书与引进版图书的比例已达到2:1左右。该社"全球儿童文学典藏书系"在做传统经典的同时,还不断引进国外最新的获奖作品和比较冷门的小语种儿童文学经典作品,打造"新经典"。海燕社和新蕾社也分别凭借"小兔汤姆"系列和"世界经典桥梁书"系列在优秀引进童书板块占据一席之地。

低幼玩具书市场转暖,浙江少儿社、福建少儿社、湖南少儿社等社纷纷跟进,而安徽少儿社则当之无愧地荣升这一板块的领导者。在"图书玩具化玩具图书化"的策略之下,安徽少儿社已成为目前玩具书市场上品种最多、市场占有率最高的出版社。该社开发的"好好玩泡泡书"、"早教塑料书"、"洗澡书"、"立体泡泡挂图"等产品,已经拥有2项发明专利、7项实用新型专利、1项外观设计专利。

虽然纷纷表示数字出版对少儿市场冲击不大,但进军数字出版是必然的趋势。目前没有大规模的动作原因,一方面是基于少儿图书消费群体和阅读群体分离的特点,父母对于儿童电子阅读的接受程度有限,更大的原因似乎在于大家尚未规划出成熟的模式。但是,就湖北少儿社、童趣出版公司和中少总社分别成立了数字拓展部、网络出版部和数字出版中心,接力社2010年也进入手机出版和电子图书领域的情况来看,这一领域早已成为各家必争之地。

[链接:中国图书商报 2010.11.26,倪成、钱秀中、张伊《2010出版细分领域实力版图》]

第 17 章　2010 教育出版细分领域实力版图

从本世纪之初开始推行的新课程标准以及中小学教材出版多样化的探索,使中小学教材出版从人民教育出版社"一花独放"变为"万马奔腾",先后有80余家出版社进入该领域。从过去的8年时间来看,义务阶段新课标教材出版始于2002年前后,其格局在2005年趋于稳定;高中阶段的新课标教材出版始于2005年前后,其格局到2007年基本稳定。进入2010年,当尘埃落定,"平稳"成为该年度中小学教材出版的最主要特征。

17.1　中小学教材市场:平稳推进新象涌现,梯队明显市场集中。

就目前而言,按照各家社的产品类型、教材学科种类以及市场占有率情况,中小学教材出版的主体力量基本上可以分为三大阵营:人民教育出版社、江苏教育出版社、北京师范大学出版社、湖南教育出版社、教育科学出版社等社由于产品研发实力强、教材学科品种丰富、市场占有率较高,属于中小学教材出版的一大方阵。西南师范大学出版社、华东师范大学出版社、开明出版社等出版社的学科种类虽然有限,但基本为"主科"教材,市场占有率亦相当可观,属于该领域的又一方阵。而像语文出版社、星球地图出版社、人民美术出版社、人民音乐出版社、中国地图出版社等出版社基本上以单科品牌教材入市,但市场占有率可观,可划入另一方阵。

中小学教材市场集中度提升。

与早些年近百家出版社扎堆做中小学教材出版的局面相比,随着市场的逐步淘汰，现在中小学教材市场已经趋于集中，市场主要集中在有产品研发能力、有配套服务能力的专业教材出版社，其市场占有率不仅保持稳定，而且还在逐年上升。教科社现在出版十几个品种的中小学教材，其中小学段的《科学》教材可以占到全国一半以上的市场份额。在教科社教材中心主任王薇看来，这种集中表现在两个方面：一是教材版本集中，二是出版社相对集中。与其他图书产品不同，出版社推出教材还只走出了出版工作的第一步，后面还要进行诸如教材修订、培训服务、配套产品开发等后续工作，那些不太专业的出版社在这个过程中如果工作不到位，就会失去自己的市场份额，由于产品用量减少进而停止出版。

中小学英语教材出版是各学科中竞争最激烈的板块，大约有将近30套英语教材在全国同时使用，竞争非常激烈。外研社基础教育出版分社共出版了4套中小学英语教材，年出版码洋达到了6.17亿元，其中的高中教材使用量在2010年增长迅速，全国市场份额占有量达到了16%。在该分社社长申蔷看来，外研社教材出版稳步增长的关键在于其专业的编写团队和教材编辑团队的建立，在于多媒体教学辅助产品的开发和网络教学平台的搭建，在于该社在教材培训、产品推广方面的丰富经验和实力。今后，中小学英语教材市场必然会淘汰掉一批产品特色不强、配套服务能力较差的出版社。

由于教材市场的激烈竞争，一些不良竞争手段也被引入教材出版市场，"污染"了本应纯洁的基础教育，不过教材出版多样化方针还是得到了教材出版社的一致拥护。山东教育出版社教材编辑室主任李俊亭就表示，教材多样化的出版格局是国家政策推动的结果，而在教材多样化之后，教材质量、教材服务水平整体上确实得到了很大的提升——将竞争机制引入中小学教材出版领域总体上还是好的，但循环使用使单科教材性命攸关，虽然业界和专家学者多方呼吁停止教材循环使用，而这一国家政策仍存在一定的惯性，这在2010年仍持续地给循环科目教材出版单位带来巨大的影响。据西南师大社社长周安平介绍，在全国开始推行教材循环使用之后，音乐课教材在很多地区都列入

"循环"之列,这也给西南师大社的《音乐》教材出版带来了很大的冲击,发行量有所减少。受教材循环使用的影响,教科社的《科学》和《艺术》教材从2009年开始至今码洋减少了将近2/3。

不过,教材循环使用对于各家教材出版社的影响都不太一样:对于品种比较齐全且有主科教材作为支撑的教材出版大社而言,这种影响并不太大;对于经营单品种或者品种比较少的出版社而言,这种影响就会很深重。但据消息灵通人士了解,教育部已经就此做了大量的调研工作,也向相关教材出版单位征求了意见,预计这一政策到2011年就很有可能调整。

新课标修订启动市场退出机制从2009年开始,教育部就启动了新课程标准的修订工作,但这一工作至今仍未完成,教育部负责该项工作的部门也未对"时间表"做出任何表态。不过很多迹象显示,修订后的新课标很有可能在2010年年底、2011年年初颁布,并且有可能在2011年下半年启动修订教材的送审工作。王薇表示,教科社早在2009年年底就开始对现有教材进行修订,并根据预计的时间做好了时间上的规划,应该可以保证送审工作的顺利进行。不过她也表示,按照教育部的意见,此次教材审查标志着新课标教材退出机制的正式启动,届时一定会有一些版本的教材退出使用。她就了解到,有的教材出版社已经表示"不太有信心",甚至不打算送审了。

教材数字化趋势显现。

2010年6月,人教社与北京东田教育科技有限公司合作推出的经营性学习网站"人教学习网"开通。"人教学习网"作为人教社下属的经营性学习网站分为学生专区、教师专区、家长专区以及相应的辅助模块,并根据专区和模块的不同主要设置电子书、特级教师同步辅导、名师指导拓展学习、中考好帮手、高考好帮手、师生在线等栏目,同时通过多种方式使学生、教师和家长能够充分沟通。时值9月,外研社发布了用于中小学英语教学的"NSE新标准英语网",其中新增的NSE网络教材(新标准英语网络教材)、NSE题库系统(基础英语教育试题库)、NSE师训平台(中小学英语教师培训平台)和NSE读写课程（有氧英语读写课程）等专业功能模块，具有完备的在线学习和教学功能，被称为"国内最专业的基础英语教育门户网站"之一。而据王薇介绍，教科社目前也正在与东田公司合作，就教科社版教材进行网络学习产品的开发。

对此，周安平认为是"大势所趋"。此前颁布的《国家中长期教育改革和发展规划纲要》已经提出在基础教育中广泛运用数字技术，这必然需要数字化教材出版的配合。与此同时，国家"十二五"文化体制改革和发展规划纲要也提出，要加快数字化教材教辅和互动平台建设，制定使用数字教材的移动终端和通用格式标准，开展电子书包实验，发展各类电子阅读器。在这样的大背景下，中小学教材出版社纷纷布局数字出版，也就显得顺理成章。以西南师大社为例，他们目前正在全力打造数字化的出版队伍，建设基础教育教学资源网络平台和数字出版的商业平台，并打造基础教育教与学资源的数据库，计划推出学生在线学习、教师在线教学、在线艺术学习及动漫网站这四套产品。

申蔷表示，目前中小学教材数字化出版最大的问题在于商业模式模糊、非一线城市的学校软硬件设施及师资不配套，但如果这类产品能够纳入政府采购或者电教系统的采购，出版的数字化转型就会迅速实现——据她估计，大转型"大约在两年左右就会到来"。

17.2 大中专教材市场：大盘稳定潜力尚存

据由新华书店总店信息中心 2010 年全国大中专教材公共论坛发布的《2010 年大中专教材出版情况分析报告》显示，2010 年的大中专教材可供品种突破 8 万。这个数字大体勾勒出了这一细分市场的规模之大，也间接传递了各家出版社正在进行着激烈的实力之战。但是，即便硝烟弥漫，这个细分市场的实力版图在 2010 年却几乎没有什么变化。

品牌社仍然占据强势地位。

首先还是来看看"战场"大势：据资料显示，我国在 2002 年进入高等教育大众化阶段，毛入学率为 15%，2010 年增加至 25%，2020 年则将达到 40%。

虽然2010年全国普通高等教育招生扩招比例以3%创历史新低,但是学生人数的平稳增长已成为不争的事实,这就意味着大中专教材市场要持续扩容。在这个基调之下,各出版机构都加快了向大中专教材进军的脚步。但是,不管新力量如何厉兵秣马,2010年大中专教材市场格局仍为相关教材领域的品牌社牢牢掌控着,总体表现为市场份额集中度高、部分大社拉动市场总量。据资料显示,在经济、外语、艺术类教材占有较大比例的文科类高等教育教材中,高等教育出版社、中国人民大学出版社、北京大学出版社仍处于优势领跑地位;在计算机、数理化、工业技术为主的理工类教材中,中国电力出版社、清华大学出版社、化学工业出版社盘踞市场高地,而中国水利水电出版社等则也有自身强势品种。在职业教材出版领域,高教社等力量仍然是市场主流。值得一提的是,自2009年起,教育部出台的《中职教学大纲以及对于教材出版的指导性意见》对中职教材市场制订了资格准入,全国有北京师范大学出版社、人民教育出版社、重庆大学出版社、人民卫生出版社、大连理工大学出版社、人民邮电出版社等37家出版社获得了首批50多个科目的教材出版资质。这一举措在职业教材市场起到了规范性作用,同时也给各出版社提供了大力发展职业教材的机遇,在一定程度上也促进了中职教育新教材的出版,外语教学与研究出版社等就由此高调进入职教领域并取得不菲成绩。从2010年的大中专教材推新率来看,高教社、机工社、化工社、北师大社等大社仍名列前茅。

虽然强者云集,各社仍在想办法突破自身,这主要表现在部分出版社在相关教材领域的新拓展上。例如,西安交通大学出版社在巩固既有强势产品的基础上,新推进了财经和医学等众多板块,几乎涉足了除农业以外的所有教材领域,板块的全覆盖为该社提升大中专教材市场地位奠定了基础。该社还将在"十二五"期间进一步完善教材体系,并志在将西北地区高等教育出版基地打造成高等教育出版中心,在内涵式裂变的基础上、在不影响自身核心竞争力的前提下与外部合作获得更多资源,比如营销渠道、人脉渠道等。东北财经大学出版社在"整合优势专业资源,建设一体化教材体系"的目标下,全面启动有中国特色的中、高等高校财经管理类"21世纪新概念教材"出版工程,注重为微观经济领域(企业)培养人才。在教材开发的同时,该社始终将服务教育放在首位,不断创新教材模式,建立教材、教辅、课件等完善的教学支持体系。

中国广播电视大学出版社则与人力资源和社会保障部职业技能鉴定中心合作,推出了职业资格技能鉴定系列教材。同时,为了满足新形势下市场对汽车类高等工程技术人才的需求,中央广播电大社还专门组织专家编写了汽车技术类高职高专系列教材。南京大学出版社、复旦大学出版社等也均在教材建设方面取得了不俗成绩。

立体化教材成大势所趋大中专教材市场虽然有金可掘,但是产品升级一直是困扰业者的问题,而数字出版让它找到了出路。从纸质课本到课外辅导、课后测试评估、电子教案、多媒体课件等一整套资源组成了完整的教学资源解决方案,形成所谓的立体化教材。从目前的发展趋势来看,一些出版社已经下工夫提早占领市场,以便在立体化教材占据越来越大市场份额的时候能够"有恃无恐"。

清华大学出版社目前已经出版了多种物理类单机版立体化教材,其中《工科大学物理课程试题库(第三版)》、《大学物理演示实验》、《大学物理动画资源库(系列)》及《大学物理课件(系列)》这4套产品市场反响最好。例如,"大学物理动画资源库系列课件"包括《大学物理动画资源库(力学与热学)》等4张光盘。每张光盘由大量的FLASH动画构成,动画制作得很精美,有许多适合教学的人性化措施,如移动面板、结束提示、动画重播等,很适合大学物理教学或自组多媒体教案之用。此外,机械工业出版社《PLC应用技术》实训教学包是专门针对《PLC应用技术》制作的脱机使用产品;西南财经大学出版社的"光华财经数字资源网"在资源建设上将全面立体化并形成数字教学产品,目前已成功制作各类数字资源4000余种,包括电子图书、教学课件、经典案例、教学视频、模拟习题、财经文献,准备实现B2C的独立销售模式。此外,人大社、人民邮电出版社等数家出版社都已经开发出了成型的产品。

对于立体化教材开发的配套性推进，业者也提出了一些建议：要开创新型营销模式，使立体化教材能够真正推行开来；要在立体化教材的基础上，搭建完整的高等教材网络教学与服务平台，建立各学科领域教材的增值服务体系。据了解，西南财经大学出版社的相关配套性工作正在稳步推进：一是初步构建数字出版平台，基本实现纸质教材和电子版教材的同步出版；二是在教学配套资源的数字化方面做了大量积累；三是在数字产品的销售方面进行了探索，在推进纸质教材销售的基础上也取得一定的销售规模。该社希望在"十二五"期间，通过积极探索、加强合作等多种方式，力争构建适合出版社定位的、与传统出版相辅相成的、具有财经特色的数字资源平台。上海外语教育出版社、浙江大学出版社等也在立体化教材、数字出版方面进行了较为深入的探索。

潜力空间仍待抢占。

虽然强者牢牢占据着既有地盘，但是还有一些教材领域尚处于"待垦区"——例如能源类、物联网、新材料等新兴学科，其中涉及很多新兴的交叉学科，这或许能够帮助大中专教材领域中第二、第三梯队出版单位的市场份额有所攀升。但是，业者指出，交叉学科教材的开发在内容取舍以及表达方式上都对编辑的洞察力、判断力提出了更高要求，同时还强调多部门协同配合，信息畅通。从目前情况看，出版社在抢占市场上也反应迅速。据了解，武汉大学出版社在2010年1月推出了《物联网与产品电子代码（EPC）》，该产品作为"高等学校自动识别技术系列教材"之一被认为是国内第一部关于物联网的高校教材。而由山东省烟台大学文经学院组织编著、山东人民出版社出版的《低碳经济概论》适应经济社会发展和科技进步的要求，弥补了国内在高校低碳教育领域上的空白点。

职业教育仍是业者都看好的增长板块。例如，厦门大学出版社就从自身地缘特点出发加入了职业教材开发的大军。福建省正在从政策上扶持一些热门专业的高职高专教育，并通过一些项目推动海峡两岸的相关合作。厦大社开发了一批与此相配套的闽台教师合作编写的高职高专教材，包括旅游、建筑、农林等学科。厦大社还抓住本省强化高职高专现代服务业专业建设这一契机,开发了"现代服务业"系列教材,整体规划达上百种产品之多。北京理工大学出版社等作为职教领域的后起之秀也在多层面提升产品的市场竞争力。

17.3 助学读物市场:出版力量与产品运作悄然"演变"

2010年的助学读物市场似乎维持了旧有的整体风格:数也数不清的相关出版力量和图书品种让这个兵家必争之地一如既往地"拥挤",角逐仍然激烈不已甚至更甚。然而,就在这种优胜劣汰的竞争中,这个看似一直吸引业者摩拳擦掌却又始终波澜不惊的细分市场正在慢慢地变化、演化,甚至进化。2010年,这种表现更加清晰、更加强化。

各方力量争做"实力派"。

近些年,民营策划机构在助学读物领域占据了强势地位。但是,在新课标推行、产品多样化、竞争日趋激烈等各种因素的影响下,助学读物的开发不再是以往"剪刀加糨糊"的简单操作;此外,品牌的力量日趋显著,虽然读者在自主购买上仍有较大的盲目性,但是他们对品牌的认知度较以前已有所增强,品牌的美誉度对购买起着越来越重要的作用。业者由此判断,教辅出版的门槛变高了,市场竞争参与主体将逐渐发生变化,出版商的综合实力越来越成为竞争中取胜的重要因素。在这些情况下,一些相关出版力量在优胜劣汰的竞争法则中出局,记者就了解到有小型民营公司决定退出这一领域。与此同时,一些强势力量则更加风生水起。一方面,教育科学出版社、人民教育出版社作为助学读物领域的专业大社依然保持了平稳的发展势头,原有的品牌产品继续在市场上占据相当份额。另一方面,志鸿教育、世纪金榜、曲一线、上海钟书、海澜天韵、江苏可一、一路领先等民营大户仍然势头强劲,但是越来越多的大型民营教辅策划商开始调整产品结构,从过去专注于中学阶段教辅向小学阶段延伸,近一两年志鸿教育、世纪金榜、星火等大公司纷纷挺进小学教辅市场。其原因主要有两点,一方面是教材改革带来的变化给高中教辅出版发行带来很大压力,小学教辅的使用人数较之初中、高中均多,但小学教辅的竞争程度尚不及中学教辅激烈,还有许多市场机会。中学教辅市场的竞争日趋白热化,利润率已经相当低。另一方面是民营教辅公司改变了自身的战略定位,不再只注重某个阶段的产品,而是全面拓展产品线,从中学渐渐向幼儿、小学教辅拓展,并成立专门公司进行运作,专业化程度越来越高。值得一提的是,部分实力型国有出版社强势发力助学读物出版领域,欲争夺一方市场,2010年不少出版社都有大动作。上海交通大学出版社2010年向全国市场推出了以名校命名的助学丛书"交大之星"。据了解,该社在2010年年初成立了基教图书事业部经营这个系列。而优秀的图书内容加上已有的出版社品牌、名校品牌则是这套书赖以打开局面的重要基础。此外,北京师范大学出版集团2010年上半年成立的北京京师普教文化传媒有限公司就是要将集团原来的助学读物出版业务剥离出来独立经营。浙江教育出版社2010年也加大助学读物品牌建设的力度,在原有"精编"系列教辅的基础上以"题组"概念改造主体内容,并整合该社的其他相关图书产品,面向全国推出了"精编"系列。

投入资源开发与注重品牌打造。

2010年,老牌民营策划机构愈发致力于品牌的打造和维护。广州开心图书发行有限公司持续发力作文图书市场,在2010年又推出"作文大赏"系列,该产品配套推出的动画片动用了10多万的成本。这一新型产品突破了作文书的传统形式,其目的就是要以新形态塑造新服务,通过服务做品牌,践行以读者为中心的长远发展策略。该公司2010年精心培育的品牌产品"中学生英语阅读150篇"系列半年销量就突破了10万套,在相关排行榜上遥遥领先。此外,曲一线、安徽经纶也纷纷通过各项措施强化既有品牌产品,前者的《5年高考3年模拟》、后者的《教材解析》一直是市场上的佼佼者。

与此同时,一些新的策划机构也强势入市。团队成员皆具备5年以上出版社及大型图书公司工作经验的北京非凡拓维文化传媒有限公司自2010年3月17日成立就在市场上大有斩获,其策划推出的《冲刺100分》试卷系列在7月份上市就销售了 70 多万册,其策划的百余种图书已经分别在作文、阅读等细分市场赢得广泛认可。公司制胜的一大因素就是依靠强势团队打造品牌产品。

另一方面,部分助学读物强调向素质教育转型,以此树立品牌形象。江苏教育出版社总编辑王瑞书在接受商报采访时曾特别强调,《国家中长期教育改革和发展规划纲要(2010~2020)》的颁布从根本上推动国内基础教育向素质教育转变,这就必然呼唤新兴课外读物的诞生。2010 年,苏教社连续推出了"语文地图"丛书和"中学生常识书系",两书都是提升学生综合素质的知识普及读本,都处于良好的动销状态。此外,浙教社市场部相关负责人也表示,从暑期的营销活动尤其是读书活动中可以发现,阅读类图书在读者当中的接受度日益提高。浙教社推出的"科学启蒙"、"科学探索者"和"科学发现者"等一系列产品都受到了小读者们的青睐。其实,除了阅读类助学读物,其他类比的助学读物也正在向"素质养成"靠拢。2010 年,机械工业出版社着力打造了一套"所有全"系列工具书,出版方希望这套书像工具包一样为学生提供方法,帮助他们提升能力,利用相关的演示和推导帮助学生理解并运用相关知识。出版社曾针对这个系列中的"押题卡系列"在 2010 年暑期举办作者讲座,结果到场的家长几乎都捧着书回去了。出版方认为,产品热销的一个关键原因就是它满足了读者们的深层次需求——能力和素质的提高。江西教育出版社则通过整合《疯狂英语》杂志运作《疯狂英语书系》,为学生提供更加新鲜有效、信息丰富的学习资源。龙门书局 2010 年正在培育的作文类产品从灵感、捷径、素材三个角度进行切入,满足了从根本上提升学生写作素质的要求。此外,山西教育出版社、湖南教育出版社、广东教育出版社、云南教育出版社、安徽教育出版社、福建教育出版社、东北师范大学出版社等在通过助学读物强化素质培养方面也表现上佳。总体而言,区别于简单的策划特色方面的变化,以"素质教育"为编写诉求成为助学读物开发中不容忽视的良性转变。

数字出版动态强劲。

作为帮助学生学习的助学产品,除了给学生知识外,更应该通过各种方式激发学生的学习兴趣和潜能从而提高其学习效能。在数字出版风生水起的当下,助学产品也依托新技术试水新的市场空间,一批触觉敏感的出版机构已然行动起来,这也是2010年度助学读物领域中一个十分突出的变化。据了解,针对学生对网络依赖性的增强,江苏春雨教育集团以其《实验班提优训练》为课程材料,为1~6年级的小学生研发了融动漫艺术与数字技术元素为一体的网络游学平台"梦幻城堡实验班",使学习过程变成探险过程,解决了传统学习中互动性、体验性、趣味性不足的问题。此外,西藏人民出版社北京发行部在早期涵盖补充试题、听力下载等配套资源外,添加了在线教室、有问必答、精品资料包、天利手机报等项目,且每项内容设计都以精准化、个性化为指向。以手机报为例,该手机报针对初中生、高中生以及相应的教师和家长开发了10个不同版本,针对不同地区的不同用户提供对应的信息。华东师范大学出版社与上海意智成网络科技有限公司合作推出了一课一练游学网,现在该网站已经有数十万的用户。另外延边教育出版社、大象出版社等也都在助学读物的数字化开发上进行了初步探索。值得一提的是,这些产品不同于之前简单的多媒体增值服务,它们还在某种程度上肩负着探索新经济增长点、拓展赢利空间的任务,而这也恰恰表明助学产品的竞争环境又将升级。

[链接:中国图书商报2010.11.26,王东、文冀、倪成《2010出版细分领域实力版图》]

第18章 2010专业出版细分领域实力版图

18.1 财经书市场：民营力量介入，或进入上升期

记者从华章公司收集到的公开数据中发现，近年经济管理类零售市场总体情况有比较大的起伏。2007年，经管书的增幅达到峰值：29.84%，同年图书市场整体增幅为11.18%；继2008年经管书出版负增长以来，到2010年上半年，该市场负增长的局面仍未结束，但数值已有所回升，达到－3.71%。

以2009年10月为节点，观察机械工业出版社、中信出版社、北京大学出版社、中国财政经济出版社、中国人民大学出版社这5家主要财经类出版社零售市场码洋占有率，排在前3位的分别是机工社、中信社、人大社，前两位的占有率不相上下，均在8%左右，第三位在5%左右。

而在2010年年初，财经社有一个大的反转，冲到第二位。据该社市场部潘飞介绍，这与该社的财会类考试用书热销有关。到2010年8月，北大社、人大社、财经社的码洋占有率在5%～4%徘徊，机工社独领风骚，上升至全年最高点8.8%，第二位的中信社回落到6%。

从竞争格局来看，2010年的老牌财经大社，像中信社、机工社等仍然占据市场主要份额，虽然市场上热销的大多是他们的著名老产品，但是《荣辱二十年：我的股市人生》、《管理的常识让管理发挥绩效的7个基本概念》、《财务报表分析从入门到精通》等新书，与培训机构盛景网联合作的图书《商业模式的力量》也有不俗的表现。大学社中人大社、北大社、清华大学出版社有很强的品牌意识和强势的财经教材平台，一直发展平稳。《创业摇篮》、《家庭财务自

由》《保卫人民币》和《中国式价值投资》等显示了品牌大社引领和切合主流市场的产品定位。在读者心中印象良好的复旦大学出版社和东北财经大学出版社2010年重拳产品较少,优秀财经类教材一直是他们的长线产品,形势比较平稳。在财税体系教材及考试用书上具有优势的财经社2010年的势头与2009年相当,该社计划2011年出版新书破千种,并会强化一般图书的运作。中国经济出版社近年虽然品种规模达到了一定的量,但单品种效益一直是困扰该社的大问题。四大IT品牌社中的人民邮电出版社和电子工业出版社2010年加大了财经书的出版和市场推广,收效明显。《聪明的投资者》、《给你一个亿——你能干什么》等图书是2010年的亮点。商务印书馆自2004年6月与哈佛商学院出版公司签约合作以来,已出版哈佛经管系列130余种。2010年,该社又结集推出了"哈佛经管典藏",并首开管理论坛。中国时代经济出版社近年不断调整选题结构和图书市场定位,形成了比较完整的专业门类体系和选题架构,先后有300余种产品获得各种奖项。民营策划力量多数长期关注健康、少儿、历史及人文等热门及易炒作题材,2010年也开始在磨铁等公司的挟裹下强势介入财经出版领域。下半年最新推出了《华尔街》,如同磨铁的其他图书一般,非常彪悍,表明一股强势的民营风已经进入财经图书市场,不容忽视。在几家老牌社中,机工社最具典型性。该社凭借常青树《细节决定成败》、《细节决定成败II》不停返榜,老书返榜一方面是畅销实力的证明,另一方面也反映出了当前经管类市场缺乏新的热点,或者说新热点的影响力尚有待提升。机工社经管领域经理管谨严透露,该社除了老牌返榜书,《写给中国人的经济学》、《中国为什么有前途》等适合大众阅读的读物目前也势头看涨。他感觉,了解中国及世界经济现状的图书2010年颇受市场欢迎,经管板块整体向经济出版倾斜严重。"偏重前期营销和宣讲,对渠道进行扶植,与网站加强合作;对店销书加强终端开发,促成团购"等成为该社应对店面销售下降的新举措。

前几年包括2009年,一直是财经书出版活跃力量的北京大学出版社博雅光华公司,2010年财经书品种削减厉害。据该公司相关人员透露,北大社的市场占有率仍然在前5位,很大程度上是由于之前的品种以及会计类考试书在支撑,而该公司已开始转向做家教类图书。由于热点不多,没能找到好的选题,他们对眼下的财经类图书市场行情并不看好。然而,2010年财经书市场上湛庐文化公司的表现值得称道。从2010年年初开始,该公司推出的汇丰集团主席葛霖的《金融的王道》、"日本经营之圣"稻盛和夫的《干法》和《稻盛和夫自传》、享誉全球的《末日博士鲁比尼的金融预言:危机经济学》以及讲述Facebook的作品《Facebook效应》和《大而不倒》等,这些书都在不同程度上引领了财经书的阅读风潮。据湛庐文化财富汇编辑部主任董寰介绍,2011年他们会对产品线进行有序整合,用更专注、更专业的力量来做财经出版。除了2010年有多匹民营"黑马"冲入市场,亮点可圈可点外,诸如,湖南科技出版社也凭借《G时代创业的5大定律》等上榜图书在财经书市场有不俗表现;山西教育出版社获得央视拍摄的十集大型纪录片《公司的力量》图文版独家授权,并借此切入财经领域,令人眼前一亮;中国劳动社会保障出版社2010年在职业教育公共课、人力资源社会保障图书方面表现突出,在上海新成立分社,主攻上海项目的鉴定教材,捎带试水财经类市场书,已推出了多本股票书。

纵观全年,2010年财经书市场竞争格局与2009年相比有较大改变:以往的老牌势力基本稳固,但也有动摇的一面;不少新势力则开始跃跃欲试。不能否认的是,2010年新的财经热点相对缺乏,创新动力不足。从细分类别来看,与经济相关的图书依然占据了大部分的席位,"经济热、管理冷"的特点依然十分明显。从热点作品作者的角度来分析,东方出版社的郎咸平以及中华工商联社、中信社宋鸿兵的作品在排行榜上停留的时间较长,市场号召力强劲。值得注意的是,东方社凭借少数品牌作者赚得的单品销售量远高于不少大社强社。

另外,记者发现,财经书市场整体前紧后松,2010年下半年增长较为乏力。当然这与经济大势有关,也与网络的冲击有关。电纸书、财经博客等新型媒介的走俏,给财经类的纸质书带来了很大冲击。近年大众财经类图书阅读特征明显:时效性强。也就是说,面对复杂的经济环境,能够提前抓住本质的才是赢家。清华大学出版社2009年年底对2010年的经济形势做了初步估测,准备了一批证券类及理财类选题,在年中证券市场回暖时适时推出,收到了很好的效果。

从2010年的情况看,财经书市场已经逐渐位移到上升周期。清华大学社第五事业部经管部主任张立红认为,由于2010年加大财经板块投入的出版社和民营书商都获得了明显的良性市场反馈,这将导致他们2011年加大投入,同时,也会引发众多旁观者再次试水。财经书市场将进入一个新的循环。加之经济形势的日益复杂,2011年的财经书市场将会出现更多新面孔,竞争将会异常激烈。不远的将来,也会再次导致市场供过于求,而使得一些冒进者最后败出市场。财经书市场的竞争还是一句话:谁能掌握平衡,谁就能坚持到最后,才能成为财经图书领域的不倒翁!

18.2 医学书市场:将迎"国进民退"?

2010年11月23日,卫生部营养标准专业委员会成立。该委员会将提出我国第一个营养标准5年规划,即2011年至2015年中国居民膳食营养标准,为营养干预提供科学依据。该营养标准制定之后,如何诊断营养是否缺乏、食品营养如何检测等,将有据可依。前不久,新闻出版总署颁布《关于加强养生保健类出版物管理的通知》,出版养生保健类出版物实行资质准入制度,对不具备出版资质的出版单位擅自出版养生保健类出版物的,总署将依照相关法规,给予警示或停业整顿等行政处罚;构成犯罪的,要依法追究刑事责任。上述两则消息无不说明,政府整顿国民健康医卫体系以及相关产业的决心。2010年的医学类图书市场,尤其是健康书领域,以"张悟本事件"为分界线,呈现出冰火两重天景象。民营力量是否就此黯然退场,传统出版社顺势而上?成为本年度该板块最"悬疑"的话题。

此次医学图书市场实力盘点,将养生健康图书、医学专业图书一并考虑在内。

从 2010 年 10 月公开数据医学图书零售市场走势图可见,医学类图书零售市场环比增长 4.71%(全国总体图书零售市场环比下跌 14.36%),与 2009 年同期相比,医学类图书零售市场同比下跌 2.11%。从各出版社零售市场来看,该月占有率前 3 名的出版社是人民卫生出版社(占有率为 32.2%)、人民军医出版社(11.05%)、中国医药科技出版社(4.56%)。从排行榜情况来看,10 月医学类榜首书为人卫社的《国际标准视力表》,第二名为化学工业出版社的《标准对数视力表》,监控销量为 2249 册。从"商报·东方数据"看,2010 年医学图书的出版整体还是上升的,但是从"张悟本事件"之后明显增长放缓,增长速度相比 2009 年是下降的。

医学专业图书板块,目前尚未发现有民营策划机构进入,表现突出的出版社仍然是传统的医学出版社,如人卫社、军医社等。整个市场竞争情况的变化是:人卫社和军医社的竞争优势和市场份额不断加大,人卫社依然保持着无人撼动的领先地位。2009 年底至今,该社推出新书 1000 种以上,重印率 50% 以上。该社还在 2009 年新闻出版总署统计全国出版社(经济)规模中排名第 7,中央社排名第 3,综合实力可见一斑。军医社近年的发展势头也十分迅猛,不仅在医学专著、考试用书上占得不少市场份额,还在一般图书出版上进行了大手笔运作。近年该社在数字出版上的勇敢介入也让业界侧目。中国医药科技出版社和中国中医药出版社的市场份额较 2009 年也有了较大的提升。而人卫社在医学考试类图书出版领域突飞猛进,使得协和医科大学出版社、北京大学医学出版社在这方面的优势相对有所削弱。

2010 年表现比较好的医学专业畅销书与 2009 年变化不大,仍然是人卫社的品牌图书如《实用内科学》等权威性专著、协和医科大社的《内科住院医师手册》、湖南科技社的"三基训练"丛书等,军医社出版的《中国国家处方集》是 2010 年市场表现较好的新品种。地方科技出版社中以专业图书和大专院校教材为出版重点的上海科学技术出版社在医学领域的发展算是较为稳健的。2010年该社投入了较大的人力、物力及资金,创新管理,实行策划编辑及加工编辑分工制,进一步释放了产能,医学板块的出书品种和质量均有显著提高。据主打专业图书市场的学苑出版社透露,鉴于图书市场形势,该社将在选题侧重点上略有调整,预计2011年2~3季度有所体现。华中科技大学出版社是2010年为数不多的进军医学专业出版领域的新力量,该社特别拓展了医学教育类图书门类,推出了全国高职高专医药院校工学结合"十二五"规划教材以及中职教材,成为一直以来颇为稳定的医学专业书领域的一抹亮色。

　　大众健康类图书板块,民营公司力量严重受挫,与之相对应的是一些品牌专业社趁势而上。从2010年10月大众医学类图书市场出版社占有率情况看,中国轻工业出版社以码洋占有率5.96%排名第一,动销品种数251种。而此番成绩与轻工社2010年"张悟本事件"后仍然大手笔运作健康书不无关系。该社在2010年连续组织了多场养生保健讲座,携《李志刚穴位养生方》作者全国巡回讲座。整个暑假期间,该社又组织了15场以"活学活用穴位养生"为主题的讲座活动。青岛出版社大众健康类图书市场占有率稳步攀升,《送给教师的心灵鸡汤》、《送给教师的健康枕边书》两本书仅教师节活动期间团购码洋就近千万元。码洋占有率排在轻工社之后的9个出版社依次为:吉林科学技术出版社、青岛社、中国纺织出版社、化工社、江苏人民出版社、中国人口出版社、江苏文艺出版社、人民军医社、吉林出版集团有限责任公司。但动销品种占有率与码洋占有率有较大差别。排在第一位的是人民军医社(动销品占有率6.47%)。掉档幅度较大的是中医药科技社(动销品占有率排名第6位)、湖南科技社(动销品占有率排名第15位)。

　　10月的"商报·东方数据"显示,与2009年同期相比,生活类图书同比下降9.41%,降幅最大;其次是医学类,同比下降2.11%。由此可见,健康书市场在大家努力反转的情况下,仍然不乐观。吉林科技社养生保健首席编辑李征坦言,"2010年没有哪个出版社在养生保健这块图书市场真正做出亮点,基本上都是老品种的延续或者自我风格的延续。比如凤凰联动和磨铁公司还是做他们的健康软文风格,青岛社还是《细节决定健康》、《妊娠分娩产后》等品种打市场。"吉林科技社虽然也有《单桂敏灸除百病》、《张秀勤刮痧》等,但一个是健康软文的延续,一个是健康硬文的老品种延续。

　　记者调查发现,做医学书的民营公司不少在转型,也有很多曾经做过医学书的出版社不再涉足此领域。究其原因就是新闻出版总署最近下发的《关于加强养生保健类出版物管理的通知》。一些传统的中央级大社因为具有相关资质的人员充足,会坚守这个市场,而不具备资质的出版社(比如一些文艺社)会退出该市场。化工社大众医药图书编辑部编辑赵兰江和邱飞禅也认为,一些非医学专业类出版社(或该出版社没有医学专业类编辑室,编辑也是非医学专业人员)的竞争优势和市场份额会明显下降。他们相信,未来的养生健康类图书市场会健康有序发展,该市场还是大有可为的。

　　总的来说,2010年年内实难找出能真正打动人心的健康书。有业内人士预计,目前在排行榜前列的几本书也不会"站太久"。那么,2011年医学类图书板块中波动最大的健康书走势会如何呢?有出版人将2009年8月~2010年8月这一阶段的养生保健类图书做分析后发现,传统的健康硬文在回归,它们在全国销量前500名的养生保健类品种占有率从45%提升到58%。这就表明读者对老品种(健康硬文)认可程度非常高。也就是说,读者在对此类图书普遍存在不信任的心理时,传统的老形式、可操作性强的图书又成为了他们的选择。

18.3　建筑书市场:规模效应加剧各方角力

　　作为专业出版领域的专业板块,建筑出版向来以兼有科学和艺术双重特质而铸就较高的进入门槛,因此先天性地表现为集中度比较高。但近年来,随着房地产市场带动装修市场的红火,以及奥运会、世博会以及亚运会迎来不少国际建筑设计大师的来华展艺,越来越多的民众也在茶余饭后谈论起建筑,而这现象反推至建筑出版的结果，就是原有建筑出版力量在坚守、放大的同时，越来越多的出版力量开始进入这块市场。

近年来，陆续进入建筑出版市场的并不在少数，比如华中科技大学出版社、浙江大学出版社、湖南美术出版社及中国林业出版社等都是这几年的事情。机械工业出版社、中国电力出版社推出建筑图书也是在新世纪之后。而像天津大学出版社、清华大学出版社这两年也是加大了此类图书的出版力度，前者在北京、广州、武汉、西安、大连等地招兵买马，设立分支机构；后者除其理工分社土建中心长期立足出版建筑学、建筑设计及建筑文化、土木工程、水利工程、工程管理等图书外，文泉公司新近也在古建筑、乡土建筑及建筑文化领域有较大动作。该公司与清华建筑学院、华润雪花（中国）合力打造的"中国古代建筑知识普及与传承系列丛书"，继"北京古建筑五书"之后再推"中国民居五书"，在业内产生了较大的反响；而一些民营经销商并不满足只做销售环节，也开始向上拓展进入策划出版领域。值得一提的是，因为建筑图书的造货码洋普遍较高，而且高码洋图书这两年在新华书店的销量也有很大提升，不少地方出版集团为了迅速做大规模，也在伺机进入这一市场，正所谓规模效应正在加剧各方力量角逐。

就2010年建筑图书零售市场来看，无论是市场占有率还是动销品种占有率，整体实力排在首位的依然是中国建筑工业出版社，其中在建筑考试领域的市场占有率更是超过半壁江山，有的月份甚至达到60%以上，在建筑科学、建筑施工、设备安装、城市规划、园林景观、工程预算以及建筑设计等细分市场也是牢牢占据榜首的位置。据了解，2010年该社销量万册以上的品种就有近200种，重印率在30%~50%，还有3种出版物荣获第三届"中华优秀出版物奖"，6种图书荣获第九届"输出版引进版优秀图书奖"。不过，有公开数据显示，其出版"版图"不仅在教材领域遭遇高等教育出版社等社的进入，零售市场面临的压力也清晰可见，同时也印证了越来越多的出版社正联手民营策划力量介入建筑出版市场这一事实。

当然,在整体图书零售市场牢占第一的机械工业出版社,2010年在建筑出版市场的表现同样不容小觑,尽管其市场占有率与建工社还有近20%的差距,但其10%以上的市场占有率和近10%的动销品种占有率还是远超后面其他各家,也是除建工社之外唯一一家市场占有率达两位数的。比如市场数据就显示,该社除建筑考试、室内设计、建筑设计等类图书市场占有率未能名列第二外,其建筑科学、建筑施工、设备安装、城市规划、园林景观、工程预算等类图书都位列第二,有不少图书品种位居榜上。紧随其后,建筑图书零售市场排名第三名至第九名的出版社也相对比较固定,尽管个别月份各家的位次会略有调整,但基本上是以化学工业出版社、华中科技大学出版社、中国电力出版社、中国计划出版社、中国建材工业出版社、天津大学出版社和大连理工大学出版社为主。比如化学工业出版社在建筑施工、设备安装、城市规划、园林景观、室内设计、建筑设计等细分门类排名较前;中国电力出版社涉及建筑图书全部领域并在建筑施工、设备安装、室内设计、建筑设计等细分板块位居前列;中国计划出版社则以标准规范、建筑考试以及工程预算见长;而大连理工大学出版社、天津大学出版社等则一方面依托各自学校相关院校资源扎根市场,另一方面向海外市场开疆拓土,后者2010年与大连安基国际设计传媒有限公司共同设立的国际出版中心,实体图书年出口额都以数千万计。

华中科技大学出版社目前也涉足建筑出版的多个细分领域,并在建筑科学、城市规划、园林景观、室内设计、建筑设计等细分市场表示突出。该社副社长孙学良向记者证实,因为这些年国内建筑图书的品质有了很大的提升,得到了国外出版商的认可,版权贸易已从以单一的版权合作为进化成以合作出版为主,因此实体书的出口上升较快,这对国内出版社来讲也可减少不少出版成本。他还透露,该社2010年不仅从其他出版社请来副社长级别的人选来专门负责图书营销,2010年还在全国开了两次直销会议,在地级以上城市建立自己的销售商,2010年仅此一项回款实洋就达1000多万,对加速回款和提升销量都有很大帮助。

中央部委出版社当中，人民交通出版社在土建方面有优势，中国铁道出版社从道桥建设切入，中国轻工业出版社主攻家居，科学出版社位居室内设计领域的前五；大学出版社里，东南大学出版社、重庆大学出版社等依托学校资源，前者在建筑、城市规划和土木工程等重点细分板块取得社会效益与经济效益双突出。而浙江大学出版社借助外力，与西班牙future建筑出版社签约合作出版"未来建筑"系列图书；在地方科技社中，江苏科学技术出版社、上海科学技术出版社、辽宁科学技术出版社、福建科学技术出版社等依然是建筑出版的地方生力军，如公开数据显示，福建科学技术出版社就在城市规划、园林景观以及建筑设计门类都位居前十名，在室内设计板块更是位居第一。而在建筑文化出版领域，像生活・读书・新知三联书店和百花文艺出版社也一直在坚守并时有亮点，广西师范大学出版社、山东人民出版社这两年也在设计领域有所表现，比如《设计中的设计》、《为什么设计》、《设计的觉醒》等设计理念图书都有上佳的销量。

18.4 IT书市场：集中度日臻高趋

最近几年来，记者在采访IT类图书出版社时听得最多的一句话，似乎应该是IT图书市场正如何下滑，而就围绕此次IT出版实力版图的摸底采访，甚至有受访者建议记者这个细分领域要不就不写了，好像除了下滑，还有集中度越来越高，实在没有什么亮点可言。

事实上，IT出版整体市场的数据也就是IT图书销售的绝对规模，自始至终并没有人进行过准确统计，销量的下降更多的是对于单个的出版社或者说单个的图书品种来讲，一方面是因为大家并没有真正从品种规模向单品效益转变，单品销量下滑明显；另一方面，有公开数据显示，无论是从图形图像、软件开发、网络技术与应用及计算机基础等细分领域，还是计算机销售排行总榜，一直占据计算机图书零售市场前四名的人民邮电出版社、清华大学出版社、电子工业出版社和机械工业出版社等"IT出版四强"，占据了前50名的绝大多数席次，四家的市场份额累计已超过了该市场的50%，足见IT出版市场的集中度之高已远超其他专业门类，这也给第二梯队及其他IT图书的出版社形成了巨大的市场压力和心理压力，甚至连年都有传统科技出版社退出该市场。

有数据显示，人民邮电出版社在计算机图书零售市场已连续多年保持了市场占有率第一的优势，2010年也不例外。即便如此，该社自2009年年初开始，再次对自身的产品线进行了调整，一方面是从过去的粗放式发展向集约化、精细化方向递进；另一方面，就是随着数码摄影器材的普及，产品更新换代加快，该社加大了对数码摄影类图书的出版力度，甚至将数码生活类图书从传统的图形图像板块独立出版，并先后在新华书店系统和图书馆系统举办数码摄影大赛。而2010年年初，电子工业出版社就计算机图书出版做出了重大举措，将旗下的三大公司——博文视点、易飞思、华信卓越的计算机图书出版精锐力量，整合成新的计算机图书出版分社，将各自运营的计算机图书出版业务合并，并先后在物联网、云计算、手机开发以及SNS等细分市场开发了诸如《物联网：技术、应用、标准和商业模式》、《智慧的云计算》、《It's Android Time——Google Android创赢路线与产品开发实战》、《人人都玩开心网：ExtJS＋Android＋SSH整合开发Web与移动SNS》等不少相关产品。

机械工业出版社华章公司计算机出版中心主任陈冀康在受访时也表示，该社在保持传统计算机图书市场略有增长的同时，也在交互式应用等交叉板块加大出版力度，并围绕iPhone、iPad等开发相关产品。据他了解，后两个领域几家IT出版社应该都有介入。与此同时，因近年计算机图书零售市场日趋同质化，该社本部的计算机分社近年也在不断调整结构、优化选题，着手从工业设计类、编程类以及工程应用等几个领域寻求突破，其中以《Linux内核完全注释》等畅销书为代表的一批经典作品不仅取得了市场的认同，也获得了业内专家的一致好评。而在教材开发上，产品也涵盖了各类院校的计算机基础课和与信息技术相关的所有专业方向，其中既有国家级、部级规划教材，也有针对不同层次、不同专业组织策划的系列教材。据介绍,在2010年秋季举办的江苏凤凰集团馆配会上,该社以总销售码洋228万的成绩在345家出版社中名列第一,其中计算机分社共有123个品种参加。同样地,清华大学出版社这两年也保持了较大规模的开发力度,计算机图书整体规模稳中有升,加上该社是计算机水平考试指定教材出版商,此类图书也成为该社的亮点之一。

在此类图书市场的第二梯队中,如中国青年出版社、科学出版社等主要在图形图像方面表现突出,中国电力出版社则以O'Reilly图书为主体,中国铁道出版社更多的是侧重高职高专教材以及图形图像,中国水利水电出版社仍以万水为品牌,而新进入计算机的化学工业出版社则是全面开发。此外,地方大学出版社如东南大学出版社自2005年与O'Reilly公司合作并获得该公司的计算机图书的优先出版权,成立了"O'Reilly引进版高端计算机图书"项目组,到目前为止已经出版图书160种,销售收入达1200万,其中《深入浅出设计模式》已累计销售1.3万余册,《Perl语言入门》销量达1.4万余册;南开大学出版社这些年一直在计算机考试用书方面有所建树,重庆大学出版社除了推出大中专计算机基础、动漫游戏、电子商务系列教材,也与上海科学普及出版社一样推出普及类计算机读物。

不过,有业内人士透露,盛大文学等新生力量因进军电子出版,目前正从IT专业出版社挖走专业人才,尽管不知其用意是在解决出版技术还是要从事技术出版,但这种行为本身对专业出版社来讲已有所触动。

18.5 法律书市场:多股力量并驾齐驱

2010年的法律图书市场,用业内人士的话来说可以归纳为平静如水,似乎并没有什么特别的亮点,不知是因为大家都忙于转企改制,还是人员更替的原因,原先相互竞争的中国法律图书公司与中国法律图书出版发行联合会两大法律图书发行阵营,好像也不再像过去那样"各自较劲"。

当然,表面的平静并不代表内在的暗流涌动,只要有一丝微风,再平静的水也会起涟漪。比如伴随着新法的不断出台、旧法的持续修订,加上被誉为"天下第一考"的司法考试年均 30 多万的报考人数支撑,法律图书品种还是从最初简单的法律法规单行本、合订本盛行,到各层次的法学教材竞相上市,再到以考试用书主导,法规单行本、法学教材、学术专著、案例解读与实务操作以及法律文化读物共分天下、此消彼长的市场格局。尤其是新法出台前后,各家都在积极寻找合适的权威作者队伍并尽早出版上架,因为有时差上一天甚至几个小时,彼此在书店的待遇就会差距甚远,更有甚者就可能与某个新法失之交臂。再就转企改制而言,传统意义的法律专业出版社即公、检、法、司等几家,改制之初尽管遇到了较大的阻力,但眼下好像也都基本完成,当中比较典型的例子,就是自 2010 年年初北京图书订货会就开始联合参展的群众出版社与中国人民公安大学出版社,现在已合并成为中国人民公安出版社,整合形成了公安图书、法律图书、教材、公安文艺与电子音像、期刊杂志等几大板块,2010 年还举办了"恒生杯"公安文学等方面的比赛,一时做得风生水起,这种强强联合的模式今后的爆发力如何值得关注。

当然,就市场占有率和动销品种占有率来说,法律出版社这些年基本上属于法律出版领域的领头羊,按照"全品种、上层次、上规模"的理念出版了多部法律丛书,在国家图书奖、中国出版政府奖、"三个一百"原创工程奖以及众多法律出版奖项里,该社出版的数量和质量都处于领先地位。而在 2010 年,该社的法律法规、法学教材、考试及法律实务、社科图书(包括传记、小说、财经、历史类产品)等板块均表现突出,其中《在云端》、《无聊斋》、《沉浮与枯荣》等 150 种图书上榜,《中华人民共和国石油天然气管道保护法》、《中华人民共和国保守国家秘密法》等均重印多次,《在云端》、《拉丁美洲现场革命》、《公务员考试辅导系列》、《司法考试辅导系列》等 100 多种销量过万,《侵权责任法》、《社会保险法》等销量更是高达 5 万册以上,并有《夫妻共同财产制研究》一书获得第三届辽宁省优秀法学成果奖,出版社本身 2010 年也是第二届"诚信经营"、"优质服务"互评活动受表彰出版单位和查处"侵权盗版案件"有功单位。

此外，该社在法律在线出版方面也做了较充分的准备，其与中华法律网共同成立的法律门的数据库业务和电子图书馆业务2010年也取得实质性的进展。

这些年在法律出版领域能与法律出版社称得上并驾齐驱或者说同属第一梯队的，应该非中国法制出版社莫属。一方面该社的出版物涉及了法律法规、法律释义、案例判例汇编、律师业务指导、法学著作、法律文书、司法实务、普法读物、高校法学教材、司法考试参考书及其他类考试用书等诸多门类；另一方面，该社的法律法规单行本因其出版速度迅速抢占了不少市场先机，其包含法律法规、一本通教材及历年真题等品种在内的"飞跃版"司法考试用书，在经过多年的坚守和打磨后也有了一定的品牌影响力，已成为法律出版社现阶段最主要的竞争对手。相比较而言，人民法院出版社、中国检察出版社、知识产权出版社等部委社，则似乎各有侧重。比如人民法院出版社重点在实务操作和司法考试用书，这些年还启动法院系统的司法考试培训工作；中国检察出版社2010年主要推出了反渎职教育方面的图书、电视剧以及预防犯罪的学刊；知识产权出版社则主要出版专利文献、知识产权著作及司法考试用书，并在2010年公布的《2009年新闻出版产业分析报告》中位居中央部委出版社总体经济规模排名第9。值得一提的是，法律出版界一个特有的现象就是每个法律专业社都拥有自己的系统渠道。

北京大学出版社、中国人民大学出版社、中国政法大学出版社等大学社也是如此，他们的主要精力在于法律教材和学术著作，并有适当的拓展。这从北京大学出版社2010年九、十月举办的法律图书联展也可看出。其集中推出的"北大社面向21世纪课程法学教材"、"北大社法律人文精品图书"、"北大社经典译著精读系列"、"北大社法律职业规划必读图书"四大系列品牌近200种图书，无不透露该社已形成了多层次、立体化的高校法学教材体系，同时既有倡导法学思考的学术专著，也有面向现实的法律实务用书。其中像冯象教授的《木腿正义》、苏力教授的《制度是如何形成的》等法学随笔，江淮海的《前程：法学毕业生的出路在哪里？》、君合律师事务所的《律师之道》等法律职业规划类图书都比较畅销。目前中国人民大学出版社法律分社主要涉足法学教育、法学专著、法律考试和大众法律等4个细分板块,整体规模已接近400种,其中作为拳头产品的21世纪法学系列教材,已经陆续推出了新版,如《民法》已经推出了第五版,该系列教材基本全部实现了3次以上的重印,2010年更有张守文编著的《财税法学》、周光权的《刑法总论》获中国大学出版社图书奖首届优秀教材奖一等奖,宋英辉的《刑事诉讼法学》获二等奖,陈瑞华的《刑事诉讼的前沿问题》、朱景文的《中国法律发展报告——数据库和指标体系》获中国大学出版社图书奖首届优秀学术著作奖一等奖。此外,部分涉足法律出版的地方人民社,多是以项目来带动,整体没有特别明显的表现。

而对于今后法律出版的走势和格局的变化,法律出版社应用分社社长戴伟受访时的观点应有一定的代表性。他说,2010年有中央领导明确表示,侵权责任法和社会保险法等发布后,社会主义法律体系已基本形成,这也就是意味着今后出台新的大法可能性逐年下降,更多的是修订和完善,因此一直以新法大法为驱动的法律出版模式势必也将发生变化,主要侧重点很可能是基于操作层面的实务及案例解读。另一方面,司法考试开展多年后,报考人群也逐渐从在岗人员向在校学生转变,这将导致购买力下降和盗版的增多。中国人民大学出版社法律分社社长陈松涛则认为,随着各个出版单位的成功改制,今后的出版将更加面向直接读者,具体到法律图书市场,今后在大众法律、法律教育、法律考试和专业法律实务等细分市场上的竞争将会更加激烈,而2011年刑法修正案的颁布和随后最新拆迁条例的出台,也将因广受关注而引发一个井喷式的热点出版。

[链接:中国图书商报2010.11.26,蓝有林、孙珏《2010出版细分领域实力版图》]

第 19 章　2010 年 11 大出版风潮

19.1　网络学习产品萌芽

　　2010 年,不少网络学习产品经过了长达几年的培育时间,终于走向用户,走上具有产业发展意义的市场轨道。人民教育出版社与北京东田教育公司合作推出的经营性学习网站人教学习网开通,并开通支付功能。延边教育出版社开发的在线教育平台已经推出"鼎尖教育中学"和"鼎尖英语城"两个试运营产品。此外,外研社在第 17 届北京国际图书博览会期间重点发布了基础英语教育门户网站——"新标准英语网",而江苏春雨教育集团为小学阶段的小学生开发的网络游学平台"梦幻城堡实验班"也将上线。这些现象无不表明,在数字出版新兴产业中,教材、教辅乃至教师教育资源领域网络产品开始萌芽。但我们也应看到,网络学习产品的网络学习资源在早先原本是免费的午餐,现在它要以产品为名行销于市。各家机构试图从特色内容、核心用户类型、定价等角度各自出招,提升产品的赢利能力,打开市场。但同时也出现一些问题,比如如何快速让诸多经销商进入状态等。真正适合网络学习产品的推广渠道和模式亟待摸索。

19.2　父教读物风头后来居高

　　纵观 2010 年的家教书市场,高品质的原创家庭教育图书有不错的市场表现。诸如《好妈妈胜过好老师》(作家出版社)、《零吼叫成功教子的 66 个秘笈》(中国妇女出版社)、《爱在左,管教在右》(中信出版社)、《孩子你慢慢来》

（三联书店）等，这些产品反映了2010年中国家庭教育领域的新信息、新理念、新方法和新的成果，同时图书的针对性和实操性也在不断加强。让人侧目的是，在这拨书里，写给父亲看的家教书多起来，新世纪的家庭教育不再仅仅是妈妈的事情了。

父教书中，有一部分是成功"爸爸"们的育儿经。如写就《我的事业是父亲》的蔡笑晚，出版《盖茨是这样培养的》的老盖茨，推出《世说心语2：刘墉教育秘笈》的刘墉。另外一拨作者是"实践出真知型"的爸爸。如，《好爸爸胜过好老师》（漓江出版社）的作者东子是已经出过25部教育专著的长期致力于研究家庭教育的专家；北京大学出版社《状元爸爸的教子笔记》的作者吴恒祥集教育专家、优秀教师、成功家长三重角色于一身。有意思的是，"洋派"作家中，东方出版社《酷爸爸你看看，这位》的作者甘斯（澳大利亚人）居然从经济学的角度谈起了育儿经。

爸爸育儿书市场让不少出版社看到商机，如广西科技出版社的"爸爸家教革命丛书"、沈阳出版社的《女儿，爸爸有话对你说》、中国纺织出版社的《好爸爸成就孩子的一生》、江西科技出版社的《爸爸决定女儿的一生》等都有不错的表现。但在读者重拾家教书信心的同时，家教书又开始了新一轮的混战：引进的、教育专家的、"草根理论家"的，让许多"70后"、"80后"爸爸们开始无所适从——真正优秀的家教书到底哪里找？

19.3 低碳绿色生活图书升温

当全球变暖威胁人类生存环境，当狂风、暴雨、地震、高温、严寒等各种极端气候事件在全球频繁出现，人们开始意识到生态环境状况已不容乐观。眼下，"低碳绿色"生活方式在国内兴起，一批关注气候、低碳、食品安全等话题的新绿色生活图书走俏市场。

关注气候变化的书一直都呈递增趋势，不管是学术研究领域还是科普领域，但2010年的出版高潮毫无悬念地出现在哥本哈根会议之后。如，东南大学出版社的《气候变化与低碳城市规划》、经济科学出版社的《低碳经济：绿色革命与全球创新竞争大格局》、科学出版社的《中国2050年低碳发展之路：能源需求暨碳排放情景分析》等都是此类借势出版物。而下半年推出的相关出版物则明显经过精心策划和酝酿，围绕"碳阴谋"、"世界经济格局变化"等话题展开的图书逐渐为市场接受。其中表现比较突出的有，山西经济出版社的《低碳阴谋——中国与欧美的生死之战》、化学工业出版社的《低碳战争：中国引领低碳世界》、中信出版社的《低碳真相》等。相关策划人表示，目前国内真正研究并融会贯通"碳经济"等世界话题的学者还寥寥可数，但发掘潜力很大。低碳图书很有可能仍是2011年的热点门类，并不断由碳话题延展下去。除宏观的"碳"话题之外，关于低碳生活的图书也受到读者的关注。中国环境科学出版社《低碳生活——你可以选择的80种方式》、中国华侨出版社的《你不可不知的低碳生活方式》、江苏科技社的《你不可不知的100种居家低碳妙招》等，但总的来看，真正深入到百姓生活的书并不多，2011年该类市场还有待扩展。

2010年，食品安全形势仍然严峻，不断曝光的海南"毒豇豆"、问题奶粉、地沟油等事件，动摇着人们对食品安全的信心。而在这些事件的背后，是一批食品揭秘类图书的热销。

2006年至2007年，食品大揭秘的书有一次密集的出版风潮，随着食品安全的波澜再起，2010年又有一批新品推出。但从市场品种看，真正倡导低碳、低能耗食品的实操性图书并不多见，出版人的犹豫之处在于，国民环保意识以及低碳意识还有待普及，但很多编辑表示会持续关注该领域。

19.4　养生书读者由老年转型白领

2010年5月底开始蔓延的"张悟本"事件，给养生书市场浇了盆凉水。不少准备下厂印刷的书稿被暂时压下来，书店开始退货，出版社变得焦躁不安——好好一个市场，难道就真这么给毁了？

在"老年养生书"市场暂时被打压后，另外一股潮流慢慢成长，即"白领养生"。现代都市白领一族，外表风光但却承受了比普通阶层更多的压力，白领职业病越来越受到人们的关注。有出版社策划人表示，白领久坐办公室，最容易患上颈椎、腰椎等疾病，眼睛、皮肤等方面的问题也比较突出。但关于颈椎病、腰椎病的相关预防、治疗方法只零散地存在于部分养生书里，到目前为止，似乎还没有出现一本专门治疗白领颈椎病的养生书。虽然直接打着白领养生旗号的书并不多，但 2010 年新鲜出炉的《白领一日养生法》（江西科技出版社）、《白领保健 300 问》（金盾出版社），号称用一根带子就能每月瘦 2~3 公斤的《卷卷就能瘦》中都或多或少包括了年轻人保健的知识。随着白领阶层日益庞大，每天坐在办公室电脑前超负荷工作导致相关职业病的大规模爆发却是不争的事实。或许，下一个养生书热点是——白领养生。

19.5 婚恋情感类图书走俏市场

随着"80后"逐步步入家庭生活，《蜗居》、《媳妇的美好时代》等婚恋现实类题材电视剧的热播，婚恋题材的小说也迎来了创作高峰。一批针对"新新家庭人"的作品，比如"纸婚"、"裸婚"、"闪婚"的婚恋、情感类图书 2010 年推出了相当多的品种，并且销售行情还不错。

2010 年，曾以《二十几岁，决定女人的一生》在中国市场创下超高销量的韩国超级畅销作家南仁淑的新作《婚姻，决定女人的一生》（江苏人民出版社）在中国上市，南仁淑亦在媒体上表示，进入婚姻如同进入职场，是另一种形式的"上岗就业"，新的工作就是"某男的太太"。《婚姻，决定女人的一生》因此被称为新时代的"驭夫指南"。

在某些图书卖场，以粉色为主打基调的婚恋图书铺天盖地。同时，对应时下的新语词，例如"剩女"、"小三"、"试婚"、"试离婚"，均有相关的图书出版，如《剩女的全盛时代》、《新离婚主义》、《出轨》等。在 2010 年的"粉色"潮中，以盛大文学红袖添香和悦读纪的表现最为抢眼。"浪漫婚恋"系列是红袖添香

2010年初开始策划的婚恋小说系列,第一季以新生代都市女性情感代言人唐欣恬的《裸婚》领衔,以"言情小天后"涅槃灰的《逃婚俏伴娘》主打,还有寂月皎皎的《幸福的黑白法则》和Moqi的《我们的小世界》等。随后,他们推出的"浪漫婚恋"第二季作品《嫁个好男人》、《前妻来袭》、《蜗婚》也顺利席卷市场。悦读纪2010年的重头戏也是婚恋题材的图书,不论是穿越小说,还是青春小说、社会伦理小说,关注的核心都是女性婚恋,其婚恋图书出版比例占到了75%以上。

比起前几年婚恋图书中出现的人物脸谱化和故事逻辑不合理等问题,2010年的婚恋、情感图书的内容更加具有写实性,隐婚、蜗婚、剩女、婚后家庭、买房等社会话题引起女性强烈的情感共鸣,让更多渴望追求婚姻幸福的女性感受到婚姻的智慧。

19.6 跨界图书风头正劲

2010年,一本貌似计算机又似职场励志书的《别告诉我你懂PPT》意外走火,掀起一阵图书"跨界"风。不少出版社都曾尝试过"跨界"策划法。何为"跨界"? 就是图书策划时,将不同方向、领域,用其长,去其短,在内容上做巧妙结合,突出两者的卖点,通过有针对性的市场营销推广,打破了过去每本书泾渭分明的定位,最后达到1+1>2甚至更好的效果。

跨界图书首先是在"管理+IT"、"IT+人文"等领域中显现较多,并成为各大管理及IT出版社的宠儿。继而在医学出版、法律出版和建筑出版等领域也有一些尝试。旅游、设计、文学社科类图书中的跨界产品则显得更加隐蔽,不仔细看内容则完全有可能误读。比如设计类图书《佐藤可士和的超级整理术》(江苏美术出版社)实际上有励志元素;旅游书《嗨!台北》(江苏文艺出版社)不是旅行团的日程图,而是一个大陆女生的台北狂想曲;《文字的故事》(上海人民出版社)不是学术性的说文解字而是与当下文化热点不谋而合的故事写作。有出版人预计,跨界图书在未来一两年内还会有较大的发展,涌现出更多的细分领域。

当然，由于实际销售情况有好有坏，跨界图书在备受策划编辑推崇的同时，也有失败案例经常被拿来剖析：怎么就"跨"得不对呢？跨界做法对策划编辑提出了新要求。首先，自身要加强多方面的知识积累，以便捕捉到更多的市场新鲜信息。其次，营销推广方面也有较大差别。专业图书的读者群比较固定，相对好锁定，跨界类产品的读者分散，需要锁定人群后采取有针对性的营销方式。同时，对作者的写作能力、文字水平也要求更高。从目前来看，通常需要以通俗易懂、轻松易读的方式，将相对专业的内容写成大众化的图书产品。

19.7 财经类争议书备受关注

2010年的财经书市场中出现一批颇有争议的书，或者说一些出版社的营销口号索性故意打出"争议"的旗号，吸引眼球。如，万卷出版公司的《高盛阴谋》宣传语即为：高盛是否凭借国家意志操控全世界？2010年全球最具争议的财经作品。

一副"斗士"作风的经济学家郎咸平仍然是2010年中国经济学界最具争议的人物之一，然而，谁也抹杀不了他的存在和他的言论所引起的巨大影响。中国社会的种种问题导致了民众对于郎咸平的学说推崇备至。2010年他的新书《郎咸平说：我们的日子为什么这么难》、《郎咸平说：新帝国主义在中国2》、《财经郎眼04：经济泡沫下的生存》等也当之无愧地成为颇具争议，也是销售最可观的财经书之一。

如果说《吴敬琏传》最多是在国内学术界有所争议的话，那么宋鸿兵的"货币战争"系列几乎在国际上都引发了讨论。有人说它是洞悉数百年来历史与财富奥秘的书，有人说它是将历史罪责嫁祸于犹太人的阴谋论，还有人指出它抄袭了美国一个纪录片的内容，但却无人能够抵御它的阅读魅力。

另一类受争议的书并不是图书本身，而是图书所关注的对象。比如揭企业内幕的书,开始从原来的单纯歌颂企业文化,发展为在企业处于风口浪尖的时候就推出其内幕资料。2010年这类图书中最为跳脱的是"国美"书系:《我所知道的国美真相》(甘肃人民美术出版社)抛出了:财经第一胆李德林深扒黄光裕PK陈晓内幕,艳丽女商人是国美内斗幕后"导演"？等极具诱惑性的问题。同类书还有《黄光裕真相欲望驱逐下的首富困境》(经济日报出版社)、《国美之战:公司股东博弈的中国启示》(中国经济出版社)、《国美战争》(北京理工大学出版社)等,一个国美就让出版商尝尽冷暖。

19.8 益智及能力拓展图书热销

定位于学龄前儿童的益智游戏、能力拓展类图书近年成长迅速,在2010年也有上佳表现。据"商报·东方数据"最新调查统计,2010年,作为游戏益智书品种无论从销售码洋还是动销品种来看,都处于市场前列。这与家长观念的转变有着密切关系,随着先进教育理念的传播,更多人认识到孩子早期教育与智力开发的重要性。

增加图书的创意和设计,把做手工、动脑筋和听故事结合在一起,融入更多的亲子互动内容,是游戏益智书当前的趋势。目前市面上的低幼游戏益智书主要包括迷宫、手工技能、填图填色、脑筋急转弯和观察力训练等。书中大多充满着吸引孩子的有趣玩意,填空、推理、计算、图形空间、谜语、迷宫、大搜索、剪纸、贴纸、画画、连线、涂色、折叠、阅读童话等活动将学习变成了一种新形式,同时这类图书也成为孩子之间、亲子之间、师生之间快乐交流的纽带,开启着孩子的智商与情商。

除了少儿板块之外,大孩子(小学高年级至初高中阶段)的科学游戏益智书也成长迅速。如《让孩子着迷的200个经典科学游戏》(华文出版社)、"智力开发专项训练"系列(石油工业出版社)、《学习改变未来:优秀小学生脑筋急转弯大全》(华语教学出版社)、《每个小学生都能自己做的300个科学游戏》(浙江少年儿童出版社)等。良好的成长势头使得涉足该领域的出版社越来越多,一些教育社、美术社和科技社也在逐渐加入,很多民营图书公司策划的游戏益智类图书占有相当的市场份额。从市场反应来看,对市场够不够敏感、内容够不够新颖、设计和定价是否合理贴心等直接决定着产品在市场上的表现。

19.9 动漫网络社区延伸出版物前景看好

从"触电"到"触网",少儿出版与少儿网络社区的联姻正越来越成熟。数据公司的调查显示,以江苏美术出版社的"赛尔号"系列、童趣出版公司的"摩尔庄园"系列为代表的网络互动读物正在成为少儿市场的拉动型板块。2010年10月,又一款源自网络游戏——"洛克王国"的童书《洛克王国宠物大图鉴》(江苏文艺出版社)上市,并迅速赢得市场青睐。

2010年的动漫图书出版领域也热闹非凡。现代出版社、安徽美术出版社等大众出版社不断推出动漫图书新品,北方联合出版传媒(集团)股份有限公司、江苏凤凰出版传媒集团、广东省出版集团等先后通过收购或者成立相关机构进军动漫出版,大学社中也涌现出一批值得称道的动漫出版先锋军。如,华中科技大学出版社的"游击神兵"系列、北京理工大学出版社的《漫画史记》、外语教学与研究出版社的"小鲤鱼历险记"、南京大学出版社的"晶码战士"系列等。值得期待的是,积攒4年"喜羊羊"品牌图书运作经验的童趣出版公司将在2011年1月初推出《喜羊羊与灰太狼大电影3兔年顶呱呱》系列读本。童趣公司在拿到电影材料前,就组织力量开始长达半年之久的前期策划。新品"兔年顶呱呱"系列涵盖了从抓帧连环画到图画故事、文学、棋盘、迷宫、桌游、手工各类图书产品,并且都是针对不同年龄段的小读者特别设计而成。

19.10 校园题材引领童书风向

近年来,校园儿童文学出版逐渐成为畅销少儿读物出版的主流,表明了大众儿童文学市场将会有更大的发展。继冒险小说之后,与校园文化、时下小学生时尚语言联系比较紧密的儿童文学作品备受追捧。有专家认为,由于小学生没有应试的压力,并已逐渐开始从被动阅读转向主动阅读,他们势必成为少儿文学图书的最大受众。目前流行的校园读物,诸如伍美珍的"阳光姐姐"系列、杨红樱的"校园小说"系列等均强调可读性、趣味性。当然,与轻松型的儿童文学作品火爆相比,有出版社仍然坚持打造"有深度"、"有思想"、"有成长启示作用"的儿童文学作品,并开始思考,是否只有"快乐至上"的童书才能赢市场,或许2011年,还有另一种可能。由浙江少年儿童出版社携手聚石文华等公司联袂打造的、国内首套专为8~14岁中小学生度身定做的大型原创少儿奇幻冒险小说"查理九世",结合了大量的"互动解密"要素,如小游戏、小案件、脑力提升训练和测试环节,随书附赠洛克王国领用卡、破谜者战术牌等赠品,而且还建立了"查理九世"活动官方网站全程线上支持。校园题材作品的开发是否也能够走向立体化,将是2011年即将面临的问题。

19.11 类型怀旧书持续发酵中

2010年的怀旧书市场有两个明显的特点。其一,传记类怀旧书从以前的作者自己执笔"怀自己的旧"变成周围的亲戚、朋友、有关联的人都来写名人往事。如果说生活·读书·新知三联书店的《也同欢乐也同愁:忆父亲陈寅恪母亲唐篔》是女儿们回忆父母亲的记录,新星出版社的《旧事与新说:我的父亲冯友兰》和人民文学出版社《我的父亲顾颉刚》是儿子追忆父亲,那么商务印书馆的《方桂与我五十五年》和世界知识出版社的《胡适和他的朋友们(增补本)》、广西师范大学出版社的《陈寅恪与傅斯年(修订版)》则明显是旁人的眼光了。

另外一个明显的特点是"80后"集体怀旧书蜂拥出版。《想当年:80后成长纪念册》(文化艺术出版社)、《80后自己的老照片:令人温暖而伤感的回忆》(新华出版社)、《80后的小时候》(中国华侨出版社)、《80后回忆录》(时代文艺出版社)、《咱们小时候:属于80后的鸡零狗碎》(中国友谊出版公司)、《我们都是80后》(企业管理出版社)等,这批"80后"怀旧书多出自于民营策划人之手。"80后"集体奔三,记忆里的那些枝枝蔓蔓,吃的、玩的、看的、听的;动漫、小说、音乐、电影,一句"献给我们曾经拥有并且仍将继续的青春",触动不少感怀的年轻人的心——他们还真掏了腰包。

[链接:中国图书商报 2010.12.28,孙珏《2010,11大出版风潮》]

第20章　书业全品种出版时代来临？

据记者调查,2010年,148家中央部委社中有约85%涉足大众出版领域,其中108家涉足少儿出版,有97家涉足生活书出版。同样,涉足上述两个板块的教育社占整个教育类出版社的65%以上。一个很明显的趋势是,越来越多的出版社,尤其是专业社和有着自身出版特色的大学社,在稳固自身专业优势及教材出版份额的同时,开始加大马力,在几年前尝试了计算机板块、经管板块、生活书板块后,向少儿出版、社科文艺等更为广泛的领域拓展,大有一网打尽所有热门细分板块的态势。我们不禁要问,专业出版社(也包括一部分有专业优势的大学社)是否真的要向全品种出版转型？在这轮"全品种"盛宴中,专业社如何拿出自己的特色菜品？以此态势发展下去,出版业将面临怎样一种局面？按照"商报·东方数据"显示的21大出版细分门类,几乎没有专业社能够"全品种"一家"通吃"——他们不愿做,也不想做。在他们眼里,更看重的是"热品种"。市场书这几年的变化很明显:先是计算机热,随后由经管过渡到生活类,转眼又到了少儿出版的鼎盛时期。专业社市场化扩张的走势图基本与上述大趋势无异。中央部委社的转企改制、大集团兼并重组的预期一度让地方出版机构倍感压力,实际上,中央专业社的日子也不好过。这些年,地方出版的地域格局意识加强,渠道的地域保护、资源的"再聚合",各方势力重新角逐较量,专业社一方面要理顺自己转企后的运行机制,一方面要应对外界的竞争压力。出版社大佬们都心知肚明:没有规模和市场影响力,他们同样有被兼并的可能。

20.1　全品种时代是伪命题？

有这样一拨较为"激进"的力量在行动。电子工业出版社近年由电子技术、通信、电工技术、机械/仪器仪表向计算机、经管、交通运输、语言文字迅速拓展；教育板块涉及的领域更为宽泛：从幼教、中小学到本科、研究生、继续教育等各个层次。2010年年初该社新成立了综合出版中心，下辖4个事业部：生活图书事业部、社科图书事业部、人文图书事业部、建筑与艺术事业部。一般专业社不敢涉足的社科文艺领域，该社"大胆"介入。

"我们现在用的'轻工社'品牌，并不是要让读者知道我们专出'三聚氰胺'的书，这仅仅是个标识。"中国轻工业出版社社长杨西京对记者说，出版社转企改制后，可以做他们想做的任何一个出版领域。2010年初，轻工社加入"中国童书联盟"，成为少读工委搭建的非专业少儿出版平台中的一员。"专业社太单一不行，综合性发展是趋势"。但综合是有前提的：即结合自身实力的特色综合。

南京大学出版社是2007年开始拓展社科文艺类图书的。2010年，该社的《最初的爱情最后的仪式》卖了6万册、《刺猬的优雅》卖了3万册。"虽不比大的民营策划公司，但总算有所突破"，该社总编辑金鑫荣在文艺类品种稳定在40种左右后，决定藉由在央视热播的《晶码战士》推出同名图书拓展少儿板块。除此之外，该社2010年在常州、盐城、淮安、连云港与当地政府联手设立了4个地方出版中心，并与江苏省内未设立出版社的大学建立合作关系，拓展省际资源。

2009年7月，人民邮电出版社第1批8个品种旅游类图书上市，到当年年底，人邮社旅游类图书跻身全国同类书零售市场占有率第5位。2010年1月，排名上升至第2位，且至今处于领先行列。在进军旅游类图书市场短短1年多时间里，人邮社做得风生水起，引起业内广泛关注。虽然谈不上真正意义上的"全品种"，但人邮社已经在通信、计算机、电子电工、少儿、经管、集邮、摄影、旅游类图书及相关教材领域均有涉足。对此，该社社长季仲华却认为，"全品种"时代不可能降临。他眼中的优势仍然是与信息技术相关的专业领域,除摄影、旅游等大门类外,该社近年零星出版的生活娱乐型图书更是被他视为"小打小闹"。

近年,生活书对化学工业出版社市场地位的提升,化工社社长俸培宗丝毫不掩饰其重要作用。但他坦言,化工社的"利润"还是出在教材这块,打品牌的是"化工"这个旗号,大众书是"提气的",即使是未来专业社"所有的出版门类都通吃,几乎不可能"。

中国水利水电出版社社长汤鑫华认为,拓展出版领域可能是具有必要实力和发展雄心的出版社需要采取的举措,但这种拓展不能盲目,必须结合自身发展战略、编辑力量、作者资源、渠道资源,审慎地进行。在拓展之前,应当尽量把自己的既定领域挖掘充分,把传统优势发挥极致。一家出版社,特别是以专业出版见长的出版社,介入的大众出版领域最好不超过2个,且应在这些领域力争进入前几名。根据"前三强"法则,出版社如果在特定细分市场无法进入前几名,早晚都会失败。近年来,该社先后在出境旅游、外语学习、经济管理、少年儿童等领域进行了有选择性的探索,有些领域在成长,有些领域已退出。

近几年,华中科技大学出版社有限责任公司在巩固原有传统优势的基础上,大力拓展了建筑、医学、大众图书等多个出版领域。在建筑图书上,出版规模和相关市场占有率指标进入全国建筑图书出版前5名。2009年建筑图书销售码洋达到1亿元,年度回款超过2600万元。在医学图书上,以精品医药教材为主体、以医学专著和科普读物为两翼的"一体两翼"的医学图书出版格局已初现端倪。大众图书方面,成立不到1年的北京分社,挖掘出版了60余种产品,印制码洋近1000万,成为华中社公司业务新的增长点。该公司总经理阮海洪称,目前说该社进入全品种出版范畴还为时过早,他们"只是在非专业出版领域有了一些尝试"。

然而在众口一词否认"全品种"出版的阵营中,机械工业出版社副社长李奇并不忌讳说自己的出版社已经达到了"全品种"出版的结构。机工社旗下从机电、汽车到大中专教育、职业教材再到计算机、经管、建筑和近年的少儿出版有14个分社。他理解的大众出版不仅仅是"菜谱"和"健康书",家装、园艺、车生活等都是由机工社本身的专业板块延伸而来。机工社的少儿出版领域是近年刚上的品种,由基础教育分社承担开发任务,2010年已经有80个品种左右。对于大盘一直走跌的经管和计算机板块,由于在机工社已经占到了35%以上的比重,李奇也不敢轻言放弃。他认为,该社年出书3600种、"日出10本书"的业绩已经基本完成了全品种布局任务,"单纯追求GDP在'十二五'阶段已经不合时宜",李奇说,"在一定阶段,全品种打市场是可行的,当然,现在仍然有很多出版社处于这个阶段",但机工社已经开始有所警觉和调整。

与大多数专业社从尖端领域向大众类扩张不同,中国民族摄影艺术出版社走了一条相反的路子。虽以民族文化、影像和艺术为主,但他们在少儿、社科、文学、生活,甚至更远一些科技类选题都有过涉足,比如,矿山救援、心理学、考古、土木工程等。该社社长兼总编辑殷德俭告诉记者,一些需要有图像支持的科技书的策划反而凸显了其出版优势,与相关类别的专业社以及综合性出版社形成了差异化竞争。

20.2 不是钱的问题

为什么这些异军突起的专业社能迅速在其他板块占领重要阵地。有受访者直言,这"绝不是砸钱就能解决的问题"。

图书的成本率管理成了某些社的制胜法宝。人邮社为了进一步强化其新生板块力量,成立了摄影图书出版分社、社科人文出版分社,并撤销、合并了经营效益欠佳的公司,提高了投资回报效果。目前该社旗下的经营公司已由原来的12个减少到6个。在精简机构的同时,人邮社对业务部门采取事业部管理方式,将业务开拓的指导权、用人权、收入分配权等下放到业务部门,充分调动其开展新业务的自主权和灵活性。另一方面,通过考核指标上对成本率控制、效率提升等方面的要求,对各业务部门进行有效的宏观引导,使新领域拓展同时也在出版社的监督之下得到有效制衡。

杨西京在谈到该社少儿板块成长时坦言,大众类图书的投入产出比相当难把握。门槛低、稿费、纸张、印数、营销等投入高,但回款周期长,很多做生活书的出版社都苦不堪言。"怎么使资金链不断裂是门艺术",杨西京拿该社培育了两三年的少儿图书为例,向记者介绍了他们的"创新期到平稳期的考核变化"。少儿出版已经逐步进入正常运作阶段。而培育期与正常阶段的考核会大有不同。前者会给整个团队更大的发挥空间,更大限度地开发资源,做到策划营销一体化;走上正轨之后,就纳入正规考核,既考查规模也考察单品效益。

对于以学术著作和教材出版为主业的南京大学出版社来说,文艺书的投入产出比也一直是困扰金鑫荣的大问题。"一开始不可能像某些大公司那样出手阔绰,但实力不够就拿不到好书",《1Q84》这样的书我们也去争取过,但根本不在一个量级上"。最后金鑫荣想到了一招:项目负责全程跟踪制。由项目人全程跟踪选题、竞标、落地情况,并且吸收涉外智囊团的资源。

华中科技大学出版社有限公司分公司管理和运作体系的建立以及市场类图书运作体系的建立,为他们新领域的拓展提供了极大的便利。按照产品的方向和优势资源,公司划分为5家分公司,在以前事业部经营模式的基础上,全面实施分公司经营模式。对各分公司负责人进行管理方法的培训和战略分析的指导,强调每家分公司要具备很强的自主管理和扩张能力。同时,专门运作大众图书的北京分公司成立后,在渠道开发、市场调研、营销宣传、产品流程跟进、活动策划等环节设置了专门的部门和岗位进行专业化运作。仅1年时间,大众读物品种达到120多个,品种比例和码洋贡献率分别占到全社的10%和13%。为进一步扩大市场,公司制定了全球化的战略方针,把目光瞄向海外市场,并且成立了国际合作部,除引进国外的优秀图书版权外,更加注重国外作者的开发,经过不到一年时间的努力,该部从海外组织的选题出版后大受读者欢迎,为"华中出版"的品牌创立了良好的口碑和信誉度。

阮海洪认为,新领域开拓仅仅追求单品种的效益还过于片面,他们目前更强调市场影响力和占有率。"人力资本、经验、知识资本很难用现金去描述,但一旦产生效益,其在成本和收益上的问题将迎刃而解"。

20.3 专业领域竞争暗地加剧

"我们骨子里没有资源共享的习惯,总习惯于'你搞我的,我搞你的',资源无法共享,重复建设。"有出版人说,虽然大家看到的更多是专业社在大众出版领域的激烈角逐,殊不知在暗地里,专业领域的势力划分更加残酷和现实。

在李奇看来,现在不少专业资源现在都打通了做。"你挖我一块,我挖你一块"的情况很多,唯一能做的就是把自己的选题策划得更加贴近读者。

季仲华眼里,摄影类图书和旅游类图书的"完胜"表现仍然敌不过他们在信息技术、电子技术等领域的鲜明特色。季仲华告诉记者,工业和信息化部成立后为人邮社带来了更多的机遇。他们该社对计算机、通信、电子电工等类图书业务进行整合,专门成立了工业技术图书出版分社,扩展了工业技术板块。

2009年,水利水电社加入世界水理事会,成为其首家中国企业会员,开始在国际水利水电舞台上活跃起来。汤鑫华说,出版社近年在传统的水利水电、电力电气、土木建筑、电脑电子领域下了很多工夫,特别是在水利水电领域,该社进行了一些创新性探索。例如,新世纪以来,他们作为代表团团长单位,多次组织中国水利水电企事业单位参加世界水论坛和世界水展;近年来,他们主动同众多大型流域水电开发企业建立战略合作关系,扩大水电出版成果,宣传水利理念,推动水电开发。

除此之外,一些出版社不得不面对出版市场在赢利上的制约,开始从培训业务拓展主业。南大社在南京大学成立了教育培训中心,外聘教师开展基础教育培训。民族摄影艺术社则已经在图书广告、摄影器材销售、摄影活动策划、摄影培训、摄影旅游领域进行突破。殷德俭说:"我们并不打算直接成立相应部门、招聘大量人员来独立运作,而是与相应领域内既有的核心企业、核心机构组成业务团队共同拓展市场,共享、共存、共赢,使双方在成本方面的投入最小而收益最大化。"

[链接:中国图书商报2010.12.24,孙珏《书业全品种出版时代来临?》]

第 21 章 网络学习产品密集上线考验市场接受度

"全国有近 2.5 亿中小学生,其中使用人教版教材的占到近 70%,如果按照有上网学习条件并愿意为在线教育付费的用户来计算,人教学习网所提供的在线教育将达到近百亿的市场份额。"北京东田教育科技有限公司市场营销中心经理高源如是说道。从这个诱人的数字推及开来,不少网络学习平台及网络学习产品在近期接连上线或者孕育出炉也就不足为怪了。2010 年 6 月 18 日,人民教育出版社与北京东田教育公司合作推出的经营性学习网站人教学习网开通,并于 7 月 5 日开通支付功能。延边教育出版社开发的在线教育平台已经推出"鼎尖教育中学"和"鼎尖英语城"两个试运营产品。此外,外语教学与研究出版社将在第 17 届北京国际图书博览会期间重点发布基础英语教育门户网站——"新标准英语网",而江苏春雨教育集团为 1~6 年级的小学生开发的网络游学平台"梦幻城堡实验班"也即将上线……这之中的不少产品经过了长达几年的培育时间,现在它们终于要走向用户,走上具有产业发展意义的市场轨道。在数字出版新兴产业中,它们算得上教材、教辅乃至教师教育资源领域旗帜鲜明地挖掘第一桶金的先锋产品。接下来,它们面对的紧要问题,是推广,是赢利。

21.1 赢利模式:期待多角度提升

网络学习资源在早先原本是免费的午餐,现在它要以产品为名行销于市。为了让读者接受这个"买"来才能用的新形态产品,各家机构从特色内容、核心用户类型、定价等角度各自出招,提升产品的赢利能力,打开市场。

人教学习网作为人教社下属的经营性学习网站分为学生专区、教师专区、家长专区以及相应的辅助模块，并根据专区和模块的不同主要设置电子书、特级教师同步辅导、名师指导拓展学习、中考好帮手、高考好帮手、师生在线、教学资源、教学研究、教育资讯等栏目，同时通过论坛、SNS 互动社区平台等多种方式使学生、教师和家长能够充分沟通，满足不同层次消费者的需求。据高源介绍，产品以时长为标准进行收费，从小学一年级到高中三年级，每个科目一年的费用在二三十元到 300 元左右不等，比如二三十元钱的产品是带有交互功能的各学科电子课本，300 元左右的产品以视频内容为主，比如特级教师同步辅导、名师指导拓展学习等。用户可通过线上和线下多种途径支付费用，在付费之后即获得一年的产品使用期。高源认为，和一对一培训及家教培训动辄上千元的费用相比——且师资力量也良莠不齐，人教学习网的课程价格定位可谓物超所值。而经过专家评估，一个学生在课堂上用一周时间所学的知识点在人教学习网上只需花一到两个小时即可高效掌握，并且人教学习网还覆盖了从小学到高中全学段、全学科的内容。以上这些都是该网站赖以开拓市场的基础。

外研社基础教育出版分社多媒体及一般图书编辑部主任李维章表示，外研社整合几十年优质教育出版资源和专家资源，打造并推出的新版"新标准英语网"，继续免费开放教育新闻专区、同步教学资源专区、自主学习测评专区、产品信息专区以及全国最大的英语教学论坛。此外，新版"新标准英语网"还增设了强大的专业功能模块。其中，英语（新标准）网络教材提供智能多维度语音测评、立体化教材重难点实时解析、角色扮演以及英语闯关游戏等，寓教于乐；继 2009 年推出初中版试题库之后，小学版和高中版基础英语教育试题库系统将在 2010 年 8 月推出，为全国基础教育各个学段的英语教师提供最完善的出题解决方案；中小学英语教师培训平台集成北京外国语大学专家资源，能为广大中小学英语教师提供权威、立体化的师资培训体系；外研社与美国麦格劳-希尔教育测评中心联合开发的"有氧英语读写课程"，将趣味阅读输入与在线写作智能自评有机结合,目前有氧读写课堂已经在全国数百所学校和培训机构开课。

内容是硬指标,这是业者的一致看法。延边教育出版社网络出版中心主任宋京道说,该社开发的在线教育平台有赢利的目标,现在已经处于试运行状态的"鼎尖教育中学"和"鼎尖英语城"还在对内容及呈现形式进行评测和提升。内容一旦成熟就可以参与市场竞争了。与华东师范大学出版社合作推出一课一练游学网的上海意智成网络科技有限公司副总经理王微平则表示,该游学网开发了伊玛竣乐园卡,10元一张,一个学生一学期买两张卡就足够用了。为什么要如此低廉的价格?王微平说,这就是要培养一个付费意识。但是,即便价格便宜,其内容却一点都不打折扣。现在这个网站已经有30万的用户,其中因为认可网站内容购买伊玛竣乐园卡的用户自然也不在少数。

21.2 推广策略:培训活动加免费体验

正如李维章所说,网络教育产品是新形态出版物,终端用户对这类产品需要一个认知和接受的过程,所以市场推广是必须要做的,而且它还将面临很多新问题。

网络学习产品与纸质产品在载体和内容上都有不小的差异,其推广方式自然也要另辟蹊径。各家在起步之初也在从细节之处慢慢摸索。目前,基于产品特性,线上线下结合的营销手段较为常用。高源表示,由于现在正值暑期,相关推广活动主要在线上进行,通过跟其他网络媒介的合作进行宣传,比如与相关教育网站开展"暑期如何引导孩子安全上网"等主题征文活动,然后向征文获奖者提供人教学习网免费体验卡。在2010年9月开学以后,公司将会在全国范围内举办一系列大型培训会议、活动会议等进行线下营销。从地域上而言,产品主要在人教版教材覆盖比较高的省份进行重点推广,而人教社的品牌也为产品的推广搭建了有效通道。

从目前情况来看，各种营销策略的敲门砖基本上都还是"免费体验"。比如，现在人教学习网针对每册书会提供一章节的免费体验资源，时长大概在三四十分钟左右。据了解，从2010年6月份至8月份，登录人教学习网的用户达4.4万人左右，其中6700名用户对产品进行了深度体验，用户满意度达83.6%，不少用户也针对课程设置、内容、平台建设等提供好的反馈信息。外研社的"新标准英语"网站也非常重视客户体验和反馈收集，如利用培训会、教研会等机会向教师用户发放体验卡，之后再定期回访。从2010年秋季开始，所有新标准英语教材学生用户还将获赠部分模块100天的免费体验试用。此外，网站本身海量的免费资源也有助于增加网站黏性。业者表示，免费体验不仅利于产品的推广，而且对产品的后续开发以及品质提升都有好处。

一位不愿意透露姓名的业者表示，网络学习产品的推广中还问题多多，比如如何快速让诸多经销商进入状态等。真正适合网络学习产品的推广渠道和模式亟待摸索。

[链接：中国图书商报2010.8.10，刘海颖《出版社网络学习产品密集上线考验市场接受度》]

第22章　大学社大众书品牌成长迅速

"我正要出差去上海书展,为'新疆探险与发现'丛书的新产品举办签售活动。"听到记者说想了解一下北京航空航天大学出版社大众图书板块目前的发展情况,该社人文社科事业部主任胡性慧语气一振,"北航社近年来坚持开拓大众图书市场,力求搭建完善的产品线,打造有特色的品牌图书。"简单几句话,大概足以道出目前很多大学社努力的大方向。近年来,转企改制带来了大学社在市场化进程中的新变革,产品结构调整则是这种变革中的一大体现。除广西师范大学出版社、北京大学出版社、中国人民大学出版社等在综合出版品种上优势明显的出版社外,一大批大学社的大众图书板块正在一系列的调整与加强中崭露头角,成长迅速。

22.1 战略布局思路明晰

相比于教材和学术图书,大众图书的运作要复杂得多,竞争要激烈得多。对于大学社而言,这一新领域无疑具有相当的挑战性。目前,大学社正在积极布局,以夺得市场一隅。

2008年,北京理工大学出版社开始关注大众图书市场,在当年专门招了七八位编辑,同时和相关文化公司展开从产品开发到销售的合作。该社社长杨志坚表示,经过两年的发展,大众图书板块虽然离真正意义上的品牌还有一定距离,但是其影响力正在慢慢形成。每年,该社在大众图书市场上推出三四百个新品种,占整体出书品种的40%~50%,销量也大致是这一比例。2010年,全社销售码洋预计两亿元,大众图书计划达到8000万元以上。杨志坚坦言,大学社开拓大众图书市场是一个需要不断摸索的过程。例如,该社一开始招聘新编辑,并通过与文化公司的合作来对其进行培养,但是发现这样做效果并不明显。于是,该社在2010年年初挖来6个成熟的编辑,一方面可以马上推出新品种,另一方面也可以通过师傅带徒弟的方式进行队伍建设,另外还可以进一步巩固和文化公司的合作。

重庆大学出版社副总编辑陈晓阳告诉记者,该社从两年前下决心进行产品结构调整,计划将教材、学术专著与大众图书的出版比例由7∶3调整到6∶4。现在,大众图书每年大概推出一两百个新品种,销售码洋在5000万左右,目前其总体规模虽然不大,但是该社在两年中完成了战略布局,形成了明确的思路。从组织结构上来说,出版社内部设立了图书编室,并在北京成立了公司,而且和重庆日报报业集团组建了一家公司,这些机构主要开发大众图书。陈晓阳表示,在小众读者越来越主动的时代,在图书市场越来越细分的今天,以"个性"为特征的小众阅读彰显出越来越强大的生命力,所以重大社推出了一系列小众图书。

苏州大学出版社总编辑耿曙生则表示,2009年底,苏大社完成改制后,于2010年5月新成立了大众图书部,力争在"十二五"期间形成医卫健康和文史方面的特色,并在全国大众图书市场上有一定影响。大众图书部将积极开拓国内市场,开展国际、国内合作,在扩大开放中形成新的增长点。该社会努力改变与民营文化公司仅限于项目合作的局面,尝试与有良好市场信誉及发展潜力的民营文化公司进行深度合作,共同成立股份公司。

22.2 产品开发重点突破

在具体的产品开发上,以类别选题为突破口,在产品群中培育品牌,这是不少大学社采取的方式。据复旦大学出版社综合编辑室主任李又顺介绍,该社2009年推出了历史读物《潜规则》,目前其销量已达40万册。《权力玩家》、《红颜祸水》、《雍正原理》也接连出炉,而历史读物也成为该编辑室力拓的产品线。目前,该编辑室正在培育三个新产品线:一是旅游类,《我们的事业是旅行》及《唐辛子in日本》于近期推出,这两个产品将旅游与励志巧妙结合,力求以这一特色在同类图书中开拓市场空间;二是以刚刚在上海书展上亮相的引进版小说《王的阴谋》为先锋产品持续开发悬疑类小说,目前又接连购得4本小说的版权;三是实用类教育图书,如《赢在自主招生》等。

胡性慧表示,在开发大众图书过程中,要挖掘培育有品牌潜力的选题,并善于扩大和利用品牌效应。北航社重点开发大众心理和励志类产品,每年新推出的品种有四五十种,目前"二十几岁系列"这样的核心产品已经初步显示出品牌拉动效力,不少产品由于加入这一系列而获得了更好的市场成绩。例如,一本原来叫《懒惰》的书由于其内容也符合"二十几岁系列"的特点,所以就改名叫《二十几岁,不要再懒惰》,它不仅扩充了原来的产品队伍,而且也借助既有品牌的影响力顺利入市。胡性慧表示,现在市场上大众心理和励志类的图书很多,北航社以原创立足,选择有影响力的作者及机构合作,其刚刚推出的《16型人格》就是又一原创力作。另外,北航社也推出了"大师的背影"等一些人文色彩浓厚的文化读本。由于这类产品比较小众,该社在其出版数量上有所控制,但是出于文化出版的考虑仍在推出《我们怎样阅读中国》等新品种。重大社目前侧重开发"鹿鸣心理"和自然随笔,以《人民文学奖获奖作品》和《界限:中国网络诗歌运动十年精选》为代表的文学类图书的影响力正在形成,这也是该社今后要发展的方向。陈晓阳说,《昆虫之美》是该社最初推出的自然随笔图书,由于产品产生了不错的影响,所以也聚拢了作者,出版社也得以进一步开发了《那些花儿》等产品。

22.3　市场推广成攻坚环节

业者表示,大学社在产品前端开发上面临的问题并不大,真正的难题在于推广。近些年,大学社一直在强调,发展大众图书需要进行配套推广,但是目前各社在渠道开发及营销方式上并没有太大突破,还在不断探索中。

相关人士表示，不少大学社并没有设立专门的营销部门或者人员负责大众图书的推广，大众图书成了"顺带营销"或者"不被营销"的产品。在部分出版社，编辑在推广环节没有话语权，一些推广建议得不到实施。这样使得一些原本有市场潜力的产品的销售受到很大影响。陈晓阳表示，重大社的营销中心分为两部分，一部分负责教材，一部分负责大众图书。目前，相关工作人员在大众图书推广方面积极与各大书店建立联系，同时也注意在各类媒体上进行相关宣传，但是市场推广上仍然面临不少需要解决的问题。

从记者了解的情况来看，目前各大学社对大众书的营销方式都很常规，一般是书评、书讯、连载、简单的新闻发布会。融入一点特色的活动都还很少。李又顺表示，复旦大学出版社正在积极探索新的营销模式。例如，该社针对《王的阴谋》与中国移动签订合作协议，推出手机书，这样就可以为宣传造势，并且纸质书与手机书可互为宣传途径。此外，该社还为该书设计了多媒体宣传片，以画面、声音更为直观地传播产品信息。胡性慧表示，北航社人文社科事业部紧跟形势开设微博，但是影响面还比较有限。

受访者表示，大众图书在推广上面临瓶颈，从一个侧面表明，大学社改制并没有得到深入推进，体制仍是其走向市场化的绊脚石。

［链接：中国图书商报 2010.8.17，刘海颖《大学社大众书品牌成长迅速》］

第五编 年度书业数据调查分析

第 23 章　2010 全国出版能力再绘新版图

中国图书商报近年来刊发的来自 LM 竞争力监测系统对全国出版社、出版集团图书出版能力、竞争力进行的排行，在业内引起较大反响，并被广泛援引。"出版能力数据分析"从实证的角度对出版社的竞争力进行了评价，为出版社在竞争中明确自己的位置、确定经营目标提供了依据，为书店选择自己的出版伙伴提供了参照，为业界了解行业的格局提供了基础资料……成为商报持续着力打造的"商报数据"品牌的一个子品牌。

LM 竞争力监测系统由六个子系统组成，即生产力、销售力、资源力、赢利力、影响力和组织力。生产力监测系统主要监测出版单位的生产能力，包括产品规模、编辑力量、创新能力等指标。本文是该子系统对产品规模进行的一个监测报告。文中所称出版能力指数，主要由图书品种、印数、印张、码洋等加权而得；其中减除了租型因素。出于可比性考虑，本文对所涉数据进行了处理，共得到有效样本出版社 561 家，本文分析皆依此样本数据为基础。

刚刚过去的一年多时间里，中国出版业"实力版图"在改革发展的新形势下，正以加速度的态势向前推进——转企、改制，狂飙突进，制度变革与市场化推进力度空前；改组、重构，节节前行，"出版能力"的此消彼长更其突出。新闻出版总署《2010 中国新闻出版统计资料汇编》甫一发布，中国图书商报第一时间联合 LM 竞争力监测系统，根据最新数据对全国出版社及各地区出版业的图书出版能力进行分析及排行，希望为每一个出版主体，找到自身在中国出版实力版图上的能力坐标，成为其在激烈的市场竞争中定位自身、制定战略的"参考系"。

23.1 全国出版能力排行

23.1.1 总排名

我们对进入LM竞争力监测系统的561家出版社，进行了出版能力排名，取排名前50位的出版社形成全国出版社图书出版能力总排行榜（见表23.1）。

表23.1 全国出版社总排名

名次 （2009年）	名次 （2008年）	出版社	归属地	类别	指数
1	1	高等教育出版社	中央	教育	0.8272
2	2	人民教育出版社	中央	教育	0.7615
3	6	外语教学与研究出版社	中央	社科	0.6428
4	5	北京师范大学出版社	中央	社科	0.6222
5	3	科学出版社	中央	科技	0.6056
6	4	江苏教育出版社	江苏	教育	0.5774
7	7	机械工业出版社	中央	科技	0.529
8	12	浙江教育出版社	浙江	教育	0.4841
9	8	教育科学出版社	中央	教育	0.4792
10	11	清华大学出版社	中央	科技	0.4054
11	15	化学工业出版社	中央	科技	0.3542
12	14	广西师范大学出版社	广西	社科	0.3521
13	10	电子工业出版社	中央	科技	0.3301
14	13	重庆出版社	重庆	综合	0.32
15	9	人民卫生出版社	中央	科技	0.3171
16	17	中国地图出版社	中央	科技	0.3032
17	18	人民邮电出版社	中央	科技	0.2898
18	16	北京大学出版社	中央	社科	0.2775
19	24	青岛出版社	山东	综合	0.2659
20	21	中国人民大学出版社	中央	社科	0.2645
21	22	云南人民出版社	云南	社科	0.2527
22	28	新疆教育出版社	新疆	教育	0.2305
23	29	星球地图出版社	解放军	科技	0.2246
24	23	中国电力出版社	中央	科技	0.2135

名次（2009年）	名次（2008年）	出版社	归属地	类别	指数
25	31	内蒙古教育出版社	内蒙古	教育	0.2129
26	32	西南师范大学出版社	重庆	社科	0.2111
27	20	湖南教育出版社	湖南	教育	0.2103
28	26	上海教育出版社	上海	教育	0.2038
29	19	广东教育出版社	广东	教育	0.2035
30	41	商务印书馆	中央	社科	0.2029
31	27	陕西人民教育出版社	陕西	教育	0.2
32	39	中国建筑工业出版社	中央	科技	0.1946
33	50	中国少年儿童出版社	中央	少儿	0.1926
34	36	安徽教育出版社	安徽	教育	0.1894
35	34	上海外语教育出版社	上海	社科	0.1884
36	33	山西人民出版社	山西	社科	0.1839
37	42	中国农业出版社	中央	科技	0.181
38	38	华东师范大学出版社	上海	社科	0.1802
39	45	江苏人民出版社	江苏	社科	0.1794
40	80	中国大百科全书出版社	中央	社科	0.1760
41	35	中国劳动社会保障出版社	中央	社科	0.1758
42	44	云南教育出版社	云南	教育	0.1724
43	30	陕西师范大学出版社	陕西	社科	0.1723
44	49	中国铁道出版社	中央	科技	0.1708
45	56	湖南少年儿童出版社	湖南	少儿	0.1677
46	55	人民出版社	中央	社科	0.166
47	37	江苏科学技术出版社	江苏	科技	0.1629
48	48	湖北教育出版社	湖北	教育	0.1587
49	43	接力出版社	广西	少儿	0.1531
50	40	江苏少年儿童出版社	江苏	少儿	0.1529

共有16个地区的出版社榜上有名。北京地区占上榜出版社的半壁江山，其中24家为中央所属，1家为军队系统出版社；其次是江苏和上海，分别上榜4家和3家；再次是广西、湖南、山东、陕西、云南，各上榜2家；安徽、广东、湖北、内蒙古、重庆、新疆、浙江、重庆等地皆有1家上榜。

从类别来看,50家上榜出版社中,社科类出版社19家,教育类出版社13家,科技类出版社13家,少儿类出版社3家,综合类出版社2家。文艺、古籍、旅游、美术、民族类出版社无一家上榜。

从排名结果来看,教育社"含金量"最重,如前10名中有5家教育类出版社,高等教育出版社和人民教育出版社在历年排行中均名列前茅;大学社的出版能力贡献率颇高,如位列第3名和第4名的外语教学与研究出版社、北京师范大学出版社领先优势明显。与2008年排名相比,中国大百科全书出版社、湖南少年儿童出版社和人民出版社跻身前50名。尤其是中国大百科全书出版社,由于该社2009年推出《中国大百科全书(第二版)》等精品图书的拉动,位次提高了40名。

就具有超强出版能力(出版能力指数在0.4以上)的出版社而言,2009年有10家,2008年只有8家,新增两家分别为教育科学出版社和清华大学出版社。这10家出版社可以称为是我国出版社的十强。其中,高等教育出版社,因处于战略调整期外,除其余九强都有不同程度的提高,人民教育出版社、外语教学与研究出版社、北京师范大学出版社、科学出版社的指数增加均超过0.1。

□ 23.1.2 各类出版能力冠军榜

由于专业分工的不同,有些出版社尽管没能进入总排行榜,但却是它所属的出版类别的佼佼者,这些出版社在其所属的专业市场上占有绝对的竞争力优势。由于LM指数是一种综合的竞争力指数,没有考虑类别的差异,为此,我们设立了类别冠军榜,以为补充(见表23.2)。

表23.2 2009年各类别出版能力冠军榜

类别	出版社	归属地	指数	总榜名次
古籍	中华书局	中央	0.0860	121
教育	高等教育出版社	中央	0.8272	1
科技	科学出版社	中央	0.6056	5
美术	江苏美术出版社	江苏	0.1262	70
民族	延边教育出版社	吉林	0.1221	51

类别	出版社	归属地	指数	总榜名次
少儿	中国少年儿童出版社	中央	0.1926	34
文艺	人民文学出版社	中央	0.1241	74
社科	外语教学与研究出版社	中央	0.4502	3
综合	重庆出版社	重庆	0.2847	14
旅游	中国旅游出版社	中央	0.0353	211

与2008年相比，有两个类别排名第一的出版社出现了变化。少儿类，2009年出版能力排名第1的中国少年儿童出版社2008年位列第3；社科类，2008年位列第2的外研社2009年出版能力排名第1。

23.1.3 社科类出版能力排行榜

进入竞争力监测系统的社科类出版社计有231家，占监测出版社总数的41.18%，是第一大类出版社。我们取图书出版能力排名前20位的社科类出版社形成社科类出版社出版能力排行榜（见表23.3）。

表23.3 社科类出版能力排行榜

名次	总榜名次	出版社	所属地	指数
1	3	外语教学与研究出版社	中央	0.6428
2	4	北京师范大学出版社	中央	0.6222
3	12	广西师范大学出版社	广西	0.3521
4	18	北京大学出版社	中央	0.2775
5	20	中国人民大学出版社	中央	0.2645
6	21	云南人民出版社	云南	0.2527
7	30	商务印书馆	中央	0.2029
8	35	上海外语教育出版社	上海	0.1884
9	36	山西人民出版社	山西	0.1839
10	38	华东师范大学出版社	上海	0.1802
11	39	江苏人民出版社	江苏	0.1794
12	40	中国大百科全书出版社	中央	0.176
13	41	中国劳动社会保障出版社	中央	0.1758
14	43	陕西师范大学出版社	陕西	0.1723

名次	总榜名次	出版社	所属地	指数
15	46	人民出版社	中央	0.166
16	52	新世界出版社	中央	0.1487
17	53	中央文献出版社	中央	0.1458
18	55	世界图书出版公司	中央	0.1454
19	59	语文出版社	中央	0.1368
20	60	辽宁师范大学出版社	辽宁	0.1365

2009年,社科类排名前20名的上榜出版社,有15家进入总排行榜前50名。20名榜中,大学社是社科类出版社中出版能力很强的类别,在榜的有7家,前5名均为大学社。在榜的中央出版社有10家,地方出版社10家。人民社在社科类亦阵容坚强,云南人民出版社、山西人民出版社等4家人民社均入榜。

□ **23.1.4 科技类出版能力排行榜**

进入LM竞争力监测系统的科技类出版社计有129家,占监测出版社总数的22.82%,是第二大类出版社。我们取图书出版能力排名前20位的科技类出版社形成科技类出版社出版能力排行榜(见表23.4)。

表23.4 科技类出版能力排行榜

名次	总榜名次	出版社	所属地	指数
1	5	科学出版社	中央	0.6056
2	7	机械工业出版社	中央	0.529
3	10	清华大学出版社	中央	0.4054
4	11	化学工业出版社	中央	0.3542
5	13	电子工业出版社	中央	0.3301
6	15	人民卫生出版社	中央	0.3171
7	16	中国地图出版社	中央	0.3032
8	17	人民邮电出版社	中央	0.2898
9	24	星球地图出版社	解放军	0.2246
10	25	中国电力出版社	中央	0.2135
11	32	中国建筑工业出版社	中央	0.1946
12	37	中国农业出版社	中央	0.181

名次	总榜名次	出版社	所属地	指数
13	44	中国铁道出版社	中央	0.1708
14	47	江苏科学技术出版社	江苏	0.1629
15	56	金盾出版社	解放军	0.1432
16	61	人民军医出版社	解放军	0.1363
17	66	上海科技教育出版社	上海	0.1301
18	77	人民交通出版社	中央	0.1176
19	78	北京理工大学出版社	中央	0.1175
20	81	中国水利水电出版社	中央	0.1166

2009年,科技类排名前20名的出版社有14家进入总榜总排行榜前50名,除了上海、江苏各1家出版社外,皆为中央或军队系统出版社。可见,相对于社科社,中央和军队系统出版社的科技出版能力明显强于地方社。

科学出版社一直稳居科技类首位,机工社、化工社、电子社、人卫社、中国地图社等老牌科技社前列社实力较为相当,是科技社的重要力量。与去年榜单相比,清华大学出版社2009年提升较大,出版能力指数从不到0.3提高到0.4;人民军医出版社、北京理工大学出版社、中国水利水电出版社进入20名榜单。

23.1.5 少儿类出版能力排行榜

进入竞争力监测系统的少儿类出版社计有31家,占监测出版社总数的5.53%,是第六大类出版社。我们取图书出版能力排名前10位的少儿类出版社形成少儿类出版社出版能力排行榜(见表23.5)。

表23.5 少儿类出版能力排行榜

名次	总榜名次	出版社	所属地	指数
1	33	中国少年儿童出版社	中央	0.1926
2	45	湖南少年儿童出版社	湖南	0.1677
3	49	接力出版社	广西	0.1531
4	50	江苏少年儿童出版社	江苏	0.1529
5	51	浙江少年儿童出版社	浙江	0.1501
6	57	二十一世纪出版社	江西	0.1395

名次	总榜名次	出版社	所属地	指数
7	62	安徽少年儿童出版社	安徽	0.1339
8	63	湖北少年儿童出版社	湖北	0.1334
9	70	四川少年儿童出版社	四川	0.1256
10	87	海燕出版社	河南	0.1084

这10家出版社中有4家进入了总排行榜,10个地区入榜。与上年相比,中国少年儿童出版社和湖南少年儿童出版社提升较多,湖北少年儿童出版社是新入榜的出版社,其余9家出版社两年均在榜。

□ 23.1.6 文艺类出版能力排行榜

进入竞争力监测系统的文艺类出版社计有41家,占监测出版社总数的7.31%,是第三大类出版社。我们取图书出版能力排名前10位的文艺类出版社形成文艺类出版社出版能力排行榜(见表23.6)。

表23.6 文艺类出版能力排行榜

名次	总榜名次	出版社	所属地	指数
1	73	人民文学出版社	中央	0.1241
2	85	译林出版社	江苏	0.115
3	112	湖南文艺出版社	湖南	0.0902
4	119	作家出版社	中央	0.0861
5	131	长江文艺出版社	湖北	0.0796
6	135	江苏文艺出版社	江苏	0.0773
7	176	太白文艺出版社	陕西	0.0537
8	190	人民音乐出版社	中央	0.0501
9	202	花山文艺出版社	河北	0.0472
10	225	百花文艺出版社	天津	0.0418

这10家出版社中央所属的有3家,江苏2家,湖南、湖北、陕西、天津、河北各1家。10家出版社皆没有进入前50名的总榜。与去年榜单相比,太白文艺出版社和百花文艺出版社代替漓江出版社和河南文艺出版社进入前10名。

23.1.7 大学出版能力排行榜

大学出版社大部分是社科类和科技类出版社,但由于大学出版社数量庞大,且具有很强的出版能力,故特对此类出版社进行排行。进入竞争力监测系统的大学出版社计有101家,占监测出版社总数的18%。我们取图书出版能力排名前20位的大学出版社形成大学出版社出版能力排行榜(见表23.7)。

表23.7 大学出版能力排行榜

名次	总榜名次	出版社	所属地	类别	指数
1	3	外语教学与研究出版社	中央	社科	0.6428
2	4	北京师范大学出版社	中央	社科	0.6222
3	10	清华大学出版社	中央	科技	0.4054
4	12	广西师范大学出版社	广西	社科	0.3521
5	18	北京大学出版社	中央	社科	0.2775
6	20	中国人民大学出版社	中央	社科	0.2645
7	27	西南师范大学出版社	重庆	社科	0.2111
8	35	上海外语教育出版社	上海	社科	0.1884
9	38	华东师范大学出版社	上海	社科	0.1802
10	43	陕西师范大学出版社	陕西	社科	0.1723
11	60	辽宁师范大学出版社	辽宁	社科	0.1365
12	68	浙江大学出版社	浙江	社科	0.1266
13	72	复旦大学出版社	上海	社科	0.125
14	78	北京理工大学出版社	中央	科技	0.1175
15	79	南京师范大学出版社	江苏	社科	0.1175
16	80	东北师范大学出版社	吉林	社科	0.1168
17	86	辽宁大学出版社	辽宁	社科	0.1132
18	91	上海交通大学出版社	上海	科技	0.1056
19	92	武汉大学出版社	湖北	社科	0.1053
20	93	中央广播电视大学出版社	中央	社科	0.1047

这20家出版社全部进入全国出版社前100名。前50名排行中,有10家大学社进入其中,包含7家中央级出版社(前5名进入4家),4家上海地区的出版社,辽宁进入2家,广西、重庆、陕西、浙江、江苏、吉林、湖北各有1家。

23.1.8 最具成长性出版社排行榜

与本监测系统上年采集数据相对应的561家出版社中,有443家出版社的出版能力实现了增长,其余188家出版社则出现下降。我们取有增长的443家出版社中的前20位形成出版社成长性排行榜(见表23.8)。

表23.8 出版社的成长性排行

名次	总榜名次	出版社	所属地	类别	成长性指数
1	3	外语教学与研究出版社	中央	社科	0.1889
2	8	浙江教育出版社	浙江	教育	0.186
3	4	北京师范大学出版社	中央	社科	0.1479
4	5	科学出版社	中央	科技	0.1145
5	7	机械工业出版社	中央	科技	0.108
6	10	清华大学出版社	中央	科技	0.106
7	2	人民教育出版社	中央	教育	0.1004
8	11	化学工业出版社	中央	科技	0.0959
9	6	江苏教育出版社	江苏	教育	0.0929
10	86	辽宁大学出版社	辽宁	社科	0.0895
11	96	吉林大学出版社	吉林	社科	0.0863
12	40	中国大百科全书出版社	中央	社科	0.0831
13	9	教育科学出版社	中央	教育	0.0778
14	12	广西师范大学出版社	广西	社科	0.0754
15	33	中国少年儿童出版社	中央	少儿	0.0722
16	63	湖北少年儿童出版社	湖北	少儿	0.0709
17	58	江西教育出版社	江西	教育	0.0706
18	53	中央文献出版社	中央	社科	0.0697
19	19	青岛出版社	山东	综合	0.0667
20	112	湖南文艺出版社	湖南	文艺	0.065

这20家出版社中有14家进入了总排行榜前50名,包含11家中央级出版社,广西、湖北、湖南、吉林、江苏、江西、辽宁、山东、浙江各1家。类别方面,社科社最多,有7家;其次为教育社5家,科技社4家,少儿社2家,文艺和综合类各1家。成长性排名前7位均得到了指数超过0.1的增长,且均为大社强社。大学社依然表现抢眼,6家入榜。

23.2 全国出版地区排行

23.2.1 省域出版形成五大板块

我们对各地区的图书出版能力依照 LM 指数进行了排名,基本勾勒出我国图书出版能力的地域分布。(北京和上海地区含中央出版社,就全国而言,缺少台湾、香港、澳门地区的数据)(见表 23.9)。

表 23.9 各地区图书出版能力排行榜

名次	地区	综合指数	名次	地区	综合指数
1	北京	0.7821	17	新疆	0.0255
2	江苏	0.0857	18	云南	0.025
3	上海	0.0784	19	重庆	0.0241
4	浙江	0.0511	20	河北	0.0238
5	山东	0.0499	21	山西	0.0192
6	湖北	0.046	22	福建	0.0159
7	吉林	0.0457	23	天津	0.0153
8	广西	0.044	24	黑龙江	0.0148
9	广东	0.0434	25	内蒙古	0.0135
10	湖南	0.043	26	贵州	0.0121
11	安徽	0.0412	27	海南	0.0117
12	辽宁	0.0389	28	甘肃	0.011
13	陕西	0.0379	29	宁夏	0.0039
14	四川	0.0362	30	青海	0.0021
15	河南	0.0332	31	西藏	0.0014
16	江西	0.0258			

根据出版能力指数,我国图书出版可以划分为五大地域板块,即第一板块,北京;第二板块,江苏、上海;第三板块,浙江、山东、湖北、吉林、广西、广东、湖南、安徽;第四板块,辽宁、陕西、四川、河南、江西、新疆、云南、重庆、河北、山西、福建、天津、黑龙江、内蒙古、贵州、海南、甘肃;其余为第五板块。第一板块和第二板块提供了全国图书出版能力的55.59%。

一个地区的图书出版能力取决于两个因素:第一,出版社的数量;第二,出版社平均的出版能力。就出版社的数量而言,北京第一,上海第二,广东第三。就出版社平均的出版能力而言,重庆、广西、江苏地区出版社的出版能力最强。

23.2.2 区域出版群雄并起

寻求区域联合、打造区域经济,历来是产业发展的基本路径,也是产业成熟的必然表现。随着新闻出版总署"从出版大国向出版强国"目标的提出,通过调整区域布局、深化区域合作,是做大做强出版产业的题中应有之义。按照七大经济区域划分,我们对进入 LM 竞争力监测系统的区域出版力量进行了出版能力排名(见表 23.10)。

华北、华东和华中地区是我国出版能力汇集的三大区域。就指数而言,三大区域均超过 0.1:其中华北地区的 5 个省市出版机构云集,几乎占据了全国出版力量的半壁江山;华东地区的六省一市云集上海、江苏等出版强省紧随其后;华中出版力量近年快速崛起,区域联合日趋频繁,位居第三。

表 23.10　各区域出版能力排行榜

排名	地　区	指数
1	华北 (包含北京、天津、河北、山西、内蒙古)	0.8539
2	华东 (即东部地区,包含上海、江苏、浙江、安徽、福建、江西、山东)	0.348
3	华中 (即中部地区,包含湖北、湖南、河南)	0.148
4	东北 (包含辽宁、吉林、黑龙江)	0.0994
5	华南 (即南部地区,包含广东、广西、海南)	0.0991
6	西南 (包含四川、云南、贵州、西藏、重庆)	0.0988
7	西北 (包含宁夏、新疆、青海、陕西、甘肃)	0.0804

23.3 排行：从规模向实务

23.3.1 图书出版粗放增长放缓

2009年全国共出版图书301719种,其中新版图书168296种,重版、重印图书133423种,总印数70.37亿册(张),总印张565.50亿印张,折合用纸量132.93万吨,定价总金额848.04亿元。与上年相比图书品种增长10.07%,新版图书品种增长12.97%,重版、重印图书品种增长6.61%,总印数下降0.36%,总印张增长0.78%,定价总金额增长5.68%。

21世纪开始,图书出版出现了一系列新情况,其中,最主要的问题是增速下滑。其中,2006年、2007年下滑的速度增大。在2008年出现了整体上扬态势后,2009年,图书出版的三大指标,品种、印数和定价总金额的增速均出现不同程度的下降,其中,品种增长基本稳定,定价总金额和印数下滑幅度较大,尤其是印数再次出现了负增长(见图23.1)。

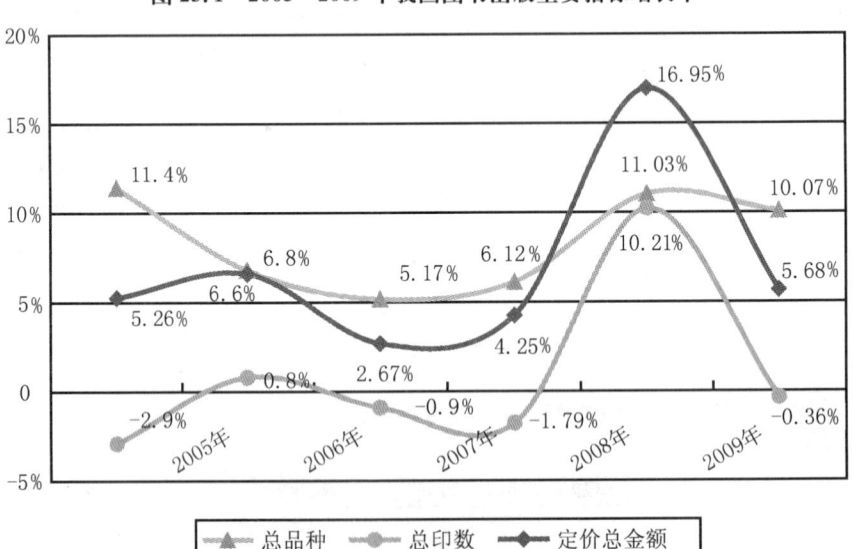

图23.1 2005～2009年我国图书出版主要指标增长率

年份	总品种	总印数	定价总金额
2005年	11.4%	-2.9%	5.26%
2006年	5.17%	0.8%	6.6%
2007年	6.12%	-0.9%	4.25%
2008年	11.03%	10.21%	16.95%
2009年	10.07%	-0.36%	5.68%

2009年全国平均品种印数（总印数/总品种）为2.33万册，比上年的2.57万册有所下降；2009年全国平均印张定价（定价总金额/总印张）为1.5元，新出品种平均印数为1.09万册，新出品种印张定价为2.05元。与上年相比，新出品种印数下降了0.16万册，而新出品种印张定价上升了0.14元。可见，在读者阅读需求日益多元化、市场竞争日益激烈的当下，出版业正在减弱粗放增长的冲动，控制成本、精确印数，积极进行精耕内容和精细化生产；新出品种印张定价的小幅上涨也反映了在纸价等生产原料上涨的大环境下，书价的小幅上扬。

在书籍、课本、图片三个类别中，相比上一年，书籍和课本出版的总印数增速均出现大幅下降，书籍由2008年的增长率22.78%降到2009年的4.53%增长率；课本出版再次出现负增长（见图23.2）。图书出版的22大类别中，如艺术类，自然科学总论类，数理科学、化学类，环境科学类和综合类的印数下降较大。各类课本出版方面，大专及大专以上课本，中学课本和小学课本的印数均有不同程度的下降。

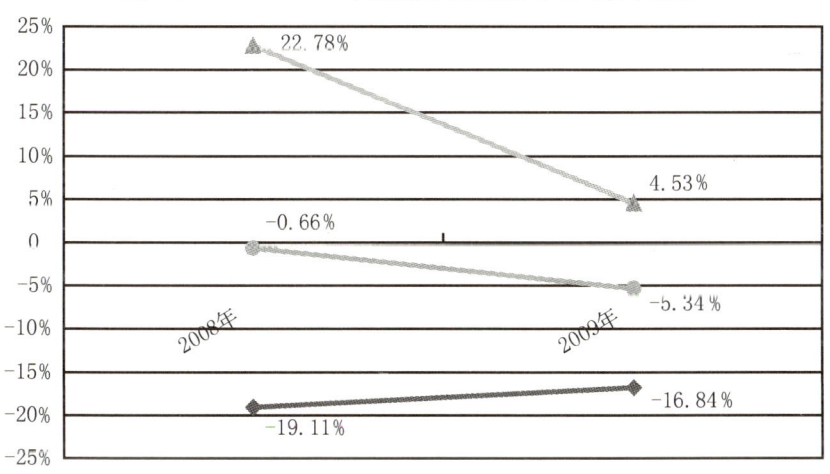

图23.2 2008～2009年我国图书出版总印数增长率变化

23.3.2 品种资源继续向大社聚拢

2009年出版社平均的品种规模为520种,比2008年的476种增长了9.26%。全国有366家出版社的品种数量实现增长,2家出版社维持不变,203家出版社的出版品种有所下降。有19家出版社的品种规模超过了2000种,比2008年多了1家。1000种以上品种规模的出版社为72家(含2000种以上品种规模的出版社),比2008年多了15家。这72家出版社占出版社总数的比重为12.84%,其品种规模总量占全国图书出版品种的45.6%,比2008年的41.76%提高了近4个百分点(见表23.11)。

表23.11 图书出版的品种结构(单位:个、种)

规模	出版社 个数	出版社 比重	品种 规模	品种 比重
2000种以上	19	3.39%	66908	22.33%
1000~1999种	53	9.45%	69714	23.27%
500~999种	103	18.36%	69729	23.27%
499种以下	386	68.81%	93286	31.13%

2009年品种增长较快的出版社中,大学社占有较高的比例,如吉林大学出版社、清华大学出版社、北京理工大学出版社、辽宁师范大学出版社、广西师范大学出版社位列其中。中国少年儿童出版社及湖南、湖北、浙江三地的少儿社的品种增幅也在400种左右。从品种的增加可以看出,这些大规模出版社出版能力急速增长,对图书出版业的影响不断增强(见表23.12)。

表23.12 2009年品种增加前20位的出版社(种)

名次	出版社	归属地	类别	2008年	2009年	增量
1	化学工业出版社	中央	科技	3624	4445	821
2	吉林大学出版社	吉林	社科	206	985	779
3	清华大学出版社	中央	科技	4002	4727	725
4	北京理工大学出版社	中央	科技	932	1490	558

名次	出版社	归属地	类别	2008年	2009年	增量
5	商务印书馆	中央	社科	590	1118	528
6	世界图书出版公司	中央	社科	1102	1627	525
7	科学出版社	中央	科技	6087	6579	492
8	中国少年儿童出版社	中央	少儿	1261	1731	470
9	辽宁师范大学出版社	辽宁	社科	531	985	454
10	浙江教育出版社	浙江	教育	1343	1796	453
11	人民邮电出版社	中央	科技	3252	3700	448
12	延边教育出版社	吉林	民族	1358	1793	435
13	机械工业出版社	中央	科技	6474	6890	416
14	广西师范大学出版社	广西	社科	2450	2862	412
15	湖北少年儿童出版社	湖北	少儿	502	902	400
16	湖南少年儿童出版社	湖南	少儿	786	1180	394
17	浙江少年儿童出版社	浙江	少儿	1058	1450	392
18	江苏教育出版社	江苏	教育	2201	2588	387
19	大连出版社	辽宁	综合	216	597	381
20	新世界出版社	中央	社科	732	1107	375

从出版社的归属地看,品种增加前20名的出版社中,中央出版社占了10家,地方出版社占了10家。从出版社的类别看,科技类和社科类各占6家,是推动品种增长的主导力量。

23.3.3 9家社迈入10亿码洋之列

从定价总金额来看,2009年,超过20亿元的出版社1家,为高等教育出版社。10亿～20亿元定价总金额的出版社有8家,分别为外语教学与研究出版社、人民教育出版社、科学出版社、北京师范大学出版社、江苏教育出版社、浙江教育出版社、教育科学出版社、机械工业出版社。5亿元以上的出版社共27家(比2008年多3家),占出版社数量的4.81%,但占全国定价总金额的近

1/3(见表 23.13)。

表 23.13　图书出版的定价总金额结构(个、亿元)

规模	出版社		定价总金额	
	个数	比重	规模	比重
10 亿元以上	9	1.6%	1276556	16.51%
5 亿元~9.99 亿元	18	3.21%	1161306	15.02%
1 亿元~4.99 亿元	177	31.55%	3676682	47.56%
0.5 亿元~0.99 亿元	141	25.13%	1028730	13.31%
0.1 亿元~0.4999 亿元	189	33.69%	572926	7.41%
0.0999 亿元以下	27	4.81%	15003	0.19%

2009 年定价总金额增长较快的出版社中,教育社和大学社占有较高的比例,如浙江教育出版社、江苏教育出版社、江西教育出版社,以及吉林大学出版社、辽宁大学出版社等。除了清华大学出版社外,前 20 位出版社定价总金额的增长均超过 1 亿元(见表 23.14)。

表 23.14　2009 年定价总金额增加前 20 位的出版社(万元)

名次	出版社	归属地	类别	2008 年	2009 年	增量
1	浙江教育出版社	浙江	教育	69887	104063	34176
2	外语教学与研究出版社	中央	社科	160178	188682	28504
3	中国大百科全书出版社	中央	社科	38035	64664	26629
4	人民出版社	中央	社科	28753	51892	23139
5	吉林大学出版社	吉林	社科	1852	19974	18122
6	中国建筑工业出版社	中央	科技	43816	60352	16536
7	人民军医出版社	解放军	科技	24144	40455	16311
8	辽宁大学出版社	辽宁	社科	4347	20414	16067
9	江苏文艺出版社	江苏	文艺	4219	19881	15662
10	北京师范大学出版社	中央	社科	116406	131998	15592
11	湖南文艺出版社	湖南	文艺	6947	22502	15555
12	江苏教育出版社	江苏	教育	103315	116622	13307
13	辽宁师范大学出版社	辽宁	社科	25530	38479	12949

名次	出版社	归属地	类别	2008年	2009年	增量
14	中国少年儿童出版社	中央	少儿	30428	43142	12714
15	湖北少年儿童出版社	湖北	少儿	10337	22321	11984
16	化学工业出版社	中央	科技	56816	68185	11369
17	二十一世纪出版社	江西	少儿	22572	33760	11188
18	华文出版社	中央	社科	7809	18868	11059
19	江西教育出版社	江西	教育	12452	22948	10496
20	清华大学出版社	中央	科技	75603	85436	9833

从出版社的归属地看,中央出版社9家,地方出版社占11家。从类别来看,社科类出版社最多,共8家;其次是科技类,4家;少儿类和教育类各占3家。

□ 23.3.4 印数净增长验证出版社实力

一些出版社虽然在出版规模上不及一些超级大社,但在品种稳定的情况下,仍实现了印数和码洋的快速增长,显示了较强的出版能力。为了反映这一情况,以2009年出版社平均的品种增长9.26%为参照,本文将全国169家品种规模在(−9.26%,9.26%)这一区间浮动的出版社,比较其印数和码洋的增长幅度,得出以下排名(见表23.15)。

表23.15 2009年实力增长较快的出版社(以印数增长率为序)

名次	出版社	归属地	类别	品种增长率	码洋增长率	印数增长率
1	兵器工业出版社	中央	科技	0.83%	207.66%	120%
2	蓝天出版社	解放军	少儿	1.82%	28.26%	103.6%
3	江苏美术出版社	江苏	美术	8.09%	8.16%	102.82%
4	经济管理出版社	中央	社科	2.13%	51.31%	100%
5	中国传媒大学出版社	中央	社科	7.27%	16.4%	72.07%
6	中国人口出版社	中央	社科	−4.89%	22.81%	69.32%
7	中国民主法制出版社	中央	社科	−2.06%	14.53%	57.43%
8	人民出版社	中央	社科	−2.84%	80.48%	54.37%
9	湖南地图出版社	湖南	科技	7.02%	25.56%	52.44%

名次	出版社	归属地	类别	品种增长率	码洋增长率	印数增长率
10	开明出版社	中央	社科	－2.58%	62.98%	51.41%
11	电子科技大学出版社	四川	科技	4.63%	31.86%	44.65%
12	黑龙江少年儿童出版社	黑龙江	少儿	5.42%	104.93%	41.82%
13	外语教学与研究出版社	中央	社科	－0.70%	17.8%	36.58%
14	新疆科学技术出版社	新疆	科技	4.66%	33.41%	34.59%
15	金盾出版社	解放军	科技	0	33.12%	27.92%
16	北京航空航天大学出版社	中央	科技	4.43%	21.46%	27.23%
17	厦门大学出版社	山西	少儿	－0.81%	21.79%	23.14%
18	中国建筑工业出版社	中央	科技	2.99%	37.74%	20.19%
19	北京语言大学出版社	中央	社科	8.18%	28.05%	18.4%
20	中国财政经济出版社	中央	社科	1.5%	15.46%	18.22%

可以发现,品种基本稳定,总印数增长率较高的出版社大多为中小型出版社,如兵器工业出版社、江苏美术出版社、中国传媒大学出版社等。前10名品种保持稳定,印数增长率超过50%的出版社中有9家为品种规模在500种以下的中小出版社。

[链接:中国图书商报2010.11.26,商报数据项目组,马莹/执笔,《2010全国出版能力再绘新版图》]

第24章 十年出版品种结构格局悄变（2000～2009）

21世纪的第2个10年悄然到来,将新世纪已经过去的10年作为一个区间,中国出版业在大发展大繁荣的路上正演绎着多方面的变革。本文将视角选在出版结构的演变方面,根据新闻出版总署历年发布的《新闻出版资料汇编》,解读10年产业数据,回溯出版业21世纪的第一个10年。

24.1 生产指标透析10年图书出版

24.1.1 品种带动行业总盘子增长

2000～2009年,全国图书品种保持着高速上涨的趋势,10年间从10万迈入30万大关。2000年全国图书出版品种143376种,新书84235种;2009年全国图书出版品种301719种,新书168296种;2000年全国图书定价总金额为430.1亿元,2009年为848.04亿元。10年来,这三项指标几乎都增长了超过1倍。

可以说,品种增长成为拉动出版业规模增长的首要推动力,全国图书定价总金额与品种的增长同步上扬,增长率接近100%。目前,增加品种的市场投放已经成为不少出版社做大做强的主要方式(见图24.1)。

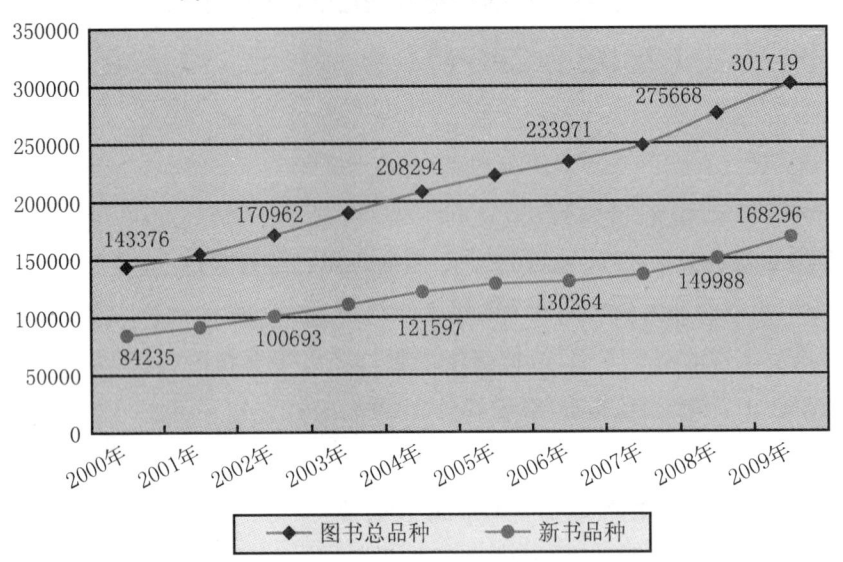

图 24.1 2000～2009 年全国图书品种变化(种)

24.1.2 单品种印数走入下降通道

图书出版品种的高速增长从一个侧面反映了中国出版的繁荣,然而,年图书出版总量却在品种的增长下"迂回前进",甚至"裹足不前"。全国图书出版总印数 2002 年达到 68.7 亿册(张)后,2003～2007 年均向下探底,2009 年才终于突破 70 亿册(张)。

一边是品种的逐年上涨,另一边是图书出版总印数的近乎停滞,造成了平均品种印数的连年下跌的局面。2000 年,全国平均品种印数为 4.38 万册,2005 年平均品种印数跌至 3 万以下,2009 年这一数值为 2.33 万册(见图 24.2)。品种印数的单边下降虽然是全球范围内图书生产力上升与消费能力下降的尴尬,但是也从一个侧面体现了出版业在品种百花齐放的背后,如何更好地实现集约式增长仍是业内的一个难题。

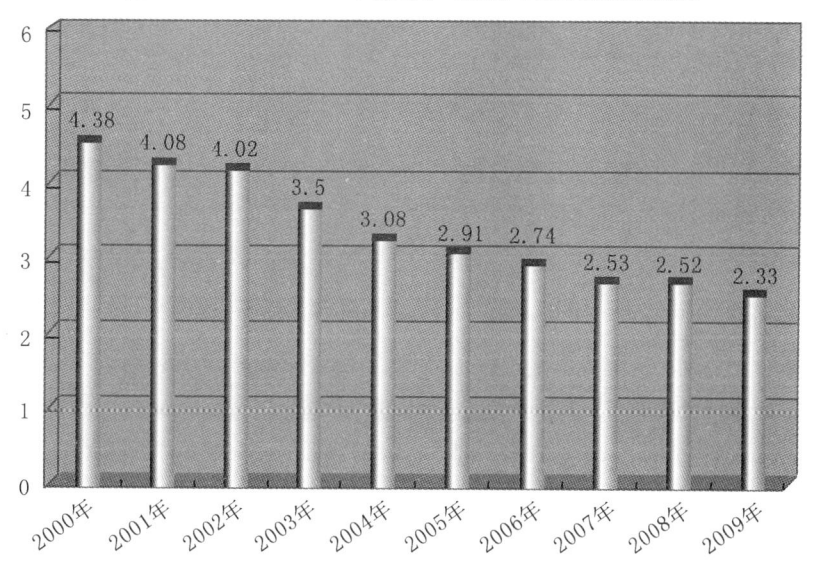

图 24.2 2000~2009 年全国平均品种印数的变化(万册)

年份	2000年	2001年	2002年	2003年	2004年	2005年	2006年	2007年	2008年	2009年
万册	4.38	4.08	4.02	3.5	3.08	2.91	2.74	2.53	2.52	2.33

24.1.3 十年新书价格因 CPI 上浮超六成

书价一直是敏感的话题。通过计算使用中国标准书号新书的平均印张定价和平均单册定价,我们得出 2000~2009 年这两个指标的变化趋势图(见图 24.3)。10 年间,印张定价从 1.56 元增至 2009 年的 2.05 元;单册定价从 2000 年的 12.93 元增至 20.91 元,图书价格上涨了 61.72%。事实上,10 年间,CPI 高企,与老百姓生活相关的衣食住行都在上涨。图书定价是整个产业链中的一环,图书的合理涨价是再正常不过的事,何况是在利润甚微的今天。但是,声讨书价高的声音从未停止过,读书人希望书价保持在较低的水平是人之常情,但是如果反映智力成果的图书真的不随时代而变化,也是读书人的悲哀。

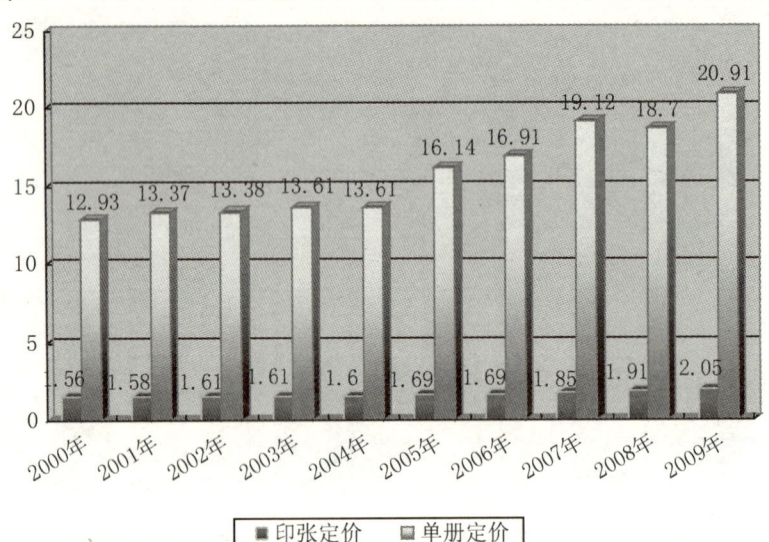

图 24.3　2000~2009 年全国新书平均印张定价(元/印张)和单册定价(元/册)

（印张定价　单册定价）

24.2　产品结构折射书业变迁

24.2.1　看品种：哲学类品种增长 340%，自然科学总论负增长

本文将使用中国标准书号的 22 类出版物在 2000~2009 年的出版数量作出统计。（见表 24.1）10 年间，有 20 个类别的图书品种均实现 70% 以上的增长。其中，哲学类图书品种增长最多，为 340%，环境科学，航空、航天，生物科学的增长率超过 200%（见图 24.4）。但值得注意的是，自然科学总论和综合性图书出现了品种负增长，分别下降了 2.7% 和 3.74%，相对应，社会科学总论类图书上涨了 137.55%。

表 24.1　2000～2009 年使用中国标准书号的 22 类图书品种变化(种)

类别	2000年	2001年	2002年	2003年	2004年	2005年	2006年	2007年	2008年	2009年
使用中国标准书号图书合计	141291	152287	238025	188505	206572	221489	232904	246909	273433	300892
马列主义、毛泽东思想	236	259	421	496	664	454	389	488	399	495
哲学	1461	1590	2603	2523	3312	3921	4478	4813	5549	6429
社会科学总论	1731	1812	2461	2097	2366	2842	2923	3423	3647	4112
政治、法律	5509	6589	8802	8665	9412	10104	10989	11968	13171	13730
军事	425	446	539	597	607	701	637	757	670	917
经济	9107	10460	15998	14397	16442	18389	19783	21420	23524	25273
文化、科学、教育、体育	58513	61174	106852	77185	83751	85668	86352	90419	95091	102597
语言、文字	6301	7103	11818	8600	10435	11659	12402	13425	15531	16721
文学	10756	11235	13708	11771	12633	13429	14812	15393	19463	24993
艺术	7577	9765	13234	10655	10067	10622	11905	11982	13244	15067
历史、地理	4402	4878	6218	6046	7204	8525	9013	9359	10132	11401
自然科学总论	926	893	1190	921	957	982	982	942	814	901
数理科学、化学	2530	2673	4766	3703	4187	4669	4752	4813	5545	5505
天文学、地理科学	630	558	684	678	924	999	1155	1227	1430	1659
生物科学	514	560	919	800	981	1190	1220	1332	1504	1618
医药、卫生	6329	6440	9646	8472	8382	9565	10324	11543	12959	14584
农业科学	3384	3281	3978	3219	2697	3045	3476	4086	5339	6978
工业技术	16267	17694	27624	22508	26924	29512	32198	34186	39268	40938

类别	2000年	2001年	2002年	2003年	2004年	2005年	2006年	2007年	2008年	2009年
交通运输	1161	1414	2294	1615	1755	2107	2210	2470	2913	3313
航空、航天	90	111	135	179	108	124	177	185	247	312
环境科学	400	502	809	747	1016	1014	1009	976	1321	1447
综合性图书	3042	2850	3326	2631	1748	1968	1718	1702	1672	1902

图 24.4　2000～2009 年品种增幅前 10 名的图书类别

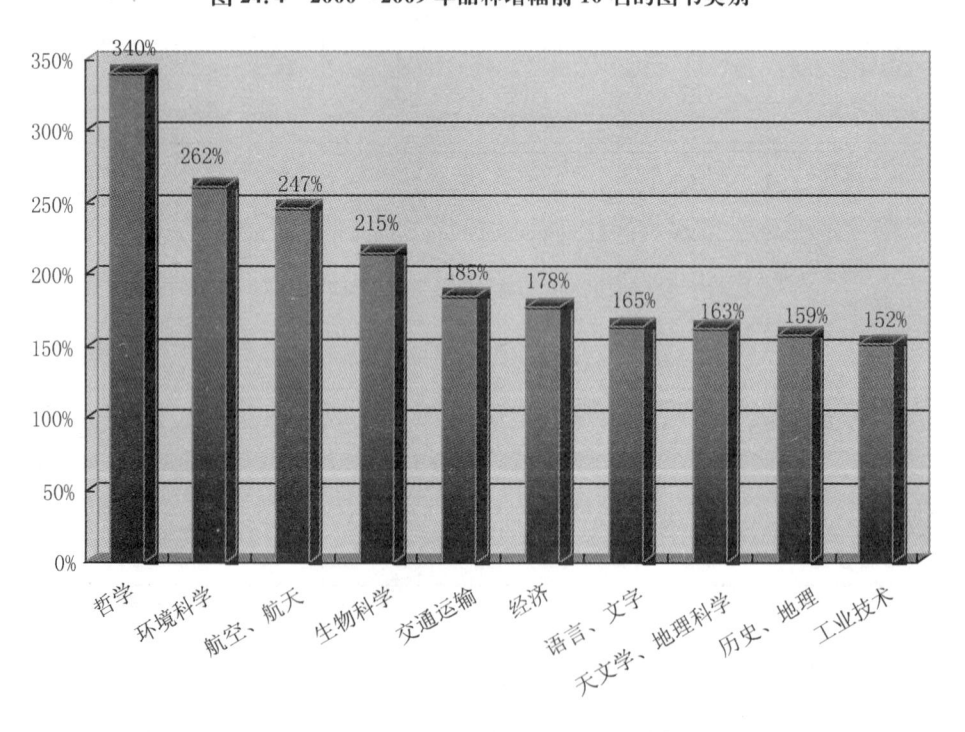

重印书不但是出版业利润的主要来源,更能反映该类图书的市场需求和社会效益。22 个类别中,文化、科学、教育、体育类别的图书近 10 年的平均重印率最高,为 54.87%,其次为数理科学、化学,交通运输,语言、文字等类(见图 24.5)。

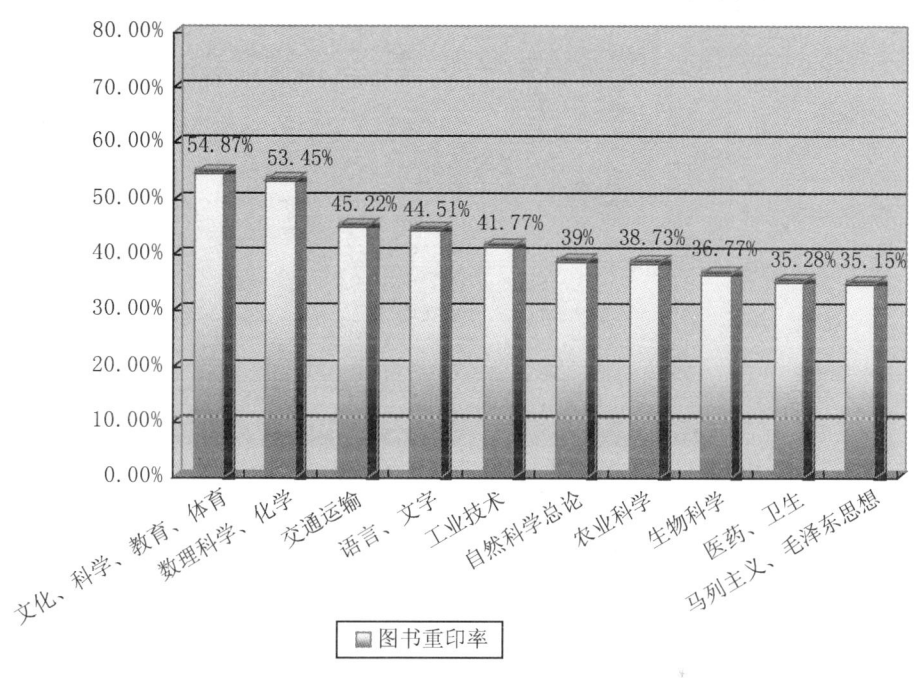

图 24.5 2000~2009 年平均图书重印率前 10 名的图书类别

数据（从左至右）：文化、科学、教育、体育 54.87%；数理科学、化学 53.45%；交通运输 45.22%；语言、文字 44.51%；工业技术 41.77%；自然科学总论 39%；农业科学 38.73%；生物科学 36.77%；医药、卫生 35.28%；马列主义、毛泽东思想 35.15%

□ 24.2.2　看码洋:文化科学类占全国半壁江山

10 年间,全国图书定价总金额翻了一番以上,各类图书的码洋也随之增长。在比重方面,文化、科学、教育、体育类图书占全国总定价的比重最高,2009 年达 48.71％,其次为工业技术、文学、语言、文字、经济、艺术,分别为 7.92％、6.92％、6.10％、6.09％、4.11％(见图 24.6)。

综合 2000~2009 年这 22 类图书的码洋比重变化情况可以发现,文化、科学、教育、体育类图书品种虽然从 160.1 亿元增加到 313.53 亿元,但在总品种所占的份额正在减弱。哲学和环境科学的码洋增长率超过 600％,其次为天文学、地理科学,码洋增长了 468％(见表 24.2)。

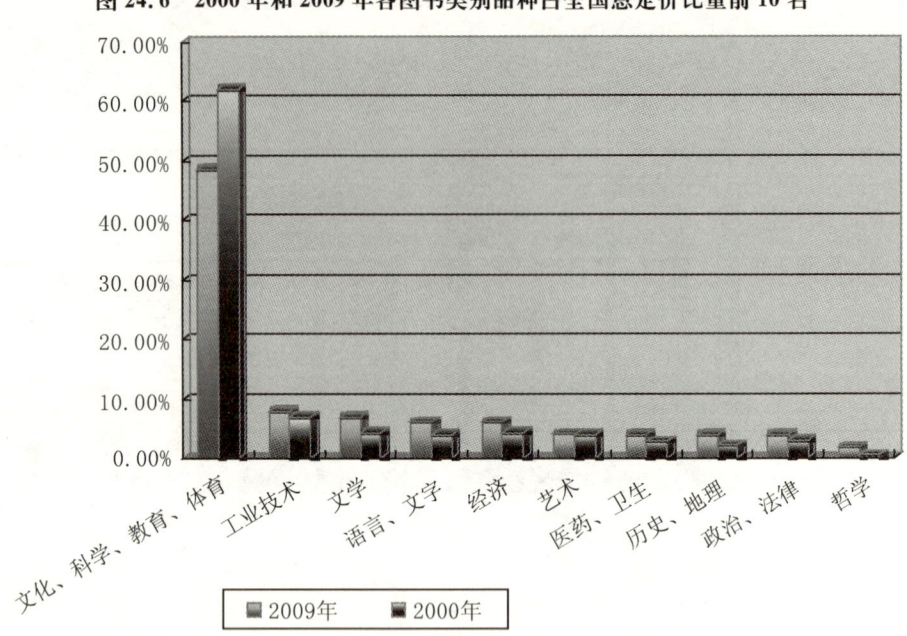

图 24.6　2000 年和 2009 年各图书类别品种占全国总定价比重前 10 名

表 24.2　2000~2009 年使用中国标准书号的 22 类图书码洋变化(亿元)

类别	2000 年	2001 年	2002 年	2003 年	2004 年	2005 年	2006 年	2007 年	2008 年	2009 年
使用中国标准书号图书合计	319.82	354.41	413.23	448.15	481.38	522.72	529.85	579.95	693.08	740.09
马列主义、毛泽东思想	0.65	0.55	0.86	1.59	3.25	1.36	0.98	2.07	3.07	1.75
哲学	2.11	3.34	3.31	4.05	5.74	7.53	8.20	10.15	12.14	15.56
社会科学总论	3	3.32	3.54	3.35	3.64	4.8	5.06	5.75	6.32	8.3
政治、法律	12.88	15.76	17.01	18.9	19.71	23.09	24.4	28.06	31.59	32.55
军事	0.73	0.6	1.09	1.12	1.28	1.48	1.22	1.6	1.42	2.33
经济	18.47	20.69	27.01	30.2	33.80	37.13	39.15	45.51	47.74	51.23

类别	2000年	2001年	2002年	2003年	2004年	2005年	2006年	2007年	2008年	2009年
文化、科学、教育、体育	160.1	168.1	198.45	213.75	219.44	229.92	228.85	248.85	294.8	313.53
语言、文字	16.66	21.03	25.63	26.88	31.94	36.83	37.63	38.29	51.19	51.36
文学	18.51	22.29	23.45	25.58	25.91	29.07	31.83	35.59	49.2	58.22
艺术	15.48	18.18	21	21.69	20.65	21.19	23.44	27.08	31.08	34.26
历史、地理	9.2	11.89	14.68	16.17	19.99	26.55	21.76	24.6	27.55	29.27
自然科学总论	2.87	2.31	2.46	2.47	1.98	2.61	2.13	1.69	1.68	1.69
数理科学、化学	3.72	4.55	5.89	6.94	8.31	8.63	8.06	7.73	9.44	8.85
天文学、地理科学	0.45	0.4	0.48	0.61	0.91	1.11	1.34	1.39	2.04	2.56
生物科学	0.66	0.75	1.05	1.46	1.75	2.19	2.04	2.28	2.81	2.74
医药、卫生	11.61	13.42	15.37	15.19	17.29	19.44	22.08	23.08	30.73	34.3
农业科学	3.25	3.11	2.99	3.61	3.04	3.12	3.50	4.03	5.76	7.46
工业技术	29.27	33.67	37.84	44.29	52.78	54.35	56.35	59.7	66.57	66.66
交通运输	2.21	2.57	2.99	2.84	2.98	4.13	4.42	4.93	5.6	6.33
航空、航天	0.13	0.14	0.12	0.3	0.17	0.15	0.20	0.28	0.42	0.45
环境科学	0.47	0.57	0.98	1.12	1.68	2.77	1.88	2.24	2.89	3.35
综合性图书	7.39	7.17	7.05	6.05	5.14	5.27	5.33	5.05	9.02	7.33

▢ 24.2.3 看定价：历史地理类单册定价最高

图书定价逐年上升时跟随物价上涨而不可逆转的现象。2000～2009年，使用中国标准书号图书平均每册定价15.87元。有20类图书新书的平均单册定价高于全国平均值，其中，历史地理、航空航天、工业技术、综合性图书、生物科学5个类别单册定价高于30元，自然科学总论平均单册定价15.24元，文化、科学、教育、体育类最低，为8.62元（见图24.7和表24.3）。

图 24.7　2000 和 2009 年各图书类别平均每册定价由高到低前 10 名（元）

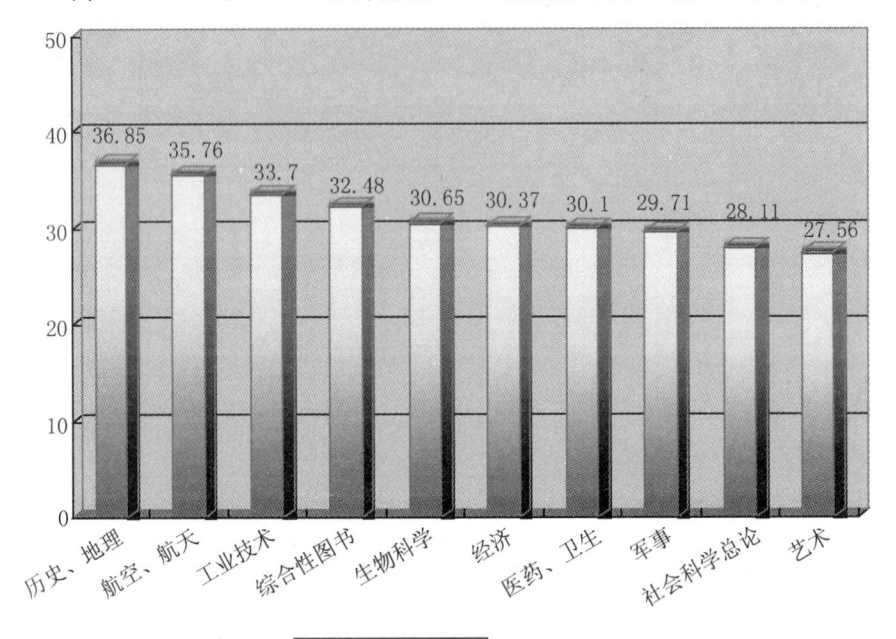

历史、地理 36.85
航空、航天 35.76
工业技术 33.7
综合性图书 32.48
生物科学 30.65
经济 30.37
医药、卫生 30.1
军事 29.71
社会科学总论 28.11
艺术 27.56

■ 单册平均定价

表 24.3　2000～2009 年使用中国标准书号的 22 类图书新书单册定价（元）

类别	2000 年	2001 年	2002 年	2003 年	2004 年	2005 年	2006 年	2007 年	2008 年	2009 年
使用中国标准书号图书合计	12.93	13.37	13.38	13.61	13.61	16.14	16.91	19.12	18.7	20.91
马列主义、毛泽东思想	11.34	21.66	17.53	18.21	36.97	31.14	38.64	16.03	17.98	35.02
哲学	23.76	30.59	22.2	21.46	23.52	26.22	28.61	29.91	32.08	32
社会科学总论	27.48	33.22	26.43	19.41	21.86	27.13	26.39	30.59	32.18	36.37
政治、法律	19.39	17.23	18.27	19.54	17.75	21.23	21	23.7	22.58	25.47
军事	23.01	19.66	27.45	24.36	30.41	30.49	32.85	33.86	35.35	39.61
经济	22.44	25.09	29.02	30.92	33.04	27.8	32.04	33.75	33.04	36.59

类别	2000年	2001年	2002年	2003年	2004年	2005年	2006年	2007年	2008年	2009年
文化、科学、教育、体育	7.01	7.23	7.32	7.93	8.24	8.92	9.01	9.89	9.45	11.17
语言、文字	17.99	18.68	20.85	20.83	22.3	22.34	21.85	25.58	26.72	29.09
文学	18.59	19.12	20.01	17.36	19.51	21.9	21.33	22.72	23.09	23.12
艺术	29.59	23.54	21.9	19.82	26.37	28.13	31.33	28.75	31.51	34.69
历史、地理	31.17	39.1	45.1	21.1	33.45	32.17	39.13	38.72	41.72	46.82
自然科学总论	13.93	14.42	17.46	10.56	9.8	11.02	12.46	21.4	22.52	18.81
数理科学、化学	15.98	14.89	18.92	20.36	21.7	22.41	26.22	26.01	29.75	27.12
天文学、地理科学	25.33	20.46	30.89	32	27.77	33.18	24.91	24.06	25.89	19.41
生物科学	24.98	25.29	28.17	23.33	36.07	30.77	35.69	33.06	36.17	32.97
医药、卫生	28.35	26.59	27.97	19.68	29.2	31.75	33.47	34.46	33.39	36.09
农业科学	11.93	18.37	18.1	16.39	14.8	14.69	16.73	19.86	18.15	19.16
工业技术	30.52	30.53	33.5	34.18	34.13	32.3	34.02	34.73	37.66	35.47
交通运输	20.14	22.11	20.83	21.12	19.07	31.61	27.99	28.06	32.98	29.6
航空、航天	33.69	36.77	41.64	39.83	47.4	34.35	18.91	28.84	33.22	42.93
环境科学	23.33	25.48	24.68	24.83	27.88	7.95	15.04	20.57	18.18	15.76
综合性图书	32.53	34.61	35.78	25.07	27.8	33.54	24.36	31.32	38.63	41.14

计算10年中各类别图书的新书单册价格上涨幅度可以发现，军事类图书单价上涨最多，为72.14%，其次数理科学、化学类，涨幅为69.71%，经济类列第三，涨幅63.06%。语言、文字，农业科学，文化、科学、教育、体育和历史、地理类的单价上涨均超过50%。天文学、地理科学和环境科学类图书单价则为负增长(见图24.8)。

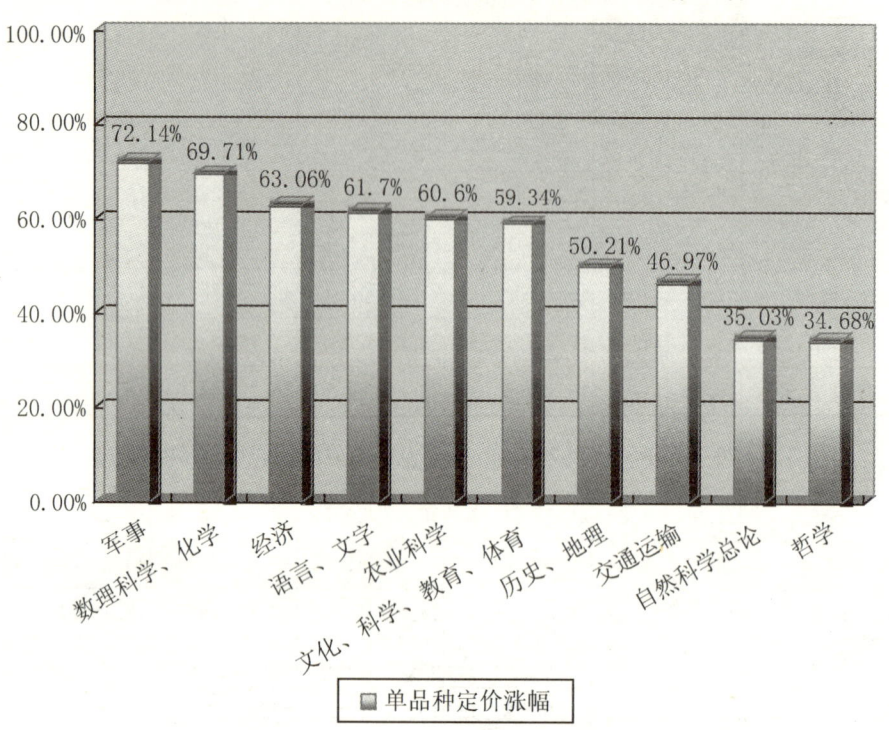

图 24.8 2000～2009 年各图书类别单册价格涨幅前 10 名

军事 72.14%、数理科学、化学 69.71%、经济 63.06%、语言、文字 61.7%、农业科学 60.6%、文化、科学、教育、体育 59.34%、历史、地理 50.21%、交通运输 46.97%、自然科学总论 35.03%、哲学 34.68%

单品种定价涨幅

24.2.4 看地域：天津、北京、上海单册定价最高

2009 年，全国使用中国标准书号新书的平均印数这一指标，江苏、海南、广东位列三甲，均超过 2 万册/种，其中江苏的平均印数最高，为 2.55 万册/种。青海、甘肃等 12 个省区市的新书平均印数不足 1 万册/种。各地区平均单册定价方面，天津、北京、上海、河南、辽宁、陕西、甘肃、宁夏、青海、吉林 10 个省区市定价超过 20 元/册，最低为河北、山西为 10.22 元/册。各地区平均印张定价方面，河南、上海、天津位列前三，北京、辽宁分列四五名（见表 24.4）。

表 24.4　2009年各地区使用中国标准书号图书的平均印数、平均印张、平均定价和平均印张定价

省域	平均印数 （万册/种）	平均印张 （印张/册）	平均定价 （元/册）	平均印张定价 （元/印张）
北京	1.24	10.71	24.9	2.32
天津	0.65	10.69	25.48	2.38
河北	1.79	6.46	10.22	1.58
山西	1.81	7.13	10.22	1.43
内蒙古	1.27	10.13	16.25	1.6
辽宁	1.14	9.81	21.67	2.21
吉林	1.06	10.72	20.23	1.89
黑龙江	0.88	8.23	17.61	2.14
上海	0.89	9.93	23.72	2.39
江苏	2.55	7.36	11.57	1.57
浙江	1.57	8.61	16.4	1.91
安徽	0.96	7.1	15.5	2.18
福建	1.49	7.55	14.94	1.98
江西	1.58	8.07	14.79	1.83
山东	1.71	7.78	13.79	1.77
河南	0.74	9.2	22.93	2.49
湖北	1.28	8.86	16.75	1.89
湖南	1.4	8.04	15.52	1.93
广东	2.21	8.13	13.14	1.61
广西	1.83	7.17	12.96	1.81
海南	2.47	8.2	16.93	2.06
重庆	1.61	8.24	15.64	1.9
四川	0.75	8.82	18.25	2.07
贵州	0.92	8.81	18.12	2.06
云南	1.28	6.58	13.59	2.07
西藏	0.89	8.01	16.22	2.02
陕西	1.13	10.68	21.21	1.99
甘肃	0.64	9.54	21.07	2.21
青海	0.44	11.18	20.65	1.85
宁夏	0.77	12.74	20.77	1.63
新疆	0.89	7.23	13.79	1.91

比较中央和地方使用中国标准书号新书的平均指标可以发现,2009年,中央在平均印张、平均单册定价、平均印张定价三项数据上都高于地方,尤其是平均单册定价高于地方50%以上,但是在单品种印数上,中央则低于地方(见图24.9)。

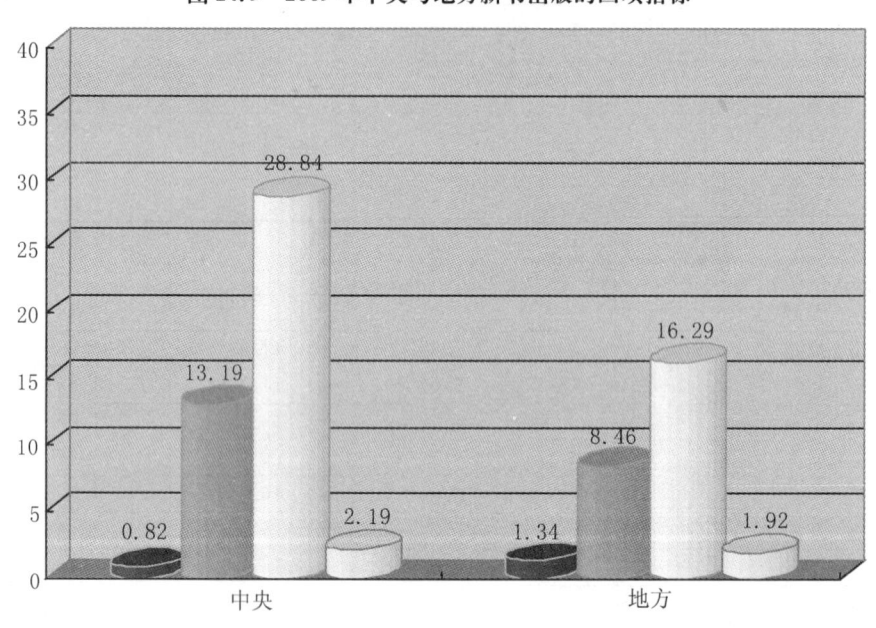

图24.9 2009年中央与地方新书出版的四项指标

中央:平均印数0.82、平均印张13.19、平均单册定价28.84、平均印张定价2.19
地方:平均印数1.34、平均印张8.46、平均单册定价16.29、平均印张定价1.92

■平均印数（万册/种）■平均印张（印张/册）□平均单册定价（元/册）□平均印张定价（元/印张）

24.2.5 看类别:经济类印数下降近四成

过去时间中国经济增长的奇迹引起国内外的关注和观察,在图书市场上,有关股市、企业改革、贫富差距、制度变迁等一系列与中国转型息息相关的经济类书籍更是层出不穷。2000～2009年,经济类图书品种从9107种增加到25273种;总印数从8811万册(张)增长到15440万册(张);总印张从1.12亿印张增长到2.56亿印张;定价总金额从18.47亿元增长到51.23亿元。

10年中,经济类新书的平均定价从22.44元/册到36.59元/册,上涨了63.06%;平均印张从12.37印张/册到16.46印张/册,上涨了33.06%。与此对应,平均印数出现了较大幅度的下滑,从2000年的0.92万册/种到2009年的0.56万册/种,下降了39.13%(见表24.5)。

表24.5 2000~2009年经济类图书各项指标

年份	平均印数(万册) 新出	平均印数(万册) 重印	平均印张(印张) 新出	平均印张(印张) 重印	平均定价(元) 新出	平均定价(元) 重印	平均印张定价(元) 新出	平均印张定价(元) 重印
2000	0.92	1.09	12.37	13.39	22.44	17.39	1.81	1.3
2001	0.82	0.92	13.41	14.6	25.09	19.17	1.87	1.31
2002	0.75	0.93	15.41	15.95	29.02	21.86	1.88	1.37
2003	0.68	0.92	15.99	16.28	30.92	22.86	1.93	1.4
2004	0.62	0.91	16.39	16.02	33.04	22.56	2.02	1.41
2005	0.72	0.91	14.32	15.92	27.8	22.64	1.94	1.42
2006	0.62	0.78	16018	17.12	32.04	24.93	1.98	1.46
2007	0.64	0.79	16.85	16.59	33.75	25.77	2	1.55
2008	0.62	0.75	15.24	16.97	33.04	26.45	2.17	1.56
2009	0.56	0.71	16.46	16.72	36.59	27.81	2.22	1.66

文学类图书虽然是一个品种比重较小的类别,但是与大众读者的密切程度较高。2000~2009年,文学类图书品种从8093种增加到24993种;总印数从10584万册(张)增长到26968万册(张);总印张从1.29亿印张增长3.28亿印张;定价总金额从18.51亿元增长到58.22亿元。

文学类图书的单品种定价10年中一直保持在全国平均值之上,但是全国平均定价的稳步上涨,文学书定价的上涨动力缺乏,涨幅逐渐走低。这也反映出阅读方式、阅读载体日益多元化的今天,文学书市场和书价受到了更大的冲击(见图24.10)。

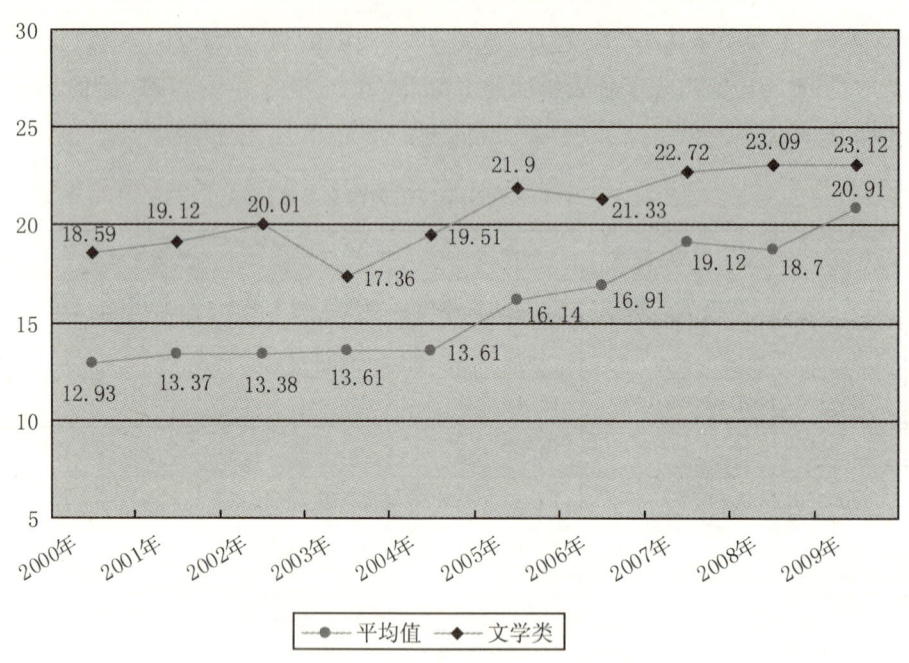

图 24.10　2000～2009 年文学类图书单册定价与全国平均值（元）

文学类：18.59、19.12、20.01、17.36、19.51、21.9、21.33、22.72、23.09、23.12
平均值：12.93、13.37、13.38、13.61、13.61、16.14、16.91、19.12、18.7、20.91

目击新世纪第一个 10 年，传统出版业经历了转企改制的洗礼、集团化的运作、多载体阅读的冲击、资本运作的试水、数字化的投入……然而，出版业的主业还是图书，读者的口碑也来自于出版业源源不断地供给好书，如何调整产品结构，精细化、集约化生产是出版业永久的课题。

［链接：中国图书商报 2011.1.4，马莹《十年出版品种结构格局悄变(2000～2009)》］

第 25 章　销售排行凸显产业新格局

新闻出版总署不久前发布了全国各地区新闻出版业经济规模综合排行 TOP10 和出版集团、发行集团经济规模综合排行 TOP10，反映了有关地区和强势集团的综合实力。而各地区及书业主体的销售排行，则能反映出各地区及书业主体的市场表现及产业份额，具有独特的价值。在此刊出基于新闻出版总署权威统计数据的 2009 年中国书业销售排行及相关分析，以飨读者。

25.1　省域销售　8 强占据半壁江山

2009 年中国书业（全国新华书店系统、出版社自办发行单位，下同）销售额（纯销售，下同）为 580.99 亿元，比上年增长 7.7%，增幅较上年提高 2.4 个百分点。2009 年中国书业销售总体上扬，市场波动大于上年。由此也印证了面对金融危机，中国书业的逆势上扬。

从 2009 年全国的市场格局看，中央产业和地方产业的两大板块中，中央产业的市场份额下降，从上年的 11.12% 降至本年的 10.58%，下降 0.54 个百分点。而地方产业的市场份额上升，从上年的 88.88% 升至本年的 89.42%，上升 0.52 个百分点（见表 25.1）。

全国 31 个省（自治区、直辖市，除港、澳、台外）的销售在全国销售大盘中的份额多有变化。其中份额加大的有 13 个省（自治区、直辖市），分别为浙江、四川、湖南、安徽、上海、江西、广西、辽宁、山西、新疆、甘肃、内蒙古和青海；份额缩小的有 17 个省（自治区、直辖市），分别为江苏、山东、河南、广东、湖北、河北、陕西、福建、北京、重庆、云南、贵州、黑龙江、吉林、天津、海南和宁夏；仅有西藏的份额与上年等同。从各省域市场在全国市场的排位看,与上年比较,位次前移的有8个省(自治区、直辖市),位次后移的有10个省(自治区、直辖市),与上年位次相同的有13个省(自治区、直辖市)。

从省域销售看,2009年销售超过30亿元的有4个省,比上年增加一个省。入围前三甲者与上年相同,只是第二、三位归属易主。

江苏省以48.23亿元的销售额再次高居榜首。其也是自2006年以来,持续4年全国唯一的销售逾40亿元的省份。当年,江苏的销售同比增长2.39%,占全国市场的份额为8.3%,比上年下降了0.43个百分点。其领先于第二位的差距缩小至不足10亿元。

浙江省以39.34亿元,山东省以35.19亿元,分居2009年全国省域销售第二、三位。较之上年,二者正好互换了位次。浙江省当年销售增长12.41%,是其位次上升的主因;其在全国市场的份额为6.77%,比上年上升0.28个百分点。山东省由于当年销售同比下降2.39%,导致其位次后移,在全国的市场份额也较上年下降了0.62个百分点,为6.06%。

四川是新进入年销售30亿档级的省份,其以31.35亿元的销售,列居全国第四位,较之上年的全国第7晋级三位。这主要系当年其销售同比激增27.5%所致。其在全国的市场份额也由此上升0.84个百分点,为5.4%。

2009年销售进入20亿档级的有4个省,分别为在全国省域销售中位居第5的河南、位居第6的湖南、位居第7的安徽和位居第8的广东。

人口大省河南由于销售增长微弱,较上年位次后移,且市场份额比上年下降0.36个百分点,为5.07%。

湖南是2009年全国省域销售8强中除江苏外,唯一保持较上年位次不变的省份,显示出其的稳健。其13.83%的年销售增幅,不仅使其得以保持了固有位置,还使其的市场份额提高了0.27个百分点,为5.05%。

安徽是新进入全国8强的省份,其69.62%的年销售增幅不仅使其从上年的第12位跃升至本年的第7位,还创下了当年全国省域销售的最高增幅。

其占全国的市场份额也提升了1.73个百分点,为4.73%。

广东由于年销售同比下滑10.2%,使其的排行位次从上年的第5位降至本年的第8位,市场份额也从5.19%降为4.33%。

销售逾30亿的4个省和销售进入20亿档级的4个省,作为中国书业销售8强,共同构成了中国书业分销第一方阵。这一方阵的年销售额总计达265.5亿元,占全国销售总额的45.7%,占除中央产业外的全国省域销售半壁江山,份额达51.1%,显示了中国书业的产业集中度。这8省中华东地区占4席,中南地区占3席,西南地区占1席,或经济发达,或人口众多,或区域富庶,或文化底蕴深厚,成为中国书业的擎天支柱。

2009年销售10亿~20亿元的省(区、市)共13个,它们构成了中国书业的第二方阵。这一方阵中最为看好的是江西,2009年其销售增长33.89%,排位从上年的第15,跃升为本年的第10,已几近第一方阵边缘,潜力不可低估。湖北上年本为第一方阵成员,2009年由于销售下滑跌为第二方阵之首,稍加发力便有望回归第一方阵。第二方阵中,年销售超过15亿元的有9个省(自治区、直辖市),比上年的4个省多出一倍,除江西、湖北外,上海、河北、广西、辽宁、陕西、福建、山西均显示出可观的潜力,很可能成为中国书业新的增长点。比较上年,广西由第16位前移至第13位,份额增大;辽宁由第19位前移至第14位,份额增大;上海、山西位次不变,份额增大;河北由第10位后移至第12位,陕西由第9位后移至第15位,福建由第13位后移至第16位。北京、重庆、云南、新疆销售逾10亿元,其中新疆份额加大,销售增长近1成。第二方阵成员多,分布区域广,是中国书业颇具潜力,前景看好的中坚力量。

年销售10亿元以下的10个省(自治区、直辖市)中,青海、西藏销售不足亿元,排序居末两位,需重点扶持。排位第28、29位的海南和宁夏,地处偏远,人口少,尚需加以培育。位居第22位至第27位的贵州、甘肃、黑龙江、吉林、内蒙古、天津6省(自治区、直辖市)产业基础良好,为中国书业不可忽略的省域。

由221家中央级出版社(含副牌社15家)和新华书店总店、中国国际图书贸易总公司、中国图书进出口(集团)总公司、中国教育图书进出口公司组成的中央军团是中国书业分销的一翼。2009年其销售虽然增长2.4%,但市场份额却比上年下降了0.54个百分点,为10.58%。地方军团的上升势头由此得以反衬。

25.2 新华大系 独取8成国有份额

新华书店作为中国最大的书业分销集团军,2009年淡然面对金融危机,发展再上新台阶。当年全国新华书店销售总额达483.03亿元,比上年增长9.55%,其增幅大于全国总体销售增幅近2个百分点。新华书店系统销售占全国书业的销售份额为83.14%,比上年提高1.44个百分点。新华书店自身销售增幅的提高和占全国书业份额的提高,这两个提高来之不易,进一步凸显了新华系在中国书业中的主体作用和强势地位。

2009年各地新华在金融危机和数字出版的双重冲击下傲然挺立,逆势飙升,在各自的领地演绎出壮观景象(见表25.2,由于各地新华书店均系当地书业主体,因而新华系统的销售排行难免和全国书业的销售排列大体相同。而现在一些新华集团多用含有重复计算的总销售来反映实力,考虑到这一现实情况,我们将新华系统的总销售排行作为附表刊出,见表25.3,供参考)。

江苏新华集团以45.01亿元的销售额再次成为新华系无人可撼的"巨无霸"。它既为中国书业和新华系销售之冠,又是中国书业销售逾40亿元的唯一方。2009年是江苏新华集团的10岁生日,随着其打造中国书业第一网的推进和10年庆生系列营销活动的开展,以及其馆配规模的不断扩张,江苏新华当年的销售增长2.95%,其在新华系的份额约占1成,达9.32%。而倘若以总销售计,其销售额高达90.93亿元。

浙江新华集团秉承一贯的沉稳,2009年以微弱差距从山东新华集团手中悄然夺得新华系亚军位置。当年其销售额为35.79亿元,同比增长12.91%,

占新华系份额为7.41%。省内发展小连锁,省外发展加盟店,连锁扩张为其主要制胜武器。

2009年是山东新华组建集团和股份制改造后的第一年,新体制、新机制、新机构,带来新的发展机遇,承办全国书博会再获良机。当年山东新华集团销售34.95亿元,同比增长8.12%,其增幅本已十分可观,只是浙江新华集团增势更猛,山东新华以不足1亿元的微弱差距痛失亚军宝座,屈居季军。倘若以总销售计,山东新华和浙江新华的位次就将交换,可见二者竞争之烈。

四川新华以27.52%的高额增幅,进入年销售30亿档级,并摘得第4的位置。新华文轩的对外扩张,介入出版,以及股市大盘的催奋,使四川新华上了一个新台阶,以30.9亿元从上年的新华系销售第7位,跃升为本年的第4位。

河南新华尽管尚未正式挂牌集团,但其身居人口大省使其得天独厚。虽然其第5的排位较上年退后一位,但自身销售仍同比增长1.13%,以28.69亿元的销售占新华系的份额仍在5%以上。

湖南新华集团随着出版集团整体上市步伐的加快,加大自身打造力度,其汽车书店势头强盛,开辟新的市场日见成效。其11.3%的年销售增幅,使其以28.14亿元的销售继续稳坐新华系第六把交椅。

安徽新华2009年紧锣密鼓筹备上市,与此相匹配其多方扩销手段频频出笼,书店进校园、便民店混业经营等纷纷奏效。2009年其以68.5%的增幅,27.03亿元的销售晋级新华系第7位,其销售增幅为当年新华系之最。

2009年广东新华是新华8强中唯一年销售下滑者,其9.96%下滑幅度确应引起重视,也由此使其从上年的新华系第5位降至本年的第8位。不过广东新华毕竟是新华系中的"大体能"者,其仍以24.55亿元销售入主新华8强。

年销售逾20亿元的8省新华是全国新华系的8强劲旅,且构成新华第一军团,其成员比上年增加一家,且各成员除江苏、湖南外,其余各家在新华系中的排位均较上年发生变化,浙江、四川、安徽位次前移,山东、河南、广东位次后移。第一军团2009年销售总额为255.06亿元,占整个新华系销售总额的52.8%,同样占据半壁江山,新华系的大盘和全国书业的大盘基本一致。

与省域销售相同,2009年新华系销售在10亿元至20亿元的同样有13家,只是有的新华集团与省域销售位次不同。如江西新华排位紧接第一军团,其以32.34%的增幅,使自身销售从上年的14亿多,增至本年19亿多,成为新华第二军团"龙头",其务实的多元化经营,效益凸显,在业内口碑颇佳。

新华第二军团中销售增长的还有湖北、河北、福建、山西、广西、辽宁、重庆、上海、陕西、新疆等10省(自治区、直辖市)新华,销售下降的为北京、云南两省市新华。比之上年除重庆新华位次不变外,山西、广西、辽宁、上海四省(自治区、直辖市)新华位次前移,其余各省新华均位次后移。

2009年销售不足10亿元的新华共10家,其中销售5亿元以上的为贵州、甘肃、黑龙江、吉林、内蒙古5家;销售5亿元以下的为天津、海南、青海、宁夏、西藏5家。这10家新华中除天津、海南、宁夏3省(自治区、直辖市)销售下降外,其余各省新华销售均上升。

25.3 出版自销 总销趋稳省销激变

2009年全国出版社自销总额为97.96亿元,同比下降0.79%,较上年变化不大(见表25.4)。

其中中央出版单位出现双增长,一是自销额增长2.75%,达59.77亿元;二是占出版自销比重增长,61.01%的份额比上年提高2.1个百分点。中央出版单位自销增长与众多出版社转企改制中,加大自身建设,扩展直销不无关系。

地方出版社自销总体下降,38.19亿元的销售额,同比下降5.85%,占出版自销比重为38.99%,比上年下降2.1个百分点。地方出版社自销下降原因主要为:多数出版集团进行发行业务整合,将销售业务多交由集团所辖发行集团承担。

从省域出版自销看,销售额达亿元以上的共11个省。上海一支独大自销达6.64亿元,高于全国最大书城北京图书大厦的年销售额,但自身销售低于上年。广西、陕西、浙江、江苏4省(区)出版自销逾3亿元,其中广西增长凸显,增幅达4.24倍。

一些原本出版社自销量低的省区,加大出版社自销业务,宁夏的出版社自销从上年的559万元,增至本年的1.21亿元,增幅高达20.64倍。与此类似的还有甘肃省出版自销增长12.24倍,重庆市出版自销增长53.86倍。

出版社自销从一定意义上讲是柄"双刃剑",它有助于出版社直接了解市场,接触读者,掌握市场动态。但出版社毕竟应更专注于内容建设,逐渐趋向出版专业化;倘若在销售上投入过多,难免顾此失彼,或许会加大运营成本;利用好专业分销商是应有之义。

表25.1 2009年全国省域纯销售排行

排序	省份	纯销售额(亿元)	同比(%)	占全国份额(%)
1	江苏	48.23	2.39	8.3
2	浙江	39.34	12.41	6.77
3	山东	35.19	-2.39	6.06
4	四川	31.35	27.5	5.4
5	河南	29.44	0.53	5.07
6	湖南	29.33	13.83	5.05
7	安徽	27.47	69.62	4.73
8	广东	25.15	-10.2	4.33
9	湖北	19.66	-3.13	3.38
10	江西	19.36	33.89	3.33
11	上海	18.63	12.77	3.21
12	河北	17.41	2.29	3
13	广西	17.34	22.97	2.98
14	辽宁	16.10	34.18	2.77
15	陕西	15.54	-11.96	2.67
16	福建	15.38	5.55	2.65
17	山西	15.19	9.84	2.61
18	北京	13.50	-6.99	2.32

排序	省份	纯销售额(亿元)	同比(%)	占全国份额(%)
19	重庆	12.54	6.91	2.16
20	云南	11.76	−2.46	2.02
21	新疆	10.27	9.17	1.77
22	贵州	9.56	1.93	1.65
23	甘肃	8.82	8.22	1.52
24	黑龙江	8.49	3.12	1.46
25	吉林	7.56	4.5	1.3
26	内蒙古	6.75	20.01	1.16
27	天津	5.24	−6.61	0.9
28	海南	2.54	−15.79	0.44
29	宁夏	1.45	−7.33	0.25
30	青海	0.87	43.52	0.15
31	西藏	0.08	−0.64	0.01
	中央	61.44	2.4	10.58
	全国总计	580.99	7.66	

表25.2 2009年全国新华书店系统纯销售排行

排序	省份	纯销售额(亿元)	同比(%)	占新华系统份额(%)
1	江苏	45.01	2.95	9.32
2	浙江	35.79	12.91	7.41
3	山东	34.95	8.12	7.24
4	四川	30.90	27.52	6.4
5	河南	28.69	1.13	5.94
6	湖南	28.14	11.3	5.82
7	安徽	27.03	68.5	5.6
8	广东	24.55	−9.96	5.08
9	江西	19.08	32.34	3.95
10	湖北	16.79	6.39	3.48
11	河北	16.61	0.54	3.44
12	福建	15.18	5.43	3.14
13	山西	14.99	11.63	3.1
14	广西	13.71	2.23	2.84

排序	省份	纯销售额（亿元）	同比（%）	占新华系统份额（%）
15	辽宁	13.22	40.11	2.74
16	北京	12.95	-6.76	2.68
17	重庆	12.43	5.94	2.57
18	上海	11.99	38.13	2.48
19	陕西	11.95	6	2.47
20	云南	11.75	-2.2	2.43
21	新疆	10.27	9.17	2.13
22	贵州	9.56	2.42	1.98
23	甘肃	8.53	4.94	1.77
24	黑龙江	8.37	2.91	1.73
25	吉林	6.84	5	1.42
26	内蒙古	5.76	11.73	1.19
27	天津	4.19	-3.75	0.87
28	总店	1.68	-8.63	0.35
29	海南	0.96	-51.66	0.2
30	青海	0.87	44.77	0.18
31	宁夏	0.24	-83.86	0.05
32	西藏	0.07	0.42	0.01
	全国合计	483.03	9.55	

表25.3 2009年全国新华系统总销售排行

排序	省份	总销售额（亿元）	同比（%）	占新华系统份额（%）
1	江苏	90.93	-1.22	10.07
2	山东	74.09	9.79	8.21
3	浙江	72.39	7.56	8.02
4	湖南	57.43	15.85	6.36
5	河南	56.85	3.34	6.30
6	安徽	54.09	25.66	5.99
7	广东	38.65	-17.10	4.28
8	江西	35.01	20.73	3.88
9	四川	34.91	23.70	3.87
10	河北	32.44	12.19	3.59

排序	省份	总销售额(亿元)	同比(%)	占新华系统份额(%)
11	湖北	30.66	7.24	3.40
12	福建	28.35	6.19	3.14
13	北京	27.20	0.08	3.01
14	重庆	26.68	10.13	2.96
15	山西	25.81	11.73	2.86
16	广西	24.93	-3.26	2.76
17	陕西	24.39	8.92	2.70
18	新疆	23.01	21.29	2.55
19	云南	22.08	-1.60	2.45
20	辽宁	20.25	6.12	2.24
21	贵州	18.81	7.05	2.08
22	甘肃	16.55	3.56	1.83
23	黑龙江	14.39	4.88	1.59
24	吉林	13.43	5.00	1.49
25	上海	12.31	21.36	1.36
26	内蒙古	7.31	-19.96	0.81
27	天津	6.88	-4.04	0.76
28	海南	5.91	15.17	0.65
29	宁夏	2.94	-5.41	0.33
30	总店	1.68	-8.63	0.19
31	青海	1.59	-2.18	0.18
32	西藏	0.79	13.01	0.09
	全国总计	902.76	6.89	

表25.4 2009年全国出版社自销排行

排序	省份	销售额(万元)	同比(%)	占自销总额比重(%)
1	上海	66395	-15.30	6.78
2	广西	36334	424.00	3.71
3	陕西	35957	-43.67	3.67
4	浙江	35488	7.65	3.62
5	江苏	32245	-4.84	3.29
6	辽宁	28803	12.35	2.94

排序	省份	销售额（万元）	同比（%）	占自销总额比重（%）
7	湖北	28657	-36.46	2.93
8	海南	15831	52.69	1.62
9	宁夏	12088	2062.43	1.23
10	湖南	11978	144.20	1.22
11	天津	10477	-16.54	1.07
12	内蒙古	9839	112.05	1.00
13	河北	7951	60.59	0.81
14	河南	7463	-17.90	0.76
15	吉林	7173	0.00	0.73
16	广东	6033	-18.97	0.62
17	北京	5527	-12.19	0.56
18	四川	4511	26.04	0.46
19	安徽	4397	187.39	0.45
20	甘肃	2900	1224.20	0.30
21	江西	2850	515.55	0.29
22	山东	2390	-93.59	0.24
23	福建	2082	14.58	0.21
24	山西	1988	-50.32	0.20
25	黑龙江	1211	19.66	0.12
26	重庆	1152	5385.71	0.12
27	云南	140	-69.57	0.01
28	西藏	56	-12.50	0.01
29	贵州	1	-99.77	0.00
30	新疆	0		0.00
31	青海	0	-100.00	0.00
32	中央	597650	2.75	61.01
	全国总计	979567	-0.79	

[链接：中国图书商报 2010.9.28,陈斌《销售排行凸显产业新格局》]

第 26 章　京沪穗"蚁族"阅读调查发现

"蚁族"是一个 2010 年被提上议程的新词,在这个词汇下,包含的是对于一种特定人群生存状态的描摹。具体来说,所谓"蚁族"实指"大学毕业生低收入聚居群体",指的是毕业后无法找到工作或工作收入很低而聚居在城乡结合部的大学生。但就目前而言,对于这一特殊群体并无官方的、权威的具体评价标准。本调研报告即以"蚁族"这一特殊人群为调研对象,主要分析其阅读情况的三重因素——读什么、怎么读以及说明什么问题。在整个调研进行之前,我们尝试着对"蚁族"这一概念做了一个界定。从量化指标来看,"蚁族"的定义究竟是什么?

根据近两年地域城镇居民人均生活费用、职工平均工资、失业率与经济发展水平等综合指标,并结合物价上涨等其他因素考量,我们在此就"蚁族"这一问题做出如下定义:蚁族是指大学(特指专本科)毕业 10 年以内,个人来自于非直辖市或省会的贫困家庭,在最低工资标准高于 800 元(2008 年国家统计局标准)的一线城市从事合同、聘用职业的低收入群体;除此之外,这一群体的个人收入普遍低于最低工资标准的 3 倍,且在其生活的城市无固定房产;从收入支出上看,他们收入的 70% 以上用于支付房租与承担基本生活保障,"恩格尔系数"远远高于国内平均标准;从地域上看,该人群主要分布在北京、上海、深圳、广州与大连等直辖市与经济发达地区,根据目前官方统计数据,全国各大城市的"蚁族"总人数约为 300 万人。本调研一共在北京、深圳与上海三地各选取 300 名"蚁族"为调研对象,调研对象必须强制性地在学历、收入与经济状况上符合上述定义的所有标准。900 名受访者中共回收有效问卷 871 份,占总量的96.8%，构成了本次调研的样本总容量；从人口分布来看，受访者的原籍在湖北、湖南、四川、贵州、云南、甘肃、重庆与河南等省市区的地级市、县城与乡村中呈东多西少的散点分布，与近年来全国人口分布密度相同，其中802人为汉族，占到总人数的92.1%，这与近年来汉族在全国的比例基本相同；从男女比例来看，438人为男性，433人为女性，男女比为1∶0.99，这与近年来全国大学生的人口比例也基本相同；从职业上看，125人供职于私企、320人供职于外企或合资企业、108人供职于事业单位（非正式员工），剩下的318人是自由职业者（如开网店、做兼职等等），职业比例亦与目前国内一线城市低收入青年所从事的职业比例大体相当，所以本次调研分析在统计学与事实上具备有效性。

26.1　喜欢读《知音》为充实情感，"蚁族"其实很孤独

在问卷中，我们设置的第一个问题是"你爱好什么类的阅读？并请举一个实例"。选项一共有4个：情感类、文化类、情节类与专业类。在这个问题里，选择"情感类"的有698人，占到了总数的80.1%，属于绝大多数；而喜欢"文化类"的仅为101人，占到总数的11.6%；而偏重"情节类"的为51人，占到5.9%；倾向"专业类"的仅为21人，只占到2.4%，在这698人里，竟然有603人在"举例"时提到了"《知音》"，占到了871人总量的69%——依然是绝大多数。

小朱来自浙江，她2007年毕业于北京工商大学经济管理专业本科，现在在北京中关村一家软件公司做前台，已经工作两年的她目前正租住在北京南郊宋家庄附近的一处老式居民楼里，这栋竣工于20世纪70年代末的居民楼基本上已经被出租，而且是在每一套房子的单间里用三合板分割为大小不等的小隔间——虽说大小不等，但每一个隔间里基本上只能放下一张单人床，小朱就住在其中一个隔间里。

"不单是我喜欢《知音》，和我合租的女孩儿们都喜欢，我们常常是一个人

买一本，然后大家传看。"在电话回访里，小朱这样说，"这个杂志很真实，我们读了以后总能有共鸣。"

"共鸣具体是一种什么感觉？"我们问。"我认为，我们现在必须要了解这个社会了，而且大家都不再是做白日梦的年代。"小朱解释道，"以前我们读书的时候，都喜欢看'花前月下对何人'的文章，喜欢看关于奢侈品的流行杂志，但是现在越是这样的文字越容易激发我们内心的不安与不平衡。"

美国批评家哈诺德·布鲁姆曾如是定义一次"合适的阅读"是"与情节、叙事者寻求一种沟通上的共识"，"叙事者应该与阅读者保持一种类似于朋友的、同一立场关系"。对于正在寻梦期、无忧无虑的中学生们来说，充满理想与浪漫的青春小说是他们的首选，但是对于面对沉重负担的"蚁族"青年来说，这种文学作品相反会激发他们对于现实的反差认知，自然成为他们在阅读过程中所排斥的对象。

除此之外，我们还设置了另一个问题，"在阅读的过程中，你最期望获得什么阅读收获？"选项依然为4个：获取知识、修身养性、打发时间与充实感情。其中有542人选择"充实感情"，占到了总人数的66.3%，为绝大多数；101人选择"修身养性"，占到了11.6%；131人选择"打发时间"，占到总人数的15%；剩下的97人选择"获取知识"，仅占总人数的11.1%。而且，在提到《知音》等杂志的603人里面，有493人选择的是"充实感情"，占到了81.8%。

我们随即电话回访了一位名叫阿铿的"深圳蚁族"，阿铿是湖南娄底人，毕业于湖南一所职业技术学院，出身当地小镇的他家境贫寒，现在在深圳一家礼品公司担任了5年的"信息管理"，实际上就是将一些礼品的图片上传到网上，目前正在深圳福田的"合租楼"里居住。

"我喜欢在阅读中寻求一种安慰。"阿铿直言不讳，"一个人在陌生的城市，没有钱没有亲人，甚至在合租房里连私人空间都没有，自己的内心成了唯一的倾诉对象，这种孤单不是一般人可以承受的。我喜欢在一些杂志与图书里看到和我一样的、在他乡用青春打拼的人，这样我就不会觉得孤单了。"与阿铿有着同样感受的还有一位名叫小曼的"北漂蚁族",小曼是四川遂宁人,本科就读于北京一所民办大学的"企业与资本管理"专业,但是她现在的职业是一个家政公司的文秘,月薪仅为 2000 元,除去一个月 1000 元的房租,生活非常拮据,而且她还有生活在农村的父母需要赡养,同样选择"充实感情"的她亦是《知音》等杂志的忠实拥趸,在电话回访中,小曼似乎道出了所有"北漂"们的阅读心声:"其实我们没有多少钱用来买书,最大的开销就是买杂志,《知音》或《家庭》是比较便宜的杂志,而且这些杂志里的故事很真实,我和很多合租朋友们面对的就是最真实的生活。我们没有多余的钱与时间风花雪月,但是阅读是我们读书多年养成的本能,那么,我们只好寄情于这种最真实的杂志,因为这样可以让我们不那么孤独。"

26.2 双重矛盾催生"手机阅读","蚁族"其实很无奈

"手机阅读"是近年来一个新生事物,我们经过多次调研,始终未能找寻到"手机阅读"的出路何在,直至在这次"蚁族"的调研中,我们才从数据中获得了对于这一问题的真正认识。

原因在于我们问卷中的 3 个问题,一个是"你平时最喜欢如何阅读图书(非报刊杂志)?"选项 4 个:纸质阅读、网络(或阅读器)阅读、手机阅读与其他。另一个问题是"你平均每月开销多少钱在阅读(含报刊杂志)上?"选项依然是 4 个:30 元以下、30 元到 200 元、200 元到 500 元与 500 元以上。最后一个问题则是"你每周一般阅读时间有多少?"选项也是 4 个:3 小时以下、3 小时至 5 小时、5 小时至 10 小时、10 小时以上。

最后得出的调查结果却是令人深思的:在第一个问题里,选择"手机阅读"的占到了 799 人,占到了样本总容量的 91.7%;选择"纸质阅读"仅为 66 人,只占 7.6%,剩余者更少。而在第二个问题里,选择"30 元"以下的,竟然有 809 人,占到了 92.9%;选择"30 元到 200 元"的,有 43 人,占到 4.9%,余者更是微乎其微。而这与本报曾经针对企业管理人士、官员的阅读调查就这一问

题显示的结果相差甚远,相同的问题,几乎相同的选项,在这类人中近过半人选择的是"只要好看,不受书价影响"。在第三个问题里,选择10小时以上的,竟然有662人,占到了76.0%,选择5小时至10小时的,也有98人,占到了11.3%,也就是说,多数"蚁族"每周是有充足的时间阅读的——为显示这3个选项与其他选项相比的绝对优势。

这3个绝对优势显示,"蚁族"的阅读呈现出了3个与众不同、值得注意并存在着不同深度的现象:其一是阅读方式的转变,即从纸质阅读转向手机阅读,这是这一现象最表象的层面;其二是阅读消费的变低,即月支出为30元以下,在目前的书价内,30元连一本较厚的精装图书都买不起,其阅读消费之低可想而知;其三是阅读时间的增加,每周阅读时间竟然长达10个小时,这意味着平均每天有近一个半小时的时间阅读,作为在职人员来说,这个阅读时间还是相当大的。这与本报曾经针对企业管理人士、官员的阅读调查在同一个问题的结果显示来看,蚁族平均每周10小时的阅读时间,也远远高于全国平均比例。那么这个时间从何而来?若是不看以"手机阅读"为主潮,单看其他两个题目的选项结果——对月购书支出在30元以下居多的"蚁族"来说,这么长时间的阅读与其购买量,是无论如何都不能成为比例的。

那么,这个调查结果说明什么问题呢?

"我们最喜欢的阅读方式就是手机阅读。"在电话回访中,喜欢手机阅读,但购书支出与阅读时间又不成正比的小田这样告诉我,她来自于河南宛平,大学就读于焦作工学院英语系,本科毕业以后成为了一名"沪蚁",在上海一所英语培训学校担任教学秘书,月收入仅2300元,她在陆家嘴上班,房子为图便宜却租在莘庄,两地相隔数十公里。每天早晨她靠乘坐地铁一号线上下班,"地铁加公交,一个单程就是近两个小时,这一天三四个小时耗费在路上,怎么也得看看书吧。"

"这是打发时间吗?"我们问。

"这绝不是打发时间,要不我还不如听MP3看手机电影呢。"小田在"你爱好什么类的阅读"中,选的也是"充实情感","我喜欢在大清早出门时阅读温情的小说,因为每天的压力很大,晚上拖着疲惫的身子回家,也想看看温暖点的东西,把一天的疲劳与不愉快扔在回家的路上,你说,这算不算充实情感?"

与小田类似,来自陕西汉中的晶晶也与小田有着相同的选择,在北京中关村一家软件公司担任客服代表的她,平时也喜欢手机阅读,她在电话回访中条分缕析地告诉我们,选择手机阅读的原因有两点,"第一,手机电子书不要钱,网上随便下载,阅读成本很低;第二,手机随身携带,阅读也很方便,尤其适合在交通工具上阅读。"

我们认为,"手机阅读"作为一种新兴的阅读形式,其固然有着其他阅读形式本身不具备的优势,但是在版权、内容监管上却呈现出了漏洞。对于"蚁族"而言,他们生活在一线大城市中,漫长的上下班路上让他们拥有了大量的空余时间,但是较低的收入又让他们根本没有可能拿出余钱购书或精神消费,在这样的一对矛盾下,"手机阅读"成了新的阅读增长点。

对于"蚁族"偏爱手机阅读这一现象,我们在与南京大学中文系主任丁帆教授探讨这一问题时,作为当代文学研究知名专家、江苏省作家协会副主席的他,对于当代人的阅读习惯有着长期的研究与独到的见解,他对于这个现象充满了忧思:"蚁族"作为知识分子群体之一,他们因为经济、时间等客观原因,再加上受到快节奏生活的影响,不得不选择手机阅读,这实际上是文化的悲哀。在消费时代,"蚁族"们的外部压力越来越大,内心更渴望的是一种消费性的阅读。这种阅读方式对于传统阅读是一种文化侵害,而且,这种阅读方式一旦成风,是完全不利于文化保存的。

26.3 不同职业不同阅读偏好,其实"蚁族"很个性

不同的职业,有着不同的阅读偏好,这是文学接受与传播的一个基本命题,在"蚁族"中,这一问题变得更加突出。

虽说大多都是奔着"充实情感"而来,但是再细分下去,仍有不同的阅读偏

好。我们设置的另一个问题,是关于受访者的职业调研:"你从事的是什么职业?"选项仍然是4个,金融管理类、制造一线、文秘类与自由职业(含其他)。其中,金融管理类的为440人,占到了样本总容量的50.5%;制造一线的为143人,占到样本总容量的16.4%;文秘类的为50人,为总容量的5.7%;剩下的238人为自由职业(含其他),为总容量的27.3%。

在社会学调研中,有一个"重合程度"的比例性调研分析方式,即在持同一选项数据的人群中,用另外一组数据作对比,如果两组数据的重合程度达到了60%以上,那么这两组数据可以被看作有着一定的事实联系。

在同一份受访表中,我们还设置了另一个问题:"你们喜欢看什么题材的文学作品?"选项变成了7个:爱情婚恋、历史军事、文化科普、纪实报告文学、回忆录(名人传记)、社会评论与散文随笔,每个人必须选择2个。其中,勾选"爱情婚恋"的有543人,占到样本总容量的62.3%;勾选"纪实报告文学"的有401人,占到样本总容量的46.0%;勾选"文化科普"的有276人,占到样本总容量的31.7%,这三个选项在所有选项中名列前三甲。除此之外,勾选"历史军事"的有203人,占到总容量的23.3%;勾选"散文随笔"的有112人,占到总容量的12.9%;勾选"回忆录(名人传记)"的有110人,占到总容量的12.6%;勾选"社会评论"的有97人,占到总容量的11.1%(见图26.1)。

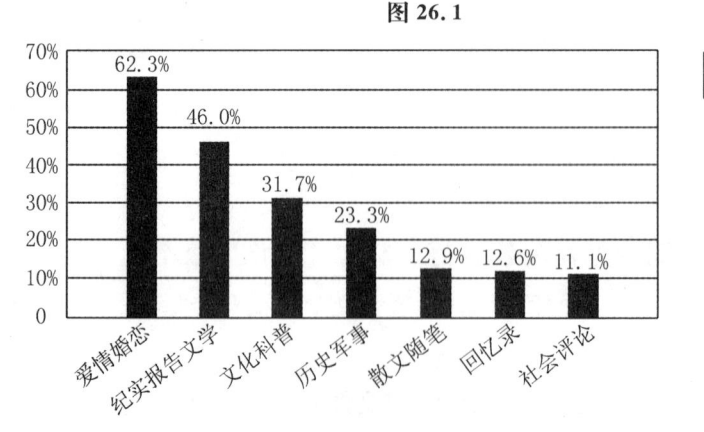

图26.1

与之前的"从事职业"相对比来看,选择"金融管理类"的440人里面,选择最多的是"文化科普",有209人,占到了47.5%;选择"历史军事"居于其次,有197人,占到了44.8%——"金融管理类"这一行当基本上包揽了所有选择"历史军事"与"文化科普"的读者。两种同时选择有103人,也占到了23.4%。只选"文化科普"或"历史军事"有303人,占到了68.9%,这与社会学中所提出的"重合程度"吻合,构成可研究的价值。

缘何在从事"金融管理类"的"蚁族"中热衷阅读"文化科普"与"历史军事"?

我们电话回访了一名叫"叶子"的"京蚁"。叶子是一名男生,毕业于对外经贸大学卓越学院的文秘本科,他来自于山东日照,本来回到家乡可以找到一份好工作的他,却因认为北京机会多而坚持留在了北京。现在他所从事的职业是在一家投资公司担任账务管理,"以前我们是白领,现在我们是蚁族,我们从大学里一出来,就觉得受了骗,大学的知识与现在的专业完全不搭界,想回去读书又没那个心。说实话,都说职场如战场,那些战场军事的书确实让我们这些初生牛犊明白了很多道理。而且,我们现在明摆着觉得知识不够用,只好在文化科普的书里获得一些知识量。"

另一位来自湖南永州的小亮也是一名生活在上海的"蚁族",大学已经毕业3年的他现在在上海一家外贸公司担任会计,一个月工资不到3000元,"我喜欢历史军事的小说,因为从事金融管理的职业每天要面对很大的工作强度与压力,想看战争题材的电视剧,又没有时间,而这些小说正好可以让我满足一种阅读的快感。"

而在"文秘类"与"自由职业"的288人中,选择"爱情婚恋"的有144人,正好占到一半;选择"散文随笔"的有100人,占到了34.7%;两者都勾选的有45人;只选"爱情婚恋"与"散文随笔"的有199人,占到了总人数的69.1%,同样也与社会学中的"重合程度"吻合,一样构成可研究的价值。

不同的职业,确实有着不同的阅读偏好,虽然大家都是低收入、高强度、物质基础薄弱、喜欢用手机阅读且需要朋友、感情空虚的"蚁族",但是大家在阅读的具体内容上仍有很大的不同,这既受时代导向对于写作者的遴选所决定,亦受读者本人的职业与生活经历所制约。

小赵来自于四川雅安,她大学就读于四川行政学院文秘专业,2010年刚毕业的她和另外一位同学在北京的珠江绿洲花园租房居住,成为了名副其实的"蚁族",月收入2000元不到,除去租房几乎所剩无几。在大学求学时的小赵是一个热爱文学、音乐的女生,"我一直爱好文学,但是数学成绩不好,不能读中文系本科,专科只有文秘专业,现在这个学历在北京真的很难找到合适的工作,我又不可能回到农村老家,所以只有选择了做一名坚定的'北漂'。"

当我们问到小赵为什么喜欢"爱情婚恋"与"散文随笔"时,小赵直言不讳地说,"文秘"这个职业看似轻松,实际上非常枯燥,青春年华如果牺牲在这样一份职业上,充满理想的她觉得是一种浪费,"我希望能够拥有我自己的世界,在上下班高峰期的车厢里,如果可以阅读情感真挚、意义隽永的文学作品,这可以让我原本因为工作而枯燥的内心变得滋润起来。"

不同的职业有着不同的阅读取向,这是"蚁族"所呈现出来的阅读倾向。作为"蚁族",他们一方面受过良好的大学高等教育,一方面在现实社会中四处碰壁。在少年情怀不再、理想残酷消磨的状态下,他们对于阅读的欣赏,实际上也反映了他们的内心的渴求与不安。如何从"蚁族"的不同阅读倾向上获得对于这一特殊新生群体的了解与认识?这就依赖于学界、业界仁者见仁、智者见智的思考了。

26.4　畅销流行图书反受冷落,其实"蚁族"很独立

在我们所做的调研中,871名"蚁族"年龄最大的31岁,最小的21岁,平均年龄26.3岁,可以说恰是人生的黄金时间。尚不足而立之年的"蚁族",用风华正茂、青春正好来形容当是毫不过分的。但是,过于沉重的经济负担,对于前途的茫然以及从理想到现实的骤变,导致了"蚁族"们在心灵上的早熟。

美国社会学家迈克·布罗维曾提出"大城市焦虑症"这一概念,即生活在

大城市的贫民,比生活在小城市的贫民、失业工人更焦虑不安,因为大城市集中了更多的商品、财富与高消费的生活方式,这种贫富悬殊对比越大,对于贫穷者的刺激就越大。毋庸置疑,中国的"蚁族"却是生活在大城市里,而且是人口超过1000万人的超级大城市。"蚁族"普遍存在着心理问题甚至心理危机,这是毋庸置疑的。

我们在问卷的后半部分设置了一个封闭性的问题,"下面所列的书,你们读过哪几本?"答题者可以随意选择,不限数量。选项有如下10个:《杜拉拉3》、《把吃出来的病吃回去》、《秘密》、《不生病的智慧》、《活在当下》、《窗边的小豆豆》、《历史是个什么玩意儿?》、《有些事现在不做,一辈子也不会做了》、《好妈妈胜过好老师》与《时光机》,这10本书曾同时出现在2010年4月8日至2010年5月8日卓越网、当当网、新华书店总店与中国图书网这4家图书零售巨头的前20名排行榜内,可以说是名副其实的本月全国超级畅销书。

令人惊奇的是,只有102人勾选了其中一本或多本,仅占到样本总容量的11.7%,其余的问卷在这一选项上均为空白,有的受访者甚至还写了"一本没看过"、"这都是什么书"的字样。

这个结果远远出于我们意料之外,连《杜拉拉》这样火爆全国的职场小说,也仅有97人勾选,畅销书虽然畅销,但在"蚁族"这一特殊群体里,却遭遇了"滑铁卢"。

"我们很少选择纸质阅读,一是不方便,二是价格太高,三是屋子里放不下。"在电话回访中,一个名叫陈晨的"京蚁"这样解释,"更重要的在于,我们对于畅销书根本不感兴趣,每天工作量那么大,到了周末基本上都在家里'老着',一般来说除了睡懒觉就是上网聊天,谁还抱着一本书看?"

1987年出生的陈晨是云南昭通人,家境贫寒,本科毕业于天津工业大学机械制造专业,现在北京通州一家外资企业做生产线,他目前租住在介于朝阳区与通州区之间的定福庄西街一家工厂老宿舍楼内,这栋有着近40年房龄的宿舍楼竟聚居着大约近千名"蚁族",几乎每套房子都被人为隔断成几个小间,供人居住。

"我和我的'室友'几乎从来不看畅销书。"陈晨告诉我们,"我们基本上不受畅销书排行榜的影响,也没有多少时间和多少钱去书店,一般来说,我们喜欢看手机电子小说,不管这个小说是否出版,或者是否畅销,只要我们喜欢就好。"

"沪蚁"小容与陈晨有着大同小异的观点,江西某财贸学院毕业的她,现在在上海一家航运公司工作,月薪不足2000元,"我喜欢读网上下载的电子小说,一方面是因为经济实惠,一方面是因为这些电子书基本上来源于网络,属于点击下载率高而不是销量好的作品。"

我们曾在红袖添香、起点中文等网络文学重要站点上,就下载量高的小说做过分析。其中,80%以上的小说如《漂在北京》、《上海,何处是我家》等等都是近似于"蚁族"的"草根"作家作品。大多数生活在底层的他们并不是专业作家,甚至写作并不构成他们谋生的手段,这些业余写作者们都将写作当作记叙人生、抒发感情的一种方式。虽然部分作品文笔稚嫩、结构不合理,甚至还有错别字与语病,但大多数小说从内容到感情都是真实的,写作者、作品与阅读者在这里构成了一个"底层"内的文学场——往往,这种"底层写底层"的"底层叙事"更能唤起"蚁族"们的共鸣。

著名社会学家、中国社会科学院于建嵘教授在与我们交谈时,如是看待这个问题:他认为,对于"蚁族"阅读情况的调研分析,是一个全新的社会学问题,为什么这些书会唤起"蚁族"们的共鸣?从学术研究本身来看,关注这些著作本身往往比研究这个现象更有意义,而现在批评界与传统学界往往忽视对于"底层写作"这一问题的关注,而从这里入手,对于"蚁族"们精神状态的解读,则更显得有意义。

26.5 快乐阅读并非为稻粱谋,其实"蚁族"很困惑

奥地利作家罗伯特·莫齐尔曾经写过一个关于图书馆长的小说,一位拥

有贵族血统的奥德利图书馆长,因为纳粹上台之后,因拒绝与纳粹合作而不得不隐居乡里。他选择在美丽的莱茵河畔居住,每天唯一的生活方式就是看书,阅读成了他生活的全部。当纳粹投降以后,他已经完全沉浸在这些知识与书籍的世界中了。于是,他做出了一个惊人的决定:无论谁执政,他都不再出山,继续在河畔读书,至死,这位图书馆长与他的书都未离开莱茵河畔。小说只是为了寄托一种意识形态,真正的这种将"阅读"作为生活方式的人,在现在这个快节奏的时代,这种生活方式既是不现实的,也是不可能的。但是功利性的阅读往往就偏离了阅读的本真价值,这正如我们之前所论证的那样,新东方、新航道与"黄冈考典"等教辅类图书的畅销,根本并不能反映一个时代文化接受与图书阅读的繁荣。真正的阅读,与听音乐会一样,属于纯粹精神层面的消费,获得的是审美的快感。

"快乐阅读"是"世界阅读日"的口号,但是真正做到"快乐阅读"的,在当下尤其变得不可能。在调研之前,我们始终认为处于经济底层的"蚁族",应该是积极自我"充电"的主力军,如注册会计师、审计师、人力资源管理师与公务员等资格考试职业,理应是他们青睐的对象,而且人均每月50元左右的购书支出,承担这笔教辅的购买费用还是没问题的。无论如何他们会去购买一些这方面的考试书籍。

但是,在我们的调研中,事实却不是这样的。

我们设置了一个题目"你平时购书的支出主要在哪方面?"选项有4个:杂志报刊、文学作品、考试教辅与工作需要。其中,选择"杂志报刊"的为683人,占到总人数的78.4%;选择"工作需要"的为81人,占到9.1%;选择"文学欣赏"的有73人,占到8.4%;仅有34人选择"考试教辅",占到4.1%。

"我不想考研,也不想考公务员。"这是小昆在电话回访中对我们所说的第一句话,他于1985年出生贵州都匀市石龙乡,高考曾以632分荣膺贵州省都匀市当年高考前三甲,顺利进入北京理工大学国际贸易专业就读。大学毕业后,他最大的梦想就是在北京站稳脚跟,然后将父母接到北京,但是已经大学毕业两年的他，仍然在一家电信公司担任客服经理助理，月薪在2000元左右。

"和我一起合租的哥们儿都是农村的，大家都不想考研了，考公务员，咱们一没时间二没关系，我为了考上北京的重本，复读了两年，家里借了一屁股债，你让我再拿出大把的时间去考研，我也办不到，家里的债还没还清，我要是还去读书，全村人肯定得骂死我，说我不孝。"

他买书最大的支出是"报刊"，他平时最喜欢看的杂志是《南风窗》与《南方周末》，"这些杂志很多时候是讲真话的，我们现在就想听真话。"小昆对我们不无感叹地说，"我没有笔记本电脑，上网也不方便，需要上网就在办公室里发个邮件，所以我全靠这两份报刊获取信息。"

我们随即电话回访了一位署名"Shadow"的"沪蚁"，她来自广西桂平，本科就读于广西民族学院，1986年出生的她，之前和男友一起曾在广西南宁工作，后来因为和男友分手，自己赌气来了北京，"我已经在北京生活了一年多了，有找不着北的感觉。"

"我从没想过要考试，或者怎样逃离这个环境，我身边的人和我一样，其实都挺没有目标的。我们生活得都很茫然，所以我们读书也不知道读什么好，有时候连看小说都没心，更不会主动去找什么教辅资料来看了，这应该是'蚁族'们的共同想法吧？"

"蚁族"们的快乐阅读，从某种程度上讲，应该是他们唯一的精神消费。美国实用主义哲学家理查德·罗蒂在《哲学、文学和政治》一书中提到，人类作为一种高级动物，本身必须要获得物质消费与精神消费的双重满足，这是人与动物的区分。这与人的身份地位、学识与职业没有必然联系。同样，"蚁族"本身也有着其精神消费所在。

与音乐会、演唱会以及电影相比，阅读尤其是手机阅读本身是最经济的精神消费之一，在快节奏、高压力与低收入的"蚁族"，他们几乎唯一的休闲时间与精神消费方式就是在上下班的高峰期用手机看电子书，"你说我们是快乐阅读，实际上这是我们自娱自乐的方式，如果连这点娱乐我们都没有，我们或许真的会成为傻子或是疯子的。"在电话回访的最后,小昆这样对我们说——诚然,如果这种近乎最低层次的精神消费还被剥夺的话,那么"蚁族"们何以来面对自己的精神世界呢?

在调研的最后,一位名叫阿诚的"京蚁"给我们写了一封电子邮件,他是少数几个留了自己邮箱的受访者,在邮件里,阿诚这样说:"我来自于湖北恩施农村,本科毕业后一直在北京闯荡,其实我们的内心与我们的钱包一样,都是无比空虚的,我曾羡慕那些出入电影院与KTV的同龄人,他们的脸上带着我们并不具备的微笑,我们要承受比他们大得多的压力,却要用最廉价的方式来排遣——之前的我做梦也不会想到,现在的我竟然会喜欢上了看书,也明白了看书的重要性,但这确实是不得已而为之,因为,我们确实很困惑……"

[链接:中国图书商报·中国阅读周刊2010.5.25,《中国图书商报》调查组、韩晗《京沪穗三城"蚁族"阅读大型调查发现:"蚁族"首选"手机阅读"实出无奈》]

第 27 章　抽样调查全国公务员群体阅读状况

之所以选择公务员为阅读调查的对象,首先考虑到因为公务员阶层"有充分时间、有固定收入、有知识与有品位"这四大特点。当然,除此之外还有其他非常重要的原因——公务员阶层在国家政治结构中处于优先地位,从公民的角度讲,他们既享受宪法与法律所赋予的权利,亦要践行其义务;但当其处于公务员法律地位时,便有资格作为国家的代表,以公务机关的名义从事公务行为,从而既享有行政职权,亦享有行政优益权——这就决定了作为阅读群体的公务员群体本身在一定意义上起着主导、优先的作用,与中小学教师相比,他们社会接触面广;与大学生相比,他们地域分布广且均匀,从直辖市到乡镇一级单位均有分布;与企业职员与媒体从业者相比,他们人数庞大且稳定;因此,作为调研样本的公务员群体拥有社会学与统计学的双重调查意义。

本调研立足全国10省市,其中最小的行政单位为镇(科、街道)级,最大的行政单位为司局(厅、地市州)级,值得注意的是,因为省部级及其以上高级公务员有着严格的采访、调研纪律,且人数较少,在本次采访中暂未涉及。

本调研主要的目的是了解并分析当下公务员群体的阅读状况,侧重于对公务员群体的"阅读类型"、"阅读形式"、"阅读时间"与"阅读目的"这四大方面。从样本总量看,本次调研问卷共发放2000份,回收有效问卷1073份(含电话、网络问卷),占发放总量的53.65%,其中这些有效问卷均匀地分布在北京、江苏、上海、浙江、湖南、湖北、四川、吉林、陕西与新疆10省市(区),并全部涵盖中直、省直、市直与县直四级行政系统,且在职能机关、派出机构与政府部门均有分布,除了政府机关之外,其派出职能机构涉及教科宣传、公安司法、环保文卫、交通运输、农工经贸、外事以及计生民宗等近40个分类；从性别上看，男性658人，女性415人，男女性别比为1.59∶1；他们的年龄为22岁至55岁之间，平均年龄38.77岁；从民族构成上看，汉族966人，占样本总量的90.02%；从学历上看，本科以上学历者有821人，占样本总量的77.07%；从系统涵盖上看，中直机关人数为43人、省直机关人数为269人、市直机关为299人、县（区）直机关为462人，其比例为1∶6.26∶6.95∶10.74。这些比例、分布密度均与目前国内公务员各项指标数据吻合，因而，该调研报告在统计学与事实上是真实有效的。

27.1 主阅读类型："官场小说"热捧数年，"青春武侠"鲜有问津

在本次调研之前，我们曾参阅了其他关于公务员阅读调研报告中的相关信息，以便在设置议题上有所偏重。纵观之前两次颇有影响的公务员阅读调查，均是由《决策》杂志所组织完成的：一次是2007年6月，该调查报告显示喜欢阅读"破解官场潜规则的官场小说"占到了43.3%；另一次是在2009年11月，该调查报告显示，"党政机关公务员占到30.5%"的人群喜欢读官场小说。这两次调查报告都反映了一个客观结果：官场小说既是公务员群体的阅读主潮，公务员群体对于官场小说亦是非常推崇。

在本调研报告中，我们第一个议题便是对"阅读类型"的调研，"您最喜欢什么样的小说"问题中一共设置了10个事关阅读类型的选项，它们分别为：武侠玄幻、军事战争、乡村题材、官场文学、青春爱情、人物传记、励志成功、散文随笔、报告纪实与历史传奇。被调研者可以随意选择，但最多只能选择3个。

其中，选择"官场文学"的为672人，名列第一，占到总人数的62.63%；选择"人物传记"的为523人，占到总人数的48.74%，列为第二；选择"报告纪实"的为449人，占到总人数的41.85%，位居第三；其后依次分别为"散文随笔"（397人，37.00%）、"军事战争"（301人，28.05%）、"乡村题材"（204人，

19.01%)、"励志成功"(200人,18.64%)、"历史传奇"(187人,17.43%)、"武侠玄幻"(148人,13.79%)与"青春爱情"(138人,12.86%)(见图27.1)。

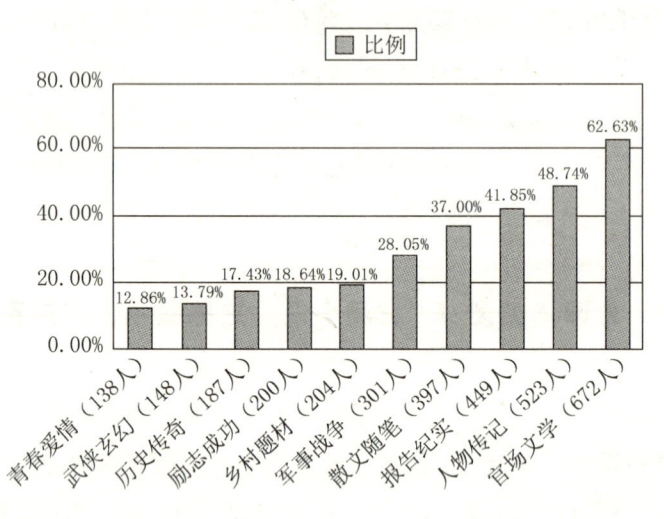

图 27.1

类别	比例
青春爱情(138人)	12.86%
武侠玄幻(148人)	13.79%
历史传奇(187人)	17.43%
励志成功(200人)	18.64%
乡村题材(204人)	19.01%
军事战争(301人)	28.05%
散文随笔(397人)	37.00%
报告纪实(449人)	41.85%
人物传记(523人)	48.74%
官场文学(672人)	62.63%

这个调查结果让我有些意外,在阅读类型上,公务员们都青睐于"官场文学"、"人物传记"与"报告纪实"等与现实、自身关系密切的作品。对于纯文学甚至虚构性强的青春、武侠奇幻类作品,公务员们并不热爱,这与社会时尚阅读的趋势是截然相反的。

根据之前《决策》杂志的两次调研,从2007年至今,公务员对于"官场文学"的热爱一直居高不下,当然这与职业类型有着密不可分的关系。不同职业有着不同的阅读偏好,公务员阶层对于"官场文学"的偏好亦是理所应当之事。但是,根据不同样本的重合比较,重合率最高的是"官场文学"与"人物传记"——既喜欢"人物传记"亦热衷"官场文学"的公务员有499人,占到总人数的46.51%,接近一半。

作为"官场中人"的公务员阶层,本身有着较好的个人修养,尤其是2007年公务员制度改革之后的新进公务员,所有人皆为本科甚至硕士研究生以上学历,而且绝大多数为汉语言文学、法律、外语、新闻文秘、行政管理与哲学历史学等文科学历,本身拥有很好的文本解读与文学审美能力,但是这并非意味着可以直接将他们引向更为纯粹的审美阅读,由此可知,阅读偏好与个人的阅读能力、学历并无直接关系,而是与阅读者的职业、环境息息相关。

"所谓官场阅读,我想这对于我们公务员阶层应该起到一个双重的作用。"N省交通厅征收稽查处的H处长在电话回访中这样对我们说,43岁的他毕业于北京师范大学行政管理专业,2009年才在中国政法大学获得在职硕士研究生学位,"一方面,官场小说可以为我们提供为人处世的职场生活经验,如何与领导、部下以及群众打交道是一门随时都需要学习的学问;另一方面,每一部官场小说里至少都有一个反面人物,他们有的是因为贪腐而落马,有的是因为不善于处理各种关系而遭殃,还有的是说了不该说的话,甚至还有知法犯法、随意漠视纪律原则的,这些对于我们在职干部来说,都是很好的反面教材。"

当然,对于公务员群体偏爱"官场小说",并非都是共执一词的,譬如另一位公务员——Z省W市财政局副局长J先生——作为唯一一个既选择了"青春爱情"亦选择了"官场文学"与"人物传记"的他,如是认为,"青春爱情可以让人回归到自然与淳朴当中,这是人性的驱使,但是我同时也需要对于自己所处的领域有所把握,所以我必须要在官场小说中领悟所谓的潜规则与明规则。"

27.2 阅读形式:"电脑阅读"备受重视,"有声阅读"独树一帜

对于阅读形式的调研与分析,一直是本系列调查报告的重要范畴。随着电子技术特别是网络的广泛应用,新的媒介催生了新的阅读形式,新形式与传统形式之间的时间距离因为技术的飞跃而大大缩短,我们从纸质阅读

向电脑阅读的过渡,用了几千年的时间,但是从电脑阅读向手机阅读的过渡,竟不足 10 余年——但是,这是否意味着新的阅读形式就一定是理性、成熟的呢?

在本调研报告中,依然设置了事关阅读媒介的调研,就"您最喜欢什么样的阅读形式?"一个议题,提供了 5 个选择——依次为:纸质阅读、手机阅读、电脑(互联网)阅读、阅读器阅读与有声阅读,每人只能选一个。

"有声阅读"是近年来一种新兴的阅读方式,即通过录音、评书或简单广播剧等声音形式,将散文、小说制作为车载音响设备可以播放的存储光碟或音频文件,用来驾车播放。在驾车的过程中,驾驶员可以清楚地收听小说或散文的录音或对白,这种阅读称之为有声阅读。据调查,由于私家车的普及,近年来北京、上海两地制作"有声阅读"的公司竟然达到近百家,而且在近百家网站上都提供"有声阅读"的音频文件下载。据不完全统计,目前被制作为"有声阅读"的文学作品数以万部,其总量几乎可以与"手机阅读"相比拟。

调查结果显示,选项最多的为"电脑阅读",有 499 人,占到样本总量的 46.51%;其次为"纸质阅读",有 301 人,占到样本总量的 28.05%;排名第三的竟然是"有声阅读",有 207 人,占到样本总量的 19.29%——这是在之前没有过的"手机阅读"居于第四,仅有 56 人,占到样本总量的 5.21%;使用"阅读器"阅读的仅为 10 人,占到样本总量的 0.94%。

通过这组数据我们可以得出四个颇有意义的结论:首先,在公务员群体里,"电脑阅读"已然取代"纸质阅读",一跃成为第一大阅读形式,当然导致这个现象的直接原因无非是两个:一是公务员使用电脑的普及,几乎所有的行政办公室都有电脑这已经是不争的事实,二是公务员的自由时间比较多,他们可以有时间自由地在电脑上阅读;其次,"纸质阅读"仍然居于第二,这说明了传统阅读的影响仍然根深蒂固,企图在阅读形式、阅读习惯上有着更新换代的革新,在短期内基本上是天方夜谭;再次,"有声阅读"能够居于第三,这充分说明了公务员群体在用车上的普及性,其中,在选择"有声阅读"的 207 人中,197 人为副处级以上,这个群体在市直、县直机关基本上是有资格享受公务用车的,所以这也是"有声阅读"缘何能够在公务员群体中"独树一帜"的原因;最后,与其他人群一样,公务员阶层对于"手机阅读"并不感冒。

按道理说,手机的普及率远远高于汽车的普及率,那缘何手机阅读却无法受到应有的重视呢?从文学心理学的角度看,作为公务员阶层,他们属于社会的精英群体,本身很注重自己外在的形象,尤其是中直机关、副处级以上的公务员,要么年龄偏大,要么拥有很高的学历,对于这样的群体,他们是无法接受用手机看书的,甚至他们很多人不止一部手机,手机对于他们来说只是一个非常重要的通信工具——一方面,他们可以有电脑、有声的阅读形式,纵然纸质阅读的费用,他们也能承担;另一方面,与其他从业者比较,手机对于公务员们来说异常重要,若是看书上网玩到一半突然没电了,进而耽误了某些重要的电话,那么他们是非常得不偿失的。

"我喜欢用电脑看书,很方便。"S 省 T 市广电局监管科 L 科长在办公室里热情地告诉我们,"我们每个人都有一台电脑,连新来的办事员都有。大家看书基本上都在电脑上看,而且不耽误工作,需要处理什么邮件、打印什么稿件随时就可以处理。"

另一位选择"手机阅读"的公务员——Z 市 F 县 T 镇政府办公室 Y 秘书这样告诉我们,她去年刚从西南交通大学毕业,志愿参加"一村一个大学生"的活动,上个月她才刚刚调回镇里,"选择'手机阅读'是因为是大学时的习惯,后来选择在村里蹲点,上网不方便,自己的私人空间也很小,现在到镇里可以上网了,终于可以不用手机看书了。"说到这里她自己都情不自禁地说,"这真是一件令人高兴的事情。"

27.3 阅读时间:"总体时间"高于平均,"年龄差距"各有不同

与当下中国其他任何一种职业相比,公务员都是压力最小且福利最优的,这也是"公考"在近年来如此火暴的原因所在。早在十几年前就有对机关工作"一杯茶一包烟,一张报纸坐一天"的讽喻——尤其是大量坐办公室的时间,促使了公务员阶层有了充裕的阅读时间,只不过现在大家不是"一张报纸坐一天",而是"一台屏幕坐一天"了。

在调研表中,专门设置了一个关于阅读时长的调查,即"你一周总共多长时间在阅读?"选项一共为四个:2小时以下、2小时至10小时、10小时至20小时与20小时以上。之所以没有设置具体每天的阅读时间,是因为有一些派出部门的公务员他们需在不同的时间从事巡逻、稽查等外出工作,所以以"周"为单位,更显得客观具体。

其中,选择"2小时以下"的有142人,占样本总量的13.23%;2小时至10小时的有498人,占样本总量的46.41%,10至20小时的有401人,占到样本总量的37.37%,20小时以上的为32人,仅为样本总量的2.99%。这个统计结果远远高于国内人均阅读时间的总量,可以这样说,公务员群体亦是图书阅读的主力军——但是他们对于电脑阅读的青睐与依赖,促使他们不大可能成为纸质图书购买的最强主力军。

同时,我们又做了一个对比统计——即根据不同受访者的年龄,进行统计学上的"横向对比",从而在不同的区间内寻求大于50%的重合率,进而证明鉴定其有效性。其中,在本调查报告中,22岁至30岁的有135人,占到样本总量的12.58%;31岁至38岁的有478人,占到样本总量的44.55%;39岁至46岁的有340人,占到样本总量的31.69%;47岁至55岁的有120人,占到总人数的11.18%(见图27.2)。

在低于38岁的613人中,有447人选择了"2至10小时"以及"10至20小时"的阅读时长,占到了这两个选项总人数899人的68.19%,为超过50%

图 27.2

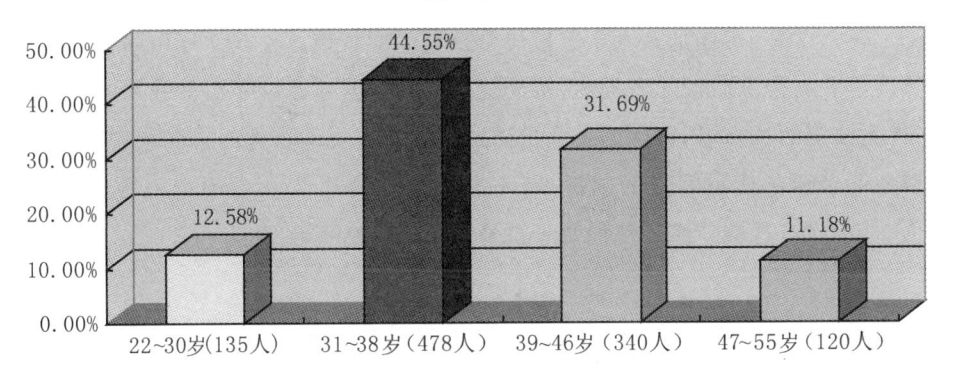

年龄段	比例
22~30岁（135人）	12.58%
31~38岁（478人）	44.55%
39~46岁（340人）	31.69%
47~55岁（120人）	11.18%

重合率的绝对多数。而在选择"低于 2 小时"的 142 人中，年龄阶段处于"47～55"的有 81 人——这既占到了"低于两小时"总人数的 57.04%，亦占到了"47～55"这一年龄段总人数的 67.50%，均为双方的绝对多数——这些"绝对多数"均有着统计学的意义。

由此可知，阅读的主力军永远是年轻人，这个理论不但适合教师、医生、警察等职业，同样在公务员群体里仍体现出了其真理性。我们分析，这一点在公务员群体里还应尤为突出——从学历上看，年轻的公务员本身接受过严格的高等教育与公务员考选制度，在学历上要远高于之前的公务员；从身体素质上看，年轻的公务员年富力强，精力旺盛，又有吸收新知识的欲望，这就促使了他们成为阅读群体的中坚力量。更关键在于，年轻的公务员认为自己仍有上升空间，这是他们加紧"充电"的原因之一，兼之他们不受家庭束缚，可以有较多的购书开支——凡此种种，均是"年龄差距"在阅读时长上各有不同的关键原因。

"我喜欢读书，这是我从大学就养成的习惯。"供职于中直机关的 S 先生这样对我们说，他前年从中国政法大学获得硕士学位，今年才考上公务员。S 先生每周阅读时常远远超过了 20 个小时，而且他还在坚持学一门外语，他对于自己的前途充满了乐观，"我还打算过几年申请念一个在职的博士研究生，最好赶在结婚前把电充好,以后就只顾着跑了。"

社会学者、美国加州大学洛杉矶分校康保罗教授这样认识这个问题,作为社会学者与公共政策学者的他,对于这一问题有着自己精辟而又独到的见解,"作为政策的执行者,中国的公务员阶层应该有着更为宏大的志向与理想。所以他们必须在尊重现实的前提下,不断地使得自己为社会创造出更多的价值——当然,这就依赖于他们对于自身素质的不断提高。"

27.4 阅读目的:"消遣娱乐"仍为主潮,始终重视"提高素养"

英国随笔作家查尔斯·兰姆(Charles Lamb)曾如是论断"阅读"的意义,"所谓阅读只是一种可以带来快乐、自然的生活方式,这与原始人的歌声别无二致。"当然,作为有闲有钱阶级的英国贵族式文学,当然是一种"快乐"、"自然"的,但是,在当下"蚁族"遍地、人人皆"穷忙"的时代里,谈休闲无疑是奢侈的事情。但是,每个人都有誓死捍卫自己自由的权利,让自己心甘情愿把自己的自由双手奉上时,我想这是比"穷忙"更可悲的。

公务员阶层相对而言更有着较为宽广的自由度,这是尤为难得的。我们在问题设置上,亦专门就"阅读目的"做了提问:您读书的主要目的是什么?

就此提问,我们设置了五个选项:消遣娱乐、提高素养、追逐流行、获得学识以及解答困惑。为保证选项的唯一性,每个人只能选择一个。其中,选择"消遣娱乐"的有488人,占样本总量的45.48%;选择"提高素养"的有403人,占样本总量的37.56%,位居第二;选择"获得学识"的有110人,占样本总量的10.25%;选择"解答困惑"的有47人,占样本总量的4.38%;选择"追逐流行"的仅有25人,占样本总量的2.33%(见图27.3)。

由此可知,公务员在阅读倾向上是与功利无关的,作为收入丰厚、时间充裕且受到社会尊重的特殊职业群体,他们没有生活压力,纵然是意图"充电"的年轻公务员,那也是锦上添花,而非如"蚁族"、大学生一般视求知如饭碗。但是在"消遣娱乐"之后第二大选项便是"提高素养",这个选项占到了样本总

图 27.3

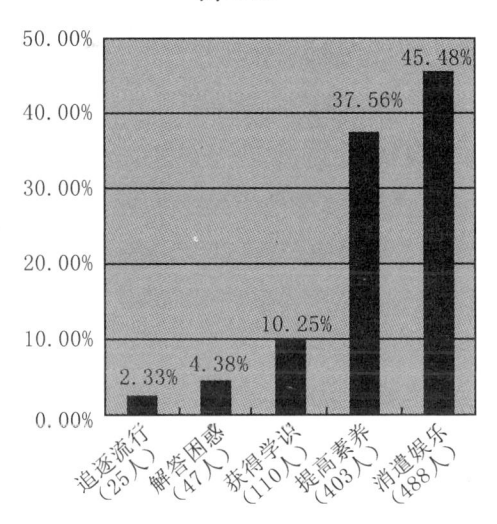

量的 37.56%,这在之前是没有过的。

提高公务员个人素养问题,这是一个始终被重视的问题。全国不少出版社在近 10 年都曾推出过《领导干部文化知识读本》、《公务员文化素养普及读本》等参考书籍,起到了一定的"普及知识"、"提高素养"的作用。那么,面对当下公务员希望"提高素养"若渴的现象,其动力又在何处呢?"我们作为公务员,既要和人民群众打成一片,也要和上层社会打交道。"L 市招商局外事科副科长 Q 先生在电话回访中这样对我们说,"尤其是我,负责招商工作的,在面对一些港商、儒商的时候,人家反而学富五车,说起诗经楚辞,谈到凡·高、毕加索,我都张口结舌,地方领导尚且如此,人家怎么还会来你们这里投资?"

另一位公务员 G 女士则向我们表示了她对于"提高素养"的另一重认识,已经是副处级的她在省直机关供职 10 余年,"我们之所以迫切需要提高自身素养,这与现在这个大环境是分不开的,外事活动与日俱增,单位新进人才也随之增加,所以我们不得不提高自己啊。"

我们认为,作为政府的公职人员,公务员对于自身素质的提高,显然有着很迫切也很现实的意义与价值,作为与社会各阶层均有广泛接触的公务员,他们除了拥有自己所属行业的专业素质、公平意识与应变力之外,他们还需要对于知识面的拓宽——这样既可能保证对于自身工作更好地开展,亦可以有效地使得自己真正地"腹有诗书气自华"。我确信,代表国家的公务员群体一旦素质获得了提高,这不但是国家之幸,亦是人民之幸,而这一切现象,确实正朝着这个方向循序渐进。

[链接:中国图书商报·中国阅读周刊 2010.7.20,《中国图书商报》调查组、韩晗《最小行政单位为科级最大行政单位为局级:抽样调查全国公务员群体阅读状况》]

第28章　企业从业者阅读调查报告

"企业从业人员"曾经俗称"白领"、"蓝领"或"金领",即在企业中从事生产制造、行政管理、设计创意与后勤文秘等职能的从业人员。在这里所定义的"企业",是美籍经济学家熊彼德(Schumpeter Joseph Alois)的概念即"企业的本质是资源的转换体",这既包括传统意义上的生产加工制造业、房地产业、仓储运输业、建筑业、销售业与服务业,也包括以银行、保险、证券与投资为主的金融业。根据《第二次全国经济普查主要数据公报》所提供的数据统计,目前国内工业企业从业人数约为1.17亿人,其他行业(不含事业单位)从业人数约为1.13亿人,总人数突破2.3亿,占全国总人数(中国人口信息网数据,2008年末全国总人口为13.28亿)的17.3%。

与教师、媒体从业者相比,他们没有严格的身份制约;与大学生相比,他们拥有稳定的收入;与科研工作者相比,他们虽然日常工作量大,但又拥有八小时以外的自由时间;与公务员相比,他们消费观念前沿、整体平均年龄较低。故而与其他行业相比,企业从业人员有着"整体年轻、流动灵活、学历较高、收入稳定、观念前沿"这5大特点,所以,他们是城市消费的主力军,是拉动内需的主要力量,也是平衡国内贫富差距与社会矛盾的主要因素。

之所以选择"企业从业人员"作为研究对象,是因为近年来由于房价的飙升、国际资本的流动等新兴因素导致了中产阶级阶层的萎缩,并引发一系列社会问题的呈现。在这样的语境下,部分企业从业人员开始因为房贷、车贷与子女教育经费问题而深感压力重大,中产阶级的萎缩直接促使了社会、经济等一系列附加问题的出现。

鉴于此，为了更广泛地利用好本次调研进而说明一系列问题，我们特就目前国内企业从业人员的阅读做了一个颇为系统的调研。为了充分、全面地说明问题，本调研报告主要从"阅读时间"、"阅读形式"、"阅读内容"与"购书来源"这4项进行调研分析、得出结论。

本次调研共发放问卷 1200 份，回收有效问卷 882 份，占总数的 73.50%，具备有效性。从样本分布上看，被调研者遍及国有企业、私营企业、集体所有制企业、外资企业与合资企业 5 大分类，并在北京、上海、辽宁、江苏、浙江、福建、广东、湖北、四川与陕西 10 省市呈散点分布；从年龄上看，年龄最大者 50 岁，最小者 22 岁，平均年龄 36 岁；从性别比例上看，其中男性为 455 人，女性为 427 人，男女比为 1.06∶1；从民族构成上看，汉族为 843 人，占 95.58%；从收入情况上看，最高收入月薪 24000 元，最低收入月薪 2190 元，平均收入 4973 元；从职务分类上看，从事行政管理者有 223 人，从事生产技术一线者有 339 人，从事设计创意者有 113 人，从事后勤文秘者有 207 人，这些数据均与目前国内企业从业人员的整体状况相吻合。

28.1 阅读时间：平均周阅读时间仅为 1~2 小时

在本次调研之前，我们反复比较了之前几次的调研数据与结论，意图在对比中获得一些切入点，从而更好地为本次调研设置问题。根据往常的调研结论，"阅读时间"往往是决定其他几个指标的重要因素，所以"阅读时间"被我们设置为首要调查的议题。

调研问卷中，第一道题目的就是"你一周阅读总时长为多久？"选项有 4 个："1 小时以下"、"1 小时至 2 小时"、"2 小时至 5 小时"与"5 小时以上"。之所以设置这样的时间段，是因为根据往常几次事关"阅读时间"调研统计的平均数而得：一般来说，对于各类资讯手段均有所了解的年轻人，停留在纸质阅读上的时间，应该不会太长。

其中，选择"1 小时以下"的有 113 人，占样本总量的 12.81%；选择"1 小时至 2 小时"的有 544 人，占 61.68％，为绝大多数；选择"2 小时至 5 小时"的，有 194 人，占样本总量的 22.00％；最后是选择"5 小时以上"的仅有 31 人，占样本总量的 3.51％。

在这个调研中我们可以发现，大量的被调研者，周阅读累计时长仅为 2 小时以下，这个结论是我们万万没有预料到的。因为根据之前的"蚁族"的调研得知，大量朝九晚五的企业从业者，他们会在地铁、公交上进行手机阅读，所以，"蚁族"的阅读时长远远要大于国内平均的阅读时长。

那么，为什么"蚁族"与"企业从业人员"会在阅读时长上有较大的差异呢？我们通过收入、职位与供职时长的分析获知：首先，在"蚁族"人群中，存在着大量待业、求职或打零工的人员，有的"蚁族"供职于事业单位，处于较低层的工作岗位，而企业从业者的职位则是相对固定的，相当部分的企业从业者甚至可以享受单位的福利租房等待遇；其次，虽然一部分"蚁族"供职于企业，但在企业体系中处于较低的位置——这些都算是"蚁族"中的佼佼者了；从学历上看，本次调查对象本科及以上者有 789 人，占到样本总量的 89.46％；而且，最关键在于，"蚁族"主要生活在特大型城市，而企业从业人员却广泛分布于大型、中型城市；最后，"蚁族"所学多半为工商管理、国际贸易、计算机与商务英语等曾经过热饱和、又无法胜任专业工作的专业；而企业从业人员多半都是专业技术人员或会计、人力资源管理等专业性比较强的职业。简而言之，"蚁族"虽然与"企业从业人员"存在交集，但是"蚁族"的佼佼者，却处于"企业从业人员"的较低层次，在社会结构上看，"蚁族"无疑位于"企业从业人员"的次一层。

与"蚁族"相比，"企业从业人员"有着明确的工作责任、权责范围与定量任务，除了 8 小时之外，他们无意再去阅读各类文本性的著作，而且他们也没有多大的"充电欲望"。更重要的在于，尤其在被调查的这些企业从业人员中，私家车的拥有率为 38.10％，其中，还有 67.23％的企业从业人员，本身居住在一般省会城市或中型特区城市，从居住地到工作地的距离不足 5000 米，这就决定了企业从业人员几乎没有"蚁族"所具备的"地铁、公交"时间。

"我们没有太多时间来阅读。"宁波某环保工程公司人事资源部经理赵先生在电话回访中这样对我们说,"我们太忙了,有时候一天连三餐饭都不能保证,有时候一天又是五六餐饭,我们还有时间看书吗?"

与赵先生同样感触的人并不在少数,多数受访者在电话回访中明确表示,"自(大学)毕业以后不怎么看书了"、"偶然看看职场生活或励志类的书"、"阅历经验远远比书本重要"——大概这3种论调构成了当下企业从业人员对待"纸质阅读"的态度。

我们认为,随着国内现代企业制度的逐步建立,以及贫富分化的日益呈现,企业从业人员多半因为房贷、车贷以及子女教育费用而感觉到自身的危机,大量的企业从业人员是"借贷族",倘若自己失业,那么一切都不堪设想。因此,他们必须要通过工作经验的积累、自身业绩的突出来实现自我,以便使自己在职场中处于不败之地,这也是他们忽视阅读的原因所在。

28.2 阅读形式:9成被调研者青睐手机阅读

作为我们一直关注的新兴阅读形式,"手机阅读"现在正处于如日中天的状态。中国移动、中国联通与中国电信三家通信垄断企业都相继推出了手机阅读平台,这足以见得"手机阅读"即将走向主流的可能性。但是我们认为,这种靠近主流的趋势,其实是一种"被主流"。因为在读者尚未培育成熟的状态下,仓促实行以赢利为目的的产业化运作,实不足取。实际上通过调研我们也了解到,国内诸多阶层如公务员、教师等,对于手机阅读,并不感冒。

因此,在本次调研中,我们也设置了一个问题:"您最喜欢什么样的阅读?"选项有4个,分别是"纸质阅读"、"网络阅读"、"手机阅读"与"有声阅读",每个人只能选择一个答案。

其中,选择"手机阅读"的有554人,占到样本总量的62.81%;选择"网络阅读"的有220人,占到样本总量的23.81%;选择"纸质阅读"的有102人,占到样本总量的12.56%;选择"有声阅读"的仅有6人,占样本总量的0.82%。

与公务员不同,虽然企业从业者中有一部分人拥有私家车,但是他们并不热衷于车载的"有声阅读",而"手机阅读"则是他们的首选阅读形式。

在电话回访中,在美国某医疗器械西安分公司任部门经理的廖小姐明确表示,自己非常喜欢"手机阅读","这样可以大大地节省时间,想看就看,而且没有背着书出门的负担。"

另外一位来自于厦门某文化创意公司的林先生,在电话回访中也谈到了这个问题,今年28岁的他拥有自己的私家车,而且他非常喜欢流行音乐,"我开车时喜欢听节奏快的歌,这样时刻让我保持警醒,我不是专业司机,不敢听评书小说之类的东西,害怕脑子跟着情节走,这样容易出事故。"当我们问到他为什么勾选"手机阅读"时,他表示,"'手机阅读'很容易让我在第一时间就可以读到想读的东西,我们的时间分配不固定,说出差就出差,说出门就出门,万一出去有了大量的空闲时间如等客户等等,这样掏出手机就能阅读,多方便。"

或许林先生道出了"手机阅读"之所以能在企业从业人员中流行的原因所在,作为作息不固定、生活规律性不强的企业中层管理、外联人员,他们的时间往往被"切割"开来——这与公安干警的时间极其相似,因此,这也是为何"手机阅读"可以在企业从业人员中如此受欢迎的原因。

我们认为,作为一种新兴的阅读形式,"手机阅读"目前存在最大的问题有两个:一是目前始终是"手机阅读"的形式而不是"手机文学",因为"手机阅读"的文本一般来说要么缺乏基本的文学性,要么直接将纸质出版物转成手机阅读版,这与网络文学甫一开始的原创性是无法比拟的;二是"手机阅读"面世时间较短,自身缺乏一定的读者基础,这是其实行产业化运作的最大束缚。

但是,企业从业人员对于"手机阅读"的青睐,应该为"手机阅读"这个新兴产业的今后发展提出了一个非常有意义的突破口,从他们对其的接纳程度我们可以看出,"手机阅读"应该适合什么样的受众——时间被分割零散、有一定阅读能力以及对新兴资讯颇为熟悉的年轻读者群。

简而言之,在目前这个时代里,纸质传播与互联网无疑处于"大众传播"的状态,而"手机阅读"仍然是"分众传播"的语境,我们不可能在短期内让"手机阅读"上升到"大众传播"的层面,这是不现实的——从传播学的角度分析,只有在之前的主流传播介质呈现出无法与时俱进的态势时,后来者才会有补充并居上的可能,但是现在的事实却是,网络传播如火如荼,新兴产业方兴未艾,哪里又会让"手机阅读"成为主流呢——且不说"手机阅读",就是手机的"新闻报"等新闻传播,也无法与网络新闻相比拟,甚至手机还要依靠互联网的技术,使自己融入到互联网的语境当中。

日本筑波大学社会学系博士尾田公一(Oda Goda)如是分析这一问题,他认为,日本作为最初流行"手机阅读"的国家,这一阅读形式至今仍是面对广大青年,尤其是一些在公司供职的职员,以及一些中学、大学生,而并非如网络文学甚至纸质文学一样有着全社会的效应,"迄今为止,我始终认为这是一种不环保的阅读方式,在欧美是不被看好的,毕竟它的传播面很狭窄,它可以被利用,但一定不值得被提倡。"

28.3 阅读内容:职场心理学备受欢迎

著名社会学家涂尔干(E. Durkheim)曾论断,"青年人是共性最大,也是区别最大的群体",因为虽同为青年人,走上社会与待在大学里区别是很大的,之前可能会有同样的爱好、取向,但是一旦步入社会,这个取向自然就会发生较大的偏转,而且每个人都会截然不同。

所以,对于青年大学生、青年警察、青年公务员阅读内容的调研数据,在这里只有参考、比较作用,而没有任何的说服价值。因此,在本部分,我们设置的问题是"你喜欢阅读哪种题材的内容?"

选项有9个:"青春爱情"、"成功励志"、"职场心理"、"奇幻悬疑"、"散文随笔"、"生活保健"、"经典文学"、"军事战争"、"报告纪实",在这其中,每个人可以随意选择4个——不能多,不能少,必须4个——之所以比之前关于阅读内容调研的可选量大,是因为考虑到企业从业人员的背景复杂、职业分类广泛,必须要多增加选项,方才得以考察全面。

依次来看,选择"职场心理"的有663人,占样本总量的75.17%;"成功励志"的有593人,占样本总量的67.23%;选择"散文随笔"的有503人,占样本总量的57.03%。除了这"前三甲"之外,选择"奇幻悬疑"的也有402人,占样本总量的45.58%;选择"生活保健"的有393人,占样本总量的44.56%;选择"经典文学"的有379人,占样本总量的42.97%;选择"青春爱情"的有381人,占样本总量的43.2%;选择"军事战争"的有112人,占样本总量的12.7%;选择"报告纪实"的有102人,占样本总量的11.56%(见图28.1)。

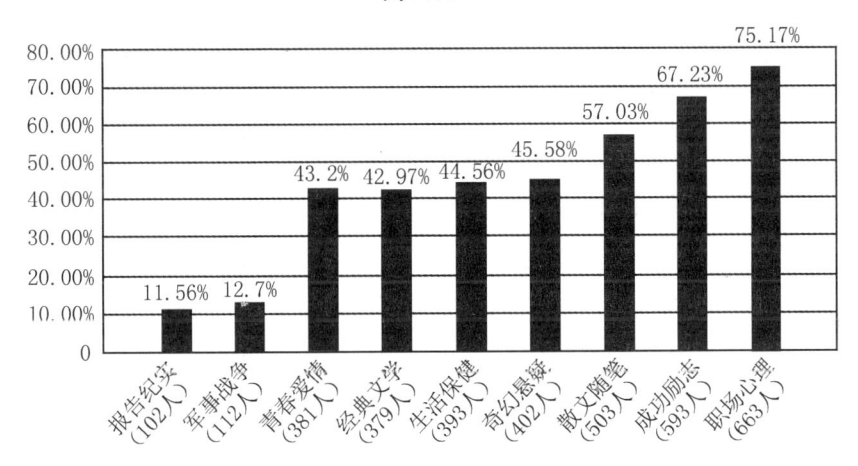

图 28.1

根据这一统计数据,我们有两个发现,一是职场心理学备受欢迎,这是之前未曾出现的新现象——这也等于考察了当下"企业从业人员"的阅读目的,因为"杜拉拉"的热播,带动了《潜伏在办公室》《做单》《职场路线图》《浮沉》与《圈子圈套》等职场畅销书的热销,在这样一个巨大的语境下,职场类出版物备受追捧,这也不足为奇了。

"职场的作品可以让我更加明白一些游戏规则,而且职场类作品也很容易下载到手机里看,网上资源很多。"成都某投资公司的客户经理应小姐这样在电话回访中对我们说,她前年毕业于西南财经大学获得金融学的硕士学位,"作为职场新手,切忌变成职场菜鸟,不是每一个女人都可以做杜拉拉,但是至少要让自己有做杜拉拉的可能。"

另一位在深圳某地产中介公司担任总裁助理的薛先生也认同这一观点,今年 45 岁的他曾经有 5 年的公务员经历,"我认为,职场与官场的最大区别,在于对自己身份的认同度,你如何转变这种认同度,除了工作经验之外,更要在不同的书里寻找原因。"

通过本次调研我们认识到,作为都市新贵的企业从业人员,属于个人时间极少的他们,面临着极强的竞争力——即"逆水行舟、不进则退"的困境,所以他们不得不把有限的时间用在阅读的刀刃上,倘若他们懂得职场规矩,可以随机应变,兼之自己又有着很好的应变能力与工作激情,不出几年时间就可以脱颖而出,成为职场里的"杜拉拉"。但是如果不注意处理这些关系,那么很容易受到排挤、拒斥,大好青春或许就会活活地葬送在自己的生活环境里。在职场中人,所迈出的每一步,很可能都有着承前启后的重要意义——这也是他们为何要努力地吸收前人经验、教训的原因,而阅读职场心理学的作品,恰恰是最快捷的方法。

第二个发现是有大约 100 余人,他们没有选择"职场心理",而是选择了"奇幻悬疑"、"青春爱情"等,这也是缘何这些类别的图书仍然普遍有 300 多人选择的原因——其中有 100 余人均是未选择"职场心理"的被调研者,我们仔细分析了这一批被调研者——他们普遍年轻,有的才刚步出校门,身份还未完全转换;有的在职场中处于边缘位置——譬如专科及以下学历、专业与职位不对称等等,我们可以把这理解为一种消极或是不成熟的信号,倘若他们不及时改变自己的阅读习惯,那么他们在工作岗位上也不会有更加突出的进展,或许还会陷入自怨自艾、无法走出心理怪圈的泥潭。

28.4 购书来源：网上购书成为首选

我们相信，没有绝对的现代化，任何的现代性都不能忽视传统的力量与价值。确实，虽然有90%的人喜欢"手机阅读"，但这并不意味着"企业从业人员"根本不买书，既然购买，就有市场和分析的价值。我们在统计的过程中，仍然就"你主要的购书（纸质图书）来源"做了调研分析——之所以特意标明了"纸质图书"，是因为防止部分被调研者将其与"手机阅读"等同。

选项有4个，依次是"网络购书"、"闲逛书店"、"朋友馈赠及其他"与"单位福利"，每个人只能选择一个。其中，选择"网络购书"的有612人，占样本总量的69.38%；选择"闲逛书店"的有109人，占样本总量的12.36%；选择"单位福利"的有96人，占样本总量的10.88%；选择"朋友馈赠及其他"的有65人，占样本总量的7.38%。

"我非常喜欢网上购书。"苏州某造纸集团的人事部秘书魏小姐在回访中告诉我们，"我们同事都喜欢网上购书，单位几乎每天都有当当网等网上书店送来的快递，其实每个人不是常买书，但是大家都喜欢这种形式，一下子就感觉很多了。"

"我们在网上为远方的朋友选择书做礼物，真的很好。"来自大连高新区某海洋生物集团的工程师刘先生这样对我们说，他是毕业于华中农业大学的硕士，自己的同学遍布全国各地，"生日礼物送一本书，既大方高雅，也表示你对对方的了解。现在的购书网都可以网购送货了，这确实十分方便。"

快递业与电子商务的发达，与"手机阅读"一样，作为新兴的产物，目前虽然不太容易被接受，但是在企业从业的青年人，却很容易接受这一事物，并成为使用的主力军——他们是最容易接受新生事物并被培育为新受众、新顾客的群体。其实，这也是作为新兴产业如何从"分众传播"入手，寻找新商机的所在。

"我们应该积极地去寻找新的消费主体。"北京某数码公司的编辑部主任李先生这样告诉我们，他毕业于吉利大学，但却凭借自己的努力获得了编辑部主任的职位,作为一名企业从业人员的他,也是"手机阅读"这一新兴产业的参与者,尤其对于这一产业与传统纸质图书产业的竞争,有着自己独到的见解,"我喜欢网上购书,也喜欢'手机阅读',我觉得两者并不冲突,这实际上就是一个'分众传播'的过程。我始终认为,有些好的、经典的作品,根本不能用手机来阅读,这是必然的,就像任何人都不能用一次性质的纸杯子泡3000多元一斤的铁观音一样,一次性杯子有它的用途,好的茶叶,也要有好的茶具,仅此而已。"

[链接:中国图书商报·中国阅读周刊2010.8.10,《中国图书商报》调查组、韩晗《最新大型阅读调查报告发现:企业从业者每周阅读累计时间不足2小时》]

第 29 章　事业单位人员阅读:左手职业右手休闲

本调查主要从其阅读喜好、阅读时长、阅读目的与阅读方式这 4 个方面来分析国内事业单位从业人员的阅读状况。

整个调查过程采取电子邮件、纸质问卷、即时通信、面谈与电话访谈 5 种方式,共发放问卷 1000 份,回收 879 份,回收有效率为 87.90%,具备社会调研的真实有效性。从地域与总体构成上看,涵盖北京、上海、福建、广东、湖北、河南、四川、陕西、辽宁、内蒙古 10 省市(自治区),样本容量在全额拨款单位、差额拨款单位与自筹经费单位这三类事业单位中均有分布,并均匀散布于直辖市、省会、地级市与区县之间,符合目前我国事业单位在全国的分布情况;从职业上看,包括医疗、教育、新闻、出版、科研、社团、司法、卫生、金融等 10 余种门类,基本上与我国事业单位的分类一致;从性别分布上看,男士 454 人,女士 425 人,男女比为 1.07∶1,与目前我国事业单位的男女比例基本持平;从学历上看,本科学历为 609 人,硕、博学历为 223 人,大专学历为 47 人,本科人数占到总人数的 69.28%,这与目前我国事业单位从业人员的学历情况也比较一致;从年龄上看,年龄最小者 21 岁,最大者 59 岁,平均年龄 34.56 岁,符合国内事业单位从业人员的平均年龄。根据如上数据可知,该调查具备学理上的调研意义。

29.1　主要阅读喜好:"轻阅读"成为阅读首选

在调研的开始,我们设置的问题是:你喜欢哪种"阅读类型"?对于"阅读喜好"的探索与研究,近两年已经逐渐成为了国内出版界、学界(称之为"类型文学")的关注热点。在针对事业单位从业人员阅读状况的研究调查上,我们也首先从这一点出发,因为通过阅读喜好的研究,可以进而引出对于其他阅读问题的思考。

尤其是,作为职业分类五花八门,所学专业各式各样的事业单位从业人员,且不说每个人的背景不同,每个行业的阅读偏好也各有不同。但是,在出版产业化、类型化的今天,每一个阅读者的选择实际上是指向明确的。因此,对于事业单位从业人员阅读喜好的调查,实际上暗示了阅读喜好从之前的"众口难调"开始呈现出了"众口一致"的倾向。

该问题的选项有10个,每个受访者从中选取不重复的4个——"不多不少",所选总量正好为备选选项未过半的40%,这10个选项是:青春校园、战争军事、纪实报告、历史古典、悬疑奇幻、情感伦理、散文随笔、保健养生、人物传记、心理励志。

其中,选择"散文随笔"的有749人,占到了样本总量的85.21%,排到了被选量的第一位;排在第二位的是"人物传记",有553人,占到了样本总量的62.91%;第三位是"情感伦理",有434人,占到了样本总量49.37%,其后根据多少依次为"历史古典"(共计401人,占样本总量的45.62%)、"纪实报告"(共计357人,占样本总量的40.61%)、"青春校园"(共计304人,占样本总量的34.58%)、"悬疑奇幻"(共计217人,占样本总量的24.69%)、"战争军事"(共计180人,占样本总量的20.48%)、"心理励志"(共计165人,占样本总量的18.77%)、"保健养生"(共计156人,占样本总量17.47%)。

"我最喜欢看散文,特别是朱天文、余秋雨他们的书,基本上我都买了。"贺小姐来自河南郑州,是郑州日报报业集团的一名记者,"虽然我做了多年民生新闻记者,但是我更喜欢看散文类的作品。我觉得这种轻快柔和的作品更能够贴近我的内心。"

另外一位曹小姐来自于辽宁本溪,她是本溪金属研究所的一名研究人员。毕业于哈尔滨工业大学的她更喜欢阅读"情感伦理"类的图书,"张小娴、吴淡如还有饶雪漫都是我非常喜欢的作家,而且我特别爱看中央一台的情感伦理剧,像《老牛家的战争》《牵挂》之类,我都很喜欢。"

作为"有钱有闲"阶层的事业单位从业人员,他们拥有稳定的职业、较为丰厚的收入,以及较高的学历与审美鉴赏能力,他们所偏好的阅读类型也是以温情、向善的情感伦理小说、有着人生启发意义的人物传记与隽永优美的散文作品为主潮。与在职场中"打拼"的企业从业人员不同,他们人际关系相对单纯,因而并不热衷"杜拉拉"式的阅读;他们与公务员、大学生也不同,官场小说与青春小说并不构成他们所青睐的阅读范式。

所谓这些阅读类型,实质上是一种可以被笼统地称之为"轻阅读"的阅读类型,这类作品讲求阅读质感,轻松、轻快、轻灵,没有过多的感官刺激与尔虞我诈,也没有媚俗、庸俗、低俗甚至恶俗的叙事与情节,取而代之是单纯、简单的阅读形式。实际上,这与事业单位从业人员的工作性质,也是非常相似的。

29.2 主要阅读时长:每天阅读一小时以上

阅读时长在某种程度上并不能考察一类阅读群体的阅读质量,"读得多"与"读得好"实质上并不是一个概念。但是,对于"阅读时长"的调查研究,有助于对于被调研者阅读偏好、习惯的综合性了解,尤其是对于"阅读浸泡量"的把握——阅读时长恰恰反映了阅读者对于"阅读快餐化"的接受程度。

与其他从业者不同,事业单位从业人员,有着较多的阅读时间,尤其对于新闻、出版、科研与教育从业者来说,阅读亦是他们职业中最为重要的一部分。因此,选项中"你每天阅读几个小时?"是我们设置的第二个问题。

在这个问题里,有4个备选选项:三十分钟以下,三十分钟至一个小时,一小时至两小时,两小时以上。其中,选择"一小时至两小时"的,有634人,占样本总量的72.13%,为绝大多数;选择"两小时以上"的有164人,占样本总量的18.66%(其中包括绝大部分新闻、出版从业者);选择"三十分钟至一小时"的,有44人,占样本总量的5.00%;选择"三十分钟以下"的只有37人,占样本总量的4.21%。

从总体上看,有90.79%的被调研者每天有一小时以上的阅读时长,这个比例是非常庞大的。但是从某种程度上讲,这个调查数据已然包括了一批如编辑、记者或文科研究人员等"职业阅读者"。

"看书是一件让我很快乐的事情。"供职于上海外语教育出版社的周先生是一位资深图书策划编辑,毕业于复旦大学英语系并获得硕士学位的他,认为自己对于"阅读"来说,既是一个专业者,也是一个业余者,"我要策划很多书,基本上都是关于英美文学与人文社科理论的,但我自己喜欢美术与音乐。我最喜欢看美术史以及有点野史性质的音乐史。"

与周先生不同的是,来自呼和浩特市铁路中心医院的石小姐,今年27岁的她毕业于河北医科大学,虽然每天也有超过两个小时的阅读量,但她更热衷于自己专业类图书的阅读。"我每天大约用两个多小时的时间看一些专业杂志,我还想考研。当然,在我们单位里这样的同事还是比较多的,在医院里面学历等级是很严格的。"

值得一提的是,尤其是近两年以来,不只是医院,在其他事业单位如出版、新闻与科研院所等机构也不同程度地出现了"学历等级差"的现象,并且学历等级越来越明显。一方面,这与整个社会的学历普遍提高有着必然联系;另一方面,对于事业单位从业人员来说,与学历挂钩的职称评定是他们晋升、提拔中最为重要的考量依据,"在职读书"成为了部分事业单位从业人员现在的选择——但是,这种阅读很难催生考试书以外的图书消费。

相对于国内平均阅读的时长来讲,事业单位从业人员的阅读时长已经远远高于国内平均值。对于一个群体来讲,阅读这一行为最关键的是阅读目的——这既是其产生阅读消费的动机,亦是其获取知识的精神追求。

29.3 主要阅读目的:一为休闲二为工作

法国哲学家吉奥桥·阿甘本(Giorgio Agamben)认为,在电子时代,阅读的意义已经受到了几乎彻底的颠覆,因为在这个时代,人类获取信息的方式不再通过文本,甚至包括图像、声音与视频。那么,在当下阅读的意义究竟为何?在变幻莫测的现代性语境里,还属于待商榷的一个问题。

鉴于此,我们在调研中专门将"阅读目的"作为一个议题:"你阅读的目的为何?"被调研者只能选择一个,但是备选选项有5个:休闲愉悦、提高修养、职业需要、追逐流行与获取知识——这是我们根据之前几次阅读调查问卷以及事业单位从业人员的工作特点凝练、总结出来的5种阅读目的,调研结果也证明,这基本上涵盖了事业单位从业人员的阅读目的。

其中,选择"休闲愉悦"的有328人,占样本总量的37.31%;选择"职业需要"的有324人,占样本总量的36.86%;选择"提高修养"的有103人,占样本总量的11.72%;选择"获取知识"的有80人,占样本总量的9.10%;选择"追逐流行"的有44人,占样本总量的4.51%。

当然,若是将这样的统计数据放置到五花八门、行业不同的事业单位里,会产生着什么样的研究意义呢?从此出发,我们将受访者的"职业分类"与"阅读目的"做了对比,试图从"阅读目的"选项选择者中进行职业状况分析——即选择两个较多分布且属不同阅读目的的被调研者,看看他们其中分别最大的职业群体究竟是哪一种?

选择"休闲愉悦"的328人中,有138人为金融从业者,占到了样本总量的42.07%,104人为司法或国家行政机构分支机构的从业者,占到了样本总量的31.70%,两者共同构成了绝大多数;而选择"职业需要"的324人当中则有210人为科研、教育与新闻出版从业者,占到样本总量的64.81%。此外,109人为医疗从业者,占到了样本总量的33.64%,两者基本涵盖了选择"职业需要"的所有人。

由是可知,事业单位从业人员可以分为两大阅读阵营——一种是"为休闲而读书";另一种是"为职业而读书"。这是因为事业单位从业人员本身包含着两种不同的分类,一种是"事务性工作",另一种是"技术性工作"。前者更倾向于公务员或企业从业者,他们本身不需要太强的专业素养,但是平时生活却颇为枯燥,使得他们不得不在阅读中寻找趣味;后者则依靠自身的学历、专业素养进行技术性工作,虽然工作颇为灵活,时间自主性强,但是必须要时刻给自己"充电"——虽同为"事业单位从业人员",但因为分工不同,导致了他们对于阅读的目的选择也不同。

"我平时很忙,所以希望阅读可以让我们觉得很轻松,很释然,当然不是看一些低俗的笑话,而是一些可以深入到心灵的东西。"赵先生来自于中国工商银行四川分行,从事审计工作的他每天有较大的工作量,"纯粹理性的生活,需要感性点的思想来参与。"

而珠海园林植物研究所的技术员罗小姐则强调了自己的阅读偏好,"我们这个行业竞争很大,知识要经常更新,而且我从(华南热带农业)大学毕业以后,一直从事我最热爱的园林工作,所以阅读相关专业书籍,既是我的兴趣所在,也是职业所需。"

密歇根州立大学(MSU)社会学博士林自云认为,从当下中国事业单位从业人员的状况看,"阅读早已经成为了他们生活的组成部分,只是实现的形式不同。"他进而更加认同哲学家吉尔·德勒兹的观点,"对于高收入阶级来说,他们所追求的生活必须是全方位的,既包括衣食住行,也包括精神消费。"

29.4 主要阅读方式:手机阅读并不受到青睐

手机阅读一直是本阅读调查重点关注的一个领域,因为随着3G技术的广泛应用,手机已然成为一种全新的资讯获取方式。但是作为个人通信终端的手机,始终未能僭越互联网与计算机技术的发展,从而形成自己独特的技术体系。

但是,对于事业单位从业人员的调研发现,"手机阅读"并不受到青睐。

本次调研的最后,设置的议题是"你最喜欢哪种阅读方式?"要求被调研者在如下 5 个选项中选择一个：手机阅读、电脑阅读、纸质阅读、阅读器阅读与有声阅读。就目前的阅读方式而言，上述 5 种已然涵盖了所有的阅读方式。

选择"电脑阅读"的有 569 人，占到样本总量的 64.73%，为绝大多数；选择"纸质阅读"的有 183 人，占样本总量的 20.81%，位居其次；选择"手机阅读"的有 55 人，占到样本总量的 6.26%；选择"有声阅读"的有 52 人，占到样本总量的 5.92%；选择"阅读器阅读"的仅有 20 人，占样本总量的 2.28%（见图 29.1）。

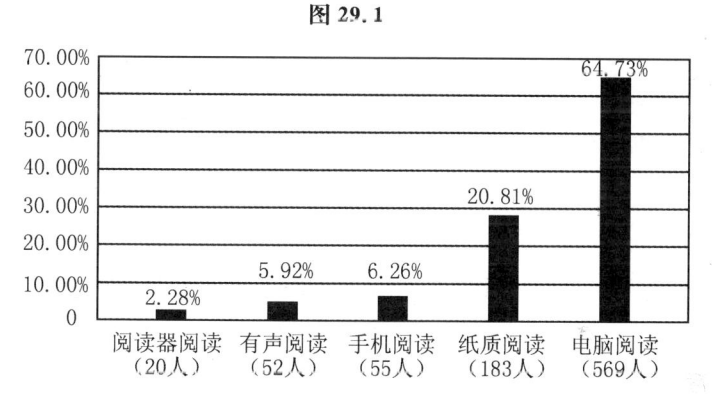

图 29.1

热衷于"手机阅读"的比例远远低于之前其他被调研群体，原因何故？

"电脑阅读是最方便的。"供职于中国电影家协会的陈小姐在电话回访中这样告诉我们，她毕业于中央戏剧学院，本身就喜欢阅读各类文学作品，现在作为一名驻会干部，她每天拥有大量的时间来阅读，"阅读已经是我生命里很重要的一部分，我几乎每天都用电脑阅读，包括新闻、小说以及一些我需要的信息。但是手机字很小，看起来很累，也不习惯。"

成都电子科技大学的副教授魏博士对于"手机阅读"也不感冒，今年 30 岁的他虽然从事电子技术的科研与教学，但却不是一个"手机阅读"的拥趸，他认为："手机上看书，实在是有些不敢恭维，手机听音乐相当不错，但是用来看书我觉得很累，相对而言我还是喜欢'纸质阅读'，而且在我的同事里面，'纸质阅读'一直是最受欢迎的。"

正如前文所述,相对于部分事业单位从业人员来说,"阅读"实际上是一种学习、休闲的方式,而并非是"打发时间",而从当下一些具体的现状来看,手机阅读只是一种在传统阅读并不能被满足前提下的"权宜之计",始终未能在功能、形式上取代传统阅读。

从事业单位从业人员的工作目的上看,他们本身也不太热衷于新锐的阅读形式。相反,他们更青睐于比较简单、传统的文本阅读。正如中国农业银行总行研究室的刘先生在电话回访中所说的那样,"我喜欢阅读,但我始终认为,我和现在年轻人的阅读是有着一定差距的。我和我的大部分同事都认为,阅读仍然有一定的神圣性,它与上网、玩手机是两个截然不同的概念。"

对于"手机阅读"持这样的理解态度,并非是"事业单位从业人员"的特例,在之前的调查中,我们也曾发现其他的被调研群体亦存在着这一现象,归根结底来讲,该现象的出现与当下社会不同阶层人群对于"阅读"这一概念的认识不同。对于一些受过较好教育的高收入人群来讲,他们认为包含阅读、饮食、着装等一系列生活组成都是对于生活积极态度的表现。而对于一些低收入甚至无收入阶层来讲,当阅读成为生活必需(如打发空闲时间或考试需要)时,他就要从经济上综合考量阅读的成本问题。我们认为,这就是缘何"事业单位从业人员"并不青睐手机阅读的本质原因。

[链接:中国图书商报·中国阅读周刊 2010.11.16,《中国图书商报》调查组、韩晗《事业单位人员阅读:左手职业右手休闲》]

第 30 章　乡村调查写作:直击农村和农民生存状况

英国布里斯托尔大学和伦敦大学的一个联合研究小组在研究中发现:一种名为"vaccae"的细菌对某种脑神经元有促进作用,并最终有助于合成有"幸福荷尔蒙"之称的复合胺。"vaccae"分枝杆菌在自然界中主要分布于土壤里,而通常来说,患上抑郁症的人大脑中比较缺乏这种复合胺。这一研究发现促使人们思考,现代的城市人何以如此忧郁,会不会是因为我们正以"前所未有"的速度试图告别土地呢?当然,这种"忧郁"也促进了当下乡村调查写作的进一步繁荣。

乡村调查写作在我国有着优良的传统和"基因":近代的费孝通的"江村"、晏阳初的"定县"、梁漱溟的"邹平"、陶行知的"晓庄";当代的于建嵘的"岳村"等都是乡村调查的典型范本。而近年来,许多学者、作家、记者,乃至普通民众纷纷在持久地进行乡村调查写作——他们写书、出书,切面不同,角度各异,却也都是直击农村和农民的痛与悲。

30.1　乡村调查文本:纪实类图书较引人注目

乡村调查写作文本繁多,有报告文学类的,学术研究类的,还有纪实类的,甚至还有半虚构类的,等等,不一而足。而最近几年出版的乡村调查写作文本中,在读者和学界中颇有口碑的还是纪实类图书较引人注目。

梁鸿的非虚构作品《梁庄》(单独出版后改为《中国在梁庄》)曾在《人民文学》2010 年第 9 期刊出,在不久前"人民文学奖"评选中,获得"非虚构作品奖"。作为一位年轻的文学研究者,梁鸿接受媒体采访谈到为什么要写《中国在梁庄》(江苏人民出版社 2010 年版)这样的一本书时,她表示,并不是为了实现自己的创作梦,而是出于一种精神的矛盾和痛苦,"这一痛苦使我厌倦自己的生活,也促使我重回大地之中去……走出书斋、走向故乡是为了使学术与言说回到坚实的土地与活的人生"。

早在 2008 年和 2009 年,梁鸿利用寒暑假,回到梁庄——中原一个偏远、贫穷的小村庄,踏踏实实地住了将近 5 个月,"每天,我和村庄里的老人、中年人、少年一起吃饭、说话、聊天,对村里的姓氏成分、宗族关系、家族成员、房屋状态、个人去向、婚姻生育做类似于社会学和人类学的调查,我用脚步和目光丈量村庄的土地、树木、水塘与河流,寻找往日的伙伴、长辈与已经逝去的亲人。当真正走进乡村,尤其是,当你不以偶然的归乡者的距离观察,而以一个亲人的情感进入村庄时,才发现,作为一个长期离开了乡村的人,你并不了解它。它存在的复杂性,它所面临的新旧问题,它在情感上所遭遇的打击,所蕴含的新的希望,你很难厘清,也很难理解。你必须用心倾听,把他们作为一个个,而不是笼统的群体,才能够体会到他们的痛苦与幸福所在。他们的情感、语言、智慧是如此丰富、深刻,许多时候,即使你这样一个以文字、思想为生的人也会震惊不已,因为这些情感、语言、智慧来自于大地及大地的生活……"

如果我们长久以来的努力,是为了生活得更加幸福,更加有安全感,那么也许,我们的目的已经或正在达成。当然,如果是在农村,这里的"我们",其实只是代表着那些享受到"家庭联产承包责任制"、"新农村建设"等政策带来的各种果实的人们。而更大范围的"我们",生活是否都已好了许多呢?这个问题着实令人疑惑。对于大多数中国人来说,梁庄鲜为人知,它是中国无数个相似的村庄之一,并无特殊之处。但是,从梁庄出发,却可以清晰地看到城市化进程对乡村的入侵,其破坏性不仅表现在"物"的消失,更重要的还是乡村文化的消失。

留守儿童和辍学少年,是当今农村社会的一大痛处!由于贫困、家庭破裂等原因,他们的父母无奈地把他们"放养"在风烛残年的祖辈身边,或者寄人篱下,更有甚者,只能任他们自生自灭……而以一个城市孩子的眼光看待这些问题将是别有一番感受和震撼。《我的乡村伙伴:一个城市少年的乡村纪行》(湖南少儿出版社 2010 年版)的作者唐天,是一个在城市长大的少年:初中毕业的那年暑假,15 岁的他带着相机、笔记本深入到湖南和广西的 10 多个贫困山区做调查。经过 3 年的努力,他结识了 60 余个境况不同,年龄不同的农村孩子,跟他们做朋友,深入了解他们的生存状况和喜怒哀乐,写出了近 10 万字的笔记,拍摄了近 300 幅图片,最终形成了一本书。

把"城市世界"少年对"农村世界"少年儿童的生命、生活关注展现在读者面前,这种关注是真切的,是纯净的,是具象的,是可比的,是活生生的……特别是用爱心去搭建"城"与"乡"孩子互相了解和沟通的桥梁——唐天的这种社会责任感弥足珍贵。一个城市少年郎对自己的乡村伙伴有着如此的关注和大爱,那我们成人呢?

除了《中国在梁庄》、《我的乡村伙伴》等纪实作品外,爱新觉罗·蔚然的《粮民:中国农村会消失吗?》(复旦大学出版社 2010 年版),魏荣汉的《中国基层选举报告》(作家出版社 2009 年版),曾纪洲的《教书,不简单:一位乡村教师的教育生活》(华东师范大学出版社 2010 年版),徐晓的《乡痛,在城市的深处》(海南出版社 2006 年版),海男的《乡村传》(昆仑出版社 2002 年版),周佩红的《我的乡村记忆》(上海远东出版社 2008 年版),瑞士作家约克·米勒的《推土机年年作响,乡村变了》(南海出版公司 2010 年版)等,同样以纪实的方式关注了城市之外我们看不到的农村和农民的痛与悲。

农村留守儿童的无望,农民养老、教育、医疗的缺失,农村环境的破坏,农村家庭的裂变,农民"性福"的危机,农村金融的混乱,新农村建设流于"形式"……这些书所记录的真实农村和农民的贫困,远远超出了我们从一般媒体上所接受的资讯,甚至超出了普通城市居民或富裕地区民众的想象。今日的我们在急切地去尝试回答"为什么要那样"之前,大多数人往往连直面"是什么"、"怎么样"的勇气和耐心都没有。于是在这个社会正以无限的加速度远离农耕状态的时代里,我们虽然还站在这片熟悉的土地上,但"故乡"却越发模糊起来。而这些作者则让我们看到真实的农村和农民,并引发人们深思——这行动和努力难能可贵。

30.2 乡村中国调查研究写作:带着浓厚的"本土特色"

众所周知,在整个20世纪三四十年代,中国社会学、人类学的乡村中国调查研究写作,各有风格,各带有远大的学术目标,调查成果既具有浓厚的"本土特色",在学理和方法上又能与国际学术界构成对话,呈现了由商务印书馆、上海人民出版社等社一版再版的《江村经济》《金翼》《义序的宗族研究》《芒市边民的摆》《祖荫之下》《山东台头:一个中国村庄》等经典著作,构成了近代知识分子的"乡土中国风景线",共同成就了中国社会研究的"乡土中国时代",其中一些甚至被西方各高校社会人类学或相关专业奉为经典教材和必读书,或者是了解中国的必备书。

近年来,对于乡村中国调查研究写作,可以说是自有后来人,"本土特色"仍在延续。譬如,陈柏峰的《乡村江湖:两湖平原"混混"研究》(中国政法大学出版社2011年版),张柠的《土地的黄昏——中国乡村经验的微观权力分析》(东方出版社2005年版),王铭铭的《走在乡土上:历史人类学札记》(中国人民大学出版社2009年版),贺雪峰的《地权的逻辑——中国农村土地制度向何处去》(中国政法大学出版社2010年版)和《乡村的前途》(山东人民出版社2007年版),朱云云和姚富坤合著的《江村变迁》(上海人民出版社2010年版),萧楼的《夏村社会》(生活·读书·新知三联书店2010年版),谭同学的《桥村有道》(生活·读书·新知三联书店2010年版),卢现祥的《有利于穷人的制度经济学》(社会科学文献出版社2010年版)……这些乡村中国调查研究写作,有的从宏观上把握,也有的则从微观处着手,"本土特色"显著——使得对乡村中国调查研究写作感兴趣但尚不了解其脉络的读者,有望在这些书中所展示的领域的横坐标和时间的纵坐标中,把握乡村中国调查研究写作的现状和未来发展方向。

值得一提的是,在乡村中国调查研究写作中,关注农村妇女的作品不多,却不乏厚重之作。李银河的《后村的女人们》(内蒙古大学出版社 2009 年版)全面分析了河北省一个普通农村——后村的家庭结构、性别权力关系等情况,针对女性的不同社会角色——作为女儿、妻子和母亲,进行走访调查,分析她们在上学、就业、婚嫁、抚育后代、家务劳动、参与社会和政治活动等方面与男人的权力差异,从而得出当代农村家庭权力关系,男女仍然是不平等的,但这种不平等正随着社会的进步逐渐缩小的结论。相映成趣的是,李霞的《娘家与婆家:华北妇女的生活空间和后台权力》(社会科学文献出版社 2010 年版),探讨的是在被界定为父系父权亲属制的中国社会,为什么会存在普遍的"妻管严"现象。为什么众多家庭在日常往来中与母系亲戚保持着更为密切的关系。

对希腊巨神安泰俄斯而言,大地是母亲,也是力量的源泉。一如工业文明之下的现代人,其虚弱苍白的灵魂,或可在自然山野间得到暂时的疗救。而今,自然与乡村已经没有了现世安身立命的"根基"。这些无论是著名还是普通的作者,以"纪实"或"研究"的方式精神还乡,不过是暂时离开水泥地面到乡村里接接地气,从农村的土地上获得一些力量。我们每个人所能做的,大概不是捧着这些书发呆或激奋,而是有所警醒,感受到这种弥漫于乡村四周的"痛"与"悲",以及"不安"与"不公"背后的力量,并且,积极地为改变这种状况而努力。

[链接:中国图书商报·中国阅读周刊 2010.12.17,潘启雯《乡村调查写作:直击农村和农民生存状况》]

第六编
年度新媒传媒趋向

第 31 章　2010 新媒体 10 大热点事件

2010年，中国的新媒体领域继续跌宕起伏，如百度首页出现大范围无法访问、腾讯收购康盛创想等也是国内新媒体领域轰动一时的事件，但是从事情的影响以及对行业的意义上来看，我们最终没有选择这些事件入围。在我们的盘点中，"3Q大战"人人喊打，网络"水军"横行霸市，唧唧歪歪的"凡客体"意外走红，门户网站打响微博争夺战……这10大年度新媒体热点事件无疑都给整个行业留下了极其丰厚的谈资，也给了很多从业者以反思或启迪。

31.1　盛大文学 PK 百度文库——让子弹飞一会儿

盛大文学因为电子书版权问题与百度发生的对垒，无疑是互联网界2010年最大的看点之一。以盛大文学CEO侯小强的连番微博轰炸为号角，对垒一方盛大文学的阵仗颇大，可谓是"聚众讨伐"——盛大文学不仅联合了数十位作家、上百家出版社，而且还拉上了因围剿谷歌电子书计划而闻名的文著协（中国文字著作权协会），号称是"出版界有史以来参与人数最多的反盗版行动"。

而作为被攻击者的百度一方，则显得较为平静，与对方的CEO扎堆不同，百度最高只是派出了一名总监级别的管理层公开回应此事，甚至还表示"不太理会这些声音"。有人把这称为低调，也有人把此叫作泰然自若，当然，在出版业，更多人把其称之为"麻木不仁"。根据百度公布的数据，截至2010年12月12日，百度文库的文档数量达到1300多万份，"并继续保持高速增长"。嗯，只能说，那些深受盗版之害的内容商们，别着急，"让子弹飞一会儿吧"！

除了盛大文学与百度文库的对垒之外,不论是视频网站之间的各种官司,还是中文在线与盛大文学之间的侵权和名誉权官司,2010年各种纷纷扰扰再次证明了一点:版权才是真金。

在今天的中国新媒体领域,以版权为武器来捍卫自己的商业利益已经成为一个行之有效且放之四海而皆准的攻防法则。当然,对于网络版权问题,由于存在知识共享、避风港条款等法则,内容上对于版权纠纷,无论是取证还是诉讼都面临很大困难,2009年视频领域喧嚣一时的"反盗版联盟"就是一个明证。

不过,我们也要清醒地意识到,版权已经成为整个内容产业最容易被利用的工具。原因很简单:版权可以是播种机,版权也可以是收割机;版权可以是挡箭牌,版权也可以是必杀技;版权可以是作秀服,版权也可以是遮羞布。

31.2 蒙牛伊利的网络公关案——水淹互联网

2010年,中国最出名的具有"黑社会"性质的公司有两家,一家是叫安鼎信的"黑保安"公司,一家是叫博思智奇的"黑公关"公司,前者以关押上访者闻名,后者则以操作舆论抹黑对手而闻名。

如今,网络公关的手段正变得越来越成熟和高明,并沿用了先用网络造势、再由传统媒体跟进的发展步骤。蒙牛的公关公司博思智奇,采取的方式就是先造势抹黑深海鱼油,然后被《东方早报》、《京华时报》等平媒跟进,这些文章中会顺便提到包括伊利QQ星在内的含有深海鱼油的产品,再发展到把攻击对象从深海鱼油上升到伊利QQ星层面,事情最终败露,并在舆论上引起轩然大波。

从2005年的芙蓉姐姐开始,二月丫头、天仙MM、贾君鹏,再到2010年的小月月,这些曾经红极一时的"牛鬼蛇神"背后都有网络水军的影子。可以说,传统公关公司5年前就开始顺势而变,如今几乎都已配备网络部或网络公关人才。各类网络公关公司在网络上操纵信息传播和舆论氛围,透支自己的商业信誉，不断挑战商业道德底线——向对手泼脏水，已经成了他们最"喜闻乐见"的公关方式。在网络公关中，"灌水"和"删帖"则成为整个角力的核心手段。灌水的目的是造势，而删帖的目的则是删除负面消息。水军，并不是2010年才有的新名词，但是借着蒙牛的"黑公关"事件，这个被赋予新的时代意义的词却在2010年里被发扬光大。不少人惊讶地发现，原来现在早已是"水淹互联网"了。

31.3 3Q之战——非常艰难的决定

2010年11月3日傍晚，腾讯与奇虎360持续了两个多月的唇枪舌剑正式上升到动手阶段，证明这场国内两大互联网公司之间的口水战全面开打。随后，腾讯公司的声明中一句"我们刚刚做出了一个非常艰难的决定"立即爆红，网民在微博上竞相开展了造句大赛，"非常艰难的决定"成了众多用户表达不满的出气筒，也为此次波及面甚广的"3Q之战"平添了一丝娱乐色彩。

这场你来我往、充满江湖草根气息的大战最后以主管部门的强力介入，两家停止较劲儿并向用户致歉收场。但是争斗所引起的舆论旋风至今还让人记忆犹新。整场PK下来，腾讯无疑受损更多，不仅11月的前几天被腾讯董事局主席马化腾称为是腾讯成立12年来"最危险的时刻"，整个2010年，也是腾讯这家中国体量最大的互联网公司面临的质疑最多的一年，整个业界对腾讯封闭、保守、垄断、抄袭的指责之声也达到了历史最高峰。经过《计算机世界》封面上的开口一骂，"狗日的腾讯"已经在业内朗朗上口；与360一战，更是让腾讯的形象元气大伤——腾讯公司在新浪微博上开设的账号，仅在11月3日一晚就收到了数万条网民谩骂留言。而腾讯随后宣布的一系列策略证明，"反思"无疑将成为这只12岁企鹅的年度主题词。

这场360对决QQ的"3Q之战"，不仅给腾讯，同样给国内的诸多互联网公司都留下了反思空间。不论双方如何辩解自己是多么重视用户，但是最后做的却是对用户权益的侵害。不管你做出的是多么艰难的决定，只要触碰到了这根红线，用户都可以轻易地决定抛弃你。当然，前提是有替代性的产品。

31.4 "凡客体"风行网络营销界——爱，不爱；是，不是；我是

2010年最流行的广告？好吧，答案肯定只有一个：凡客诚品的凡客体广告。可以说，2010年，以"爱××，不爱××，是××，不是××，我是××"为主要格式的"凡客体"在网上空前走红，凡客体甚至超越凡客的产品本身，成为网络上最流行的文体之一。

要帅，文艺范儿，80后……通过韩寒和王珞丹的代言，以及凡客体的风靡，VANCL凡客诚品逐渐有了一丝时尚的味道，并逐渐摆脱了之前留给用户的"低端廉价品"的固有印象。两条有态度的广告，造就了凡客体的风行，也为网络营销开辟了一条新的路径。凡客的"无心插柳"已在网络上掀起一场大范围的"病毒营销"。六神、搜狐等众多品牌纷纷加入到凡客体营销中来，意图进行搭车营销。甚至连上海静安区的交警也开始用凡客体海报来劝阻违章行为。

"凡客体"火了之后，又带出了感激体、搜搜体等众多文体风行，再次证明了只有契合了网民的互联网精神气质，才是网络营销的真正生命力所在这一真理。随着网络营销的进一步发展和进步，符合网民心理习惯和价值取向的营销方式将会越来越多，独辟蹊径的营销效果也才有可能越来越好。

31.5 B2C商城价格战猛烈——"羡慕嫉妒恨"

4000万元、8000万元、1亿元，这分别是2010年年底当当、京东、卓越宣称的促销让利幅度。当当似乎没有料到，自己的上市像是推倒了一片多米诺骨牌，引发了竞争对手的一系列反应。

2010年12月8日，当当网上市当天，京东商城就推出了全场图书下调20%的大幅促销行为，此举被认为是对当当上市的示威之举。被京东激恼的

当当，随即宣布开打价格战，并宣称将投入 4000 万元打这场硬仗。针对当当针锋相对的应对举措，擅长价格战的京东商城马上宣布投入 8000 万元进行促销，规模是当当的 2 倍。而一直"坐山观虎斗"的卓越亚马逊看来不愿意在这场大战中被边缘化，于是宣布将出资 1 亿元杀入价格战。当然，这些公关数字并非问题核心，在牛皮吹得震天响的互联网行业，三大 B2C 商城之间的强力促销，最大的意义在于，使得热衷于网购的网民获得了巨大实惠。

另外不能忽视的是传统 C2C 老大淘宝网延伸出的 B2C 商城淘宝商城。在整个阿里系产品中，2010 年最重要的动作无疑是淘宝商城的大举发力，这一年也注定是淘宝商城发展史上的重要一年：火热促销、大手笔广告、进军母婴市场、启用独立域名等尝试，使得淘宝商城俨然不再扮演淘宝网的附庸地位，而是成为阿里巴巴集团极具战略价值支撑价值的一员。在当下仍然是"烧钱为王"的 B2C 领域，各家大佬铆足了劲相互竞争——不论是京东商城、淘宝商城，还是当当、卓越以及成功在国产 B2C 赴美上市大潮中拔得头筹的麦考林，每家都有自己独特的两把刷子，因此相互之间充满了羡慕、嫉妒，当然，还有恨。但这种竞争要比"3Q 之战"里腾讯与 360 拿用户出气互掐要好得多，因为它进一步提升了网购的规模，也让用户得到了更多实惠。

31.6 "国家队"发力新媒体——"不是打酱油的"

随着乒乓女皇邓亚萍赴任总经理一职，人民搜索一下子成为网民关注和讨论的热点话题。邓亚萍从"小邓"变成"邓部长"、"邓书记"，直至今天的"邓总"是她个人的奋斗史，而《人民日报》从一张纸媒衍生出人民网，再延伸出人民搜索，显示了"国家队"欲抢占新媒体制高地的决心。

除了人民网，央视网和新华网也是在新媒体战略上步伐走得最快的另外两名国家队队员。央视网推出的中国网络电视台 www.cntv.cn，曾引发民营视频行业震动，而新华社同样在新媒体步伐上毫不含糊，网络电视、手机电视、搜索引擎……新华社 2010 年在新兴业务拓展方面迈出的步伐也让人印象深刻。

2010年5月,国家拟推动10家新闻网络媒体上市的消息曾让整个行业为之瞩目。这10家被相中的网站分别是央视网(中国网络电视台)、人民网、新华网、千龙网、东方网、北方网、大众网、华声在线、浙江在线和四川在线。

需要承认,这些"国家队"的新媒体拓展以及上市之路可能并不平坦。从根本上来说,公司的法人治理结构是否能提前布局,相关的新闻资源、产业资源能否实现全面优化整合,这些都是决定其能否成功和能否上市的关键因素。成长性、独立性是这些网站必须面临的挑战。对于这些依附于母媒体的网站,持续赢利能力有待观察,并且如何避免母媒体对公司发展方向进行过多的干预也需要考量。

31.7 中国概念股上市井喷——给力?不给力?

中国互联网产业经历了三次赴美上市潮:2000年左右以三大门户为首的第一轮上市热;2004~2005年间以盛大、腾讯、百度为主的企业掀起第二轮上市热;2007年以阿里巴巴、巨人网络为主掀起的第三轮上市热。2010年,新一轮上市热潮再度被掀起。先是乐视、搜房、麦考林和易车,再是优酷和当当,2010年被称作是当之无愧的中国新媒体公司上市美国的又一个高峰年。而且,除了上述已在2010年赴美上市的互联网企业外,公开信息显示,土豆、世纪佳缘、凡客诚品等网站的2011年赴美上市已然可期。

各大互联网公司争先赴美上市无疑是2010年整个国内新媒体行业的一大看点。不过,在这波上市高潮中,投机性和盲目性也成为值得关注的问题。不论是优酷、当当还是麦考林,这些中国概念股上市首日都得到了投资者的追捧。很多投资者甚至还来不及擦亮眼镜上的雾水,仅是听到"中国"一词,就认为对方肯定讲的是一个好故事,而当对其业务模式深入了解之后,投资者才发现事情似乎并没有自己想象的那么乐观。

比如上市后,其中多家公司的股价都经历过暴涨暴跌的"过山车"式遭遇。而且,号称"中国B2C第一股"的麦考林在美上市1个月之后连遭3起集体诉讼，无疑也算是给中国新媒体公司前赴后继"赴美镀金"的热潮泼上了一些凉水。现在判断这些公司上市给力还是不给力似乎还为时过早，或者还要回到那句老话：上市只是起点，而不是终点。只有建立了持续、清晰、饱满的赢利模式，才能实现真正的价值。

31.8 从百团大战到千团大战——鸭梨很大

先是创业者热情高涨，再是用户热情高涨，然后是资本热情高涨，2010年的团购大戏无疑让整个行业过足了瘾。商业模式清晰高效、风险投资遍地易找，与运营模式简单粗暴、创业机会低廉热闹、行业竞争混乱无序，都是团购网站在2010年的真实写照。

"团购"这一行为已经存在多年，一直不温不火。但是2010年，这种依托互联网集体采购的消费方式一夜之间红遍大江南北，只要平时生活中用得到的东西，潮人们第一时间就想到"上网团购"。以"互联网资深创业者"王兴模仿美国团购网站鼻祖Groupon推出美团网为标志，一夜之间糯米、拉手、F团、阿丫团等一大批团购网站就如雨后春笋般冒了出来，不仅吸引了新浪、搜狐、腾讯等门户巨头纷纷抢占团购这块肥肉，而且催生了一批团购导航网站。2010年5月，刚有媒体用"百团大战"这个词来形容团购网站数量之多、竞争之激烈，到了六七月份，马上就发现这个词不够用了，一个多月的时间，团购网站之间的战事很快就从"百团大战"上升到了"千团大战"，足见这一行业成长之迅速。

繁荣的背后也是团购网站相互之间的乱象，尤其是信用缺失现象十分严重：团购用户享受到的服务缩水、商家倒闭、团购网站携款逃跑、团购消费券不退不换等问题也随之冒了出来，这些乱象都在一定程度上透支了中国团购网站的未来。而且，多家团购网站为了赢得消费者和投资人的关注，纷纷喊出了自己是"中国第一团购网站"的口号，面对如此多的第一，不少消费者都感到一头雾水。还有人调侃，现在好像所有的团购网站都在搞"中奖送iPad"的活动，其竞争的同质化程度之高可见一斑。

好在主管部门已经表态要加强对团购网站的监管。没办法，团购网站面前的鸭梨只怕要更大了。

31.9 门户微博成为网民互动新潮流——转发@互粉

随着近年来新浪、搜狐、腾讯、网易四大门户网站的新闻座次基本排定，2010年，微博又成为它们争夺的新阵地。

从现在来看，在这场微博争夺战中，不论是从用户数量还是用户黏性，新浪仍然排在了第一。不过，紧随其后的腾讯和搜狐也不是"盖"的，冲击势头明显。腾讯微博拉来了刘翔为代言人，并大肆宣传刘翔腾讯微博粉丝数量逼近900万，超过全球排名第一的Twitter上的Lady Gaga这一消息，证明腾讯强大的用户优势并非不可能在微博之争中翻盘。而搜狐那边，一直在微博方面没有什么大动静的它，从2010年下半年开始也显然是铁了心要实现微博业务的上位，不仅把搜狐的微博业务排名定位为公司的最高级，而且迄今已经投入了上亿的营销资金来推动微博业务的发展——很明显，铁了心的搜狐也是新浪不容小觑的竞争对手。反倒是网易，虽然借助其邮箱业务强势捆绑了微博产品，但在市场影响力上至今起效不大，而另一家门户网站凤凰网那里，其微博业务更是已经被很多用户所遗忘。

2010年，微博服务自从在门户网站上推出以来，短时间内在覆盖人数、用户访问次数、用户浏览页面及浏览时间等方面，均保持了高速增长。而微博的核心功能"互动"，更是进一步深刻地改变了Web2.0时代的互联网图景，成为SNS之后整个互联网行业的又一大创新性业务模式。如今，一个简单的"@"符号，已经让"转发"成为网民交流中提到最多的词汇之一，而"互粉"这个新名词更是借着微博的风行成为很多网友的兴奋点所在。

单从维系门户网站的商业根基方面说，把微博业务做好已经成为门户网站的应有之义。微博成为门户网站标配，这个论断如今已经毫无疑问。下一个看点是,微博这一新兴业务究竟还有多少的想象空间存在?

31.10 国产搜索抢占市场空白——神马都是浮云

2010年3月,被涂上了各种色彩的谷歌退出中国内地事件,带来了国内搜索引擎市场格局的不小变化。

国内的搜索引擎老大百度,无疑是此事件的最直接受益者,根据艾瑞咨询的统计数据,谷歌宣布退出后,百度的市场份额快速上涨,目前维持在接近75%的水平。相对来说,搜狐旗下的搜狗和腾讯旗下的搜搜,也间接从变局中受益,抢占了谷歌中国丧失的部分市场份额。而新出现的人民搜索以及即将上线的新华社搜索产品"国搜",加上中国雅虎及微软之前开发的必应,由于缺乏有效的市场开拓力度,目前仍处于不温不火的状态。

商业利益当然是谷歌中国的重要考量,在退出事件上态度反反复复,无疑是出于对快速发展的中国互联网所带来的收益不舍。因此,在第三方公司的统计数字中,谷歌的市场份额虽有所萎缩,但仍处于排名第二的稳固地位,短期内并没有被其他竞争对手超越的可能。

不论如何,国产搜索引擎对市场空白的抢占仍然值得期待。一方面,谷歌因着手推进代理商渠道整合事宜,未来一段时间内,其广告主关系维系及拓展将经历一定的调整,从而放缓业绩增长;另一方面,搜搜、搜狗等二线运营商的渠道资源及流量将继续积累,加上搜狗与阿里的资本合作、一淘网的进入等事件也为未来市场的长期竞争带来更多可能。

在中国高速发展的互联网经济中,或许真金白银才是实实在在的收益,其他的神马都是浮云。

[链接:中国图书商报·中国新媒周刊2011.2.24,李鹏《2010新媒体10大热点事件》]

第 32 章　版权合作已非王道

杂志圈历来都是生生不息，迎新刊、送旧刊，不变的只是前赴后继的尝试。最近的时尚杂志界，即将停刊的一家和刚刚创刊的一本正一前一后形成了一个强烈的对比，之所以在此专门拿出来说，只源于这两本刊有着近乎相当的分量——同样雄厚的背景，同样大牌的版权。

32.1　被疏离的"无人不晓"

据记者了解，在投资《型时代》杂志之前，南华早报集团与美国时代杂志公司签署了长达10年的版权合作协议。早在2010年7月底，关于《型时代》将要停刊的消息便在业内流传，据悉，曾有几家杂志社（也包括现代传播集团）想接手 InStyle 这个版权资源，但截至目前，还没有明确消息显示哪家公司会接手。足见 InStyle 这样的所谓"王牌"也并非什么时候都很值钱。对于《型时代》停刊的原因，官方的说法是战略调整，并非业界所说的资金问题。

从南华早报集团 2009 年的年报显示，该集团主要从事报纸及杂志出版业务，其旗舰报纸《南华早报》为香港地区具领导地位的英文新闻报，发行量逾 10 万份，读者均为富裕和影响力人群。南华早报集团在香港出版经营的杂志主要包括 Cosmopolitan 中文版、Harper's Bazaar 中文版、CosmoGirl！中文版，在内地经营《型时代》杂志。正是在这份年报中，南华早报集团指出，《型时代》杂志赞助上海国际电影节开幕式鸡尾酒会，庆祝杂志创刊一周年，得到了广告客户的关注和正面回应，乐观态度不言而喻。

南华早报集团在内地投资的另一本杂志《风度》也早在 2009 年 10 月就已

停刊,主要原因是经济不景气。据统计,南华早报集团2009年的杂志业务整体收益下降了20%,并没有实现金融危机后的复苏计划。巧合的是,就在《风度》停刊的同时,康泰纳仕中国旗下的《智族GQ》隆重登场。尽管《风度》的停刊和《智族GQ》的创刊根本没有任何关系,但一死一生之差别还是让许多人产生了联想。《风度》杂志是和英国丹尼斯出版公司(Dennis Publishing)著名情色杂志 Maxim 进行了版权合作,后者也是享誉欧美的知名男性杂志,其品牌力量非同一般。但是一年后,我们看到,《智族GQ》已经取得了非常大的成功,而《风度》早已被众人忘记。

《风度》或许真是命运不济,想当年其创刊最初的计划本是在《男人装》之前,无奈,因版权合作许可等问题一拖再拖,终究落在了《男人装》后面(《男人装》2004年5月创刊,《风度》2005年11月创刊)。两本路线一致内容相近的刊物,抢在前面的便先成功了许多。《风度》停刊的时候,《男人装》已经成为内地发行量最大的男性杂志,这是天壤之别。

32.2 版权只是成功一小步

时尚本就是舶来品,在欧美品牌几乎一统全球时尚消费市场的现实中,跟欧美时尚杂志合作毫无疑问是内地时尚杂志发展的最好路径,通过版权合作,内地时尚杂志市场才渐渐形成,并逐步培养了自己的经营范式和商业格局。与知名品牌版权合作也就成了所谓跟时尚沾点边儿的所有杂志的"进身"之阶,不管是女性、男性,还是育儿、家居,甚至汽车,只要是主张时尚消费生活的,几乎都在寻求国际杂志 title。

毫无疑问,InStyle 和 Maxim 均是响当当的国际 title,只是在今天的市场,仅有这样的 title,离成功其实还很远。GQ 是比 Maxim 更加响当当的男性杂志品牌,它进入中国内地一年来取得的成功绝非仅是靠这个好名头,更是其优质的内容。记者了解到,在北京的有些零售摊点,《智族GQ》的销量竟已超过了《男人装》。与此同时,同行对《智族GQ》的关注也到了无以复加的地步，创刊初期的团队积聚了多位传媒圈赫赫有名的人物，如王锋、李海鹏（尽管创刊号还没出来就走了）、困困（后来消息称已经离职）等。扎实却不同凡响的内容，有力量和存在感，大大弥补了版权杂志的漂浮缺陷，这是《智族GQ》胜出的关键，当然肯定跟GQ原版的极致品质也有很直接的关系。

而《风度》，尤其是《型时代》，内容却恰恰充斥着太多的漂浮感，其将要停刊消息出来后，有同类杂志的从业者惊呼，为何两年多来还不知道这本杂志的存在。很显然，所谓版权合作的时尚杂志，其实最有分量无外乎那些精致的时装大片。除此外之，需要的是实实在在的内容，而非简单的翻译或选题模仿。

近来，在纸媒或博客、微博上频频发现，不止一个人提到，现在能坚持每期看的杂志只剩下《看天下》、《第一财经周刊》等寥寥几种。《看天下》只用5年多的时间做到了同类刊物中的发行量第一，而《第一财经周刊》只有两年多的历史，已然已经成功了。这两家杂志均无版权背景，更无外资背景，它们可能是近年来中国内地最成功的原创杂志。

32.3 此起彼伏的名刊涌入

2005年、2006年曾被业内认为是中国内地杂志发展的最高峰，也就是在这一时期，康泰纳仕集团有"时尚圣经"之称的 *Vogue* 来到了中国内地。而中国内地杂志市场的快速发展之势却仅仅延续了一年，2008年爆发的金融危机突然遏制了这一势头，紧接着是新媒体真正的冲击扑面而来。外部环境成为掣肘2006年以来新刊发展的重要因素，而因循固有的操作模式甚至惯常的思维来运作杂志，在新的媒体环境下更显得格格不入。

纵观杂志版权合作，3年多来，有版权背景的新刊其表现却完全不一样。2008年5月，桦榭广告引进了法国总部的 *Femina* 杂志版权，推出时尚周刊《伊周》；2009年2月《红秀》与意大利时尚周刊 *Grazia* 进行版权合作。同样是时尚周刊，但《伊周》在中国的运营模式和创新空间已经大大超越了法国版，某种程度上来说，*Femina* 似乎只是给《伊周》提供了一个灵感。与这两大时尚周刊相比，2008年12月创刊的《优家画报》是土生土长的品牌，但其发展却呈现出更猛烈的态势。

3年多来，日系时尚杂志仍旧不断地借助日系版权，《瑞丽时尚先锋》与日本株式会社讲谈社旗下 Glamorous 杂志达成了版权合作关系；从2009年9月号杂志开始，《健康与美容》与日本发行量最大的女性健康类杂志《日经Health》开展版权合作。Ceci 是韩国最热卖的时尚杂志，进入中国融合生成的《姐妹 Ceci》表现却乏善可陈。

创刊于2003年的《座驾》杂志于2008年2月与英国汽车杂志 Car 进行版权合作，其后发展迅速，优势版权资源是一方面，2008年尤其是2009年以来的汽车市场的火暴应该是《座驾》势头猛烈的另一个重要原因。

知名品牌期刊到了中国，如果本土化做不好，仍然是没有成功的机遇，尽管它们往往会投入很多资本。现在的杂志市场，没有雄厚的资本，新刊很难突围，但有了雄厚的资本也未必能成功，这已经成为杂志界的共识。在欧美很知名的杂志品牌如 Focus 和 Better Homes & Gardens 在中国的命运却是退出和无声无息，甚至会让杂志人产生是否是浪费一个好品牌之惑。

由于资源匮乏，一些杂志尤其是时尚类杂志一直在努力寻求与号召力更强的品牌外刊合作的机会。如《华商报》旗下的《淑媛》杂志，最早创刊时一直在与意大利的 Grazia 谈版权，谈判失败后再转向其他目标。《华商报》的另一时尚男刊《名仕》2009年9月停刊，但主办方对外宣称是暂时性休刊，因为如果找到合适的版权合作对象，他们还将重敲锣另开张。

再回到《型时代》的话题上，其创刊时机的确晚了多年，因为中国女性杂志市场已经十分饱和。但有一个不能回避的根本原因：版权合作之后的《型时代》并没有做出大刊的风范，从两年多出版的20多期杂志来看，内容上始终脱不了"翻译刊"的怪相，这是其失败的最大原因。

［链接：中国图书商报·中国传媒周刊 2010.9.17，晓雪《版权合作已非王道》］

第33章　数字化:悲观走向乐观

2010年10月14～15日在杭州西子湖畔召开的第二届亚太数字期刊大会,是继2007年第37届世界期刊大会后,又一次在中国举行的大型国际期刊会议。不过,如今的期刊市场环境已经与当年有了很大的不同。2007年是全球经济增长最快速的年份之一,当年的全球经济增长率超过5%,全球期刊业不论是从广告收入还是发行量上来说,都处于"相对愉快的平静时期"。但是2010年,尽管全球经济在2008年开始的金融危机的打击下出现了回暖态势,但是期刊业面临的形势却日益严峻。虽然参加期刊大会的还是那些老面孔,但是市场环境和从业者的心理却发生了微妙的变化。其中,期刊界关注的所有议题中,"数字变革"无疑来得更为激烈、沉重和深刻,这话题也成为贯穿本届大会的核心议题。

33.1　iPad魅力超级秀

早就知道国外出版商对于iPad的出现充满了狂热。但这次亚太数字期刊峰会的召开,却让国内从业者真真正正地感受了一把。在紧凑的演讲中,几乎每位演讲嘉宾言必提iPad,而且不少人直接拿着自己的iPad上台演讲。这种情景让记者身边的一位期刊从业者十分恍惚:"苹果是这次会议的赞助商么?难道那些演讲嘉宾都是苹果公司的代言人?"据记者目测,会场的听众中——大部分都是期刊从业者,至少有数十人都拿出了自己的iPad在记录或者比划着。除此之外,在大会的会刊中,很多赞助商如《瑞丽》、龙源、Zinio等所做的形象广告里,都有iPad版杂志的身影。

国际期刊联盟主席阿让·普瑞在10月14日当天的演讲,是全场最受欢迎的演讲之一。在普瑞的致辞中,他多次提到iPad,并在演讲中穿插进一段《时代》iPad版的演示视频为现场观众展示,"怎么样?很神奇吧!"普瑞对这款苹果公司生产的平板电脑显然是赞赏有加。"杂志给读者提供的并不仅仅是内容,而是一种体验。有了新的多媒体体验,再加上良好的设计,显然会吸引读者",普瑞这样表示他之所以欣赏iPad的原因。他随后补充道,"最令人兴奋的,同时也是最重要的是,读者愿意在iPad上为数字杂志付费——而且是没有折扣的付费。"

桦榭中国出版总经理杨玟用了一个小故事来做自己的开场白:一个小姑娘告诉她,在她一路旅行到土耳其的途中,发现很多人在空余时间里手里都拿着iPad看书。"对于这个消息,我感受到的是兴奋,因为这是接触媒介的改变。而且,大家把iPad用来看书,而不是玩游戏或者其他什么,这对于出版商是多么大的一个机会!"杨玟感慨。

虽然没有相关的确切统计,但是估计有很多人都能感觉到,2009年,是杂志出版商对未来信心的谷底之年,用国际期刊联盟主席阿让·普瑞的话就是,"2009年大家都觉得期刊行业是一群病入膏肓的癌症患者",整个行业都被一种悲观的情绪所笼罩。不过到了2010年,由于杂志广告的回暖和iPad杂志的出色表现,使得出版商对于未来的恐惧之情减少很多,面对数字化革新,整个行业似乎重拾了乐观和信心。

33.2 从悲观走向乐观

由于iPad等"新式武器"的出现,整个国际刊业正在呈现出一片欲"重整河山"之势。国际期刊联盟预计,作为全球期刊业风向标的美国刊业,到2014年,互动性杂志所创造的市场份额将达到30亿美元,而其中有14亿美元都是新增的,这对于低迷的期刊业来说意味着市场份额的扩大,因此对于业界无疑是一个积极的信号。

印度世界媒体公司首席执行官 Tarun Rai 向在座的听众回忆,几个月之前,他在美国芝加哥参加期刊会议时,"我看到的是很多从业者的恐惧,不是担心经济,而是大家对于技术的恐惧。出版商对技术感到非常困惑,不知道该如何应用技术平台并从中赢利。但是现在已经出现了变化,之所以会有这样的变化,是因为现在越来越多的杂志开始意识到,通过新技术赚钱是可能的,而且是可行的。"在演讲中,Tarun Rai 的每一页 PPT 几乎都只有两个词或者仅仅是一句话,被现场一些听众亲切地称为"史上最简洁 PPT"。不过,虽然简洁,但是极具视觉冲击力,尤其是用一些意义相反的对比词,明显地显示出杂志出版商从迷茫到自信、从悲观到乐观的情绪变化过程。

Tarun Rai 强调了他的"回归理论"——大家曾经都相信广播会死,但是没有,下降的是收音机的销量而已,人们今天通过手机等各种设备还在听广播;杂志也必将经历一个回归的过程,只要我们牢牢把握住对内容的控制权,未来即使纸版杂志消失,杂志这种形态也会通过 iPad、智能手机抑或其他形式回归。"杂志出版商们一定要对此有一个清醒的认识,认识到这一点,是我们从悲观走向乐观的最重要原因",他说。

33.3 积极进行业务跨界

应该说,现在刊界达成的一个共识是:一方面,纸质期刊的市场容量将会持续萎缩;另一方面,数字变革给杂志出版商带来了更大的市场空间,提供了巨大的发展可能。也就是说,在固守纸质期刊核心竞争力的同时,期刊必须要积极向互联网以及多种业态跨界经营,才能保持自身业务的持续成长。但问题在于:这种发展机遇存在在哪些领域?在这种略显痛苦的转型过程中,又有哪些原则是期刊出版商必须坚持的?

在创新性进行跨界经营方面,时尚类杂志一直走在国内同行的前列,如本土品牌《时尚》、《瑞丽》等近年来都在跨界经营方面进行了积极尝试。作为国内杂志巨头之一,时尚传媒集团的每一次扩张或者创新性的尝试都会引发业内关注。近年来一向甚少出现在期刊会议并发表演讲的时尚传媒集团总裁刘江表示,"今天不仅是一个期刊业内的会议,同样还是一个跨行业的会议,所以我很乐意出席"。在他眼中,《时尚》以后要做的事情,已经远远不是出版杂志那么简单了。在演讲中,刘江罗列了一大串《时尚》近年来跨出杂志圈之外在做的事情:出书、拍电影、拍话剧、做节目、做培训、办活动、开书店、开酒廊……林林总总的尝试让一位与会者向记者暗叹:"太牛了!他们还是杂志出版商么?"刘江表示,《时尚》的目标是成为一家全媒体公司,并正在朝着这个方向快速推进。

在接受记者采访时,全球最大的婚恋信息网站、纳斯达克上市企业 The Knot 的创始人兼 CEO 大卫·刘(David Liu)表示,不同于杂志出版商一般从纸媒跨界到网站,The Knot 公司采取的方式是先建立网站,然后再出版杂志,"不过这两种路径的核心是一样的,那就是满足读者获取信息和广告主宣传品牌的需求"。

33.4 让广告主为杂志新媒体埋单

不论如何,对于如何让广告主为杂志的新媒体业务埋单这个话题,仍然是一个让业内无法轻松面对的话题。

瑞丽杂志社常务副社长李春娅强调,对于一家杂志社,或者是一个媒体集团来说,应该根据客户需求通过一个跨媒体的平台进行传播,"只有跨媒体的平台才能够使得媒体和广告实现真正的结合,而且未来才能有无限的前景。"

除此之外,与会的演讲嘉宾更是广泛指出了数据梳理对于期刊拓展新媒体广告业务的极端重要性。日本电通集团商务发展部助理总裁 Terui Shinichi 提醒,要想让广告主为杂志的新媒体业务埋单,杂志要做到的第一件事是要确定自己对内容的完全所有权和用户数据拥有所有权。完成了这一步之后,杂志就要进行对数据的整理,"海量的数据对于广告主来说必须要进行整理才有价值。杂志应该针对不同的客户提供不同的数据,但这会带来很大的成本投入。因此,杂志社在这方面就要和合作伙伴共同携手,来解决高成本的问题。"

与 Terui Shinichi 的观点类似,新西兰媒体咨询公司 Quiqcorp 执行董事安德鲁·达克也认为杂志应该注重用低成本的方式来通过不同的平台推广自己的内容。他表示,"杂志社要想通过新媒体业务实现赢利,还有一个重要的工作就是对自己曾经出版过的内容进行标准化的存储和整理。先完成了这一步,才有可能以低成本的方式进行多平台、多渠道的内容和广告推广。"

达克称,"现在大家可能都已经对互联网做了一定的投资。但我认为,对于杂志社来说,现在大家要做的工作就是要投资于开放标准平台,让它能够不断创新,能够伴随企业的发展而发展"。

[链接:中国图书商报·中国传媒周刊 2010.10.19,李鹏《数字化:悲观走向乐观》]

第34章 平板电脑＝数字化未来？

坏消息再次光临！拥有86年历史的米高梅公司（MGM）于2010年11月3日宣布破产，这个世界上最强大的影业帝国就如其电影《乱世佳人》的片名那样，即将"gone with the wind"。

当众多影迷们担心米高梅金字招牌《007》系列电影将何去何从时，媒体人却再次发问：传统媒体行业难道真的寿终正寝了？好在这些坏消息都是从美国传来的。

34.1 百年老店倒台与我们的未来

往前推14个月，美国《读者文摘》申请破产。《读者文摘》创刊于1922年，米高梅成立于1924年，前后脚诞生。从此刻往前推，几乎每个月都有关于传统媒体的坏消息，多得我们已经有些麻木。

分析两年来几乎所有"倒台"的传媒品牌的失落原因，都离不开与新技术、新媒体勃兴的关系。于是，简单甚至武断地将所有的这种"关张"都归咎于新媒体的冲击，已经成为流行。加上乔布斯的新发明iPad，在纸媒濒临全线沦落的当口，至少杂志出版商好像抓住了平板电脑这根稻草，当中以堪称"技术狂热分子失乐园"的美国《连线》杂志为首。

中国同行们也感受到了iPad的狂热，在坐而论道了多年的数字化命题上好像找到了一个新的方向，于是再谈期刊数字化，言必称iPad。然而，我们必须要问，以iPad为代表的平板电脑就是未来的期刊数字化吗？品牌期刊在iPad上的成功是不是具有普遍意义？移动阅读的其他形态潜力又如何？

2010年11月初,《第一财经周刊》iPad版电子杂志上线,单期定价0.99美元,全年定价14.99美元,自此海外读者也能很方便地通过App Store购买杂志;11月11日,现代传播旗下《周末画报》为iPad特别定制的iWeekly上线,先期免费下载。而在此之前,国内不少有实力的杂志都开始试水iPad版。

iPad在美国、中国、日本引起的杂志出版产业转型要胜于其他国家和地区。据记者了解,台湾城邦集团旗下20种杂志本月也正式推出了iPad版的电子版本,收费模式可以单期,也可以半年或一年长期订购,定价低于纸版。

对于出版商来说,iPad版无疑是对纸版的有力补充,所谓"虚实并行",因为iPad版比较便宜,能够撬动一些新的阅读群体。

但对于绝大多数的中国杂志出版商而言,主要精力还是做好纸版杂志的内容、发行、广告及延伸。但不能回避各种危言耸听的未来预言,更要面对一些超前媒体动辄数十万甚至几百万新媒体订户数量的"摧残"。

一位不愿具名的业内人士将这种现象描述成"新媒体行业的谎言和传统媒体的被新媒体化","外国媒体找不到赢利点,中国媒体找不到利益点","每个人都知道方向,就是还没有成功的路径"。一个年收入可以到几亿元的杂志品牌,新媒体的收入还不到1000万,这就是现实。记者在采访中也感觉到,中小型刊社干脆就不去投入新媒体(一两个人的小打小闹在此不算)。

上述不愿具名的人士认为,中小刊社此种做法,"短期放弃新媒体,从收益角度看是聪明的选择,但是从长期战略角度来看是如同慢性毒药的选择。"对此,龙源期刊网总裁汤潮也强调数字化运营平台的长期战略性投入。

34.2　iPad创造新杂志

《第一财经周刊》总编辑伊险峰在接受记者采访时表示,纸质媒体从长远看,应该消亡,它消耗大量纸张,传递的大部分信息其实现在都可以通过移动数字设备等来解决掉。杂志在这其中略有不一样的地方是,杂志不是简单的信息传递,它还传递一种组合在一起形成的价值观,读者在阅读的时候会有更好的阅读体验。从这个意义上说，iPad还不能完全实现这一点。并且不管是iPad还是PC机，它在阅读所谓网上和平板电脑上的东西时，手的动作都会很快，不断地去滚动鼠标，不断地划动触屏，这也破坏了杂志的阅读体验——当然，从另一个角度来说，杂志可能也要有适应这种载体的职能。

至于iPad是不是期刊数字化的方向，目前还不能完全判断，至少现在它是一个能很好地呈现杂志内容的载体。"传统媒体感慨的时候多，认真踏实学习的时候少，先学着再说"，伊险峰说。同时，伊险峰指出，杂志提供的是"信息＋价值观＋阅读体验"，如果读者的阅读愉悦转移到新媒体上来，那就要把服务性的东西做好。"花哨的东西的确很多，但我们可能还是更好地做内容，给读者提供服务，在iPad版上加东西是完全有可能的，但前提是读者要什么。"

刚刚参加完《财经》杂志客户会的一位业内人士说："这个会一上来就说杂志的转型，加上门口摆着一排iPad、iPhone，传统媒体的数字化势不可挡。"

不管对平板电脑是"感谢"还是"憎恨"，有一点是明确的，出版商应该感谢乔布斯，因为他开启了一种关于数字出版的全新思路。赫斯特集团杂志总裁David Carey就表示，苹果的iPad"给了人们杂志应该往哪里去的灵感"。

iPad和iPhone出现后，对过去的电子杂志和手机杂志也形成了一种颠覆。过去电子杂志的所有体验都基于PC机，而现在在电子书、平板电脑、3G手机上所能达到的功能和体验已远远超越了PC机。

职场小说《做单》作者胡震生做了一个视频微博网站蝈蝈网，做过IBM销售、混过好莱坞的他现在对电子杂志有了新的认识。他认为，电子杂志的春天来了，但不是传统的杂志变成电子版，而是独有的电子版，是符合成本低、速度快、无限扩张特点的形式。而那些把纸质内容直接数字化的不会有发展前景。

事实上，半年来国内已经有人在做专门在iPad上发行的电子杂志，如《牛壹周》，未来这一群体还将不断扩大。

最近，新闻集团CEO默多克发表了他对美国经济状况的悲观评估，不过这种经济低迷却给了他灵感。默多克推出了一份专门在iPad等平板电脑上发行的日报 The Daily，并预测到 2011 年年底该报将有 30 万～40 万左右的用户。"我相信每个人最终都将拥有一份，甚至包括孩子"，默多克对外表示。同时，The Daily 印刷版将很快出版，每周出版，每期 1 美元。默多克认为该刊可以发行到 80 万册。

《连线》杂志近年来一直在鼓吹一个思想，技术是有生命力的，今天媒体的变化好像在不断印证这一点。同样，改版后的《新世纪周刊》把网络、电子报、视频作为重要的营销引擎，公司架构上，专设网络编辑部和视频部，两大部门管理层和员工加起来将近 30 人。官方网站财新网引入社交网络、微博和视频等网络技术，同时，通过腾讯 QQ 进行日常营销。这已完全迥异于传统的杂志制作与销售方式，这是技术推动的结果。

不过，谈到期刊的数字化，我们不能总局限在 iPad 或 iPhone 上，网络视频、网络电视、二维码技术等，都有可能成为推动期刊在数字信息时代的创新步伐，这是刚刚出版的《2010 全球杂志创新报告》的核心思想。

对于国内杂志出版商来说，既要正视技术推动的数字革命，还要看清楚期刊行业自身发展的生命周期和外来因素催化的不同。美国报刊业已经发展了一百多年，走完了一个完整的生命周期，纸媒领域能够赚的钱都已经赚尽。而中国报刊业的发展才只有二三十年。因此，面对苹果公司提供的机遇，业内人士已经形成了仁者见仁、智者见智的局面。

[链接：中国图书商报·中国传媒周刊 2010.11.12，晓雪《平板电脑＝数字化未来？》]

第 35 章　"围脖"加身，众门户跨入微博时代

如果说一年前 Twitter 热潮下饭否、嘀咕、叽歪、做啥等微博网站之间的竞争是"惊起一滩鸥鹭"的话，如今，俯冲进微博市场的门户网站们，可是一帮凶猛的"老鹰"。

微博，这枚身形小巧的互联网应用正在当下的整个中国互联网界呈现出爆发之势：2010 年 3 月 20 日，网易微博正式上线公测；3 月 30 日，新浪组建微博事业部；3 月 31 日，腾讯微博开始邀请部分用户参与内测；4 月 6 日，凤凰网微博开始内测；4 月 7 日，搜狐微博正式上线……

短短半个月的时间内，搜狐、腾讯、网易，再加上新晋的综合性门户凤凰和一骑绝尘的新浪，5 大门户齐齐"围脖"加身。可以说，门户网站对微博的热捧，使得中国互联网门户的微博时代已经正式开始，微博已经突然间跃为继论坛、博客之后最新的互联网基础内容应用。

"5 大门户网站几乎覆盖了中国的所有网民，他们集体开通微博，对微博的普及具有革命性、划时代的意义"，红麦软件总裁、资深互联网人士刘兴亮如此表示。

35.1　新浪，模仿与被模仿者

像博客一样，掀起这波微博热潮的，又是新浪。在 2009 年的 CCTV"中国经济年度人物"颁奖晚会上，新浪 CEO 曹国伟预备了一条大红色的围脖，这显然又是一次成功的事件营销，从"微博"绿芽到"围脖"大红，新浪迄今只用了半年多时间。

从功能上来看，新浪显然借鉴了从 Twitter 到国内的嘀咕、饭否等微博的一些特色，是一个模仿者的角色。不过，据记者了解，新浪网在推出微博前期，曾对它的微博产品究竟使用什么名字进行了广泛讨论。当时，国内的类 Twitter 网站早已风生水起，饭否、叽歪、嘀咕、滔滔等"亲切型"的名字已经在很多潮人中流行。不过最后，新浪还是把"微博"这个跟"博客"类似的中规中矩型名称当成了其微博客产品的正式名称。今天，在新浪巧妙的市场推广手段和强大的内容影响力的双重护送下，"微博"已经成了此类产品的共同名字。所有的门户网站，包括搜狐、腾讯、凤凰、网易等都不约而同沿用了"微博"这一名称。尤其是腾讯，作为最早切入微博市场的门户巨头，如今连"滔滔"的名字也弃之不用，而转用"微博"，十分令人感慨。新浪网公关经理纪芸还提醒商报记者注意一个细节：门户网站们不仅都沿用了新浪所采用的"微博"这一名字，就连它们的网址也模仿新浪以"t."打头，如搜狐微博的 t.sohu.com，腾讯微博的 t.qq.com，网易微博的 t.163.com，凤凰微博的 t.ifeng.com……

应该说，仅在名称上，新浪在业内的标杆意义就已经显现出来，成了不折不扣的被模仿对象。虽然纪芸表示，新浪网至今并不会对外公开其微博的用户数、流量等关键数据，但已经有不完全统计显示，自 2009 年内测以来，新浪微博用户量已经达到千万人次大关。这一庞大的用户群和巨大的市场商机无疑触动了同业竞争者敏感的神经，使得他们纷纷策马加入微博阵营。

历史总是惊人地相似，如同几年前都不敢放弃博客一样，即使前景未明，如今各大网站也都不愿缺席微博。相比新浪、搜狐等其他门户的微博产品，腾讯的微博目前面目最为模糊，业界对于腾讯微博未来如何处理与 QQ 其他同类产品的关系也在拭目以待。不过，多数人都相信，目前能对新浪微博的霸主地位形成挑战的只有腾讯。刘兴亮也表示，相比来说，在这些门户网站中，除了新浪外，他更看好腾讯微博的前景，"微博最重要的两种属性，一是媒体属性，一是交流属性，腾讯显然在这两方面都占有优势"。

除此之外，在以新浪为首的门户网站掀起的这波微博普及风暴中，一些微博的延伸产品也犹如雨后春笋般破土而出。如引发众人兴趣的"微博价值排行榜"等。

35.2 微博不是主角？

虽然目前众多门户网站的微博仍在内测阶段，但从种种迹象上来看，微博的落脚点并不是产品形态，而是扮演了门户网站延伸自己影响力工具的角色。

美国《财富》杂志曾以《Twitter很强大，但赢利让人担忧》为题做过一篇报道，引发了业界对微博赢利前景的担忧。对此，叽歪网CEO李卓桓表示，在今天微博已经被广泛应用的前景下，可以挖掘的赢利点有很多，"比如基于印象的广告、对目标性很强的用户进行品牌营销等"都是可以尝试的方式。刘兴亮更是一口气向记者列了5种微博可能的赢利模式：数据库业务、向企业用户收费、即时搜索、口碑营销平台、与3G结合的增值业务。不过，业界对微博赢利模式的讨论，各大门户网站似乎显得并不关心。或许，在他们的算盘里，微博并不是一颗让他们拿来赢利的棋子。

在凤凰网向记者提供的官方通告中，有一句话值得关注，"凤凰网微博将与凤凰独特内容优势和独特资源进行深度结合。凤凰网将通过差异化的运营，通过'小组'和'同城'功能，增进用户的交互体验，引领微博用户需求，改变中国微博领域的格局"。从中明显传递出一个信号：内容是微博的生命之源。

同样，2010年4月7日，搜狐微博的正式推出透露出一个明显的信号：微博已经做到了与搜狐博客的全面整合，这与此前新浪的做法一致。这也再次说明，微博注定不会是门户网站的单品，而是作为内容链条的一部分来呈现其战略价值的。

"门户网站做微博，更多只是为了补充它们的内容"，嘀咕网总经理黄晓韬说。纪芸也侧面表示，新浪微博的核心价值就是一个媒体社区。

一方面，微博已经成为为门户网站拓展新用户的手段，另一方面，微博也催生了更多新的商业价值，使得各大门户网站不敢掉以轻心。不过，对于微博这种技术门槛极低的新业态，上马是很容易的事情。互联网专家谢文在接受媒体采访时表示，"一个人不可能同时维护几个圈子，现在大家一拥而上，结果是谁都不会有大的出息。这个道理谁都懂，但是对手有，我没有，这就不行，所以硬着头皮也要上。"如果从这个角度来看，门户网站之所以在微博市场跑马圈地，重要的原因不仅在于它的价值，而是为了对竞争对手造成牵制，这不得不说是微博的一个尴尬。

35.3 PK 门户勇者胜

"这是最好的年代，这是最坏的年代"，狄更斯这句被引用了无数次的名言同样可以用来形容目前一些专业微博网站的处境。当门户网站们集体开通微博之后，那些相对小众的微博网站如嘀咕、叽歪等就显得有些左右为难了。

"我不认为新浪等网站的微博对我们的市场有多大的挤压"，黄晓韬称。他告诉记者，即使最近新浪微博发展迅速，但嘀咕网的各项数据并没有下降，或者说一直保持的增速并没有下调。叽歪网李卓桓也表达了类似的观点：对于微博这种新生事物，现在最重要的仍是共同把这个市场做大。

黄晓韬承认，一些门户网站确实靠着炒作、PR（市场公关）等手段吸引了众多眼球，但"问题的关键是，我认为用户并不需要新的信息源，像新浪等门户网站更多把微博改造成了评论的集散地，到处都是转载、评论，可以说微博在它们那里已经变成了新闻评论区"。即使新浪取得了巨大成功，他仍然相信，嘀咕网微博与手机结合的策略，以及对 Twitter 关注平民、开放应用的继承仍将代表着微博未来的发展方向。

不过，刘兴亮的看法可就没有这么乐观了。他认为，门户网站的介入将会对原有的专业微博网站造成重大影响，它们的生存状况会持续恶化，当年博客发生的故事就是一个明显的例子，"也许它们能做的，只能是去等待奇迹的发生了"。在回答"当年的专业博客网站全面败退是否会给今天专业微博网站提供前车之鉴"这个问题时，黄晓韬坚持认为，博客和微博没有可比性。

但是，不论对嘀咕、叽歪、做啥等专业微博网站未来前景有多少争议，一个不争的事实是，它们确实在门户网站的强大压力下有所避让。一年前的这个时候，正是饭否、叽歪、嘀咕在微博市场打得火热之际，但如今，饭否网"复出"无望，叽歪网一直期待的融资至今未能落实，而嘀咕网在2010年4月底进行"令人大吃一惊"的改版，黄晓韬并未透露嘀咕网改版的具体情况，不过，打破微博这种外在的形式藩篱，大力发展3G业务必定是其转型的方向。

门户"扫荡"的不仅是专业微博，还把"大棒"悄然伸向了传统媒体，过去那些发布信息的平台，也就是传统媒体该如何面对这种新的变化——发布信息平台的转移以及获取信息途径的转移？甚至微博平台目前的提供者新浪网，它的总编辑陈彤也开始强调新浪网的各个内容频道应该学习应对和利用微博。因此，有人发出呼吁"传统媒体，请警惕微博"。

[链接：中国图书商报·中国新媒周刊2010.4.9，李鹏《"围脖"加身，众门户跨入微博时代》]

第36章 互联网的"团"生意

36.1 4月"团购热"

作为一家B2C电子商务网站,团购并非是一家一户网的主业。但近期,一家一户网却选择了与爱帮网合作开展团购活动,参加爱帮网的"爱帮团"项目。"这么做的一个主要目的是为了增加我们网站的人气",一家一户网副总裁柳华芳表示。据他透露,两者合作推出团购活动后确实为一家一户网带来了流量的快速提升,显示了团购在互联网上的巨大人气。美团网、拉手网、赶团网、满座团、聚团吧、27团……一大堆以"团"为特色的团购网站似乎在一夜之间涌现了出来。加上一些二三线城市的地方性团购网站,目前国内的团购网站已经有上百家之多。一个值得关注的现象是,其中大部分团购网站都是在2010年4月上线。

继SNS网站Facebook、分类网站Craigslist、微博客Twitter之后,美国团购网站Groupon颇抢风头,成为又一次全球模仿浪潮的源头。Groupon接连传出3个重大消息:先是传出其在最新一轮融资中获得1.3亿美元投资,再是宣布收购移动开发公司Mob.ly,然后是宣布收购德国团购网站Citydeal,从而进军欧洲市场。Groupon急速发展的背后是一组令人惊叹的业绩数据:上线半年后开始赢利,一年后拥有120多名员工,上线第二年销售额达到1亿美元。目前注册用户500万人,通过该网站售出的商品总量已达到300万件,让网民得到了1.36亿美元的实惠。巨大的市场爆发力让众多追随者蜂拥而至,Groupon也成为继Facebook、Twitter之后又一次全球模仿浪潮的源头。

对于这波风风火火的互联网百"团"大战，榜样的力量显然对于年轻的创业者来说具有巨大的刺激作用。Groupon、Foursquare、王兴等名字对于团购生意来说显然极具诱惑。例如，和多家网站（其中包括校内网和饭否网）的创办人王兴一样，刚刚宣布网站率先赢利的拉手网，其总裁吴波也背景不凡。早年，吴波就曾一手创办了焦点房地产网，并在后来卖给了搜狐。这些互联网明星们的加入，以及 VC 的追捧快速催热了这一市场。

在接受记者采访时，多位受访者都表示王兴的美团网 2010 年 3 月的上线是百"团"大战打响的一个重要里程碑。王兴的美团网一上线，立即吸引了众多媒体和互联网业内人士对团购模式的巨大关注。记者发现，一些模仿美团的"山寨网站"已经出现，不仅有团美网，还有每团网，甚至还有与王兴的"饭否"搭边的"饭团"出现。

"王兴做出的东西 IT 圈内都比较认，这么多团购网站的出现当然跟美团有关系"，柳华芳表示。不过，在接受记者采访时，王兴对此观点并不赞成，"其实跟我的关系不大，团购网站大规模兴起的最重要原因仍然来自于用户需求"。而且，在他看来，其实用户的团购需求是一直存在的，由于支付宝等网络支付手段的成熟以及社会化媒体快速发展的大环境使得团购的用户需求得到了释放和发展的机会，这才是近期团购热的最大动力。

36.2 核心是服务

2010 年 4 月 22 日，国内团购网站拉手网获得泰山天使基金的第一轮投资，成为国内首个获得风险投资的团购网站。5 月 14 日，拉手网宣布获得新一轮的天使投资，但并未透露具体机构和融资金额。据悉，拉手网短短一个月之内获得的第二笔投资，来自欧洲最大团购网站之一 *Dailydeal* 的创始人及投资人的注资。

在接受商报记者采访时，拉手网总裁吴波仍未透露拉手网获得风投的具体数额，但是他明确表示，"这对现在的拉手网来说是一笔很丰厚的资金，不久我们就有进一步的好消息公布。"

吴波的定位很清晰，"团购网站的核心是服务性企业，而不是互联网公司"，在他们看来，互联网仅仅是拉手网为商家提供服务的一个工具而已。在拉手网成立短短两个多月的时间里，它正在以"服务"为核心，八爪鱼似的以各种方式快速扩张。在地域方面，目前已经在北京、上海、深圳、广州、南京、大庆、南昌、合肥、福州等地开设了分站。2010年4月28日，拉手网与江西电视台经济生活频道合作共同推出了拉手江西站，将卫视节目、网站团购和市场推广结合在一起。5月18日，拉手网宣布，将与河南联通"宽带数字家庭业务"合作，在河南省内通过PC、手机及IPTV三种方式推送团购服务。据记者了解，除此之外，拉手网目前还推出了地理位置的SNS服务，下一步将有更多的合作计划展开。

在接受记者采访时，王兴也多次强调，"美团是一个服务型企业"，据悉，目前美团的30多名员工中，很多都来自于王兴原来的饭否团队，除此之外，他们还招聘了一些专门做线下商户推广的员工。"如果说淘宝是一本大英百科全书，那么美团就是报纸的头版头条"，王兴表示，"我现在要做的就是最简单的电子商务，简单、精细是美团的主要特色"。

国内老牌团购网站篱笆网COO徐湘涛也告诉记者，篱笆网多年来的运营的一个巨大支撑就是对用户和商家的真诚服务，服务是篱笆网的立身之本。

36.3　同质化是最大问题

目前团购模式在业界一直存在争议，有反对人士对其赢利模式并不看好。数据显示，美国Groupon的利润率达30%~50%，但国内目前的同类网站无一达到该比例；团购网站"每日一物"的模式限制了其商品数量，加载在高额线下商务谈判成本之上，更为其赢利带来阻碍。因建站成本低、赢利模式简单等原因，团购网站一时之间遍地开花。但对靠单纯模仿起家的众网站来说，如何走上长期赢利之路仍是迫切需要思考的问题。发展模式创新成为各家脱颖而出的关键。即使是模仿起家,如果模仿者们能够不断改进、超越,摒弃照搬照抄的模式,多加入一些自己的创意,也许会更容易获得成功。吴波表示,拉手网的一个最重要的特色就是做到了 Groupon 和 Foursquare 的结合。吴波说:"其实赢利并不是问题,拉手网已实现全面赢利。问题的关键是要提高网站价值和变现能力"。

据了解,这些团购网站中多数网站界面、功能以及赢利模式相似,经营内容也多以餐饮、娱乐、休闲等消费性优惠体验券为主。

"同质化仍是最大问题",在谈到目前团购网站市场存在的主要问题时,柳华芳说。他表示,目前团购网站数量虽多,但是其中有很多都是大学在校学生在做,不论在人员、资金还是实力方面离一个成熟的网站都有很大差距。未来随着市场竞争的激烈,市场洗牌不可避免。

[链接:中国图书商报·中国新媒周刊 2010.5.28,李鹏《互联网的"团"生意》]

第37章　互联网巨头，加速开放平台

2010年下半年，互联网巨头的"开放平台"突然呈现出加速之势。百度搜索平台、盛大开放平台，以及腾讯财付通开放平台的集中开放，使得"开放"成为最热的互联网词汇之一。

"平台集中化，内容分散化"——盛大公司董事长陈天桥曾如此总结互联网的未来，此言可谓一语中的。盛大、百度、腾讯、淘宝以及新浪等国内互联网巨头在开放平台战略上的快速推进，很可能将对未来的互联网生态产生巨大的影响。

从专业角度来解释，"开放平台"(Open Platform)，指软件系统通过公开其应用程序编程接口(API)或过程来使外部的程序可以增加该软件系统的功能或使用该软件系统的资源，而不需要更改该软件系统的源代码。抛开拗口的技术解释，开放平台说白了，就是网站把自己的入口打开，让第三方可以把自己的东西放上去任用户下载和使用。比如你在玩开心网的时候，朋友推荐了一款游戏过来，你可以把它直接安装在自己的开心网网页里使用。

在2010年8月中旬召开的互联网大会上，腾讯总裁刘炽平在演讲中提到一句话"QQ空间将开放平台"，一下子就成了媒体在报道刘炽平演讲时的标题。这番表态，无疑让众多第三方开发者兴奋不已。对于他们来说，刘炽平演讲中透露出的信息似乎为他们描述了一幅无限美好的创业图景：根据自己的兴趣或者用户需求开发出一款小软件，放在腾讯的开放平台上供腾讯的10亿用户下载，受欢迎后开始收费或者贴上广告，然后自己日进斗金……创业者对于腾讯开放平台的青睐是有原因的——腾讯之前一度是国内最有实力、用户量最大的互联网公司,同时也是最自成体系、封闭性最强的互联网公司。

其实,开放平台仍然是长尾理论的一个实践。有分析人士指出,"平台开放潮,降低了创业者的门槛。无论如何,对于草根创业者来说,一个最好的创业时代正在到来"。

37.1 先驱者 Facebook

在全球范围内,开放平台的最早提倡者是谷歌,当谷歌提出开放平台的概念时,曾被认为是对微软封闭式运营模式的一场巨大颠覆。但是在开放平台领域做得最成功的却是社交网站 Facebook。

2007 年 5 月 24 日,Facebook 推出开放平台——把自己的 API 向公司外的第三方软件开发者开放,允许第三方开发者将开发的产品和应用在 Facebook 平台上推广。Facebook 平台下有很多优秀的 Apps 实用工具,大量的第三方工具极大扩展了 Facebook 的功能和应用,给 Facebook 带来了巨大成功。此后几年间,Facebook 的流量从美国排名第 7 位,迅速上升到目前的全球排名第 2 位,更多人相信,按照现在的发展势头,2011 年 Facebook 的流量将超过谷歌成为世界第一。在 Facebook 不断壮大的这一过程中,开放平台的作用功不可没。

随着 Facebook 通过开放平台而一炮走红,全球各大互联网公司开始竞相推出自己的开放平台战略,国内外对开放平台的前景一片看好。开放平台无疑成了国内各大互联网公司的最热主题之一。盛大、腾讯、百度这三家国内市值最高的互联网公司纷纷推出各自的开放平台,加上此前已经在这一领域涉水的淘宝、新浪、人人、开心等网站,使得互联网的开放平台战略日益成为主流。

在 Facebook 的引领下,开放平台战略犹如武侠小说中的"吸星大法",颇具"四两拨千斤"的意味。Facebook 几行简单的代码就把成千上万家网站变成了自己网站的一个外延行为节点,各自孤立的网站融合而成一个丰富多彩的无限网络世界,而 Facebook 居于这个世界的中心。iPhone 使苹果摇身一变成为美国最大的手机公司。iPad 模糊了有线与无线,桌面与移动的界限,使上网成为最新的时尚生活方式,同时把戴尔、联想推向了传统产业的行列。

37.2　难产的"开放"

虽然前景持续看好,但开放平台在中国却颇有些"晚熟"的味道。众多受访者都认为,最应该做开放平台的 SNS 网站却一直没有太大动作,其原因是一时火暴所带来的误导。互联网分析师柳华芳解释说,前几年,只有人人网等几个 Facebook 模仿者在做开放平台,"各大巨头也最多做个分享插件,相对封闭的开心网的瞬间火暴把国内的 SNS 网站带向了网页游戏方向,开放在赢利和生存压力面前被放到后面了。"

在接受记者采访时,互联网资深从业者谢文再次重申,他坚持认为中国互联网企业已在开放平台上白白浪费了 2～3 年的光阴,并指出盛大、百度是盗用了 Facebook、iPhone 的开放的概念,其实是"四不像"平台。

那为什么直到现在国内互联网公司对于开放的态度才开始突然间升温呢?谢文的解释是,因为各大网站的用户和收入都面临增长"瓶颈",国内的网站基本是 Web1.0 模式的网站,和 Facebook 这样的 Web2.0 网站差别很大,后者已经有了固定模式。由于国内互联网业白白浪费了 2 年时光,平台的门槛已经变得很高,含义也变得更丰富,更难以下手了。面对网络平台硬件化的大潮席卷全球,再不跟上潮流,偏安于软平台乃至山寨平台,中国互联网行业就很难突围了。

"开放互联网不仅仅是一个产品,它是一场新圈地运动,百度、腾讯这样量级的选手都在积极开放,如果哪家门户还没理解到这一点,那估计灾难就要降临到他们头上了。"柳华芳说。他的逻辑就是——不开放,就死亡。

虽然来得有些晚,但是对于百度刚刚推出的开放平台,IT 评论人白鸦仍表示,他十分看好百度这次框计算的新思路,"也许这会是继贴吧之后百度区别于谷歌的又一重要创新。"

37.3 真开放，还是假开放？

不过，对于以百度为代表的"开放"尝试，也存在一些关于真开放还是假开放的争论。在谢文看来，虽然各大互联网公司声称要开放平台，但现在中国并没有一个真正意义上的开放平台。"这些平台基本上还是以黄世仁对杨白劳的态度来为自己添砖加瓦，所以在地位、心理、态势上，双方都是不平等的。"谢文表示，"如果我们到北京开一个小店，政府说一半收入给我，哪个企业可以在这儿生活？Facebook 到现在一直对自己的开放平台免费，不从第三方拿任何的分成。这一点非常值得国内学习。"

柳华芳也认为，很多互联网所谓的开放其实是假开放，比如百度，在他眼里，百度的开放平台并不是以 Facebook 为代表的与第三方共荣共生的开放，在他看来，百度的开放使得下游站点成了免费打工者，整个产业链的生态必遭破坏。"百度的开放平台更多是为了抵抗腾讯带来的压力"，柳华芳表示，"百度开放平台直接将应用在搜索结果中显示时，确实方便了用户，访客更加省时间，在这一意义上符合搜索引擎的使命。但重要的是，那些免费的应用和服务直接在百度上绕过提供方站点完成，那么服务和应用提供方就没有了赢利手段和价值。"同样，知名互联网评论家洪波也对百度的开放平台战略表达了担忧，他表示，"十多年来，搜索引擎几乎没有发生什么大的形态变化，即使是 Google 的整合搜索，也只是将图片、视频、新闻、实时内容、博客、论坛、地图等搜索结果，整合到 Web 搜索中。其最终效果，仍然是将用户导向目标网站。毕竟，搜索只是互联网众多应用形态中的一种，框不能取代其他。而且，由于百度框计算太新，对互联网商业生态的影响太大，我们无法提前知道将来会发生什么。在涉及生态环境的问题上，先破坏后治理，基本上是一条不归路。"

据记者了解，目前几大开放平台的分成模式也是被第三方软件开发者最为诟病的地方。比如，在人人网上线的第三方应用，其采取的分成比例是五五开,也就是说,开发者的"地租"高达50%,谢文就直斥这种做法"比黄世仁还黄世仁"。

为新浪微博开发出"sinaTair"客户端的开发者表示,互联网公司的开放策略让他们这些创业者有了更多的创业平台,可以分享到这些网站的成功。他们对大多数网站的开放平台战略都持欢迎态度,因为在他看来,这种战略给他们这些第三方开发商提供了赢利的机会,"开放的平台越多,我们这些应用开发者就有越多的用户量,也就有了更多的成功机会"。在与记者通过微博进行交流时,这位不愿具名的开发者同样没有透露目前新浪给他的分成比例。但他表示,由于用户量并不大,目前他可以得到的收入为零。他同时也指出,目前他最看重的并不是能获得多少收入,最重要的是给他提供了一个"练手"的机会,"这也是很多其他创业者所看重的。"

[链接:中国图书商报·中国新媒周刊2010.9.3,李鹏《互联网巨头,加速开放平台》]

第七编 华文与海外出版

第38章　2011美国书业走向8大猜想

美国《出版商周刊》年初刊登了对2011美国书业走势的预测。数字阅读时代,出版社的出版分工及组织架构将进行全面深度调整,传统出版的效率低下将彻底清除,自恃的出版资源面临重新洗牌,图书的版权购买、制作、销售和阅读的所有环节都将发生改变,出版商亟须在开拓数字销售渠道、适应新的阅读设备等方面实现创新,构建多条新商业模式的链条。随着iPad等阅读设备的普及,彩屏为色彩丰富的绘本提供了可能,童书将迎来电子井喷年;出版商也将更多地利用社交网站与消费者互动;25%的电子版税标准极有可能再度提高;如何控制地域版权,成为出版商和数字出版商面临的头等难题;而传统零售店面对财政窘境,增加非书产品销售的趋势也将会愈演愈烈。英国出版商尽管饱受天气困扰,新的一年也将遭遇政府削减预算、提高增值税等不利因素影响,但大多数人都对2011保持乐观心态,维系好作者、创新营销将是2011的主要课题。

猜想1　电子模式下出版业将重构

2010年4月,哈珀·柯林斯宣布关闭旗下的电子书出版项目组Harper-Studio,该业务推行向作者支付低预付款及五五分成的模式已经试行两年。在数字化对传统图书业务重新洗牌、组织架构面临全面调整的背景下,像哈珀·柯林斯这样做出尝试的出版商还有很多。出版商都希望找到一种成功的模式并成为主流,为出版找到新的根基。

数字化在出版社内部引起的变化,目前可以看到的是裁员、重组、合并项目小组、设立数字业务部门。出版社的业务分工也有所调整，在西蒙－舒斯特CEO凯罗琳·雷迪称为"出版发生了不可逆变化"的2010年，她就请来乔纳森·卡普主抓编辑业务，缩小项目人员编制，项目组都搞承包制，负责管理图书业绩。传统出版的低效率在震荡调整中消除。

随着2011年数字出版的长驱直入，出版商必须搞清楚图书如何获得电子版权以及管理版权。美国Cursor数字出版公司的理查德·纳什表示，2011年出版商对出版业务深度重构是非常必要的。2011年会是一个起步年。出版商面临前所未有的巨大的重构压力，不仅要面临Open Road等多家数字新公司的竞争和挑战，他们有着独特的做书的想法，是强有力的竞争对手；同时，来自作者的压力也将更大，有的作者通过亚马逊自助出版，有的直接出电子书直销给顾客。

2011年，出版商将需要重新调整新的数字销售渠道、适应新的阅读设备和自助出版方式来实现创新。图书的版权购买、制作、销售和阅读的所有环节都将发生改变，这是在创建多种新的商业模式。大型出版社坐享多年的出版资源也面临挑战。出版业者在摸索走出一条通向未来的新路。电子书销售的增长必然会催生新的赢家和输家，因为原有的品牌和业务都将让位于适应读者新需求开发产品的新公司。

猜想2 出版社更重视社交媒体营销

社交网站与图书营销发生最密切联系的时间节点始于2010年，2011年使用社交网站进行图书营销之势将会有增无减。博客、Twitter、脸谱（Facebook）等网站，及时呈现图书宣传、营销及零售人员和作者每天的"日程"内容，吸引了上百万的读者和潜在读者，来讨论图书、宠物甚至政治话题，因此，纽约的大众出版商无一例外地都在使用社交网站。

当然，社交网站也使出版商得以与消费者直接进行互动对话，进行面向目标读者群的图书营销。尤其是针对使用屏幕阅读的年轻人，社交网站更有效。

童书出版社——学乐出版社有一个在线社区，每月有200万浏览者，其中80％是读者，20％是作者。出版社整理社区内容并向手机用户发送阅读。目前学乐的每一个活动都配合一个社交媒体板块，如Twitter、博客、插件或脸谱，来吸引读者群。今春，学乐将在脸谱网举办一个面向青少年的大型营销活动。之所以如此重视社交网站，用该社负责人的话说，它提供了可以跟踪以及反映读者想法和反馈的许多重要数据。

猜想3　童书数字产品明显增长

2011年会是童书领域的电子书年吗？有一些出版商的确这样认为。基于图书的软件在增加，2011年无论是软件的数量还是涉足的公司都会更多。在大众出版社中地位日益显要的电子书，在童书领域也将有更大份额。

但是美国传统出版商对开发电子书、软件还是电子书加强版，仍没有搞清楚。图书软件带来了一种全新的特性，但其低定价决定了凭此赢利基本无望，同时也因缺乏品牌知名度易被遗忘。

美国两大连锁书店都已经或准备增加玩具和游戏卖场空间，这对儿童产品生产商来说是上好的消息。童书出版商同样面临上架难、独立书店不振、政府采购市场受政府减税冲击以及图书馆增加技术投入等重重压力。但在金融危机中依然保持旺盛活力的童书市场，2011年仍然值得期待。出版商还认为，纸质书应该考虑提供手持设备不能提供的独特享受，这样才能保持一定的市场空间。

猜想4　25％的电子版税有上升空间

2010年7、8月间，威利经纪公司与兰登书屋的电子版税之争，推动美国的作者经纪人、作者与出版商就在版书电子版税达成共识，但许多人认为，目前给作者25％电子版税的模式很难持续，因为作者有更多的选择，如与数字出版公司或亚马逊合作自助出版，都可以有更多收入。

2011年，25％的电子版税究竟是否会上升，各方看法不一。有经纪人认为，新书上市后的前几周，销量的一半是电子书，另一半是精装本，作者因此减少了很多收入。无疑畅销书作家会要求电子书的版税超过25％，而对其他作者来说，就要视情况而定了。但是随着电子书的销量越来越多，出版商可以肯定的是，作者和经纪人会变得越来越不安。

猜想5　开放市场电子版权控制难

在电子书带来的诸多挑战中，一个复杂的问题是在开放的市场中如何处理海外版权。以往翻译版权是以地域界定的，但在网络环境下，对电子书进行地域限制就变得复杂了。

由于汇率影响，北美版本的电子书比英国版本的售价更低。英国出版商比美国出版商更关注到底由谁来控制电子书的开放市场。尤其当电子阅读器大举进入欧洲市场后，这个问题将更加突出。有一个问题是出版商和经纪人能否像印刷出版一样界定开放市场的区域版权。有人认为，如果设备提供商不能有效阻止美国以外的读者下载一个北美版本的电子书，而不是一个英国版本，那么电子版权的区域授权就失去了意义。只有当一个大型出版商买下了作品的全球英语版权，才可以解决这个问题。

猜想6　谷歌协议裁决难有结果

谷歌的数字图书馆一案仍悬而未决，法律专家也认为能否获得通过仍是个未知数。即使Denny Chin法官批准通过，谷歌在全球各地图书馆扫描的数百万绝版书今年也不会上线。实际上，关键问题不是如果谷歌协议获得批准会怎样，而是何时获得批准。自从17年前Tasini一案提起诉讼，至今出版商都没有找到和平解决的办法。谷歌这样一个集体诉讼案也不可能很快解决。数字市场的快速发展及扫描孤本书的益处有目共睹，虽然法律判决的车轮可能转得很慢，但数字化的车轮转得很快。

猜想7　按需印刷需求更大

按需印刷将在2011年继续增长,有几大标志性事件为佐证,一是POD的领跑者Lightning Source最近出版了第1亿本POD图书,图书种类从13年前的1100种已增至600万种;二是亚马逊的CreateSpace项目出版的图书和DVD以及为自助出版者提供的按需印刷服务数量也在增加;三是Expresso按需印刷机为实体书店提供了这种可能。目前全球共有50台Expresso按需印刷机设于图书馆和书店。但是其高成本和有限租赁模式会阻碍其推广。

猜想8　实体书店增售非书产品

已经有出版社取消了几场计划在鲍德斯举办的作者宣传活动。继去年关闭200多家分店以来,未来鲍德斯还会关闭几家超级连锁分店和商场分店。占美国图书零售市场8.5%份额的鲍德斯,目前最大的问题是能否获得新的融资来偿还欠款。2010年第3季度末,鲍德斯应结款额已达4.45亿美元。如果这种状况持续下去,出版商极可能切断给鲍德斯的供货。业界对鲍德斯开始的销售电子书和阅读器的计划,都持怀疑态度。因为与巴诺相比,鲍德斯的转型有些晚。但实体书店增售非书产品之势却在加剧。巴诺在纽约5家店铺筹备占地3000平方英尺的游戏、玩具卖场,百万连锁书店把DVD、音乐产品以及一部分纸质和电子书移到网上后,新增了酸奶和非书产品销售。美国的独立书店也新增了酒、巧克力、贺卡和当地手工艺品等非书商品。2011年这种趋势会愈演愈烈。

[链接:中国图书商报2011.1.18,渠竞帆《2011美国书业走向八大猜想》]

第39章　电子书版税之争孰是孰非

随着亚马逊的Kindle以及其他追随者大举进入电子书市场，中外出版界正面临新的课题——电子书版税之争从学术层面进入到关系各方经济利益的实质性阶段。到底是把电子书等同于和纸本书一样的图书销售，还是把它看作作品附属版权的转让？这成为电子书版税分配的关键。

在欧美等国，为了保证出版商能动用最重要的资源，全力以赴对作品进行生产、出版、印刷、营销等多方面的投入，出版商通常会要求获得作者作品的独家全面授权。这些版权中，有一些出版商会直接开发，主要是纸质版图书在本国境内的出版和销售；其他的出版商可能通过出售翻译版权、影视改编权等附属版权的形式来间接开发。根据这两种不同的版权收入方式计算的版税也大不相同，在美国出版社与作者签订的出版合同中，前一种情况作者可获得5%~15%的版税，后一种附属版权的情况作者则可得到50%的版税。目前英美通行的标准是，主打新书和再版书付给作者的电子书版税都是25%。

2010年7月22日，美国著名的作家代理人安德鲁·威利的代理公司成立了数字出版企业Odyssey Editions，出版他所代理的作家的20种再版图书的电子版，通过亚马逊网站直接销售，此举在英美书业界炸开了锅。以兰登书屋为首的出版商纷纷谴责威利这种"抢饭碗"的做法。而站在威利一边的作者和代理人也态度强硬地坚持己见。这场争端的起因，就是电子书版税的高低。威利表示，出版商只付给作者25%的电子书版税是不公平的，需要给出版商多施加点压力来提高版税。他这样做是为了最大限度地保护作家的利益。而出版商回击说："任何将电子版权和印刷版权分离的做法都是不利于图书生产的,而且,在出版社和作者签署的大多数出版合同中,都在非竞争性条款中注明:禁止第三方发行电子书。"

39.1 究竟孰是孰非

在威利公司与兰登书屋的电子书版权之争爆发不久,美国有作家和代理人表示,将在6~12个月内暂停电子书版权交易,因为他们相信目前行业内25%的电子书标准版税率可能在一年内瓦解。一位代理人说:"我们认为50%的版税率才是恰当的,现在大多数案例中,我们都要求再版书的电子书版税率为50%。所有新书的版税率我们也要求不低于25%,我们相信很快新书的电子书版税也能达到30%~35%。"8月底,争端达成和解,兰登同意对1994年以前签署出版合同的所有作品,支付25%~40%的电子书版税,但40%的版税率不适用于兰登的主打新书。

面对代理人不断施压要求提高电子书版税的举动,布鲁姆斯伯里出版社销售和营销总经理伊万·施尼特曼在博客中批评说:"这是一种建筑在自私自利和电子书可以从整个图书经济链条中独立出来的假设上的想法……其目的是要把知识产权切分成许多不同的小块,拿到市场上叫卖来谋求最大利润的交易。整个事件中的各方都有责任,但现在的感觉是有人想借确立电子书版税率的机会抢夺地盘。电子书价格越来越低,而从营销到数字化基础建设的各项成本并没有减少,因此出版商从每本书中赚的钱更少了。"施尼特曼强调,以数字形式销售图书很有可能是在分食印刷本销售的市场,但是这一点并没有体现在给作者的预付版税中,应该协商在提供更高版税率的同时降低预付版税,让作者在这两者中做出选择。美国一家律师事务所的合伙人史蒂夫·吉兰就出版商如何通过修改出版合同来规避电子书版税纠纷发表了意见和建议。

反观中国国内,一方面出版社与作者签订的版权合同中,大部分较早签约的尚未涉及电子版权,部分新近签约的又对电子版权的处置语焉不详,这都为目前乃至今后电子版权、版税之争埋下了隐患(链接：中国图书商报 2010.9.14，《中国阅读周刊》01 版《中国畅销书作家叫苦：我们拿到的数字版权收入几乎为零》)；另一方面，电子书市场快速发展已是大势所趋，电子版权也成为各方争夺的新宠。在与作者、代理商、内容平台、运营商、终端商等多个环节的博弈中，中国出版商恐怕要早做思量。

39.2　关于版税的合同规定，出版商和发行商之间电子书发行协议中的规定

因为出版商授权发行商可以面向终端消费者制作和发行某部作品的电子版，因此在出版商和发行商之间的协议中，差不多使用的都是授权许可的语言，更类似附属版权转让交易协议的表述。相关合同条款可能如下：

你方特此授权我方，根据本协议，准许我方以恰当的方式直接发行和通过第三方发行商，以所有可获得的数字发行手段和所有的数字化载体形式发行数字产品，此授权为非独家授权，不可撤销。

尽管可以通过其他的方式来结构电子书发行协议，使出版社避免把数字化发行权转让给发行商(比如可以用代理发行协议模式，就像几个大出版社和苹果公司之间拟定的)，但这种协议结构改变所带来的法律细节问题更加麻烦。

而且，这种合同差不多都由电子书发行商来起草而不是出版商，看起来没有哪个单独的出版商有足够的市场掌控力来坚持一个完全不同的交易模式。

因为很多出版合同都是在 Kindle 阅读器引发电子书销售热潮之前签署的，所以合同中更是难以找到对电子书发行模式进行特别约定的语言描述。

出版商和作者之间合同中的表述

在大多数图书出版合同中关于版税的部分，都是首先表述根据印刷本图书销量来确定版税，版税比例通常以封面定价的百分比或净收入的百分比表示，一般是在 5%～15% 之间变化，这取决于图书的发行渠道和所面向的销售

市场。合同中的相关表述可能如下所示：

除以下情况外，出版商将基于来自图书销售的净收入支付给作者10％的版税，包括出版图书的修订本、再版整本图书或其中的一部分。

以下情况把出版商所获的版权转让净收入的一半支付给作者：

（a）来自海外市场的专有授权版本、缩编本或连载版本的销售。

虽然现在的出版合同经过修订，已经详细说明出版商应用电子版权将付给作者更高比例的专门版税——通常是出版商净收入的25％——这一般是依照出版商的图书直接销售收入来计算。

典型的出版合同中，关于附属版权转让的版税比例已经在版税说明部分的最后做出了解释和约定，表述语言可能如下：

（b）当出版商授权他人再版全本图书或图书的部分内容时，出版商应将协议所得净收入的50％支付给作者。这包括该作品被收录进电子数据库中，被制作成视频、声频文件或缩编本，被改编成电影和动画，被制作成用于教育和商业电视台播放的版本、盲文版本和大字版本、微缩胶卷或所谓胶片、微型计算机应用版本、电子版本、翻译版本、境外版本或以英语及外语改编的版本。

这可以被简单分成两种交易方式来看，前一种是和出版商销售精装本图书的数量直接相关，后一种是和出版商向第三方授权相关。

本来在数字化流行之前，在签署终端用户许可权协议时，是根据图书零售就是零售、版权授权就是版权授权分开来起草合同。现在的情况则复杂得多，数字化产品可以很低的成本，很容易地被复制，通过授权传播电子书的速度远远超过传统上纸书一本一本的销售，出版商发行图书可以不必再通过出版印刷、装订和开着货运拖车在路上跑。

对于出版商来说，是时候重新审视他们的标准合同格式了，如果有必要就要修改合同的格式，以避免在电子书版税分成方面出现混乱，弄不清究竟是按附属版权转让来算，作者和出版社之间五五对半分，还是根据电子书的销量来支付版税。

出版商可以考虑在附属版权规定中增加一个例外条款，以明确，在授权许可一部作品以任何版本任何名义，无论是否以本社品牌出版时，都等同于本社出版图书的版税支付方式，即按照图书销售所得净收入分成比例来计算，而不是按照附属版权转让的版税分成比率来向作者支付版税。

39.3 大多数电子出版公司对半分成不给预付版税

与传统出版商有所不同，据美国《出版商周刊》的采访，大多数原创电子出版商都不给作者预付版税，他们解释说，这是因为电子书出版领域的规则不同于传统印刷出版。作家代理人斯科特·克斯曼经营有电子书出版公司 Diversion Books，克斯曼说，他不排除给个别作者预付版税的可能，但目前并没有支付预付版税。禾林出版公司旗下原创电子书出版品牌 Carina 出版社的执行主编安吉拉·詹姆斯的说法与此相类似："Carina 不支付预付版税，因为先出版电子书的模式和传统出版的模式不一样。"

新的商业模式很大的不同是它更像一种合作关系：作者提供内容文本，出版商付钱生产制作，然后双方对半分所获得的收入（在出版商扣除生产成本之后）。Diversion 公司现在就是这样运作的。"我们提供生产费用，获得第一笔收入之后首先扣除掉生产成本。这是目前电子书出版发展初期看起来比较合理的一种模式"，克斯曼说。目前美国最为有名的原创电子书出版商 Open Road 公司，也是按五五分成、不支付预付版税的模式在运作。詹姆士说，作为牺牲预付版税的交换，Carina 的作者获得"更多的营销支持，更高的电子书版税分成和更迅速及时的版税支付"。

只有理查德·柯蒂斯，这位作家代理人兼 E-Reads 电子出版公司的负责人，正在做一些与众不同的尝试。E-Reads 公司的支柱业务是出版许多知名作家再版作品的电子版，特别是一些类型小说，尽管 E-Reads 也出版一些原创的电子图书。大多数时候，柯蒂斯都使用前面所说的利润分成模式来出版电子书，但在某些情况下，他也开始支付预付版税。

柯蒂斯经常购买绝版图书的版权，然后通过 E-Reads 公司的电子书让这些图书重新出版。在努力创建 E-Reads 自己的出版书目的过程中，柯蒂斯发现，如果不能预先拿到钱，作家代理人就不愿意放弃图书的版权。柯蒂斯说："我和一些代理人联系，问他们是否从出版商那里收回一些绝版图书的版权可以卖给我，但他们都不愿意提供。因为我自己也是一个作家代理人，我意识到，现在电子书出版的这种商业模式是他们所不熟悉的，他们最容易接受的，是先拿到预付版税。"所以现在，柯蒂斯会通过代理人给作者支付很小的一笔预付版税，"一般在几百美元之间不等，只有当作者是我们非常了解和有把握时，才会支付比这一数字多的预付款。"柯蒂斯解释说。

　　柯蒂斯说，他把预付版税看作是一种激励手段，以便在竞争越来越激烈的电子书出版市场上争取到电子版权，现在作者及其代理人在出售印刷本版权时，可能会把电子书版权保留在他们自己手里，等着获得更加有利可图的电子书版权交易。他说："电子书产业正朝着一个独立的版权市场在发展，电子书版权已经从印刷本版权中分离出来，就像作者和代理人单独运作图书内容的录音制品改编权和影视改编权的交易一样。"

　　[链接：中国图书商报 2010.10.29，李丽《电子书版税之争孰是孰非》]

第40章　数字化产品已影响欧美出版巨头销售业绩

40.1　禾林：重塑品牌，数字产品销售猛增

受美元疲软和经济不振的影响，总部位于加拿大的著名言情小说出版巨头——禾林出版公司2010年第三季度在北美市场的零售额显著下滑，导致禾林公司总收入下跌4.1%至1.175亿加元。但如果去掉加元兑美元汇率的影响，则销售额和收益双双增长约140万加元。其中，在北美市场的顾客直销业务销售额和收益增长主要归功于数字化业务的销售增长。据禾林母公司Torstar透露，其在全球的数字化业务销售额在第三季度飞涨73%，达到950万加元，占到总收入的8.1%，而在2009年的第三季度，数字化业务销售额还仅占4.5%。同时，2010年以来，禾林公司北美零售业务中系列图书和单本图书的销售都有所下降，这一趋势在第三季度依然没有改变。印刷本图书的销售下滑除了有经济不景气的影响之外，销售额向数字化产品的转移也是原因之一。而北美市场以外，禾林海外业务的增长则受益于其收购了禾林德国公司50%的股权。

2010年前9个月，禾林公司全球数字化业务销售增长70%，达到2460万加元，占公司总收入的比重为7.1%，而在2009年前9个月，数字化业务销售仅占禾林总销售额的3.8%。此外，禾林公司将停止使用原来旗下所属的出版社品牌Silhouette和Steeple Hill，所有作品的出版统一使用禾林品牌。禾林公司一位发言人对此解释说，对读者而言，内容的搜索和发现正变得越来越重要，因此"我们觉得做出这样的变动可以让读者在禾林这一备受信任的品牌

下更轻松地找到他们喜欢的作者作品。这将进一步加强禾林品牌的影响力，并使公司的营销推广支出取得最大化的效益。"

与此同时，禾林公司通过全面更新其核心系列图书的封面来吸引新的读者。创办于1908年的禾林出版公司，对2010年9月出版的50本新书重新进行了封面设计，包括历史爱情小说系列、烈焰炽爱系列等主要系列产品。

公司总经理曼蒂·弗格森说："这样做的目的是为了重塑禾林品牌形象，赋予其更多的时代感和每个系列产品独特的特点，使得消费者看到禾林图书的封面就会想'啊，禾林有历史爱情小说，他们还出版超自然爱情小说、性爱小说和神秘爱情小说'，既可以把这些书轻松地独立出来，也可以清晰地统一到禾林的品牌之下。"

弗格森说，尽管这些产品系列以前曾用封面颜色进行区分，但彼此之间的差异还不够明显。部分插图已经"有点老套和过时"。弗格森表示，更新封面风格将有助于进一步巩固现有的读者群，并吸引新的读者关注，改变以往某些人对禾林图书的不佳印象。

展望未来，禾林母公司Torstar表示，鉴于北美零售市场的疲软，估计2010年全年的销售收入将比2009年同期略有下降。而北美市场数字化业务的增长可能将弥补一部分零售业务的下降。

40.2 西蒙·舒斯特：数字化、选题调整和成本控制推动利润增长

尽管销售额下降5.5％，收入跌至2.177亿美元，但西蒙·舒斯特出版公司2010年第三季度调整后的经营收益还是上升了10.9％，达到2950万美元。2010年前9个月，尽管销售额下降2.4％，降至5.591亿美元，但西蒙·舒斯特的收益却猛增超过42％，达到4670万美元。公司CEO卡罗林·雷迪指出，收益的大幅提升缘于多种因素。"我们已经努力实行成本控制政策18个月，现在终于见效"，她说，"同时我们也有很好的出版项目。"在国际市场的强

劲表现,特别是在英国取得的两位数销售额增长,也对收益的改善有所贡献。

雷迪说,2010年前9个月,数字产品销售占西蒙·舒斯特在美国本土销售额的7.1%,这其中大多数数字化产品的销售来自于成人图书,同时西蒙·舒斯特也开始卖出更多的少儿类电子图书,特别是针对十几岁青少年的读物。雷迪表示,巴诺Nook彩色阅读器的上市将推动儿童类电子图书的销售,到2010年年底,西蒙·舒斯特将有30种图书可供在Nook彩色阅读器上阅读。西蒙·舒斯特还没有大举开发可在苹果网上程序商城销售的应用软件,雷迪说,这是因为"苹果程序商城中的产品太多太拥挤,而且价格太低。目前在一般图书零售市场销售全彩儿童电子图书已经足矣"。

成本控制、改善物流与供应链管理,更多数字化图书的销售,这些都推动了西蒙·舒斯特的边际利润增加,此外,西蒙·舒斯特正在销售更多的大众平装本图书、更多的青少年图书和更少的图画书,因为图画书市场一直比较困难。雷迪说,现在她更关心的是传统书店有多大能力来帮助其实现经营目标。传统书店仍然是销售图书的关键渠道,图书在书店里被展示,顾客可以和图书产生互动,可以和店员讨论图书,因此,雷迪指出,传统书店的经营健康与否对他们非常重要。但除了和零售商合作开发一些促销项目之外,雷迪说她也不知道作为出版社还能为书店做些什么。雷迪说,她看到有迹象显示,印刷版图书和电子图书的组合销售将有助于出版业的健康发展。她希望出版社对于电子阅读器和出版电子书的热情能够使人们把图书作为今年圣诞节礼物的首选。

40.3 培生:大众出版教育出版逆势增长

根据培生集团发布的中期管理报告,因其旗下企鹅出版集团销售额增长5%,教育出版集团销售额增长7%,使得整个培生集团的销售额增长7%,调整后的经营利润增长15%。该报告称,截至2010年9月30日的前9个月,某些市场的需求依然表现疲软,宏观经济的前景仍不确定。在企鹅出版集团,实体图书零售市场的不足被强劲的新书出版能力和电子书销售的快速增长所弥补,特别是电子书销售,比上年增长了三倍,目前企鹅出版的电子书已有1.65万种。

培生集团的职业教育业务销售额增长17%,培生集团对此解释说:"职业教育市场依然充满挑战,但因为受益于数字产品销售的大幅增长,我们依然取得了很好的业绩。"

培生集团国际市场教育业务增长8%,增长主要是由发展中国家对考试测评服务的强劲需求,以及中国市场的英语语言培训业务所驱动的。不过,培生方面表示,整体而言,发展中国家市场和中小学出版业务依然比较疲软。而在北美市场,因为高等教育出版和数字化业务的良好表现,使得培生在该地区的销售额增长了5%。

40.4 拉加代尔:《暮光之城》光芒不再

随着斯蒂芬妮·梅尔的《暮光之城》系列魔力渐失,拉加代尔传媒集团2010年的收入受到了显著影响,其第三季度销售额下跌7%,跌至6.34亿欧元。拉加代尔集团表示:"梅尔图书销售额的大幅下滑,不仅影响到在美国的收入(主要是拉加代尔下属阿歇特图书出版集团美国分公司),而且影响到在法国和英国市场的业绩。"第三季度的下跌导致2010年前9个月拉加代尔集团的收入缩水5%,降至16.1亿欧元。除了《暮光之城》系列销售疲软,拉加代尔的总收入还受累于下属的教育集团在法国和西班牙市场的不良表现。

不过,拉加代尔集团提到,和金融危机肆虐的2008年同期相比,2010年前9个月其在美国和全球的总收入还是有所增长,而且下属阿歇特图书集团已有144本书登上《纽约时报》畅销书排行榜,比2009年全年的上榜书数量131本还要多。电子书销售依然表现强劲,在阿歇特美国公司前9个月的销售额中占有9%的份额。

40.5 麦格劳-希尔:受益于教材被选用

因为所出教材在美国的一些州被采用,特别是在德克萨斯州主修课教材的采用,使得麦格劳-希尔教育出版集团第三季度的收入增长了5.5%,达到11亿美元。与此同时,得益于成本控制,麦格劳-希尔的营业利润增长了近20%,升至3.575亿美元。其中,中小学教育出版业务收入增长6.7%,达5.347亿美元,高等教育、专业出版和国际出版业务增长4.3%,达5.2亿美元。

在中小学教育出版业务方面,麦格劳-希尔的主课教材在美国德克萨斯州、加利福尼亚州和佛罗里达州都赢得了广泛采用,因此弥补了在一般市场上的销售下滑。吸取去年教材竞标落选的教训,2010年麦格劳-希尔教材的被采用率新增了65%~75%,麦格劳-希尔期望在小学到高中的整个市场中能增加4%~6%的销售收入。

在高等教育、专业出版和国际教育出版业务部分,领涨因素是大学入学人数的增加和数字化产品销售的蓬勃发展。第三季度,使用麦格劳-希尔在线家庭作业和测评服务平台"麦格劳-希尔互联"(McGraw-Hill Connect)的学生人数增加26%,达190万人,在此期间,麦格劳-希尔高等教育出版部所有四个主要科目领域的教材都取得了销售增长。

在麦格劳-希尔的专业出版业务部分,纸质图书和数字化产品的在线销售稳固增长,电子图书两位数的销售增幅抵消了传统图书零售市场的不景气影响。如今麦格劳-希尔有5000多种专业类图书拥有电子书版本。第三季度卖得最好的电子书有:《关键对话》(Crucial Conversations)、《通用医学诊断和治疗(第49版)》、(Current Medical Diagnosis and Treatment, 49th Edition)、《史蒂夫·乔布斯陈述的秘密》(Presentation Secrets of Steve Jobs)、《如何与陌生人交谈》(How to Talk to Anyone),以及《证券分析(第7版)》(Security Analysis, 7th Edition)。

在国际业务部分,印度、欧洲、中东、亚洲和拉美市场的业务都取得了增长,但在加拿大、西班牙和意大利的业务却在下滑。

为了加强集团的数字化产品和服务阵容,麦格劳-希尔最近收购了Tegrity,一个自动化的演讲截取服务系统,如今该系统已成为"麦格劳-希尔互联"

的一部分。麦格劳-希尔还启动了 McGraw-Hill Create 服务平台,这是类似谷歌搜索引擎的一个数字化产品,使得指导教师可以根据他们的课程需求来定制教材内容。

由此,2010 年前 9 个月,麦格劳-希尔集团的销售额增长了 3.7％,为 19.4 亿美元,经营利润猛增 43％,升至 3.473 亿美元。2009 年麦格劳-希尔集团的利润因为有 1160 万美元的重组费用支出而受到重挫,而 2010 年第三季度的收益增长中则有出售澳大利亚中等教育业务所带来的 380 万美元的贡献。

40.6　朗氏：受数字化冲击关闭美国分公司

总部位于德国的朗氏出版集团(Langenscheidt Publishing Group),目前正在结束其在美国的分公司业务,这可谓数字化影响传统印刷出版业务最鲜活的例证之一。朗氏出版集团以出版地图、地图集、旅行指南和语言学习类工具书而著称,但近年来它一直疲于应对在各个领域的销售下滑。2010 年 3 月,该集团引进了一位重组专家约翰·穆赫尼基,试图扭转公司命运,其措施之一就是在 2010 年初秋时将集团的地图和地图集出版业务卖给了环球地图公司(Universal Map)。

关闭美国分公司之后,朗氏集团旗下一些著名的出版物品牌,将依然由美国不同的发行商代理发行。朗氏的一位新闻发言人称,朗氏出版集团将继续为主要的品牌产品开发新产品。很长一段时间以来,朗氏美国分公司一直经受着销售持续不振的压力而被迫频频裁员,此次将公司关闭总算彻底了结了这一痛苦。为了应对困难,朗氏集团曾经尝试向其他更加大众化的出版领域拓展,进行多样化出版。穆赫尼基加入朗氏之后,又试图重新打造朗氏原有的核心竞争力,但无奈面对数字化旅游出版物和数字化工具书的迅速崛起,一切努力都已无力回天。

[链接:中国图书商报 2010.12.3,李同《数字化产品销售:决定欧美巨头前三季度涨跌》]

第41章　未来5年美国教材数字化走势预测

2000～2004年，美国的教材出版商常常会以教师对新技术有抵触情绪为由，不愿试水电子教材。从2005年开始，出版商逐渐意识到开发教材数字市场的巨大潜力，纷纷给旗下的编辑团队拨款，让他们尝试新技术。2005～2009年，出版商积极尝试通过开发新技术来满足编辑团队及用户对教材的需求。但是，技术创新的速度也受到要满足不同学科需求的桎梏。

在美国联邦政府及各州政府的教育目标指导下，各教材出版商更加看重将教材开发与学生学业跟踪及成绩评估工具相结合，这也促进了教育机构更多地采用电子内容。现在，出版商推出的产品主要有4种形式：1.纸质形式，包括教材和教辅。2.按需印刷形式，一种是为大规模采购提供，另一种是为教师提供的个性化内容，按需印刷包含第三方的出版资源。3.数字形式。所有大型教材出版商都开发有两种形式：家庭作业管理及电子教材，培生教育的MyLabs、圣智的CengageNow、威立的WileyPlus等都是家庭作业管理软件，提供与教材相关的混合课堂模式和可信的数字评估解决方案。而电子教材，如执行低价策略的CourseSmart、CengageBrian解决方案以及具有互动功能的增强版学习产品，如Elsevier Pageburst等。4.替代型产品，出版商以杂志的形式、时尚的制作风格推出低价教材，如圣智推出的MKTG产品，来削弱二手书市场对其的影响。这4种形式都是为了满足不同的用户的市场需求。

出版商获得收入的方式主要有以下几种：1.通过学科会议、网络搜索、口碑宣传、销售人员电话直销争取到教材采购的小订单。2.争取高校某些院系的认购。目前绝大多数的教材出版商都采用这种方式。首先由出版社派出大学销售代表,使其图书入选大学某院系的采购推荐书目,随后出版社营销和编辑团队会向系负责人攻关推介,把产品打包,使其更具吸引力。3.机构采购。出版商向各图书馆、科研院所进行营销,通常采用订阅模式。4.以电子书或章节形式进行零售。虽然不少出版商相继推出了各种在线教材零售网站,但是,受品牌知名度所限,这类网站不能像亚马逊那样有广泛的代表性。5.通过租赁教材获得收入。

据预测,2015~2019年,数字教材的年递增速度放缓,出版商的整个出版、发行流程将面临完全不同的挑战。

41.1 四大因素推动电子教材快速增长

根据Xplana公司的统计分析,近年来,电子教材每年销售收入的增长很快,过去3年,教材出版商的电子教材销售增幅在80%~100%之间,2009年则增长了100%。而CourseSmart网站2009年电子教材的销售更增长了400%。

从微观层面,美国大学书店协会2009年秋季对1.6万名学生调查显示,42%的学生购买或者租借了一本电子教材。这个比例比2007年增加了24%。

未来5年,电子教材的销售增长主要受到以下4个因素的影响。

第一,随着移动设备的日益丰富和完善,未来5年,师生都将产生对电子教材的更大需求。据统计,从2009年9月至12月,市场上共有23款新型阅读器或平板电脑上市或宣布即将上市,其中包括iPad、Kindle和索尼、巴诺开发的阅读器。市场咨询公司iSuppli预测,2010年iPad全球销量将达710万台,2011年将达1440万台,2012年将达2010万台。到2014年,iPad以及Google的基于Android平台操作系统的Chrome OS平板电脑,将成为最受学生喜爱的平板电脑,这也将加速电子教材销售的增长。

上网本(Netbook)在新的平板电脑问世前的未来两年内,都会是电子教材的主要形式。随着平板电脑的问世，上网本将提供应用软件的功能，为用户提供一台功能齐全的微型电脑，使其能够获取网络上的所有内容和应用软件。如 Alpha 正在开发 iPad 及其他设备使用的互动图表、实时数据，Intel 也在开发上网本用的新芯片，MSI 和 Asus 公司则开发了三维个人电脑。

而智能手机市场也在快速增长。尼尔森的统计显示，2010 年第 4 季度，美国无线订户中有 21％使用智能手机，比第 3 季度增加了两个百分点。到 2011 年底，美国智能手机的用户数量将超过多功能手机。这意味着，美国 2/3 的高中生和大学生在两年内都会有一个智能手机。

同时，IDPF 提出的电子书统一采用 XML 格式，也将使得出版商的生产效率提高，电子教材的生产成本日益下降。

第二，电子教材及内容的低定价，将吸引学生购买，这也是出版商面对二手教材抢占 35％市场份额，不得已而为之的对策。目前，大多数出版商以纸本教材的半价销售电子教材，2009 年 Flat World Knowledge 甚至免费提供电子教材内容，并通过纸本、按需印刷以及捆绑销售纸本与电子教材配套产品获利。未来 5 年，出版商将会大大增加电子教材的供应，而且只有低价位的电子教材才能赢得市场。

第三，在线学习方式的增长，也将拉动电子教材的销售增长。Sloan Consortium 发表的报告显示，从 2002～2003 年起，在线学习每年带动电子教材销售增长 20％，2009 年，在高校入学人数仅增长 1.2％的情况下，在线学习带动电子教材增长 17％。未来 5 年，在线教学市场将持续增长，出版商将为在线课程推出整合型电子教材。

第四，未来 5 年，随着公共教育资源的兴起，将会有更多的公共教育资源，同时也会有更多的可供电子教材。开放式课程联盟（OpenCourseWare Consortium）项目目前在仝球有超过 200 个合作机构，并从 1.3 万个课程中选取内容资源。类似的项目还有 Carnegie Mellon 大学的 Open Learning 项目。

41.2 电子教材兴起将颠覆传统出版流程

Xplana公司预测,2009年高教教材市场总值为82.12亿美元,每年以2%~3%的速度递增,到2014年将达90亿美元。而电子教材销售将以100%的速度增长,到2014年,美国高教及职教市场,电子教材销售收入占新教材销售的比例,将从目前的0.5%增长到18%。从2015年~2019年,数字教材的年递增速度放缓,为30%。到2019年,数字教材的总量将占总教材数量的50%。

目前,电子教材销售只是纸本销售的补充,仅占0.5%的份额。现在对教材的成本评估都是以纸本书为基础,分为AAA、AA、A、B等几个等级,一个教材项目可行,必须实现至少6倍于成本的收入,这样才能保证投资的可行性。到2012年电子教材销售达到总销售的5%时,纸本教材的销售收入会有所减少。当电子教材的销售比例达到13%时,纸本教材销售将大幅下滑,平均每本书的销售收入减少6.5%;当达到20%的比例时,依据现在的生产和收入模式,出版商的收入将减少10%,项目赢利将减少13%,届时,纸本及二手书市场都将缩小,但教材出版商的整个出版、发行流程将面临完全不同的挑战。

面对电子教材兴起产生的新局面,出版商需要迎接一系列挑战:产品的编辑权和决策权;出版商需要制订新的流程,促进技术创新及软件开发;需要对单一的教材内容进行再包装,将内容拆分成章节、主要概念、主题集等形式,带来新的收入;需要制定合理的价格,使消费者对电子教材有价值认知度,不要让消费者感到定价太高;电子教材2~4年的使用期限,将使其销量增加,修订版的盗版现象也会减少,但也很难树立品牌。教材租赁会在两年内对新教材的销售有不利影响。内容订阅模式将在2010年获得很大发展,但出版商对电子书的价值、生产成本以及向消费者直销的想法将受到挑战。

41.3 出版商应对的6大准则

随着电子教材兴起产生的整个出版流程的改变,出版商迫切需要进行策略调整,否则,大型教材出版商统治市场的局面在未来几年将会改变。

现在,教材出版商遇到了过于关注产品定价,缺乏产品创新,教材发行的通路单一等一系列问题,为此,调整策略时应遵循以下6大准则:

(1) 加大内容集成,提高附加值。开放式教育资源(OERs)在未来5年将替代教材的地位,占据25%的高教市场。规划OER对出版商的内容有巨大的价值。但出版商如果只开发公共信息是不足取的,要持续地保持价值,出版商必须与OER机构合作,提供内容更新服务,这包括OER的组织和发行,为开放式内容提供补充材料,组织网络资源,使其为教育服务。出版商需要向亚马逊和Google学习,两家公司都从公版图书中挖到了宝藏,也需要向Yahoo和AOL学习,他们在整装待发,成为内容集成者,让他们的内容更有相关性。

(2) 将单一的教材内容拆分。出版商担心电子教材推出后,对纸本教材的销售产生影响。为此,出版商应该像音乐界推出单曲一样,把教材内容拆分出售。以更细小、更分散的形式,如课程、LMS平台、课堂等多元形式创建并储存,这意味着找到了新的发行方式和电子商务模式。

(3) 与媒体增加合作,拓展发行渠道。信息的发行和消费正在向其他的媒体形式转型。出版正在从传统的由上至下的模式向以学习者为中心的由下至上的模式转变,学习的新的平台模式正在形成,如更多地通过移动设备获取出版内容。渠道为王,成功的教材出版商会将生产和发行流程很快转型到只基于移动设备和网络来发行的策略上。

(4) 大胆进军自助出版。亚马逊和Lulu等公司的经验告诉我们,它们从终端客户那里赢得了合作,因此也争取到了终身的用户。教材出版商也必须这样做,从内容—作者模式转型到自助出版模式,来保持灵活性和竞争力。教育行业在向终端消费者推动生产和发行变革方面表现迟缓。未来一年,出版商将向师生提供工具,并与出版商一同生产和发行自己的内容。

(5) 开发新的商业模式并创新。5年前YouTube创建时,不会有人想到它会在全球的视频资源界占有如此重要的位置,在出版界也是如此。Flat

World Knowledge、Orange Grove等公司的案例都值得拿来仔细研究。未来10年,我们没有听说过的新的力量会出现并占据主要地位。为此,教材出版商需要创新商业模式。这意味着在某些方面放弃ISBN或其他固有的出版模式,对传统的销售模式进行重构。但最重要的一点是,出版商对这些变化要有一个开放的心态。大型出版社将需要与新的数字内容出版商合作,如Flat World Knowledge或Lulu。

（6）利用社群网站,关注终身学习。最新的调查显示,5年内,社群网站的流量大大增加。这已经反映出个人学习与社群网站的紧密联系和长期持续性。出版商必须学会通过社群网获得学生以及成人消费群体。

[链接:中国图书商报2010.6.11,渠竞帆《未来五年美国教材数字化走势预测》]

第 42 章 "代销"胜"零售",电子书进入出版社定价时代

2010年毫无疑问是一个"电子书年",2009年5月亚马逊在美推出的Kindle DX阅读器于2010年1月进入英国市场,苹果四五月间推出平板电脑iPad,谷歌的电子书店Google Editions 2010年年底也亮相,各零售商家争抢电子书市场的硝烟从年初弥漫到了年末,而出版商与零售商有关电子书发行模式的这场博弈也此起彼伏,不绝于耳。

42.1 "零售"转"代销",麦克米伦打响头炮

2010年1月底,先是苹果公司CEO斯蒂夫·乔布斯联手美国5大出版社(签订图书代销模式)宣布即将推出平板电脑iPad之后,麦克米伦公司CEO约翰·萨金特立即专程从纽约飞抵西雅图,与亚马逊商讨将电子书的零售模式改为代销模式。萨金特以限制亚马逊销售其电子书为条件,要挟亚马逊接受其提议。出于对麦克米伦出版社在美国图书市场仅排名第6的轻视,在萨金特返回纽约的飞机上,亚马逊就做出决定,让麦克米伦的电子书下架。然而,谁料想"暗度陈仓"密谋颠覆电子书销售模式的还有西蒙-舒斯特、哈珀·柯林斯、企鹅和阿歇特这几家举足轻重的出版社。于是,1月31日,亚马逊的态度来了个360度大转变,宣布投降并接受麦克米伦的条款。这是在美国发生的事情。

不到8个月时间,同样的较量也在英国展开。9月中旬,作为英国最大的出版社,阿歇特英国公司宣布将在短期内过渡到代销模式。阿歇特英国公司是在6月与各版权代理公司沟通后做出这个决定的。10月14日,亚马逊英

国网站致消费者的一封公开信,向出版社转投代销模式投以标枪,称对电子书提价"会让读者沮丧,让书商、出版商和作者减少收益"。但此举,与其美国公司的最后一搏一样,被看作其向代销模式过渡的一个信号。

果不其然,在随后跟上的企鹅英国公司和哈珀·柯林斯英国公司的倒"零售"挺"代销"的攻势下,11月1日,亚马逊英国公司终于妥协,宣布与阿歇特、哈珀·柯林斯和企鹅的合作模式都改为代销,在英国战场的这次博弈同样以出版社获胜而告终。

42.2 电子书价格普遍上调

在传统的零售模式下,英美的图书零售商可以从出版商那里按建议零售价,即封底标价乘以一定折扣购进图书,然后再以任意价格出售。一般情况下,按照批发模式,精装本的批发价为建议零售价的一半,向作者支付10%～15%的版税。亚马逊最初与出版社签订的都是这种批发模式。作为第一个进入电子书市场的商家,亚马逊的策略是,以13美元的价格从出版社购进,以9.99美元零售,迅速占领了80%的电子书市场,凭借其强大的市场影响力,为电子书制定了不高于9.99美元的垄断性低价。而且,在如今多种媒体争抢读者的环境下,出版社已经不得不将新书电子版的发布时间日益提前,甚至越来越多的电子书都与精装本同时发布,这么低的定价使出版社损失了大笔收入。

而在代理模式下,出版社对电子书进行定价,可获得70%的销售收入,其余30%收入分给零售商。由于不再有纸张、印刷等成本,给作者的版税提高为25%。而出版社凭借手中的定价权,打破了亚马逊对电子书9.99美元的价格定势,电子书普遍提高到12.99～14.99美元,帮助出版社挽回了部分收入损失。

亚马逊一直在强调,代销模式会引发电子书的全面提价,它提供美国方面的数据告诫说,"这会让读者沮丧,也使书商、出版商和作者都经受损失",因为"当电子书提价后,其代销书榜单很快被没有实行代销模式的出版社的图书所代替。而且,采取代销模式的出版社,其电子书销量的增幅,只有Kindle其他电子书销售增幅的一半"。

但是,出版社自有判断。阿歇特英国公司表示,推行代销模式是为了给大大小小的零售商一个舞台。哈珀·柯林斯发言人也表示,美国的经验表明,这是向消费者提供高价值产品并扩大通路促进竞争的最好方式。企鹅出版社也指出代销模式在保护书业长期发展方面的长期意义:"我们相信代理模式更可能提供给作者公正的回报,同时也让消费者享受到公平的价格。"

尽管这样,对于代销模式下,出版社到底应该给电子书多高定价,没有定论。但阿歇特英国公司与企鹅英国出版社都认为,电子书的价格总体上还是应该略低于纸本书,企鹅英国出版社代理 CEO 汤姆·威尔顿表示,因为"电子书的制作成本没有纸本书高,因此应当让节省的费用在读者、作者和出版社之间合理分配"。

在美国,亚马逊与阿歇特、哈珀·柯林斯、麦克米伦、企鹅、西蒙-舒斯特这5家出版社的合作模式都转为代销,从 2010 年 4 月开始,各社对包括新书及再版书在内的电子书全面提高了售价。

在英国,从 11 月开始,阿歇特、哈珀·柯林斯和企鹅这 3 家出版社与亚马逊执行代销协议,拥有了对电子书的自由定价权。而且,坎农盖(Canongate)、麦克米伦和西蒙-舒斯特这几家出版社也已签署了代销协议,只是还尚未执行。

从总体来看,在攻破了亚马逊这个最大的壁垒后,其他零售商都很快被征服。目前,美国与苹果、亚马逊、谷歌或索尼公司签署代销协议的出版社,占其图书市场份额 60%,而英国这一比例也占到了 36%。可以说,代销协议已成为电子书发行的一种通用结算模式,日益得到普及。

42.3 多家零售商相互制衡的结果

毫无疑问,苹果公司推出 iPad,是推动这场模式变革的始作俑者。在业内赢得"耶稣平板"称号的 iPad,真如耶稣降临,打破了亚马逊对市场的垄断(即将创立电子书店 Google Editions 的谷歌,也与美国出版商签署代销协议,将使市场布局更为均衡），电子书的价格突破 10 美元大关。

在亚马逊美国网站上，可以看到，图书主要以 3 种形式出售，一种是精装本（或平装本）、一种是 CD 或有声书的完整版（一般售价 20 多至 30 多美元）、一种是 Kindle 版电子书，售价并未明确标出，但一般都在十几美元左右。

出版社有了定价权，要解决复杂的电子书定价问题，开始寻求与专业公司进行合作。2010 年年初，阿歇特英国公司就与美国 RoyaltyShare Service 公司共同完成电子书计价平台，来及时调整价格，减少经济损失。RoyaltyShare 公司此前为音乐公司提供单曲下载付费的解决方案并积累了经验，还与亚马逊、苹果、巴诺等零售店都有合作关系。而阿歇特与多个电子书零售商的定价及交易也得以轻松完成。

电子书销售模式的转变，从网络技术公司或者说网上书店开始，席卷到传统的图书连锁店。如英国瓦特斯通、W. H. 史密斯等零售商，对电子书采用代销模式也从拒绝到接受，经历了转变。但是，根据代销协议的规定，电子书不得参加零售店的一些打折、特价或会员卡积分活动。瓦特斯通的一位负责人表示。

在最近英国书业的一次调查中，反映出一个观点，大部分人认为代销模式在现阶段可以起到遏制亚马逊迅速发展的制衡作用。这与一家出版社老总的想法正好契合，"现在有了 3 家零售大鳄，他们中的任何一家都不能要挟我们做任何事。"的确，出版社有了这种宽松的环境，对数字化的新市场才能从容面对。

一直没有与苹果公司签订代销协议的兰登书屋，是这场运动的局外人。该集团主席兼 CEO 马库斯·多勒当初曾对出版社积极与苹果或亚马逊签订代销协议表示异议，他认为，"数字化的转型要 5 到 7 年，这绝不是一周或 100 天就要决定的事情。"

也许这种代销模式会像调查中所预言的那样，到 5 年后会被市场所淘汰，但目前它的确是有效阻止一个公司垄断市场的中期策略。

［链接：中国图书商报 2010.11.5，渠竞帆《"代销"胜"零售"，电子书进入出版社定价时代》］

第43章　香港图书市场 2010 回顾及 2011 展望

香港经济 2010 年持续好转,带动私人消费支出,高增长背后相伴而来的资产泡沫及通胀问题已浮现。汇率上升导致进口图书成本价格不断上升,书店经营成本增加。香港联合出版集团 2010 年繁体中文综杂图书销售品种及金额与 2009 年基本持平,增长不到 0.5%,销售册数下跌近 3%。简体字图书实洋增长 4%,但占门市整体份额不高,增加了门市店,门市店要频频往外跑,到学校和商场办店外销售,勉强保持业绩。

2011 年受人民币持续升值影响,图书加价势在必行。同时又适逢辛亥革命 100 周年,估计有不少相关历史书籍及人物传记出版。

香港经济自 2009 年末实现增长后,2010 年持续好转。亚洲经济急速扩张带动进出口贸易及相关经济活动,来港旅游人数急升带动服务业及零售市场。总括而言,香港经济内外增长动力强劲,就业改善和收入前景趋好,带动私人消费支出。然而,高增长背后相伴而来的资产泡沫及通胀问题已浮现。通胀加剧,食物价格升幅显著,影响基层市民生活,社会基层未能受惠于经济发展,分享繁荣成果,相反贫富差距扩大,种种民生问题带来矛盾,经济复苏背后弥漫不安情绪。

租金高企及最低工资影响所有零售业,统计数字述说的消费繁荣状况似较适用于奢侈品及生活用品范畴,在图书行业效果不彰。人民币、英镑及台币升值导致进口图书成本价格不断上升,更增加了书店经营负担。

根据香港联合出版集团在港 43 家门市的统计,2010 年繁体中文综杂图书销售品种及金额与 2009 年基本持平,增长不到 0.5%,册数下跌近 3%。简体字图书取得些微增长,品种、册数增幅也是不到0.5%,实洋金额则较埋想,大概有4%,可惜占门市整体份额不高,帮助不大。想深一层根本是倒退,因为多了门市,现存的门市亦要频频往外跑,到学校到商场办店外销售,这才勉强保持业绩,图书业确是未能受惠于经济发展。

过去一年上海世博会是香港人重要话题,11月中国馆的电子动态版《清明上河图》移师香港展出,三个星期共吸引超过90万名观众入场,相当于香港总人口的1/7,打破香港单一展览活动售出门票的总数。不去博物馆、不知《清明上河图》为何物的人比比皆是,一个契机引发不可思议的效果,《清明上河图》画册及相关赏析书籍的销售比平常超出好几十倍。有话题有热点便可打造畅销书,畅销书吸引惯常不买书甚至不读书人士,书店当然喜欢,更希望非常客变为常客,不时光顾;更甚者如果一季有几种超级畅销书,一年下来不用干什么也可交出不错的业绩。可惜2010年什么也没有,畅销书疲软,10大畅销书总销售册数比2009年少近3万册,跌幅超过20%,最畅销的100种流行读物销售也下跌7%,唯有医药卫生、地理旅游及生活百科类等消闲类书业绩较好。

43.1 热情过后,归于平淡

文学作品失去了焦点,品种少了,金额也少了。2009年张爱玲的《小团圆》轰动一时,连带旧作也热卖一番。2010年张爱玲热潮冷却了一截。村上春树算能牵起一阵涟漪,2009年底出版的《1Q84》分作3册,最后一册在2010年推出,粉饰了平淡的一年,顺利成为文学类最畅销作品;《挪威的森林》出版了20多年,终于拍成电影,第4季度销售又三级跳。

流行小说情况相近,唯跌幅更大。2009年翻译作品《暮光之城》系列来势汹汹,热潮去得也快,2010年销售减少了3/4。幸好,波西·杰克森系列的《神火之贼》有电影上演,扶它一把,但销量始终难与《暮光之城》相比,还不到一半呢。

翻译作品失利,香港本土作家也乏力,畅销作品销量比2009年下跌三五成。畅销作家亦舒、郑梓灵、林咏琛、张小娴、深雪、梁望峰等情况好不到哪里，能卖5000册者只有亦舒的《天堂一样》、郑梓灵的《我的爱是无可救药》及《我想你不是真的爱我》，其余诸位畅销作品也只得一两千册。反而卓韵芝异军突起，新书《爱是永恒——当所爱是你》有近万册销售，更意想不到的是联合出版集团门市总畅销书是香港流行乐坛天后郑秀文的著作《值得》，既有明星效应，也有宗教元素，作者在最迷失无助时把自己交托给上帝，有了信仰人生路途变得清晰。当中的正面意义、宗教含义，获得不少推荐。

43.2　金钱健康，孰轻孰重

医药卫生类图书销售增幅理想，中医中药书籍增长达五成多，销售过千册者有30多种，比2009年多了一半。香港人越来越长寿，医疗费用是一项负担，长期慢性疾病更是煎熬，难怪保健养生书盛行，《医行天下——拉筋拍打治百病》销出近万册，《阿乐珍藏秘方（修订版）》近6000册，《全彩图解1500小偏方》也有3000多册。2010年下半年出版的"餐桌上的中药"系列，一套7本，医食同源，以食进补作概念，选题有枸杞子、百合、淮山药、田七、黄芪、桂圆及莲子，单本及套装合共销出有1.3万多册。

香港人最怕"有钱没命享"，保健养生书卖多了跟投资环境蓬勃有关吗？金融商管书乏善可陈且背道而驰，受欢迎作者如曹仁超、陆东、周显、蔡东豪等的作品销量由平均两三千跌至几百，名人效应消失，当中潮流书不少，周期短，如没新书带动，诸君难以连年上榜，写作始终是副业，2010年没空了，赚钱要紧？相反实用书阵脚稳，最畅销的《技术分析攻略》已是2001年出品，地产代理专业资格考试的参考书亦好，地产市道畅旺，吸引不少人入行，实用考试书比2009年多卖一倍，香港人买书读书为增值者不少。

43.3　吃喝玩乐，大众心态

现今社会大部分人吃得多吃得好，营养过剩，既想吃又怕伴随而来的富贵病——高血脂、糖尿病、心血管病等，唯有吃得精。烹饪食谱、中西美食，每年涌现不少新书，大概年销两三千种，1/5是新书，被淘汰的也有六七百种。《吴永志不一样的自然养生法》及《给入厨新鲜人的大厨小贴士》两书，由年头带到年尾，各销过万。对不少人而言，食不是维生是享受，如能吃得健康，也是享寿，自己入厨炮制美食，更添生活乐趣。

除了吃，香港人乐此不疲的便是旅游，每年少不了到外地游玩一次，上半年世博效应令上海旅游书销售倍增，第3季度增幅更有两倍多，第4季度才回落。海峡彼岸的台北花博会吸引力差距太远了，下半年台湾各地旅游书只上升11%。至于香港人热爱的日本及泰国，分别受汇率及政局影响，旅游书下跌近两成，上半年还有增长，下半年明显转弱。反而东南亚短线自由行成为旅游热点，长空自由系列的《新加坡＋圣淘沙民丹岛食玩买终极天书》销数高达5000多册，旅游书要不断发掘新地点。

43.4　孩子宝贝，培养教育

无论经济怎样，用于孩子的开支绝不会减少，可是2010年儿童图书销售并不理想，儿童书太多，却无甚突出，销售品种增加，册数却减少。这几年畅销的系列如"老鼠记者"、"喜羊羊"等销售放缓，关于德育、幼儿心理等题材较受欢迎并有高增长。每个家庭只有一两个小孩，呵护备至；中产家庭生活富裕，成长条件比上一代不知好多少倍，可是培育出来的孩子是怎样的呢？家长都在慨叹不懂教孩子，反映这个社会问题的《港孩——父母与教师的噩梦》给大家不少启示，成为热烈讨论话题，《16个问题港Kids》、《港孩不笨——这样和港孩说话便对》等同类型题材相继出版，反应不错。

家长不懂教，便希望学校帮忙，况且孩子能进一所好学校，前途也会光明一点。难怪升学辅导图书劲升50%，选校攻略、面试锦囊等越卖越好，《你的孩子也能进剑桥》怎能不诱人？

43.5 2011 成本攀升，举步维艰

据香港贸发局报道，2011年全球经济仍将延续金融海啸以来整体温和复苏的趋势，全球经济再平衡及中国经济结构调整将主导香港对外经济表现，内需则继续好转。全球食品及原油价格上升，加上近期港元疲弱，通胀压力正在累积。营商成本将因工资及租金上涨而增加，而增加的成本则可能转嫁给消费者。

人民币持续升值，不得不调高内地版图书港币兑换价，零售价跟港台书又拉近了一点；香港出版社向来不太敢提高售价，恐怕影响销路，唯制作及经营成本压力越来越大，加价势在必行；台湾图书这一两年已明显涨价，成本因素是其一，台湾市场新书79折促销已成惯例，部分出版社采用抬高定价策略来维持利润，出口到香港又贵了。

图书销售本已裹足不前，书价上涨更添难度，不少中小型书店以服务所在小区为主，客源局限，消费力不高，让出图书空间，扩充文具、礼品等畅销商品成为普遍对策。

难祈求有畅销书，只能做好品种经营，其实2010年销售500册以下的图书没减少，全年卖出1册的占总销售品种21%，品种、册数、金额同步增长。网络销售优势是长尾、是无限的选择，实体书店真的没空间扩展？譬如上不下的半畅销书既占据空间亦积压资金，稍稍整顿，各少存几册已可替换不少品种，不能将这部分拱手相让。

也难要求每位作者连年强劲，但此起彼落，总有替补，像2010年畅销作者大多不济的情况令人担心，难道实体书店真的走到临界点。电子书是全球书业的重要课题，香港各出版社纷纷开发电子出版物，部分流行书、出版社纸本书、电子书同时出版，流行读物的对象是年轻人，他们更容易转投数字阅读。2010年香港书展调查显示，39%受访者曾经使用电子、数码设备阅读，58%受访者表示互联网是取得新书讯息的途径，书店只得49%。

2011新年伊始，就目前得到的出版信息，新书还是惯常的题材类型，未见

有特别者。值得关注的是今年是辛亥革命100周年,估计有不少相关历史书籍及人物传记等图书出版,各界亦有不少研讨讲座、纪念活动,该着手整理相关图书了。

［链接:中国图书商报2011.1.21,李慧心《香港图书市场2010回顾及2011展望》］

第44章　2010台湾出版8大现象

44.1　畅销书冲出低迷书市

2010年上半年有几本非常受欢迎的畅销书,如圆神出版艺人陶晶莹的新书《我爱故我在》荣登榜首,由如何出版社出版的"康熙来了"节目主持人蔡康永的《蔡康永的说话之道》,两位作者挟着高人气且时尚的主持风格,一出书就造成娱乐版新闻的大幅报道。时报出版了丹·布朗的《失落的符号》,在这本轰动全球的《达文西密码》的续集中,丹·布朗再次证明他为什么是全球最受欢迎的惊悚作家。部落格天后弯弯的新作《可不可以不要铁饭碗》也表现亮眼。经济日报出版的《胡立阳股票投资100招》以幽默风趣的说故事方式,将投资心理、技术分析等股票投资会遇到的问题,归纳出100招。加上投资热持续不减,是畅销主因。天下文化出版严长寿的《你可以不一样——严长寿与亚都的故事》也造成轰动,从皇冠出版第一本《总裁狮子心》至今,严长寿的书几乎本本畅销,主要是观念新颖,强调学历不是一切,只要认真努力,经历可以成就自我。《秘密》自2007年6月出版以来,话题不断,主要是乐透奖的持续发烧,中头奖的亿万富翁正是读了该书,达到心想事成之效,经过媒体铺天盖地的报道,让该书好几度缺书,不断刷新再版纪录,更是畅销榜上的常客。

此外,还有几本更惊艳的畅销书如下:

电影小说《暮光之城》系列4本由尖端出版,自2008年12月出版以来,一拨拨上市,皆有不凡的成绩,2009年荣获各大书店畅销冠军。2010年6月电影《暮光之城:蚀》上映,屡获好评,尖端出版社乘胜追击独家抢下全球繁体中文电子书的版权，与中华电信 Hami 书城、联合在线数字阅读网、Koobe 共同合作出版"暮光之城中文繁体电子书"，由台湾领先全球首发。

由橡实出版的《医行天下》（上册：寻医求道，下册：拉筋拍打治百病），2010年1月出版以来，以"大陆奇医萧宏慈的传奇故事，重寻散落在民间的中医精华"为宣传主题，再加上作者萧宏慈来台宣传，上了 TVBS 电视台于美人主持的节目，一炮而红。由于反应不错，节目单位二度邀请作者来台，造成拍打旋风传遍大街小巷，几乎无人不拍打，也促成该书长居各大书店畅销排行榜。

上海世博会自5月1日开始，相关出版品于4月初陆续搭着全球宣传的列车开始热卖。特别是由华品文创独家代理上海世博局授权的繁体中文版《中国 2010 年上海世博会官方图册》及《中国 2010 年上海世博会官方导览手册》于5月1日同步上市于台湾10家大型书店限量展售，十分抢手，一时洛阳纸贵。6月华品文创再度取得上海世纪出版授权出版《世博游黄金路线》繁体中文版，可以说5、6月上海世博书热，一一登上台湾地区畅销书榜。

44.2 虚实通路的竞赛与布局

2010年，在实体书店看书、到网络书店买书俨然已成为台湾图书市场的真实图像。

实体书店如诚品、金石堂、纪伊国屋书店等，提供灯光美、气氛佳的环境，但这个现象的背后对实体书店来说却充满隐忧，因为投资开书店的资金门槛高，但是到书店看书的不见得会买书，会买书的不一定会进到书店。2009年博客来网络书店销售量估计为1000万册，首次超越了最大规模的诚品实体书店800万册，正反映出此现况，也形成台湾岛内图书销售通路的重新分配。不过实体书店有其不可取代性，尤其特定的书种还是实体书店卖得比网络好。实体书店除了卖书、卖时尚以外，还有音乐演奏、画廊、演讲厅等场地，举办艺文活动与艺文族群深度沟通。业者透过艺文多元活动，让作者生硬的文字活泼起来，更直接地和读者面对面沟通，刺激读者购书意愿，这正是实体书店和网上书店间的差异化经营。

然而有一个明显的现象：中小书店减少，销售量逐渐集中在大书店了。许多传统独立书店不敌网络书店与连锁书店的恶性折扣竞争，小书店纷纷退出舞台，实体零售书店日益减少。金石堂积极调整内部瘦身计划，关掉坪效差的店，同时拓展人流多且更活络的百货量贩商圈，以期能够维持最基本的损益平衡。如日本图书备货品种最多规模最大的连锁书店淳久堂与金石堂书店合作，正式进军台湾 SOGO 天母店与忠孝店，且每周与日本同步上架新书。

诚品生活自 8 月底正式从诚品控股事业部切割后，积极着力于商场、餐饮与不动产开发，预计希望 2012 年前能顺利上市。副董事长吴旻洁也透露，将加速进军香港与大陆市场，并确定 2012 年在香港开店。目前除了马不停蹄地进行规划苏州、杭州、南京、无锡、上海等地的诚品书店与复合式商场筹备，此外，在商场方面结合餐饮与商场的复合式经营，如 9 月诚品生活竞标拿下台北火车站捷运站地下街商场经营权，此为诚品继板桥捷运地下街经营之后，又一个地下商场规划案。

台湾长期经营校园商圈知名的独立书店政大书城负责人李铭辉深受许多书迷推崇，师大店为自有店面，因有买主高价求售转租知名连锁咖啡店而获利颇佳，于 10 月 31 日结束营业。但仍保留附近台大学区的台大店来服务读者，另转战到台湾东部花莲市开分店，以书店及民宿结合方式来开拓新的阅读市场，同时将触角也延伸到网络书城，投资博客来网络书店创办人的学思行数字营销公司。

2007 年离开一手创立的博客来网络书店的张天立没有放弃网络书店的梦想，他成立学思行数字营销公司再出发，新创"TAAZE 读册生活"网络书店，2010 年 3 月已经上线营运，8 月底前更展开电子书、书店退货书与二手书的买卖服务。张天立不打算复制一个博客来，而是结合 web2.0 分享概念及个人化服务的"第二代网络书店"，让书的循环可以在同一平台完成。过去书店的退货书是出版社库存压力的来源，网络书店碍于程序问题无法处理。这次首创退货书专区,向出版社收购,并以四折左右低价销售,"对出版社、读者来说都是很有利的服务"。二手书的交易也是"TAAZE读册生活"的经营重点。帮书友提供二手书上架、包装、销售服务,卖家可自订价格出售,且不必亲自经手买卖,相当方便。他们也会利用网络数据库的便利,帮捐书者与公共图书馆搭建桥梁,为图书馆提供所需书种。因应电子书时代,"TAAZE读册生活"8月中与台湾的Koobe、美国电子书供货商合作,提供约3000本中文、20万本外文电子书,涵盖有声书、影像、音乐、文字书等。

台湾最大网络书店博客来于2010年11月8日新推出"OKAPI"网站(http://okapi.books.com.tw/),从售书平台转型成汇集专访与专栏内容分享平台。"OKAPI"网站从介绍好书的角度出发,规划作家专访、特别企划、专栏、好设计等单元,其中专访单元是周一到周五每天都会分享1篇作家专访。换言之,读者1年就可以看到200篇作家专访。另外博客来网络书店简体字馆每年营收均有40%以上的成长率。博客来简体字馆自2004年开馆至今,经过6年的深耕经营,已成为台湾读者阅读大陆图书的窗口。目前提供将近70万种书目让读者挑选,2010年博客来更与大陆厦门对外图书出口公司合作,拓展理工、儿童及青春文学等书籍类型。博客来指出,读者选择简体书的主要因素,是图书品种类型多元且价格较便宜。大陆各类出版品的数量都大幅超越台湾,有些在台湾因为市场太小而无法出版的书籍,在大陆却能够出版,甚至基本印量超过3000~5000本的门槛。近几年博客来简体字馆文学小说类的销售量持续稳定增长。博客来也发现,读者对大陆股票类书籍的需求日渐增加,尤其是大陆的上证、深证指数相关书籍,读者会购买简体字书来深入研究,这是近两年来才产生的现象。此外,以人文社科为主流客层的简体字馆中,外语学习类书籍每年业绩至少增长30%。主要是因为简体字馆小语种的图书齐全,加上托福、GRE等留学考试相关工具书兼具广度与深度,才能获得读者的青睐。

44.3 传统出版矛盾与数字出版挑战

在全球数字阅读的热潮推动下，传统出版人面对数字世界，大多还在边走边观望情况之下，一方面害怕电子书的蓬勃，会像唱片产业一样，沦为盗版的天堂，大都迟迟不肯释出手上所有的出版内容，在无法兼顾传统出版之外，还要相对投入精力与金钱于内容数字化加工，这也导致即使有这么多数字平台愿意优惠展售电子书下载内容，出版人仍犹豫难出手。

中华电信 Hami 书城 2009 年 10 月正式成立，陆续配合各款智能型手机，提供网上付费下载电子书服务，带动手机阅读风潮。友达集团自有品牌明基 BenQ 于 2009 年 11 月正式发表自行开发生产的电子书阅读器 nReader，并搭配自建的网上书城"伊博数位书屋"上市。远流推出"金庸机"，随机附赠金庸武侠全集的电子版，读者也可以在 Koobe 数字内容商与签约的网络平台中付费选择电子书下载阅读。千华数字文化与振耀科技研发的 iSmart 交互式电子书智能机，也将正式发表上市。

其他如远传电信的手机阅读下载平台、三立电视的数字内容、联合在线的数字阅读与出版，台湾大哥大行动书城、城邦出版集团的手机阅读服务与 PO-PO 原创网、口袋移动、华艺数字、嘉峰数字科技、威迪恩公司、硕亚数码科技、湛天科技等软硬件公司积极投入电子书领域，持续不断有创新的合作，准备迎接数字阅读新世纪的到来。

大陆数字出版平台的开发者，如中国移动总裁王建宙、盛大文学首席版权官周洪立、中文在线总裁童之磊、中国电子书龙头汉王科技董事长刘迎建也纷纷来台探路寻找合作对象，这些公司在大陆数字出版市场上都可谓举足轻重。他们陆续来台，值得台湾出版业三思，如何好好把握未来两岸数字市场的商机。

44.4 传统出版走入两岸出版思维

继 2009 年《商业周刊》创办人金维纯、社长俞国定，联合文学总编辑许悔之，联经出版公司业务部总经理王承惠及诚品网络书店总监薛良凯等相继离开大公司之后，陆续有些出版人有异动。

日月出版集团原总经理萧艳秋2009年底去职后，成立博思智库公司，以经营健康养生及旅游生活书为出版方向。五南出版公司原副总编辑王秀珍离职后，成立智园出版公司，以出版教育心理读物之专长，结合传统出版和数字营销概念，寻找突破传统格局的新方式。诚品书店原执行副总廖美立离职后，与一些过去的团队加入"行人文化实验室"，在文创、影像、剧本的出版方面发挥多元化的延伸合作。原博客来网络书店创办人张天立以更新的网络思维成立学思行网络书店也正式开始营运，加入网络营销竞争的行列。时报出版公司原副总编辑叶美瑶离职后自立门户，与大陆最大民营出版策划公司之一"新经典文化公司"密切合作，以出版大陆畅销书《山楂树之恋》繁体中文版在台湾市场打响新公司第一炮。麦田与独步出版公司陈蕙慧总经理也离开了城邦集团，正式开始发展自己创业的本事，发挥两岸共同出版的资源。

44.5 中外作家百花齐放

《时代》杂志2010全球年度百大影响人物之一的韩寒，下半年一口气在台湾陆续授权印刻出版《他的国》，新经典文化出版《青春》、《出发》，大块文化出版《1988：我想和这个世界谈谈》四本书。

诺贝尔文学奖呼声最高的日本作家村上春树超过30年创作履历中，自我期待最重要的一部《1Q84 Book3》突破性完结！4月在日本上市再破100万册，《1Q84》全系列日本累积销量冲破400万册，台湾由时报出版于9月正式推出。

10月颁布的2010年诺贝尔文学奖得主尤萨，曾参选秘鲁总统，其作品对于政治、社会的批判，一针见血。台湾陆续出版过他的6本书，《世界末日之战》由时报出版，成名作《城市与狗》以及《天堂在另一个街角》、《给青年小说家的信》等由联经出版。

三毛逝世20周年纪念，皇冠出版社重新编辑改版，12月一口气推出《撒哈拉岁月》、《稻草人的微笑》、《奔走在日光大道上》等9本代表著作。

44.6　畅销电影原著书市夺目

继《暮光之城》吸血鬼的爱情故事横扫全球后，2009年11月大块文化出版美国畅销作家菲莉丝·卡司特的《夜之屋》第一集，一上市就广受欢迎。2010年4月出版《夜之屋2：背叛》，7月出版《夜之屋3：抉择》，11月出版《夜之屋4：不驯》，本本畅销，全系列美国版迄今印量逾700万册，台湾版每集皆登上各大畅销榜。

续《海角七号》电影及书大热卖后，8月又有一本惊人的畅销电影小说《父后七日》创下亮丽成绩，由宝瓶文化出版。凭一句触动人心的文宣广告"一场笑中带泪、荒谬华丽的告别！"拿下畅销佳绩。2006年，作者刘梓洁以短短四千字的《父后七日》惊艳在座评审，夺下林荣三文学奖散文首奖。在那时，作家陈芳明早已赞道：它开辟了散文的全新版图！长达七个年头的酝酿，刘梓洁将此自比为一段旅程，回首自己到都市求学、工作与生活的岁月，书中处处可见的，正是由中南部北上的城乡移民，对乡愁与生存的刻画与感触，而她独特的叙述节奏与风格，更在此被鲜明地展示了出来。在那一篇篇回忆絮语中，找到了属于你我乡愁的共同记载。

10月由马可孛罗出版《享受吧！一个人的旅行》也因电影票房盛况而受欢迎，荣登各大书店畅销书榜，根据该书改编的电影由朱莉亚·罗勃茨主演，该书还特邀畅销作家李欣频、张德芬推荐。

刚拍完纪录电影并隆重上映的部落格天后弯弯，10月新作《可不可以不要NG：弯弯涂鸦日记5》登上各大书店畅销书榜，以弯弯趣事见闻为主题，收录迷糊弯弯令人难以置信的捧腹糗事。全书以弯式笑点再度发作，准保那些生活跳针疲惫的现代上班族、考试考到情绪低落的学生看完笑哈哈，开心充电！自转星球出版《欧洲GO了没：弯弯旅行日记2》仍是畅销榜第一名。弯弯要带大家看见美丽的欧洲风景,化身为小导游,带领大家做个深度旅人。

44.7 两岸出版交流逐年扩大

在台最大简体字书展"第六届海峡两岸图书交易会",于9月16日~19日在台北世贸三馆登场,展览和销售的图书近20万种,其中大陆参展图书超过10万种,是迄今最大规模、最多书籍、最多种类的简体书展。交易会设立展位366个,其中大陆展位318个,台湾展位48个,共365家大陆出版社参加。特别展出上海图书馆未刊古籍稿本丛书、全宋文、频伽精舍校刊大藏经、"宝藏:中国西藏历史文物"、中国美术六十年、汉译世界学术名著丛书、美国对华情报解密档案。

上海市新闻出版局局长焦扬于9月15日率领近百人参访团抵台,参展第六届海峡两岸图书交易会,有50多家上海出版业者参加,参展规模及人数皆创下历年新高纪录。上海馆的参展规模创新高外,北京由新闻出版总署副署长邬书林担任总团长,全大陆来台参访人数高达600人,也是历年新高纪录。两岸文化交流已经从点对点的交流扩大为面的交流,从破冰之旅变成实质交流及深度交流。

本次两岸图书交易会,上海出版业界与台湾文化学术与出版业界签署4项版权采购或授权合约,包括上海华东师范大学出版社将与台湾大学人文社会高等研究院签署"儒学与东亚文明研究丛书"第二集版权合约;而上海九久读书人文化实业公司黄育海董事长也在这次交易会,签下台湾知名部落格作家弯弯最新畅销著作《可不可以不要铁饭碗》、《可不可以不要NG》等书的版权。

44.8 数位出版元年的大跃进

台湾远传电信2010年7月推出e书城服务,涉足电子书市场。初期支持PC与智能型手机、平板装置,黑白电子书阅读器则不在支持之列。远传电信总经理杨麟升表示，单色电子书阅读器只适合学校或特别市场，大众使用仍需具多媒体互动性的彩色装置，且黑白电子书最终仍是朝彩色化发展，故远传选择一步到位支持彩色屏幕下载工具，购买一本书可以在 PC、手机、平板电脑 3 种装置上阅读。远传先提供 PC 版与 Android 手机版阅读器软件，iPhone、iPad 版与其他平板装置版本则会陆续推出。

联合在线 UDN 数字阅读网与华硕计算机所推出的 Eee Note 电子笔记本及 Eee Reader DR-900 电子书合作，透过华硕电子笔记本或电子书，直接连接到 UDN 数字阅读网购买电子书内容，扩大 UDN 的服务范围。数字阅读网发展行动阅读，在更多适合的硬件上提供阅读体验是 UDN 数字阅读网的目标，能够在 Eee Note、Eee Reader 上提供数字阅读，具体效益就是扩大数字阅读的发行管道，期望购买量增加，也借此扩充 UDN 的服务链。UDN 数字阅读网在 12 月阅读平台从个人计算机，延伸到华硕电子笔记本及电子书等移动阅读平台，UDN 数字阅读网已迈向移动阅读，可以满足更多想要移动阅读的使用者。

台湾大哥大与 50 多家出版社合作推出 myBook 电子书，上市初期支持 Android1.5 以上版本操作系统，预计 2010 年底前陆续支持 iPhone、iPad、AndroidPad 等装置。主推的方向为语言学习、亲子及企管类别推出有声书。针对 myBook 大哥大首推包月机制，每月 49 元新台币就可以下载两本以上杂志。myBook 书城涵盖杂志、报纸、小说、有声书等 14 个类别，总藏书量超过 4000 本，并独家提供逾 300 本有声书系列，包含英日语学习、亲子、企管等类。

城邦集团研发 1 年多的 iPad 中文多媒体书刊平台 "随身 c 册"，2010 年 12 月正式启用。城邦集团的数字转型自 2006 年至今已筹备 5 年，数字化对媒体产业是趋势，是整个产业都必须投入才能完成。移动性是数字化的一个优势，iPad 是第一个能让影音、文字、声音等不同媒体元素结合，实现数字汇流的载体。iPad 克服了以往 PC 和笔记本电脑移动式阅读的障碍，让阅读能够不受时空限制，而未来出版和影音产业等界线不会这么明确，因此数字汇流的下一步,就是媒体的融合。城邦集团的"随身e册",是针对iPad使用族群而开发的平台,目前预估6个月内台湾会有超过10万台iPad,这10万台潜在使用者都是"随身e册"锁定的族群。未来城邦集团也将延续数字化的发展,开发适用各种不同系统的中文多媒体书刊平台。

[链接:中国图书商报2010.8.6,王承惠《上半年台湾出版4大现象》;2010.12.28,王承惠《2010下半年台湾出版凸显5大现象》]

后记

"忽如一夜春风来,千树万树梨花开",2月底、3月初全国由北至南飘下最后一场漫天大雪,给久旱的大地带来了珍贵的甘霖。2011年的春天,注定给人更多的感触和更新的期待。不单是它在时令意义上又一次充满勃勃生机的轮回,而且意味着一个新十年的肇端。由此,2010~2011年,在两个节点上,把前一个十年与后一个十年,有机地连缀在一起,使我们的产业眼界,也有了烛照过去与未来的时空观。

这成了我们再度编辑《中国书业年度报告》的一个新发现、一个新路向。它使我们在回望过往一年、感叹过往十年澎湃壮阔的产业大潮之时,更多地观照新的一年、擘划未来十年积极应对新媒挑战、锻造支柱产业之路、提升中国出版产业综合竞争力和国际影响力的方略大计。由此,我们在编辑本年度报告时,一改往年的惯例,将"前言"的说明示例性的内容,改换为中国图书商报新年编辑部文章"追寻中国现代出版三大产业新向度",以此作为整个年度书业报告的总指南。我们有充分的理由相信,阅读产业、传媒产业和创意产业三大向度,将是未来十年乃至今后几十年出版产业蜕变、升级、融合的根本出路和宏阔图景。

为体现和加强这一编辑意图,我们还着意在"年度特别专题"中推出了"2011年中国书业11问",从书业环境、分销视野、大众教育专业三大出版等视角,为业界破解面临的焦点、难点、关切点。

在本年度报告中,我们还最新呈现了中国书业年度实力版图的相关内容。这是中国图书商报从2009年起重点推出的品牌行动,旨在全景式地呈现每一年度"中国书业实力、社、实力书、实力榜",它几乎揽括了中国书业最重要的细分领域的实力领军和特色潜力力量,可谓是最权威、最全面、最市场的中国书业实力特色集群版图。加上一如既往的"大势大事"、"焦点热点"、"细分行情"、"数据分析"、"新媒传媒"和"华文与海外出版"等板块,构成了权威、精当、周详、实用的年度报告主体内容。

作为"中国图书商报·中国书业书系"的主干工程,"中国书业年度报告"从每一年度中国图书商报上千万字的精致、专业、深度、实用报道中精心遴选出来,重新加以编辑组合,成为一个具有独立性和全新品质的品牌报告,因其全景观照性、历史存留性、市场贴近性、案例解读性、数据分析性和中外比照性,而在诸多报告中独树一帜,成为各大图书馆馆采的首选对象。

当然,由于篇幅所限,中国图书商报本年度大量的深度专题、系列报道、细分领域、专题文章等精彩内容,难以一一呈现。例如,我们在书业营销、阅读推广、新媒传媒、世界出版等相关板块,均有大量专业、深入、全面的报道,但却只能忍痛割舍。好在我们正在加紧筹划推出书业营销、阅读调查、新媒传媒、世界出版等单项年度成果,不久将陆续面世,可与本报告互为补充,从而构建一个完整、系统的中国出版全媒产业报告立体体系。敬请读者诸君关注。

编者

2011 年 3 月